Tax

经济管理类课程教材

税收系列

国家税收

GUOJIA SHUISHOU

主　编　常友玲

副主编　赵学梅　张　莹

任婷婷　官金华

中国人民大学出版社

·北京·

图书在版编目（CIP）数据

国家税收/常友玲主编 .—北京：中国人民大学出版社，2019.10
经济管理类课程教材 . 税收系列
ISBN 978-7-300-27436-2

Ⅰ.①国… Ⅱ.①常… Ⅲ.①国家税收-中国-高等学校-教材 Ⅳ.①F812.42

中国版本图书馆 CIP 数据核字（2019）第 209189 号

经济管理类课程教材·税收系列

国家税收

主　编　常友玲
副主编　赵学梅　张　莹　任婷婷　官金华
Guojia Shuishou

出版发行	中国人民大学出版社		
社　　址	北京中关村大街 31 号	**邮政编码**	100080
电　　话	010 - 62511242（总编室）		010 - 62511770（质管部）
	010 - 82501766（邮购部）		010 - 62514148（门市部）
	010 - 62515195（发行公司）		010 - 62515275（盗版举报）
网　　址	http://www.crup.com.cn		
经　　销	新华书店		
印　　刷	北京溢漾印刷有限公司		
规　　格	185 mm×260 mm　16 开本	**版　　次**	2019 年 10 月第 1 版
印　　张	21.5	**印　　次**	2019 年 10 月第 1 次印刷
字　　数	502 000	**定　　价**	46.00 元

总　序

　　为了促进我国经济管理类学科建设，提高教学质量，规范教学内容，编写出一套高水平、高质量、上台阶，融理论与实务、知识性与启发性于一体，适合我国经济管理类各专业教学需要的真正的"21世纪课程教材"，在教育部高教司的直接领导下，我们组织国家税务总局、中国社会科学院、中国人民大学、中央财经大学、中南财经政法大学、东北财经大学、厦门大学、会计师事务所等"政产学"界的专家和教授积极开展调查研究，征求各方意见，讨论教材编写大纲和知识点。在教材初稿完成后，我们分别审查了各种教材的初稿，并进行了认真修改和完善，最后定稿。这套教材是教育部重点项目"财税课程主要教学内容改革研究与实践"的重要成果之一。它倾注了专家和教授的智慧，是集体智慧的结晶。

　　这套教材与同类教材、出版物相比，具有很高的权威性、准确性、实用性和针对性。我们希望全国各高等院校经济管理专业的广大教师继续关心和支持这项工作，同时将使用这套教材中遇到的问题和改进意见向各位主编反映，以供修订参考。

教学指导委员会

前　言

　　税收是一个古老的经济范畴，它是人类社会生产力发展到一定历史阶段的产物，随着国家的产生而产生。税收作为国家组织财政收入的主要形式和工具、国家调控经济的重要手段，对社会经济运行和企业、个人经济活动都产生重要影响。税收活动涉及政府、企业以及每个人的经济利益。

　　近几年，为进一步减轻企业税负，调动各方积极性，促进产业和消费升级，党中央、国务院根据经济社会发展新形势，对我国税制陆续做了一些改革，如 2008 年内外资企业所得税合并，2009 年增值税转型，2016 年全面营改增，营业税彻底退出历史舞台，2018 年开始实施环境保护税等。我国的税收法规发生了较大的变化，但是目前我国国内流行的税收类教材存在共性问题，即教材内容更新慢，所依据的税收政策已经过时。针对这一问题，我们在充分了解国内高校对于税收类教材需求的基础上，立足于最新税收法规和税收理论成果，编写了这本教材，本教材注重税收法规和税收理论知识的更新，加强税收理论与税收实务的结合。

　　本教材适用于高等院校本科类的会计学专业、财务管理专业、经济学专业、财政专业、金融保险专业、工商管理专业、公共管理专业的学生使用。本教材涵盖税收工作的各个领域，内容全面，通俗易懂，具有广泛的适用性，也可以作为企业会计人员、办税人员、税务干部培训、自学的参考资料。

　　本教材内容分为税收理论、现行税制和税收征收管理三部分，共十五章。税收理论部分包括第一章绪论和第二章税收制度的构成要素与税收分类。现行税制部分包括第三章至第十四章，详细地介绍了中国现行税种的理论和计算，对纳税人科学运用税法，准确计算与缴纳应纳税额具有指导作用。税收征收管理部分包括第十五章，具体分为《税收征收管理法》概述、税务管理、纳税申报、税款征收、税收保全、税收强制执行和税务检查等内容。

　　本教材由东北大学秦皇岛分校常友玲担任主编，负责全书的总纂和审定。其中第一、二章由常友玲编写；第三、九、十章由东北大学秦皇岛分校赵学梅编写；第四、五、十一、十三章由东北大学秦皇岛分校任婷婷编写；第七、八、十四章由东北大学秦皇岛分校张莹编写，第六、十二、十五章由河北环境工程学院官金华编写。

在本教材的编写过程中，编者借鉴了国内外专家、学者的一些科研成果，在此表示真诚的感谢！河北环境工程学院李克国教授对本书的编写给予了大力支持，在此一并表示感谢。

由于编者水平有限，书中的疏漏和错误在所难免，真诚地希望广大读者和专家赐教。

目　录

第一章　绪　论 / 1
　　第一节　税收的产生与发展 / 1
　　第二节　税收的特点 / 6
　　第三节　税收与经济的关系 / 8
　　第四节　税收原则、税收职能与税收效应 / 9
　　第五节　税收负担与税负转嫁 / 14

第二章　税收制度的构成要素与税收分类 / 19
　　第一节　税收制度 / 19
　　第二节　税收分类 / 22

第三章　增值税 / 26
　　第一节　增值税概述 / 26
　　第二节　增值税的纳税义务人、税率和征收率 / 39
　　第三节　应纳税额的计算 / 44
　　第四节　增值税的退（免）税 / 58
　　第五节　增值税的税收优惠 / 64
　　第六节　增值税的征收管理 / 69
　　第七节　增值税专用发票的管理 / 71

第四章　消费税 / 79
　　第一节　消费税概述 / 79

第二节 消费税纳税义务人、征收范围、税目及税率 / 80

第三节 消费税计税依据 / 89

第四节 消费税应纳税额的计算 / 92

第五节 消费税的税收优惠 / 97

第六节 征收管理 / 99

第五章 城市维护建设税及教育费附加 / 104

第一节 城市维护建设税 / 104

第二节 教育费附加 / 107

第六章 关 税 / 112

第一节 关税概述 / 112

第二节 关税的纳税义务人、征税对象和税率 / 116

第三节 关税应纳税额的计算 / 119

第四节 关税的税收优惠 / 124

第五节 关税的征收管理 / 125

第七章 企业所得税 / 131

第一节 企业所得税概述 / 131

第二节 企业所得税纳税义务人、征税对象和税率 / 133

第三节 企业所得税应纳税所得额的计算 / 135

第四节 企业所得税应纳税额的计算 / 151

第五节 企业所得税税收优惠 / 159

第六节 企业所得税征收管理 / 168

第八章 个人所得税 / 177

第一节 个人所得税概述 / 177

第二节 个人所得税纳税义务人、征税范围和税率 / 180

第三节 个人所得税应纳税所得额及应纳税额的计算 / 188

第四节 个人所得税税收优惠 / 202

第五节 个人所得税征收管理 / 204

第九章 印花税 / 212

第一节 印花税概述 / 212

第二节 印花税的计算 / 217

第三节 印花税的税收优惠和征收管理 / 221

第十章 │ 土地增值税 / 228

第一节 土地增值税概述 / 228
第二节 土地增值税的计算 / 231
第三节 土地增值税的税收优惠和征收管理 / 235

第十一章 │ 资源税 / 241

第一节 资源税概述 / 241
第二节 资源税计算 / 243
第三节 资源税的税收优惠和征收管理 / 249

第十二章 │ 环境保护税 / 255

第一节 环境保护税概述 / 255
第二节 环境保护税纳税义务人、税目、税率和计税依据 / 257
第三节 环境保护税应纳税额的计算 / 264
第四节 环境保护税的税收优惠和征收管理 / 268

第十三章 │ 房产税、契税和车辆购置税 / 272

第一节 房产税 / 272
第二节 契 税 / 277
第三节 车辆购置税 / 282

第十四章 │ 车船税、城镇土地使用税和耕地占用税 / 293

第一节 车船税 / 293
第二节 城镇土地使用税 / 296
第三节 耕地占用税 / 299

第十五章 │ 税收征收管理法 / 305

第一节 《税收征收管理法》概述 / 305
第二节 税务管理 / 307
第三节 纳税申报和税款征收 / 316
第四节 税收保全与税收强制执行 / 323
第五节 税务检查 / 327

参考文献 / 333

第一章

绪　论

【本章要点】

1. 税收的产生与发展
2. 我国个人所得税纳税人分类
3. 我国个人所得税征税范围
4. 我国个人所得税应纳税额的计算

【导入案例】

在校大学生甲很困惑，问讲授税法的老师："老师，我是一名在校大学生，没有任何经济来源，我是不是不负担任何税收？"学生乙问老师："老师，我现在做一份勤工助学的工作，有一定的报酬，我需要交税吗？"学生丙也来请教老师："我是一名大四的学生，现在在实习单位实习，实习期间我的报酬需要交个人所得税吗？"老师应该如何答复呢？

第一节　税收的产生与发展

一、税收的产生

税收是一个古老的经济范畴，它是人类社会生产力发展到一定历史阶段的产物。税收随着国家的产生而产生，随着国家的发展而发展，也将随着国家的消亡而消亡。在原始社会，生产力水平极其低下，人类为了生存，必须联合起来同自然界做斗争，共同劳动，共同享有劳动成果。没有剩余产品，没有阶级和国家，就不存在剩余产品的分配，税收也就不可能产生。

原始社会末期，随着生产工具的改进和生产力的发展，原始氏族社会出现了剩余产品，于是产生了私有制，进而有了阶级的分化，产生了奴隶制国家。国家为维护其政权，行使其职能，必须建立军队、警察、法庭、监狱等专政机构，动用社会力量，征用自然资源，兴办公共建筑和公共事业，建立管理国家公共事务的行政管理机构，所有这一切公共需求都要耗用一定的物质资料，而国家并不直接从事社会生产，于是，为了满足这种需要，就需要向社会成员征税，税收实质上是与国家有着本质联系的一个特殊的分配范畴。

二、税收的发展

▶▶▶ （一）我国古代早期的税收发展

对于税收，我国最早有记载的要算《尚书》里面说的"禹别九州，随山浚川，任土作贡"。一般认为，贡是夏代王室对其所属部落或平民根据若干年土地收获量的平均数按一定比例征收的农作物。夏王朝实行中国历史上称为"井田制"的土地制度，即把耕地划分为一定面积的方田，周围有封疆，中间有小道（阡陌），纵横如井字。在井田制下，土地连同附着于土地的奴隶归国君所有，国君把大部分井田赐给诸侯臣下作为他们的俸禄，诸侯臣下拥有土地的使用权和土产产品的私有权，这就是所谓的"公田"，公田的收获物中的一部分要以贡的形式缴纳给国王作为财政收入。到商代，贡逐渐演变为"助"。所谓助，是指在井田制下，中间的一块田是公田，其余八块田分给八家，公田由八家合力耕种，先耕种公田，再耕种私田，公田的收获归国家。这是对奴隶制社会自由民采用的纳税措施，助实质上是一种力役形式，即借助农户的力役共同耕种公田，公田的收获全部归王室所有。到周代，助又演变为"彻"，所谓彻，就是每个农户要将其耕种的土地上的一定数量的土地收获物交给王室，即"耕百亩者，彻取十亩以为赋"。夏、商、周三代的贡、助、彻都是对土地收获物原始的强制课征形式，在当时的土地所有制下，因为地租和赋税的某些特征，从税收起源的角度看，它们是税收的原始形式，是税收发展的雏形阶段。

春秋时期，鲁国适应土地私有制发展实行的"初税亩"标志着我国的税收形式从雏形阶段进入了成熟阶段。春秋之前没有土地私有制。由于生产力的发展，到春秋时期，农民可以在公田以外开垦私田以增加收入。鲁宣公十五年（公元前594年），鲁国实行了"初税亩"，宣布对私田按亩征税，即"初税亩者，非公之去公田，而履亩十取一也"，它首次从法律上承认了土地私有制。这是历史上一项重要的经济改革措施，同时也是税收起源的一个里程碑。

除上述农业赋税外，早在周代，我国就已经出现了商业、手工业的赋税。商业和手工业在商代已经有所发展，但当时还没有征收赋税，即所谓"市廛而不税，关讥而不征"。到了周代，为适应商业、手工业的发展，我国开始对经过关卡或上市交易的物品征收"关市之赋"，对伐木、采矿、狩猎、捕鱼、煮盐等征收"山泽之赋"。这是我国最早的工商税收。

>>> （二）封建赋役制度的主要演变

我国历代封建王朝都把对土地征收的田租作为主税，同时还有按人丁征收的口赋、算赋、更赋等人头税和徭役。其中，唐代的租庸调法、明代的一条鞭法和清代的摊丁入亩法等，是对封建赋役制度的重大变革。

1. 唐代的租庸调法

唐代实行租庸调的赋役制度，规定田有租，户有调，身有庸，外加杂徭。田租，每丁年纳粟二石。调，随乡土所产，每丁每年纳绢二丈、绵三两或纳布二丈五尺、麻三斤。庸，就是力役，每丁每年为官府无偿服劳役二十天，不服劳役的，则以绢代纳，一天折绢三尺，交足二十天的数额以代役。租庸调法的好处是在农民内部均田均税，对恢复与发展唐初的农业起了积极作用。此时国家财政有结余，国库日益丰实，出现了"贞观之治"和"开元之治"的盛世。但安史之乱后，豪强任意兼并农民的土地，均田制有名无实，农民赋役日重，租庸调法就被破坏了。

2. 明代的一条鞭法

明神宗万历九年（公元1581年），宰相张居正推行一条鞭法赋役制度。一条鞭法是将田赋和各种名目的徭役合而为一，按田缴纳的方法。一条鞭法的特点在于赋役合一，按亩计税，以银缴纳，简化手续。一条鞭法对我国封建社会的赋税制产生了深远的影响。计亩征银实现了由实物税向货币税的重大转变。此法实施后，在一个时期内出现了生产恢复、国库充裕的景象，但这项改革并不彻底，随着朝政的腐败，田赋加派的不断增加，一条鞭法也就难以发挥作用了。

3. 清代的摊丁入亩法

摊丁入亩，又称摊丁入地、地丁合一，草创于明代，清代雍正初年广泛推行了该办法，即把康熙五十年（1711年）的丁银三百三十五万余两固定下来，平均摊入各地的田赋银中，统一征收。这种制度废除了人头税，同时取消了地主豪绅的特权，促进了农业生产，增加了田赋收入。

>>> （三）中华人民共和国成立后的税制改革和现有税收体系

从1950年我国社会主义新税制的建立，到1994年社会主义市场经济体制下的税制的确立和发展，至今我国税收制度已有60多年的历史。在这60多年中，随着国际、国内政治经济形势的发展变化和我国经济体制改革的不断深化，税收制度也经历了一个从建立、发展到逐步完善的过程。

1. 1950年统一全国税政，建立新税制

1950年1月，中央人民政府政务院根据"统一全国税收，建立新税制"的指导原则，颁布了《关于统一全国税政的决定》，并同时颁布了《全国税政实施要则》。《全国税政实施要则》规定，除农业税之外，全国共征收14种税，即货物税、工商业税、盐税、关税、

薪给报酬所得税、存款利息所得税、印花税、遗产税、交易税、房产税、地产税、特种消费行为税、车船使用牌照税和屠宰税。以上各种税在全国统一施行后，统一了全国税政，标志着中华人民共和国社会主义税收制度的建立。1953年，我国对原工商税制进行了修正，把22种商品原来在生产环节课征的货物税、营业税、印花税以及在商业批、零环节课征的营业税、印花税合并为流通税，实行从产到销一次课征制，同时简化了货物税，取消了特种消费行为税，整顿了交易税。1958年，我国再次对工商税制进行了改革，将原来缴纳的商品流通税、货物税、营业税和印花税"四税合一"为工商统一税，将商业税中的所得税部分改为一个独立的税制，称为工商所得税。1973年，根据"合并税种，简化征税办法"的指导思想，我国对工商税制进行了大改革，把原来对工商企业征收的工商统一税及其附加、城市房地产税、车船使用牌照税、盐税、屠宰税合并简化成工商税，整个流转税制成为单一税制，对国营企业只征收一个工商税，对集体企业只征收工商税和工商企业所得税。

2. 1975—1993年的税制改革

在党的十一届三中全会以后，党将工作重点转移到以经济建设为中心的轨道上来。为搞活经济，吸引外资，理顺国家与企业之间的分配关系，我国进行了一系列的税制改革，审议通过并颁布了《中华人民共和国外商投资企业和外国企业所得税法》，建立了涉外税制；对国营企业实行利改税，对大中型国营企业按55%的比例税率征收所得税，税后利润超过合理留利水平的，分户定率征收调节税，对小型国营企业按八级超额累进税率征收所得税，并适当放宽国营小企业的划分标准。

到1993年年底，中国的税制一共设立37种税收，即产品税、增值税、盐税、特别消费税、烧油特别税、营业税、工商统一税、关税、国营企业所得税、国营企业调节税、集体企业所得税、私营企业所得税、外商投资企业和外国企业所得税、个人所得税、城乡个体工商业户所得税、个人收入调节税、国营企业奖金税、集体企业奖金税、事业单位奖金税、国营企业工资调节税、房产税、城市房地产税、城镇土地使用税、耕地占用税、契税、资源税、车船使用税、车船使用牌照税、印花税、城市维护建设税、固定资产投资方向调节税、屠宰税、筵席税、牲畜交易税、集市交易税、农业税和牧业税。

3. 1994年的税制改革

1994年我国根据社会主义市场经济体制改革的要求，借鉴国际惯例，按照统一税法、公平税负、简化税制、合理分权、理顺分配关系、保证财政收入的指导思想，对我国的税制进行了全面的改革。

（1）流转税制改革。

取消产品税，将原来征收产品税的产品全部改为征收增值税，扩大增值税的征收范围，对商品的生产、批发、零售和进口全面实行增值税；开征消费税，选择烟、酒等11种商品，在征收增值税后，再征一道消费税；调整营业税的适用范围和征收范围，简并税目、税率；规定新的流转税制度统一适用于内资企业、外商投资企业和外国企业。

（2）所得税的改革。

所得税的改革包括企业所得税和个人所得税的改革。统一内资企业所得税，统一实行33%的所得税比例税率；调整和规范企业所得税前的列支项目和标准；取消国营企业工资调节税和向国有企业征收的国家能源交通重点建设基金和国家预算调节基金等。在个人所得税方面，将原来征收的个人所得税、个人收入调节税、城乡个体工商户所得税三税合并，扩大所得税法的适用范围，中国公民、外籍人员和个体工商户都执行统一的个人所得税法。

（3）农业税的改革。

将农业税中的原农林特产农业税、原产品税和原工商统一税中的农林牧水产品税目合并，改为农业特产税，扩大了征收范围，适当降低了部分产品的税率，明确了减免税，规定了扣缴义务人。

（4）资源税的改革。

扩大资源税的征收范围，将所有矿产资源都纳入征税范围，适当调整税负，并将盐税并入资源税。

（5）其他工商税的改革。

取消集市交易税、牲畜交易税、烧油特别税、国营企业奖金税、集体企业奖金税、事业单位奖金税、国营企业工资调节税；将特别消费税并入消费税；将屠宰税、筵席税下放给地方，由省、自治区、直辖市人民政府根据本地区经济发展的实际情况，自行决定征收或者停止征收；取消对外资企业、外籍人员征收的城市房地产税和车船使用牌照税，统一实行房产和车船使用税，并适当调高税率等。

4. 我国现行税制体系

1994 年后，为进一步减轻企业税负，调动各方积极性，促进产业和消费升级，党中央、国务院根据经济社会发展新形势，对我国税制陆续做了一些改革。

（1）《中华人民共和国企业所得税法》改革。

2007 年 3 月 16 日，第十届全国人民代表大会第五次会议通过了《中华人民共和国企业所得税法》（以下简称《企业所得税法》），于 2008 年 1 月 1 日起实施。2007 年 12 月 6 日，国务院批准了《中华人民共和国企业所得税法实施条例》（以下简称《企业所得税法实施条例》）。《企业所得税法》及《企业所得税法实施条例》将持续多年的我国内资企业所得税法、外资企业所得税法两法合并，这是我国企业所得税税制改革新的里程碑。

（2）增值税改革。

2003 年，党的十六届三中全会明确提出要适时实施增值税转型改革，国家"十一五"规划纲要也明确提出，在全国范围内实现增值税由生产型转为消费型。2004 年，我国率先在东北三省的装备制造业、石油化工业等八大行业进行增值税转型试点；自 2007 年 7 月 1 日起又将试点范围扩大到中部六省 26 个老工业基地；2008 年 7 月 1 日，试点范围进一步扩大到内蒙古自治区东部五个盟市和四川汶川地震受灾严重地区；自 2009 年 1 月 1 日起，我国所有地区、所有行业推行增值税转型改革，由生产型增值税转为国际上通用的消费型增值税。

（3）营业税改革。

自 1994 年税制改革起，我国的营业税和增值税开始了长达 20 多年的并存历程。由于营业税存在大量重复征收现象，各行业、企业税负不公平现象不断发生，这种不公平现象越来越阻碍经济的健康发展。2011 年，经国务院批准，财政部、国家税务总局首次联合颁布了营业税改征增值税的试点方案，为营业税改征增值税的税制改革提供了法律依据。自 2012 年 1 月 1 日起，国务院首先选择在上海开展以交通运输业和部分现代服务业为对象的"营改增"试点。自2012年8月1日起，国务院开始扩大"营改增"试点范围至包括北京、江苏、天津在内的10个省（直辖市）。2013年8月1日，营业税改征增值税的税负改革开始从局部推广到全国。自2014年1月1日起，国务院把邮政服务业和铁路运输业纳入"营改增"试点范围。至此，交通运输业已全面完成"营改增"税负改革。自2014年6月1日起，电信业被纳入"营改增"试点范围，开始实行增值税差异化税率，基础电信服务适用10%的税率，增值电信服务适用6%的税率。2015年5月8日，国务院批转发展改革委《关于2015年深化经济体制改革重点工作的意见》，意见指出："力争全面完成营改增，将营改增范围扩大到建筑业、房地产业、金融业和生活服务业等领域。"2016年3月23日，伴随财政部、国家税务总局正式颁布《关于全面推开营业税改征增值税试点的通知》（财税〔2016〕36号），我国"营改增"税制改革进入最后阶段。自2016年5月1日起，在全国范围内正式全面推行"营改增"试点，建筑业、房地产业、金融业和生活服务业等全部营业税纳税人被纳入试点范围，由缴纳营业税改为缴纳增值税。至此，我国"营改增"税制改革全面完成。2017年11月19日，国务院颁布了《国务院关于废止〈中华人民共和国营业税暂行条例〉和修改〈中华人民共和国增值税暂行条例〉的决定》，至此，营业税退出历史舞台，增值税制度变得更加规范。

（4）开征环境保护税。

"十二五"规划纲要提出，选择防治任务繁重、技术标准成熟的税目开征环境保护税，逐步扩大征收范围。党的十八届三中全会要求推动环境保护费改税。2015年6月，国务院法制办公布《中华人民共和国环境保护税法（征求意见稿）》。2016年12月25日，第十二届全国人民代表大会常务委员会第二十五次会议通过了《中华人民共和国环境保护税法》（以下简称《环境保护税法》），自2018年1月1日起施行，同时作为征收排污费依据的《排污费征收使用管理条例》废止。2017年12月25日，国务院总理李克强签署国务院令，公布《中华人民共和国环境保护税法实施条例》，自2018年1月1日起与环境保护税法同步施行。

改革后我国现行税收体系中共有增值税、消费税、企业所得税、个人所得税、资源税、城镇土地使用税、房产税、城市维护建设税、耕地占用税、土地增值税、车辆购置税、车船税、印花税、契税、烟叶税、关税、船舶吨税、环境保护税等18个税种。其中，16个税种由税务部门负责征收；关税和船舶吨税由海关部门负责征收。另外，进口货物的增值税、消费税也由海关部门代征。

第二节　税收的特点

税收是国家的一种重要的财政收入。它体现了以国家为主体，凭借国家政治权力对社会产品进行分配的特殊分配方式，这种特殊分配具有自己鲜明的特征。税收同国家取得财政收入的其他方式相比，具有无偿性、强制性和固定性三个形式特征。这三个形式特征通常被称为税收"三性"，是税收本身所固有的，是一切社会形态下税收的共性。

一、税收的无偿性

税收的无偿性是指国家征税以后，其收入就成为国家所有，不再直接归还纳税人，也不给纳税人支付任何报酬。从税收产生以来，它就是为了满足国家行使其职能的需要而对社会产品进行的分配。众所周知，国家机器本身并不进行物质资料的生产，不能创造物质财富，但是，为了保证国家机器的正常运转，国家要消耗大量的物质资料，即需要大量的财政支出。这种国家财政的支出只能是无偿的，因此，国家征税也只能是无偿的。税收的无偿性体现了财政分配的本质，是税收"三性"的核心。

二、税收的强制性

税收的强制性是指国家凭借政治权力，以法律形式确定了政府作为征税人和社会成员作为纳税人之间的权利和义务关系。这种权利和义务关系表现为以下几点：

（1）政府作为征税人，有向社会成员征税的权利，并同时承担向社会成员提供公共产品和公共服务的义务；社会成员作为纳税人，有分享政府所提供的公共产品和公共服务的权利，同时承担向政府纳税的义务。

（2）政府征税是凭借政治权力强制执行的，而不是凭借财产权利协议解决的。

（3）税收征纳双方关系以法律形式来确定，对双方当事人都具有法律上的约束力。纳税人不管是否自愿，都要依法纳税，否则就要受到法律的制裁。

国家征税的方式之所以是强制性的，是由税收的无偿性所决定的。

三、税收的固定性

税收的固定性是指国家通过法律形式，预先规定实施征税的标准，以便征纳双方共同遵守。这种固定性首先表现在国家通过法律，把对什么征税、征多少税和向谁征税等问题在征税之前就明确下来，而不是任意确定；其次，征税的标准必须是统一的；最后，税收征纳关系以法律为依据，并且在一定时期内是相对稳定的。税收的固定性是国家获得财政收入的需要。国家的存在、国家机器的正常运转以及国家行使其职能都需要稳定可靠的财政收入，财政收入要求的这种固定性，必然要求财政收入的重要来源——税收也必须具有固定性。

税收无偿性、强制性和固定性的特征是税收这种特殊分配形式的重要特征，也是税收区别于其他财政收入形式的主要标志。如利润上缴是国家凭借财产权利向国有企业取得的所有权收益，相当于投资回报或股权分红，在投资和回报之间存在利益的对等关系；公债作为财政收入的补充形式，具有自愿认购、到期还本付息、灵活多样的形式特征；规费收入是国家因提供公共服务而向受益者收取的工本费或服务费，国家与受益者之间存在直接的利益对等关系；罚没收入是指国家主管部门和机关对违反有关法规的单位和个人课处的罚款及没收财物的惩罚性措施，是国家财政收入的来源之一，罚没收入同税收一样具有强制性和无偿性，但是不具有固定性。由此可见，除税收以外的其他财政收入形式都不具有或不同时具有无偿性、强制性和固定性的特征。

第三节　税收与经济的关系

经济活动包括产品的生产、分配、交换或消费等活动，税收在性质上属于经济活动中的分配范畴。税收与经济的关系表现在两个方面：经济决定税收和税收对经济的反作用，经济是税收得以存在和发展的基础，经济发展的广度和深度决定了税收分配的范围和程度；而税收作为财政收入的主体，既是维持国家有效运转的经济基础，又是国家调节经济的有效手段，国家运用税收手段引导企业及个人的生产、交换和消费行为。

一、税收与生产的关系

税收与生产之间的关系是辩证统一的关系。总的说来，生产决定税收，税收制约生产。

1. 生产发展的规模和速度决定税收的规模和增长速度

税收与生产的关系表现为生产发展是源，税收收入是流，生产发展是根，税收收入是叶，源远才能流长，根深才能叶茂。离开了生产的发展，税收就成了无源之水、无本之木。一般说来，生产发展的规模越大，产品生产得越多，税收收入也相应地越多。但是有时生产发展的规模同税收收入增长的幅度又是不一致的，例如在相同的生产规模下，如果劳动生产率高，生产耗费低，则产品成本就低，企业盈利水平就高，税收收入也就多，反之，税收收入则少。

2. 税收收入的规模影响扩大再生产的规模和速度

在税收与生产的关系中，生产决定税收是主要方面，但是税收对生产也不是毫无作用的。分配并不仅仅是生产和交换的消极的产物，它反过来又同样影响生产和交换。税收收入比重的上升和规模的扩大意味着国家有可能把更多的资金用于社会主义的经济建设，有利于扩大再生产。

3. 税收能够影响产业结构、产品结构的合理化

经济发展的快慢在很大程度上取决于产业结构、产品结构是否合理，取决于经济运转总链条中的各个环节是否配合适当，是否符合比例。税收政策对产业结构的影响主要是通过设置合适的税种、合理的计税依据及税率，采取有效的税收优惠政策等措施来改变产品的价格，影响产品的供求关系，从而使不同经济活动的收益和成本发生变化，最终影响产业结构的调整。

二、税收与交换的关系

交换制约税收，税收影响交换。商品交换的顺利实现是税收分配得以实现的前提。

税收主要是对国民收入的价值进行分配，它是在商品交换过程中得以实现的。商品生产出来以后，要经过许多流转环节，最后达到消费者手中，商品价值最终得到全部实现。这就为税收分配的实现创造了前提条件。如果其中任一环节发生中断或停滞，都会影响商品价值的实现，从而影响税收收入的实现。同时商品流通的规模决定着税收收入的规模。流通规模越大，税收收入越多；反之，流通规模越小，税收收入也越小。

从另一方面看，合理的税收制度和政策对商品交换的顺利实现有着重大的影响。对商品课税，如果税负高，必然导致价格上涨，影响交换的顺利进行和规模的扩大。反之，如果税负低，就会刺激交换的顺利发展和规模的扩大。对所得课税，如果税负高，就会使企业和个人的购买力减少，从而影响交换的进行。

三、税收与消费的关系

税收与消费是相互制约的关系。消费标志着税收分配的最终实现。生产表现为起点，消费表现为终点。消费水平的高低能够影响税收收入的多少。

同时税收分配直接影响消费的数量，在生产力发展水平和国民收入增长水平既定的条件下，国家征税多，企业税收负担就重，消费就相应减少。反之，国家征税少，企业税收负担就轻，用于消费的部分就可以增加。减税与扩大政府支出都对消费有正向影响。在经济衰退时，减税和增加财政支出是提高消费、扩大内需的有效手段。在当前经济脆弱时期，采取积极的财政政策，扩大在民生领域的财政支出，是带动当前经济增长和奠定未来发展基础的最佳政策选择。

第四节　税收原则、税收职能与税收效应

一、税收原则

税收原则反映税收活动的根本属性，是税收法律制度建立的基础。它是制定税收政策、设计税收制度的指导思想，也是评价税收政策好坏、鉴别税制优劣的标准。因此，税收原则是税收理论的重要内容。从目前来看，理论界一致认为的税收原则是财政原则、公平原则和效率原则。

▶▶▶ （一）财政原则

财政原则的基本含义是一国税收制度的建立和变革必须有利于保证政府财政收入，亦即保证政府各方面支出的需要。财政原则的基本要求包括以下几点：

（1）充足性，即通过征税获得的收入能充分满足一定时期财政支出的需要。为此，

就要选择合理的税制结构模式，尤其要把税源充裕而收入可靠的税种作为主体税种。

（2）弹性，即税收收入能满足财政支出不断增长的需要。

需要指出的是，税收的财政原则并不是说政府筹集的税收收入越多越好，而是说税收收入应达到合理的规模，为满足社会公共需要提供足够的资金。

▶▶▶ （二）公平原则

从税的角度看，公平是指纳税人负担同纳税人的纳税能力相同，它包括纵向公平和横向公平两个方面。纵向公平是指具有不同纳税能力的纳税人必须得到不同的税收待遇，即对具有不同纳税能力的人征不同的税；横向公平是指对具有同等纳税能力的人给予相同的税收待遇，征税后，纳税人之间相对的生活水平或收入水平不发生变化。

▶▶▶ （三）效率原则

税收效率原则就是使因征税所导致的经济损失最小，它包括行政效率和经济效率两个方面。

1. 行政效率

所谓行政效率是指税制在保证政策贯彻执行、完成任务的前提下，使征收费用降到最低程度。征收费用包括征税费用和纳税费用两个方面，征税费用是指税务部门在征税过程中所发生的各种费用，包括税务机关的房屋建筑、设备购置和日常办公所需的费用，税务人员的工资福利支出等。纳税费用是纳税人依法办理纳税义务所发生的费用，包括纳税人为完成纳税申报所花费的时间和交通费，纳税人雇用税务顾问、会计师所花费的费用。要提高税收的行政效率，一方面，应采用先进的征管手段，节约征管方面的人力、物力和财力；另一方面，应简化税制，使纳税人容易理解和掌握，从而减少纳税费用。

2. 经济效率

所谓经济效率是指因税收征纳活动所导致的市场资源配置效率损失最小，这是效率原则的最高要求。除个别税种外，大多数税种都会对市场资源配置产生某种影响，并导致某种程度的效率损失。

税收导致市场资源配置效率损失主要表现在：由于税收导向的结果，市场中的经济行为主体（企业、个人）的经济行为偏离市场配置的客观要求，从而造成效率损失。例如对个人所得征税，使得个人作出减少工作时间的决策，从而减少劳动供给；再如政府对某个高风险行业征税，加大了该行业的风险，使得市场对该行业的资本供应减少。这些都属于税收所导致的市场资源配置效率的损失。在现实经济生活中，对市场资源配置效率不产生负面影响的税很少，而政府只有开征许多税才能取得足够的财政收入，因而客观上要求政府首先在税制设计上尽可能减少负面影响，减少税收所导致的效率损失。

二、税收职能

税收职能是税收本身所固有的职责和功能，它是由税收的本质所决定的。税收的本质是分配问题。税收使一部分社会产品和国民收入无偿地转移到国家手中，形成国家的财政收入。税收分配必将产生三个方面的影响：一是为国家筹集财政收入；二是在筹集财政收入的过程中对纳税人的经济利益和经济行为产生影响；三是在筹集财政收入的过程中反映和监督纳税人的生产经营和经济运行的某些情况。由此可见，税收具有筹集财政收入、调节社会经济和监督管理等三种职能。

▶▶▶ （一）税收的财政职能

税收的财政职能也叫筹集财政收入的职能，是税收所具有的从社会成员中强制取得一部分收入，用以满足政府提供公共产品与服务所需物质的职责和功能。它是税收最基本的职能。税收之所以具有财政职能，是因为税收客观上具有满足国家履行社会公共需要的收入职责，也具有满足国家履行公共需要的收入能力。

由于税收是国家凭借政治权力向纳税人进行的强制征收，因此，从纳税人看，包括国家主权管辖范围内的一切企业、单位和个人；从征税对象看，征收范围也十分广泛，既包括流转额、所得额，也包括财产额，还包括对某些特定目的和行为的征税。就取得财政收入的及时性而言，税法中明确规定了纳税义务发生的时间和税款缴纳的期限，保证了税收收入及时、均衡地入库，有利于国家及时取得财政收入，以保证财政支出的正常进行。就征收数额上的稳定性而言，税法明确规定了各种税的征收数额或征收比例，并由于税收固定性的特征，税收在征收时间上具有连续性，保证了国家财政收入的稳定性。

▶▶▶ （二）税收的经济职能

税收的经济职能是调节社会经济的职能，是指在税收分配过程中对各经济主体行为所产生的影响。税收在执行财政职能的过程中，为国家取得了财政收入；同时改变了一部分社会产品的所有权和支配权归属，形成了经济主体新的收入格局。国家利用税收调节经济职能，通过税种、税目、税率的设计和调整，征税对象的选择以及税收优惠措施等税制要素的运用等，贯彻国家的经济政策目标，调节各经济主体的利益，从而协调社会经济的发展。

从税收调节社会经济的能力来看，税收具有较大的灵活性和调节空间。政府调节经济运行的手段有法律手段、行政手段、经济手段等。用法律手段调节经济能保护合法的经济活动，打击非法的经济活动，使其调节范围具有较大的局限性。用行政手段调节经济容易束缚各经济主体从事生产经营活动的积极性和主动性，使经济缺乏活力。而用经济手段调节经济，由于其主要是通过调节经济利益关系来引导或限制经济行为，因此有利于发挥各经济主体的积极性和主动性，从而搞活经济。在运用经济手段调节经济时，税收手段具有较大的灵活性，国家可以根据某一时期的政治经济任务和政策，运用不同的税种、税率、减免等多种手段，对不同的纳税人、产品、行为、产业进行不同的调节。

>>> （三）税收的监督管理职能

税收的监督管理职能是指税收在参与社会产品分配，取得财政收入的过程中所具有的对经济运行过程进行监督管理的职责与功能。它能够借助和经济的必然联系来反映国民经济运行和企业生产经营中的某些情况，发现存在的问题，为国家制定相应政策和为企业解决这些问题提供线索和依据。在税收的征收过程中，需要对纳税人的经济活动进行税务管理，如通过纳税检查、税务审计、税源调查、税源预测等一系列工作，正确反映国民经济动态和对经济活动实行有效的监督。税收之所以具有监督管理职能，是因为税收一方面具有满足国家对社会经济运行监督管理需要的职责，另一方面也具有对社会经济进行有效监督的能力。

税收的监督管理职能贯穿于税收活动的全过程。首先，税收在执行财政职能和经济职能时，体现税收与经济的特殊联系，反映经济生活中存在的某些问题，客观上就构成了对经济生活的监督。国家和企业依据税收反映的情况和提供的信息，就能够采取相应的措施解决问题和化解矛盾。其次，国家依据对税收职能的认识，制定税收政策、税收制度，这就是对经济活动的管理。只有制定正确的税收政策和税收制度，才能确保国家通过税收手段对经济活动和经济生活实行有效的管理。否则，国家的财政收入就得不到保障，税收调节社会经济职能也难以实现。再次，由于税收和经济之间存在特殊的联系，因此，税收的每一项活动都构成对国民经济运行和经济活动的有效监督和管理。

税收的三个职能之间的关系是辩证统一的关系，其中起支配作用的始终是税收的财政职能，税收的经济职能和监督管理职能是派生职能。经济职能和监督管理职能不可能脱离税收的财政职能而独立存在。税收调节经济始终是在以取得收入为目的的具体方式中进行的，只有借助于这种方式，才称得上是税收调节。否则，税收调节就会失去可以依托的对象。同样的道理，只有借助于取得收入的具体方式以及在该方式上存在的税收与经济的具体联系，才能对经济进行监督管理。离开财政职能，税收的监督和管理就成了一句空话。此外，经济职能和监督管理职能之间没有直接的关系，它们之间没有像它们对财政职能的那种依存关系。

三、税收效应

>>> （一）税收效应的概念

税收效应（tax effect）是指纳税人因国家课税而在其经济选择或经济行为方面作出的反应，从另一个角度说，是指国家课税对消费者的选择以至生产者的决策的影响，也就是税收对经济所起的调节作用。

政府课税除为满足财政所需外，总是要对经济施加某种影响。但其影响的程度和效果如何，不一定会完全符合政府的最初意愿，纳税人对政府课税所作出的反应可能和政府的意愿保持一致，但更多的情况可能是与政府的意愿背道而驰。比如课税太重或课税方式不健全都可能使纳税人不敢尽心尽力地运用他的生产能力。又如政府课征某一种税，是想促使社会资源配置优化，但执行的结果可能是社会资源配置更加不合理。凡此种种，都可归于税收效应。

税收效应在理论上常分为正效应与负效应、收入效应与替代效应、中性效应与非中性效应、激励效应与阻碍效应等。在实际分析中，根据需要，税收效应还可进一步分为储蓄效应、投资效应、产出效应、社会效应、心理效应等。

▶▶▶ （二）税收效应的分类

1. 正效应与负效应

某税的开征必定使纳税人或经济活动作出某些反应，如果这些反应与政府课征该税时所希望达到的目的一致，税收的这种效应就称正效应；如果课税实际产生的经济效果与政府课税的目的相违背，税收的这种效应则称负效应。例如，我国开征烧油特别税的主要目的是通过对工业锅炉和窑炉烧用的原油和重油征税，限制和压缩烧油，实现以煤代油。如果有充分的数据说明，通过一年或若干年的课税之后，政府课征该税所取得的收入越来越少，则说明工业锅炉和窑炉烧用的应税油品在逐渐减少，该税发挥的效应是正效应。税收负效应的一个最明显的例子是1747年英国课征的窗户税，征该税的目的是取得财政收入，但其结果是纳税人为了逃避该税纷纷将窗户封塞。显然政府通过课征该税，不仅未能使财政收入逐渐增大，反而使纳税人将窗户封塞，从而减少了舒适度。

政府课征某税究竟是在产生正效应还是在产生负效应，可用课征该税取得的收入环比增长率来测定。用公式表示如下：

收入环比增长率＝（本期收入－上期收入）/上期收入×100%

如果政府课征该税的主要目的是筹集财政收入，当上式中收入环比增长率为正时，该税产生的效应是正效应；如果该比率为零或为负，则说明该税没有产生正效应甚或产生了负效应。

如果政府课征该税的主要目的不是为了筹集财政收入，而是为了限制经济活动向原有方向发展或促进其向新的方向发展，那么当收入环比增长率为负时，该税产生的效应为正效应；如果该比率为零或为正，则说明该税无效应或产生了负效应。

在这里，政府的职责在于应经常对税收的正负效应进行分析，要根据产生负效应的原因及时修正税则，使课税产生的效果和政府的初衷保持一致。

2. 收入效应与替代效应

从税收对纳税人的影响来看，一般可产生收入效应或替代效应，或两者兼有。税收的收入效应是指课税减少了纳税人可自由支配的所得和改变了纳税人的相对所得状况。税收的收入效应本身并不会造成经济的无效率，它只表明资源从纳税人手中转移到政府手中。但因收入效应而引起纳税人对劳动、储蓄和投资等所作出的进一步反应则会改变经济的效率与状况。

税收的替代效应是指当某种税影响相对价格或相对效益时，人们就选择某种消费或活动来代替另一种消费或活动。例如，累进税率的提高使得工作的边际效益减少，人们会选择休息来代替部分工作时间；又如对某种商品课税可增加其价格，从而使个人选择消费无税或轻税的商品。税收的替代效应一般会妨碍人们对消费或活动的自由选择，进而导致经济的低效或无效。

3. 中性效应与非中性效应

中性效应是指政府课税不打乱市场经济运行，即不改变人们对商品的选择，不改变人们在支出与储蓄之间的抉择，不改变人们在努力工作还是休闲自在之间的抉择。能起中性效应的税我们称之为中性税。中性税只能是对每个人一次征收的总额税——人头税，因为人头税不随经济活动的形式的变化而变化，所以它对经济活动不会产生什么影响。但人头税由于涉及所有的人，它可能会影响到纳税人家庭对人口多少的规划。所以，即使是人头税，在一般情况下也不可能是完全中性的。可以肯定地说，在现代社会，完全意义上的中性税是根本不存在的。

与中性效应相反，非中性效应是指政府课税影响了经济运行机制，改变了个人对消费品、劳动、储蓄和投资等的抉择，进而影响到资源配置、收入分配和公共抉择等。几乎所有的税收都会产生非中性效应，因而现代社会的税收均属于非中性税收。

4. 激励效应与阻碍效应

税收激励效应是指政府课税（包括增税或减税）使得人们更热衷于某项活动，而阻碍效应则是指政府课税使得人们更不愿从事某项活动。但政府的课税究竟是产生激励效应还是产生阻碍效应，取决于纳税人对某项活动的需求弹性。弹性很少，则政府课税会激励人们更加努力地工作，赚取更多的收入，以保证其所得不因课税而有所减少；如果纳税人对税后所得的需求弹性大，则政府课税会妨碍人们去努力工作，因为与其努力工作从而赚取收入付税，不如少赚收入不付税。

第五节　税收负担与税负转嫁

一、税收负担的概念和分类

税收负担，简称税负，是指一定时期内纳税人向国家缴纳税款所承受的经济负担程度或负担水平。它集中表明国家与纳税人在分配上的量的关系，或者说实质反映了在国民生产总值或国民收入分配中，国家、企业、个人三者间的比例分配关系，以及地区间、部门间、行业间、阶层间的比例分配关系。

税收负担通常用负担率来表示，即纳税人的纳税金额（主要是实纳税额）与其计税依据（生产额、收入额、所得额、收益额、财产额）的比例，如所得税负担即为实纳所得税额占其所得总额之比；消费税负担为实纳消费税额占其销售收入之比；等等。

按照不同的标准，税收负担有不同的分类。根据考察的层次和角度不同，税收负担可分为：（1）宏观税收负担，即全社会总税收负担；（2）局部或中观税收负担，即某个地区或某个税种的税收负担，以及同一类型纳税人，如同种经济成分、同一部门、同一行业以及某个阶级或阶层的税收负担；（3）微观税收负担，即单个企业、农民或城镇居民个人的税收负担等。从纳税人实际承受税收负担的量度的角度来看，可分为：（1）名义负担，即纳税人按税法规定的税率及相应条款纳税所形成的税收负担，表现为法律规定纳税人应承担税收的量度；（2）实际负担，即纳税人或征税对象实际承受的税收负担，表现为纳税人最终负担国家税收的量度。名义负担与实际负担可能一致，也可能不一致。在不一致的情况下，实际负担通常小于名义负担。按照税负是否转移的标准，税收负担可分为：（1）直接负担，即纳税人所纳税款直接由自己承担，纳税人就是负税人；（2）间接负担，即纳税人缴纳税款后，通过各种方式或途径，最终将税款的一部分或全部转由他人负担，此时纳税人并不是负税人。

除了上述几种主要分类外，从税额与征税对象或纳税人之间关系的角度看，税收负担还可分为等量负担、等比负担、累进负担；从税种角度来看，又分为商品税负担、所得税负担、财产税负担等。

税收负担问题既涉及国家集中财力的多少，又涉及纳税人承受能力的大小，直接关系到国民经济的健康发展，关系到国家、集体（企业）、个人之间，地区、部门、行业之间，各种经济成分之间，各类纳税人之间的利益分配，体现着国家的分配政策，是制定税收政策的核心，也是确定税收制度法令的依据，是充分有效发挥税收调节作用的着力点。

二、税负转嫁

税负转嫁是指在商品交换过程中，纳税人通过提高销售价格或压低购进价格的方法，将税负转嫁给购买者或供应者的一种经济现象。税负转嫁并不会影响税收的总体负担，但会使税收负担在不同的纳税人之间进行分配，对不同的纳税人产生不同的经济影响。税负转嫁是制定税收政策时必须考虑的重要因素。

▶▶▶ （一）税负转嫁的形式

1. 前转嫁

前转嫁又称顺转嫁，是指纳税人通过交易活动，将税款附加在价格之上，顺着价格运动方向向前转移给购买者负担。前转嫁是税负转嫁的基本形式，也是最典型和最普遍的转嫁形式。这种转嫁可能一次完成，也可能多次完成。当购买者属于消费者时，转嫁会一次完成。当购买者属于经营者时，会发生辗转向前转嫁的现象，可称为滚动式前转。如果购买者不再转嫁本环节的税负，只发生原销售者的税负转嫁，则称为单一滚动式前转；如果购买者将本环节的税负也加在价格之上向前转移，则称为复合滚动式前转。

2. 后转嫁

后转嫁也称为逆转嫁，是指纳税人通过压低购进商品（劳务）的价格，将其缴纳的税款冲抵价格的一部分，逆着价格运动方向，向后转移给销售者负担。属于由买方向卖方的转嫁。后转嫁可能一次完成，也可能多次才会完成。当销售者无法再向后转嫁时，销售者就是税负承担者，转嫁一次完成。当销售者能够继续向后转嫁时，也会发生辗转向后转移税负的现象，可称为滚动式后转。如果销售者不再转移本环节的税负，则属于单一滚动式后转。如果销售者连同本环节税负一并向后转嫁，则属于复合滚动式后转。

3. 混合转嫁

混合转嫁是指纳税人将其缴纳的税款一部分前转嫁，一部分后转嫁，使其税负不归于一人，而是分散给多人负担，属于纳税人分别向卖方和买方的转嫁。混合转嫁除了其转嫁的次数可能为一次或多次，会发生滚动式转嫁以外，还会由于供求关系的变化或纳税人对商品及原材料市场的垄断、控制状况的改变而出现比较复杂的局面。在通常情况下，前转嫁和后转嫁的税款比例以及总体上能够转移的额度都是不稳定的。

▶▶▶ (二) 税负转嫁的条件

（1）存在商品流通。税负转嫁是在商品交换中通过商品价格的变动实现的。没有商品流通，就不会有税收负担的转嫁。因此，存在商品流通是税负转嫁的经济前提。

（2）比较课税商品供给与需求的相对弹性。纳税人自己负担的部分和转嫁出去的部分的比例主要受制于课税商品的相对弹性。需求弹性较大，供给弹性较小，税收将主要由纳税人自己负担；需求弹性较小，供给弹性较大，税收将主要由其他人负担。税负完全转嫁或完全不能转嫁的情况，理论上只能有下列四种：一是需求完全没有弹性，二是需求有充分弹性，三是供给完全没有弹性，四是供给有充分弹性。在第一种和第四种情况下，税负可以完全转由购买者负担，在第二种和第三种情况下，税负将完全由纳税人自己负担。当然，这四种情况出现的机会都很少，因此，较普遍的情况总是在这两个极端之间。

随着我国社会主义市场经济体制的逐步完善，我国的各类企业已成为市场竞争的利益主体，已形成以自由定价为主的价格形成机制，这就为我国在市场经济条件下实现税负转嫁提供了基本条件和现实可能性。税负转嫁也成为影响税收负担在不同纳税人之间分配的因素之一。

◉ 复习题

一、单项选择题

1. 税收产生于（　　）。

    A. 原始社会　　　　　　　　　　B. 奴隶社会

    C. 封建社会　　　　　　　　　　D. 资本主义社会

2. 国家财政收入的主要形式是（　　）。

    A. 国债　　　　　　　　　　　　B. 国有企业上缴的利润

    C. 税收　　　　　　　　　　　　D. 罚没收入

3. 税收的目的是（　　）。

    A. 为社会提供公共产品　　　　　B. 组织收入

    C. 满足社会公共需要　　　　　　D. 履行国家职能

4. 公元前594年，鲁国实行的（　　）改革，标志着中国的税收已经从雏形阶段进入成熟时期。

    A. 贡助长彻　　　B. 商鞅变法　　　C. 初税亩　　　D. 关市之赋

5. 税收分配的对象是（　　）。

A. 流转额　　　　B. 所得额　　　　C. 财产　　　　D. 社会产品或国民收入

6. 税收改变了社会成员与政府各自占有社会产品价值量的份额，税收属于（　　）范畴。

A. 生产　　　　B. 分配　　　　C. 交换　　　　D. 消费

7. 税收"三性"的核心是（　　）。

A. 强制性　　　　B. 无偿性　　　　C. 系统性　　　　D. 固定性

8. 税收的首要原则是（　　）。

A. 财政原则　　　　B. 公平原则　　　　C. 效率原则　　　　D. 法治原则

9. 税收的强制性意味着（　　）。

A. 国家可以随意强迫企业或个人缴纳货币或财产

B. 国家可以对企业或个人贡献的货币或财产不予退还

C. 国家依法征收，企业或个人依法纳税

D. 全社会的个人或法人都必须向国家缴纳同量的税收，否则要受到处罚

10. 负有纳税义务的社会团体和社会成员都必须遵守国家税法的规定依法纳税，否则将要受到法律的制裁。这是税收的基本特征之一，该项特征指的是下列特征中的（　　）。

A. 强制性　　　　B. 固定性　　　　C. 法律性　　　　D. 无偿性

11. 税收的无偿性是指（　　）。

A. 税款不适用于具体纳税人

B. 税款不直接归还纳税人

C. 国家无偿向纳税人提供产品或服务

D. 国家取得的税收无偿用于一部分人

12. 税收的财政职能是凭借国家的（　　）强制实现的。

A. 行政权力　　　　B. 管理权力　　　　C. 政治权利　　　　D. 财产权利

13. 税收的（　　）是我国宏观经济调控的重要手段。

A. 经济职能　　　　B. 财政职能　　　　C. 监督职能　　　　D. 分配职能

二、多项选择题

1. 在社会主义市场经济条件下我国的税收原则包括（　　）。

A. 财政原则　　　　B. 公平原则　　　　C. 效率原则　　　　D. 法治原则

2. 税收的特征包括（　　）。

A. 强制性　　　　B. 无偿性　　　　C. 固定性　　　　D. 法制性

3. 税收的职能包括（　　）。

A. 分配职能　　　　B. 财政职能　　　　C. 经济职能　　　　D. 监督职能

4. 税收产生的主要条件是（　　）。

A. 社会生产力的发展有了剩余产品

B. 爆发战争

C. 产生了生产资料私有制

D. 建立了国家

5. 我国税收的最初形式有（　　）。

A. 贡　　　　B. 助　　　　C. 彻　　　　D. 捐

三、简答题

1. 我国现行税收体系包括哪些税种？

2. 税收有哪些特点？

3. 简述税收与经济的关系。

4. 税收原则包括哪些内容？

5. 阐述税收职能是什么？

6. 比较不同税率在负担政策上的区别及其优缺点。

7. 税负转嫁形式有几种？其各自含义是什么？

第二章

税收制度的构成要素与税收分类

【本章要点】

1. 税收制度的构成要素　　　　　　　　　　2. 税收分类

【导入案例】

2009 年 9 月 1 日，新修订的《中华人民共和国个人所得税法》正式实施。有传闻说，单位发月饼要交"月饼税"，有人无法理解：这个税是突然冒出来的吗？2011 年年初，在某门户网站上，一篇关于《山东政协委员称馒头税率达 17％应降税》的文章掀起了关于"馒头税"讨论的风波，一时间，全国各地都在热议"馒头税"，馒头真的会被征税吗？自 2018 年 1 月 1 日起，首部《中华人民共和国环境保护税法》正式实施，其中与农村养殖户关系最为密切的一条消息是农村将正式开始征收"猪粪税""鸡粪税""牛粪税"，这样的消息确切吗？"月饼税""馒头税""粪税"真的存在吗？它们到底是什么税种？

第一节　税收制度

一、税收制度的概念

税收制度简称"税制"，它是国家以法律或法令形式确定的各种课税办法的总和，反

19

映了国家与纳税人之间的经济关系,是国家财政制度的主要内容。税收制度的内容包括税种的设计、各个税种的具体内容,如征税对象、纳税人、税率、纳税环节、纳税期限、违章处理等。广义的税收制度还包括税收管理制度和税收征收管理制度。一个国家制定什么样的税收制度,是生产力发展水平、生产关系性质、经济管理体制以及税收应发挥的作用决定的。

二、税收制度的构成要素

在任何一个国家里,不论采用什么样的税收制度,构成税种的要素都不外乎以下几项:纳税人、征税对象、税目、税率、计税依据、纳税环节、纳税期限、纳税地点、减税、免税和法律责任。

▶▶▶ (一) 纳税人

纳税人是纳税义务人的简称,是税法规定的直接负有纳税义务的单位和个人,即直接向税务机关缴纳税款的单位和个人,也称纳税主体。每一种税都有关于纳税义务人的规定,解决向谁征税的问题,因此,纳税人是税法的基本要素。

纳税义务人可以是自然人,也可以是法人。自然人是能独立行使权利和承担义务的个人,包括本国公民和居住在所在国的外国公民;法人是依照法定程序成立、具有独立财产并能以自己名义行使权利和承担义务的社会组织,如企业、社团、单位等。

纳税义务人不同于负税人,负税人是实际负担税款的单位及个人,间接或者直接承担税款。在税负不能转嫁的条件下,负税人也就是纳税人;在税负能够转嫁的条件下,负税人并不是纳税人。

还有一个跟纳税人相关的概念,就是扣缴义务人。扣缴义务人是指法律、行政法规规定负有代扣代缴、代收代缴税款义务的单位和个人。扣缴义务人既可以是各种类型的企业,也可以是机关、社会团体、民办非企业单位、部队、学校和其他单位,或者是个体工商户、合伙经营者和其他自然人。扣缴义务人既非纯粹意义上的纳税人,又非实际负担税款的负税人,只是负有代为扣税并缴纳税款法定职责的义务人。税法确定扣缴义务人,目的是加强税收的源泉控制,简化征税手续,保证国家财政收入。一般在收入零星、纳税分散的情况下,采取扣缴义务人的办法。扣缴义务人有义务按期、足额缴库,扣缴义务人应扣未扣、应收而不收税款的,由税务机关向纳税人追缴税款,对扣缴义务人处应扣未扣、应收未收税款百分之五十以上三倍以下的罚款。

▶▶▶ (二) 征税对象

征税对象又称征税客体,是指对什么东西征税,是征税的标的物。征税对象反映了征税的广度,是一种税区别于另一种税的主要标志,是税制的基本要素。

征税对象按其性质的不同,通常划分为流转额、所得额、财产、资源、特定行为等五大类。从具体的税种去体现,就是每个税种的征税范围。

▶▶▶ ［（三）税目］

税法中对征税对象分类规定的具体的征税项目称为税目。例如，我国新税制中的消费税的征税对象是生产和进口的应税消费品，对消费品共设计了 15 个税目，21 个子目，共计 30 个征税项目。有些税种征税对象简单、明确，没有另行规定税目的必要，如企业所得税。税法规定税目的目的是明确具体的征税范围，它体现了征税的广度，列入税目的就是应税的产品或项目，没有列入税目的就不是应税的产品或项目。通过规定各种税目，可以对不同的产品或项目制定高低不同的税率，体现国家税收政策。

▶▶▶ ［（四）税率］

税率是应纳税额与征税对象数额之间的法定比例，是计算税额的尺度，体现了征税的深度。税收的固定性特征主要是通过税率来体现的。在征税对象确定的前提下，税率形式的选择和水平的高低决定着国家税收收入的规模和纳税人的负担水平。因此，税率是税收制度的中心环节。科学合理地设置税率是正确处理国家、企业和个人之间的分配关系，充分发挥税收经济杠杆作用的关键。税率可分为比例税率、定额税率、累进税率三大类。

▶▶▶ ［（五）计税依据］

征税对象的量化表现为计税依据和计税单位。计税依据是指计算应纳税额的根据。计税依据可以分为计税金额和计税数量两类。计税金额是以征税对象的数量与单位价格的乘积作为计税依据，如消费税以销售数量乘以销售单价所得的销售收入金额为计税依据，增值税以增值额为计税依据，企业所得税和个人所得税以所得额为计税依据。从量计征的税收以征税对象的实物数量作为依据，如车船使用税以车辆的辆数和船舶吨位为标准计税，城镇土地使用税以平方米为标准计税。在某些情况下，上述两类计税依据可以并用，如对白酒征收的消费税以斤数和出厂价格为计税依据。计税依据是课税对象数额的法定计量标准，可分为以货币为单位和以实物数量为单位两类。以货币为单位的计税标准一般是指各国（地区）的货币基本单位（美元、英镑、元等）；以实物数量为计税标准，则是指各国（地区）税法规定的具体计量单位（吨、桶、立方米、平方米等）。

▶▶▶ ［（六）纳税环节］

纳税环节是商品在流通过程中缴纳税款的环节。任何税种都要确定纳税环节，有的比较明确、固定，有的则需要在许多流转环节中选择确定。如对一种商品，在生产、批发、零售等诸多环节中，可以选择只在生产环节征税，称为一次课征制；也可以选择在两个环节征税，称为两次课征制；还可以实行在所有流转环节都征税，称为多次课征制。

▶▶▶ ［（七）纳税期限］

纳税期限是税制要素之一，是指税法规定的纳税人发生纳税义务以后缴纳税款和扣缴义务人发生扣缴税款义务以后解缴税款的期限。

纳税期限是根据纳税人的经营规模、应纳税额的多少和各个税种的不同特点确定的，包括纳税计算期和税款缴库期。

纳税计算期一般有两种情况：一是按期计算，即以纳税人发生纳税义务和扣缴义务人发生扣缴税款义务的一定期间作为纳税计算期。例如，消费税的纳税期限分别为1天、3天、5天、10天、15天、1个月和1个季度。纳税计算期届满以后，纳税人、扣缴义务人即应当缴纳税款。二是按次计算，即以纳税人从事生产、经营活动的次数作为纳税计算期，一般适用于对某些特定行为的征税或者对临时经营者的征税，如印花税、契税等税种多在纳税人发生纳税义务以后按次计算应纳税额。

由于纳税人、扣缴义务人对纳税计算期内所取得的应税收入、应纳税款、代扣代收税款需要一定的时间办理结算和缴税手续，所以，税法规定了税款的入库期限，即税款缴库期。税款缴库期是指纳税计算期届满以后纳税人、扣缴义务人报缴税款的法定期限。例如，消费税纳税人以1个月和1个季度为一期纳税的，自期满之日起15天以内申报纳税。

▶▶▶ （八）纳税地点

纳税地点是指税法规定的纳税人申报纳税的地点，主要适用于涉及两地申报纳税的税种。

▶▶▶ （九）减税、免税

减税是对应纳税额少征一部分税款；免税是对应纳税额全部免征税款。减税、免税是对某些纳税人和征税对象给予鼓励和照顾的一种措施。减税、免税的类型有：一次性减税、免税，一定期限的减税、免税，困难照顾型减税、免税，扶持发展型减税、免税等。

▶▶▶ （十）法律责任

法律责任包括加收滞纳金、处理罚款、送交人民法院依法处理等。违章处理是税收强制性在税收制度中的体现，纳税人必须按期足额缴纳税款，凡有拖欠税款、逾期不缴税、偷税逃税等违反税法行为的，都应受到制裁（包括法律制裁和行政处罚制裁等）。

第二节　税收分类

税收制度的主体是税种，当今世界各国普遍实行由多个税种组成的税收体系。每个税种都具有自身的特点和功能，但用某一个特定的标准去衡量，有些税种具有共同的性质、特点和相近的功能，把性质相同的或近似的税种归为一类，而与其他税种相区别，这就是税种分类。按照不同的分类标志，税种的分类方法一般有以下几种：

一、按课税对象的性质分类

按课税对象的性质分类，是我国对税收进行分类的常用方法之一。依据课税对象的性质不同，可以把税收分成流转税、资源税、所得税、财产税和行为税等。流转税一般是指对商品的流转额和服务的营业额征收的那一类税收，流转税是我国现行最大的一类税收，我国现行征收的增值税、消费税、关税等，都属于流转税。资源税是指对开发和利用的自然资源课征的税收，包括对矿产资源、土地资源和盐资源的课税等。所得税是指对纳税人的所得额或利润额课征的税收，如我国开征的个人所得税和企业所得税等，都属于所得税。财产税是指对纳税人的各种财产，包括动产和不动产课征的税收，财产课税的税源不是财产本身的价值，而是财产的收益或财产所有人的收入，如房产税、土地增值税等，都属于财产税。行为税是指对特定行为，出于特定目的而征收的税收，征收特定行为税的目的，不在于增加财政收入，而在于实现国家的特定目的，落实国家的有关政策，如房屋出售时承受方缴纳的契税，购置车辆时应缴纳的车辆购置税，出于环境保护的目的而征收的环境保护税等。

二、按计税依据分类

按税收的计税依据划分，可分为从价税和从量税。从价税是以课税对象的价值或价格为计税依据，计算应征税额的税收，又称从价计征。从量税是以计税依据的数量、重量、面积、容积、体积等为对象，计算应征税额的税收，又称从量计征。从价税和从量税各具特色，应根据具体情况加以选择使用。从价税以价格为依据，其税额可随商品价格的变化而变化，从而与国民经济的发展密切相连，有利于税收稳定持续增长。从量税不依价格的变化而变化，但它具有计税简便的特点。我国现行税制同时采用了从价税与从量税，但以从价税为主。

三、按税收与价格的关系分类

按税收与价格的关系划分，可分为价内税和价外税。价内税是在征税对象的计税依据之中包含有税款的税。价外税是税款独立于征税对象的计税依据之外的税。

这里所说的"价"其实是由商品税的计税依据即价格延伸而来的，现行税收制度中所说的价内税和价外税中的"价"，其实是指该税种的计税依据。因此，价内税是指税额在计税依据之内，如消费税等；价外税是指税额在计税依据之外，如增值税等。

四、按税收管理和使用的权限分类

按税收管理和使用的权限可分为中央税、地方税、中央地方共享税。中央税是属于中央政府的财政收入，由国家税务局征收管理，如消费税、关税、车辆购置税、海关代征的增值税和消费税等。地方税是属于各级地方政府的财政收入，由地方税务局征收管理，如房产税、土地增值税、契税、城镇土地使用税、耕地占用税、车船使用税等。中央地方共享税是属于中央政府与地方政府的共同收入，目前由国家税务局征收管理，如增值税、资源税、印花税等。

五、按税收收入的形态分类

按税收收入的形态可分为实物税和货币税。实物税是指以实物形式征收的税，主要存在于商品经济不发达的时代和国家。货币税是指以货币形式征收的税。它是当今市场经济国家最普遍、最基本的税收收入形式。

六、按税负是否转嫁分类

按税负是否转嫁可分为直接税和间接税。直接税是指纳税人直接为负税人，税负不能发生转嫁的税收，如各种所得税、财产税等都属于直接税。间接税是指纳税人并非实际的负税人，纳税人可通过各种方法，将税款转嫁给他人负担的税收，如我国的增值税、消费税等都属于间接税。

七、按税收用途分类

按税收用途分类可分为一般税和目的税。目的税（earmarked tax），又称特别税、特定税，是专门用于某种特定支出或国家作为特殊调节手段而设置的税种，如为了加强对宏观经济的调节和控制，我国从1982年起先后开征了烧油特别税、建筑税、奖金税、国营企业工资调节税、固定资产投资方向调节税等目的税。这些税种的收入虽然不太多，但调节的目的明确，调节作用显著。

一般税，又称普通税，是目的税的对称，是指用于国家一般性支出而非特定用途的税收。一般税与目的税是西方国家税收的一种分类，它是以课税是否有特定用途为标准而划分的。一般税的特点是：常选择税基厚、税源丰的课税对象，采用普通税率持续而稳定地征收；这类税实现税收筹集财政收入的主要职能，对社会生活进行一般调节或广泛调节。所以，一般来说，一个国家的大多数税种属于一般税。

◎ 复习题

一、单项选择题

1. 按（　　）分类，我国税种可划分为流转税、所得税、资源税、财产税和行为税五大类。
   A. 课税对象的性质　　　　　　B. 管理和使用的权限
   C. 税收与价格的关系　　　　　D. 预算收入构成和征税主管机关的不同
2. 按（　　）分类，我国税收可以分为中央税和地方税。

A. 课税对象的性质   B. 管理和使用的权限

C. 税收与价格的关系   D. 预算收入构成和征税主管机关的不同

3. 按（　　）分类，我国税收可以分为价内税和价外税。

A. 课税对象的性质   B. 管理和使用的权限

C. 税收与价格的关系   D. 预算收入构成和征税主管机关的不同

4. 下列税种中不属于流转税的是（　　）。

A. 增值税   B. 营业税   C. 个人所得税   D. 消费税

5. 下列税种中属于流转税的是（　　）。

A. 个人所得税   B. 土地增值税   C. 房产税   D. 消费税

6. 我国现行税制中，下列属于中央地方共享税的是（　　）。

A. 关税   B. 增值税   C. 房产税   D. 消费税

7. 我国现行税制中，下列属于中央税的是（　　）。

A. 资源税   B. 车辆购置税   C. 个人所得税   D. 企业所得税

8. 下列属于直接税的是（　　）。

A. 消费税   B. 增值税   C. 营业税   D. 个人所得税

9. 下列属于间接税的是（　　）。

A. 企业所得税   B. 消费税   C. 社会保障税   D. 个人所得税

10. 在税法的构成要素中，规定征税对象具体项目的税法构成要素是（　　）。

A. 征税对象   B. 纳税人   C. 税目   D. 税率

二、多项选择题

1. 税收制度的基本要素包括（　　）。

A. 纳税人   B. 征税对象   C. 税率   D. 纳税期限

2. 税率的基本形式为（　　）。

A. 比例税率   B. 累进税率   C. 定额税率   D. 超额累进税率

3. 按计算标准，可将税种分为（　　）。

A. 直接税   B. 从量税   C. 货币税   D. 从价税

4. 按收入归属，可将税种分为（　　）。

A. 中央税   B. 地方税   C. 中央地方共享税   D. 所得税

5. 按税收与价格的关系，可将税种分为（　　）。

A. 价内税   B. 流转税   C. 劳务税   D. 价外税

6. 下列各税种中属于流转税的是（　　）。

A. 增值税   B. 房产税   C. 营业税   D. 企业所得税

7. 下列属于中央地方共享税的是（　　）。

A. 企业所得税   B. 增值税

C. 个人所得税   D. 外商投资企业和外国企业所得税

三、简答题

1. 什么叫税制？它有哪些构成要素？

2. 按不同标准，税收分类方式有哪些？

第三章

增值税

【本章要点】

1. 增值税的征税范围、纳税人、税率与征收率
2. 增值税一般纳税人应纳税额的计算
3. 小规模纳税人应纳税额的计算
4. 进口货物应纳税额的计算
5. 增值税的退（免）税和征税
6. 增值税的税收优惠政策

【导入案例】
　　北漂一族小张最近遇到了一件"闹心事"，由于经济基础一般，她一直租房子住，最近房子要到期了，小张想要续租，但是房东要涨租金，理由是从 2016 年 5 月份开始，国家将全面实行营改增，房屋出租要缴纳增值税了，所以税收成本将增加，这部分税收就该由承租人小张承担。小张没想到"高大上"的营改增竟然会影响到自己的生活，那么房东的说法是否正确，营改增后我们的税负就会提高吗？

第一节　增值税概述

一、增值税的概念及特点

▶▶▶ （一）增值税的概念

　　增值税是以从事销售货物和服务，提供加工、修理修配劳务（以下简称"应税劳务"），销售无形资产或者不动产，以及进口货物的单位和个人所取得的增值额为课税对象的一种流转税。所谓增值额是指企业或者其他经营者在生产经营过程中或者在提供应税劳务、服务过程中新创造的那部分价值。对于增值额，可以从以下几个方面理解。

1. 理论增值额

理论增值额是指企业在生产经营过程中新创造的价值，根据马克思的劳动价值理论，新价值也就是商品价值 $C+V+M$ 中的 $V+M$ 部分，C 代表商品生产过程中所消耗的生产资料转移价值；V 代表工资，是劳动者为自己创造的价值；M 代表剩余价值或者利润，是劳动者为社会创造的价值。所以说理论增值额是劳动者创造的工资、利息和利润的合计。

2. 法定增值额

法定增值额是指各国政府根据各自国家的国情、政策要求，在制定增值税法规政策时人为确定的增值额。由于对外购固定资产的处理方法不一样以及对一些项目存在抵免税政策等原因，法定增值额不一定等于理论增值额。

▶▶▶ （二）增值税的特点

1. 避免重复征税，能够保持税收中性

增值税只对货物或劳务销售额中没有征过税的那部分增值额征税，对销售额中属于转移过来的、以前环节已征过税的那部分销售额则不再征税，从而避免了同一销售额因为流转而重复征税。此外，增值税税率档次少，一些国家只采取一档税率，即使采取二档或三档税率，其绝大部分货物一般也都是按一个统一的基本税率征税。这不仅使得绝大部分货物的税负是一样的，而且同一货物在经历的所有生产和流通的各环节的整体税负也是一样的。这种情况使增值税对生产经营活动以及消费行为基本不发生影响，从而使增值税具有了中性税收的特征。

2. 普遍征收，税收具有转嫁性质，最终税款由消费者承担

从增值税的征税范围来看，对从事生产经营和提供应税劳务、服务的所有单位和个人，只要商品、劳务和服务进入流转环节，就要征税，所以增值税具有普遍性的特点。另外，增值税虽然向纳税人征税，但纳税人可以通过提高所销售的商品或者所提供的服务或劳务的价格将税负转嫁给下一流通环节，所以最终的税收承担者是消费者。

3. 实行税款抵扣制度

增值税的税款抵扣制度是指在计算纳税人的增值税的应纳税款时，扣除商品、劳务和服务在上一环节已经负担的税款，以避免重复征税，最大限度地保证了增值税的计税依据本质上是增值额。一般来说，各国一般都实行凭购货发票进行抵扣的政策。

4. 计税依据不含税款本身，属于价外税

增值税在计算应缴纳税款时，作为计税依据的销售额中不含增值税税款本身，所以增值税属于价外税。这是增值税与其他流转税的重要区别。

二、增值税的类型

在确定法定增值额时，根据不同国家对外购固定资产所含税金扣除方式的不同，增

值税可以分为生产型增值税、收入型增值税和消费型增值税：

1. 生产型增值税

生产型增值税是指在确定法定增值额，确定所允许的扣除项目时，不包括所购入的固定资产及其对应的折旧。该类型增值税的征税对象大体上相当于国民生产总值，因此称为生产型增值税。

2. 收入型增值税

收入型增值税是指在征收增值税时，只允许扣除固定资产折旧部分所含的税款，未提折旧部分不得计入扣除项目金额。该类型增值税的征税对象大体上相当于国民收入，因此称为收入型增值税。

3. 消费型增值税

消费型增值税是在计算增值税时，允许将当期购入的固定资产价款一次性全部扣除，作为税基的法定增值额相当于纳税人当期的全部销售额扣除外购的全部生产资料价款后的余额。从整个国民经济来看，增值税的课税对象不包括生产资料部分，仅包括生产销售的消费品部分，所以说这种类型的增值税被称为消费型增值税。我国从 2009 年 1 月 1 日起，在所有地区实施消费型增值税。

三、增值税的征税范围

（一）征税范围的一般规定

现行增值税征税范围的一般规定包括：

1. 销售或者进口的货物

货物是指有形动产，包括电力、热力、气体在内。销售货物是指有偿转让货物的所有权。

2. 提供的应税劳务

应税劳务是指纳税人提供的加工、修理修配劳务。加工是指受托加工货物，即委托方提供原料及主要材料，受托方按照委托方的要求制造货物并收取加工费。修理修配是指受托方受托对损伤和丧失功能的货物进行修复，使其恢复原状和功能的业务。提供应税劳务是指有偿提供加工、修理修配劳务。单位或者个体工商户聘用的员工为本单位或者雇主提供加工、修理修配劳务的情况不包括在内。

有偿是指从购买方取得货币、货物或者其他经济利益。

3. 销售服务

销售服务，是指提供交通运输服务、邮政服务、电信服务、建筑服务、金融服务、现代服务、生活服务。

（1）交通运输服务。

交通运输服务是指利用运输工具将货物或者旅客送达目的地，使其空间位置得到转移的业务活动。包括陆路运输服务、水路运输服务、航空运输服务和管道运输服务。

①陆路运输服务。

陆路运输服务，是指通过陆路（地上或者地下）运送货物或者旅客的运输业务活动，包括铁路运输服务和其他陆路运输服务。

a. 铁路运输服务，是指通过铁路运送货物或者旅客的运输业务活动。

b. 其他陆路运输服务，是指铁路运输以外的陆路运输业务活动，包括公路运输、缆车运输、索道运输、地铁运输、城市轻轨运输等。

出租车公司向使用本公司自有出租车的出租车司机收取的管理费用，按照陆路运输服务缴纳增值税。

②水路运输服务。

水路运输服务，是指通过江、河、湖、川等天然、人工水道或者海洋航道运送货物或者旅客的运输业务活动。

水路运输的程租、期租业务，属于水路运输服务。

程租业务，是指运输企业为租船人完成某一特定航次的运输任务并收取租赁费的业务。

期租业务，是指运输企业将配备有操作人员的船舶承租给他人使用一定期限，承租期内听候承租方调遣，不论是否经营，均按天向承租方收取租赁费，发生的固定费用均由船东负担的业务。

③航空运输服务。

航空运输服务，是指通过空中航线运送货物或者旅客的运输业务活动。

航空运输的湿租业务，属于航空运输服务。湿租业务是指航空运输企业将配备有机组人员的飞机承租给他人使用一定期限，承租期内听候承租方调遣，不论是否经营，均按一定标准向承租方收取租赁费，发生的固定费用均由承租方承担的业务。

航天运输服务按照航空运输服务缴纳增值税。

航天运输服务，是指利用火箭等载体将卫星、空间探测器等空间飞行器发射到空间轨道的业务活动。

④管道运输服务。

管道运输服务，是指通过管道设施输送气体、液体、固体物质的运输业务活动。无运输工具承运业务按照交通运输服务缴纳增值税。无运输工具承运业务是指经营者以承运人身份与托运人签订运输服务合同，收取运费并承担承运人责任，然后委托实际承运人完成运输服务的经营活动。

（2）邮政服务。

邮政服务，是指中国邮政集团公司及其所属邮政企业提供邮件寄递、邮政汇兑和机要通信等邮政基本服务的业务活动。包括邮政普遍服务、邮政特殊服务和其他邮政服务。

①邮政普遍服务。

邮政普遍服务，是指函件、包裹等邮件寄递，以及邮票发行、报刊发行和邮政汇兑等业务活动。

②邮政特殊服务。

邮政特殊服务，是指义务兵平常信函、机要通信、盲人读物和革命烈士遗物的寄递等业务活动。

③其他邮政服务。

其他邮政服务，是指邮册等邮品销售、邮政代理等业务活动。

（3）电信服务。

电信服务，是指利用有线、无线的电磁系统或者光电系统等各种通信网络资源，提供语音通话服务，传送、发射、接收或者应用图像、短信等电子数据和信息的业务活动，包括基础电信服务和增值电信服务。

①基础电信服务。

基础电信服务，是指利用固网、移动网、卫星、互联网，提供语音通话服务的业务活动，以及出租或者出售带宽、波长等网络元素的业务活动。

②增值电信服务。

增值电信服务，是指利用固网、移动网、卫星、互联网、有线电视网络，提供短信和彩信服务、电子数据和信息的传输及应用服务、互联网接入服务等业务活动。

卫星电视信号落地转接服务按照增值电信服务缴纳增值税。

（4）建筑服务。

建筑服务，是指各类建筑物、构筑物及其附属设施的建造、修缮、装饰，线路、管道、设备、设施等的安装以及其他工程作业的业务活动，包括工程服务、安装服务、修缮服务、装饰服务和其他建筑服务。

①工程服务。

工程服务，是指新建、改建各种建筑物、构筑物的工程作业，包括与建筑物相连的各种设备或者支柱、操作平台的安装或者装设工程作业，以及各种窑炉和金属结构工程作业。

②安装服务。

安装服务，是指生产设备、动力设备、起重设备、运输设备、传动设备、医疗实验设备以及其他各种设备、设施的装配、安置工程作业，包括与被安装设备相连的工作台、梯子、栏杆的装设工程作业，以及被安装设备的绝缘、防腐、保温、油漆等工程作业。

固定电话、有线电视、宽带、水、电、燃气、暖气等经营者向用户收取的安装费、初装费、开户费、扩容费以及类似收费，按照安装服务缴纳增值税。

③修缮服务。

修缮服务，是指对建筑物、构筑物进行修补、加固、养护、改善，使之恢复原来的使用价值或者延长其使用期限的工程作业。

④装饰服务。

装饰服务，是指对建筑物、构筑物进行修饰、装修，使之美观或者具有特定用途的工程作业。

⑤其他建筑服务。

其他建筑服务，是指上列工程作业之外的各种工程作业服务，如钻井（打井）、拆除建筑物或者构筑物、平整土地、园林绿化、疏浚（不包括航道疏浚）、建筑物平移、搭脚手架、爆破、矿山穿孔、表面附着物（包括岩层、土层、沙层等）剥离和清理等工程作业。

（5）金融服务。

金融服务，是指经营金融保险的业务活动，包括贷款服务、直接收费金融服务、保险服务和金融商品转让。

①贷款服务。

贷款，是指将资金贷与他人使用而取得利息收入的业务活动。各种占用、拆借资金取得的收入包括金融商品持有期间（含到期）利息（保本收益、报酬、资金占用费、补偿金等）收入、信用卡透支利息收入、买入返售金融商品利息收入、融资融券收取的利息收入，以及融资性售后回租、押汇、罚息、票据贴现、转贷等业务取得的利息及利息性质的收入，按照贷款服务缴纳增值税。

融资性售后回租，是指承租方以融资为目的，将资产出售给从事融资性售后回租业务的企业后，从事融资性售后回租业务的企业将该资产出租给承租方的业务活动。

以货币资金投资收取的固定利润或者保底利润按照贷款服务缴纳增值税。

②直接收费金融服务。

直接收费金融服务，是指为货币资金融通及其他金融业务提供相关服务并且收取费用的业务活动，包括提供货币兑换、账户管理、电子银行、信用卡、信用证、财务担保、资产管理、信托管理、基金管理、金融交易场所（平台）管理、资金结算、资金清算、金融支付等服务。

③保险服务。

保险服务，是指投保人根据合同约定，向保险人支付保险费，保险人对于合同约定的可能发生的事故因其发生所造成的财产损失承担赔偿保险金责任，或者当被保险人死亡、伤残、疾病或者达到合同约定的年龄、期限等条件时承担给付保险金责任的商业保险行为，包括人身保险服务和财产保险服务。

人身保险服务，是指以人的寿命和身体为保险标的的保险业务活动。

财产保险服务，是指以财产及其有关利益为保险标的的保险业务活动。

④金融商品转让。

金融商品转让，是指转让外汇、有价证券、非货物期货和其他金融商品所有权的业务活动。

其他金融商品转让包括基金、信托、理财产品等各类资产管理产品和各种金融衍生品的转让。

（6）现代服务。

现代服务，是指围绕制造业、文化产业、现代物流产业等提供技术性、知识性服务的业务活动，包括研发和技术服务、信息技术服务、文化创意服务、物流辅助服务、租赁服务、鉴证咨询服务、广播影视服务、商务辅助服务和其他现代服务。

①研发和技术服务。

研发和技术服务包括研发服务、合同能源管理服务、工程勘察勘探服务、专业技术服务。

a. 研发服务，也称技术开发服务，是指就新技术、新产品、新工艺或者新材料及其系统进行研究与试验开发的业务活动。

b. 合同能源管理服务，是指节能服务公司与用能单位以契约形式约定节能目标，节能服务公司提供必要的服务，用能单位以节能效果支付节能服务公司投入及其合理报酬的业务活动。

c. 工程勘察勘探服务，是指在采矿、工程施工前后，对地形、地质构造、地下资源蕴藏情况进行实地调查的业务活动。

d. 专业技术服务，是指气象服务、地震服务、海洋服务、测绘服务、城市规划、环境与生态监测服务等专项技术服务。

②信息技术服务。

信息技术服务，是指利用计算机、通信网络等技术对信息进行生产、收集、处理、加工、存储、运输、检索和利用，并提供信息服务的业务活动，包括软件服务、电路设计及测试服务、信息系统服务、业务流程管理服务和信息系统增值服务。

a. 软件服务，是指提供软件开发服务、软件维护服务、软件测试服务的业务活动。

b. 电路设计及测试服务，是指提供集成电路和电子电路产品设计、测试及相关技术支持服务的业务活动。

c. 信息系统服务，是指提供信息系统集成、网络管理、网站内容维护、桌面管理与维护、信息系统应用、基础信息技术管理平台整合、信息技术基础设施管理、数据中心、托管中心、信息安全服务、在线杀毒、虚拟主机等业务活动，包括网站对非自有的网络游戏提供的网络运营服务。

d. 业务流程管理服务，是指依托信息技术提供的人力资源管理、财务经济管理、审计管理、税务管理、物流信息管理、经营信息管理和呼叫中心等服务的活动。

f. 信息系统增值服务，是指利用信息系统资源为用户提供的附加信息技术服务，包括数据处理、分析和整合，数据库管理，数据备份，数据存储，容灾服务，电子商务平台等。

③文化创意服务。

文化创意服务包括设计服务、知识产权服务、广告服务和会议展览服务。

a. 设计服务，是指把计划、规划、设想通过文字、语言、图画、声音、视觉等形式传递出来的业务活动，包括工业设计、内部管理设计、业务运作设计、供应链设计、造型设计、服装设计、环境设计、平面设计、包装设计、动漫设计、网游设计、展示设计、网站设计、机械设计、工程设计、广告设计、创意策划、文印晒图等。

b. 知识产权服务，是指处理知识产权事务的业务活动，包括对专利、商标、著作权、软件、集成电路布图设计的登记、鉴定、评估、认证、检索服务。

c. 广告服务，是指利用图书、报纸、杂志、广播、电视、电影、幻灯、路牌、招贴、橱窗、霓虹灯、灯箱、互联网等各种形式为客户的商品、经营服务项目、文体节目或者通告、声明等委托事项进行宣传和提供相关服务的业务活动，包括广告代理和广告的发布、播映、宣传、展示等。

d. 会议展览服务，是指为商品流通、促销、展示、经贸洽谈、民间交流、企业沟通、国际往来等举办或者组织安排的各类展览和会议的业务活动。

④物流辅助服务。

物流辅助服务，包括航空服务、港口码头服务、货运客运场站服务、打捞救助服务、装卸搬运服务、仓储服务和收派服务。

a. 航空服务，包括航空地面服务和通用航空服务。

航空地面服务，是指航空公司、飞机场、民航管理局、航站等向在境内航行或者在境内机场停留的境内外飞机或者其他飞行器提供的导航等劳务性地面服务的业务活动，包括旅客安全检查服务、停机坪管理服务、机场候机厅管理服务、飞机清洗消毒服务、空中飞行管理服务、飞机起降服务、飞行通信服务、地面信号服务、飞机安全服务、飞机跑道管理服务、空中交通管理服务等。

通用航空服务，是指为专业工作提供飞行服务的业务活动，包括航空摄影、航空培训、航空测量、航空勘探、航空护林、航空吊挂播洒、航空降雨、航空气象探测、航空海洋监测、航空科学实验等。

b. 港口码头服务，是指港务船舶调度服务、船舶通信服务、航道管理服务、航道疏浚服务、灯塔管理服务、航标管理服务、船舶引航服务、理货服务、系解缆服务、停泊和移泊服务、海上船舶溢油清除服务、水上交通管理服务、船只专业清洗消毒检测服务和防止船只漏油服务等为船只提供服务的业务活动。

港口设施经营人收取的港口设施保安费按照港口码头服务缴纳增值税。

c. 货运客运场站服务，是指货运客运场站提供货物配载服务、运输组织服务、中转换乘服务、车辆调度服务、票务服务、货物打包整理、铁路线路使用服务、加挂铁路客车服务、铁路行包专列发送服务、铁路到达和中转服务、铁路车辆编解服务、车辆挂运服务、铁路接触网服务、铁路机车牵引服务等业务活动。

d. 打捞救助服务，是指提供船舶人员救助、船舶财产救助、水上救助和沉船沉物打捞服务的业务活动。

e. 装卸搬运服务，是指使用装卸搬运工具或者人力、畜力将货物在运输工具之间、装卸现场之间或者运输工具与装卸现场之间进行装卸和搬运的业务活动。

f. 仓储服务，是指利用仓库、货场或者其他场所代客贮放、保管货物的业务活动。

g. 收派服务，是指接受寄件人委托，在承诺的时限内完成函件和包裹的收件、分拣、派送服务的业务活动。

收件服务，是指从寄件人收取函件和包裹，并运送到服务提供方同城的集散中心的业务活动。

分拣服务，是指服务提供方在其集散中心对函件和包裹进行归类、分发的业务活动。

派送服务，是指服务提供方从其集散中心将函件和包裹送达同城的收件人的业务活动。

⑤租赁服务。

租赁服务，包括融资租赁服务和经营租赁服务。

a. 融资租赁服务，是指具有融资性质和所有权转移特点的租赁活动，即出租人根据承租人所要求的规格、型号、性能等条件购入有形动产或者不动产租赁给承租人，合同期内租赁物所有权属于出租人，承租人只拥有使用权，合同期满付清租金后，承租人有权按照残值购入租赁物，以拥有其所有权。不论出租人是否将租赁物销售给承租人，均属于融资租赁。

按照标的物的不同，融资租赁服务可分为有形动产融资租赁服务和不动产融资租赁服务。

融资性售后回租不按照本税目缴纳增值税。

b. 经营租赁服务，是指在约定时间内将有形动产或者不动产转让他人使用且租赁物所有权不变更的业务活动。

按照标的物的不同，经营租赁服务可分为有形动产经营租赁服务和不动产经营租赁服务。

将建筑物、构筑物等不动产或者飞机、车辆等有形动产的广告位出租给其他单位或者个人用于发布广告，按照经营租赁服务缴纳增值税。

车辆停放服务、道路通行服务（包括过路费、过桥费、过闸费等）等按照不动产经营租赁服务缴纳增值税。

水路运输的光租业务、航空运输的干租业务，属于经营租赁。

光租业务，是指运输企业将船舶在约定的时间内出租给他人使用，不配备操作人员，不承担运输过程中发生的各项费用，只收取固定租赁费的业务活动。

干租业务，是指航空运输企业将飞机在约定的时间内出租给他人使用，不配备机组人员，不承担运输过程中发生的各项费用，只收取固定租赁费的业务活动。

⑥鉴证咨询服务。

鉴证咨询服务，包括认证服务、鉴证服务和咨询服务。

a. 认证服务，是指具有专业资质的单位利用检测、检验、计量等技术，证明产品、服务、管理体系符合相关技术规范、相关技术规范的强制性要求或者标准的业务活动。

b. 鉴证服务，是指具有专业资质的单位受托对相关事项进行鉴证，发表具有证明力的意见的业务活动，包括会计鉴证、税务鉴证、法律鉴证、职业技能鉴定、工程造价鉴证、工程监理、资产评估、环境评估、房地产土地评估、建筑图纸审核、医疗事故鉴定等。

c. 咨询服务，是指提供信息、建议、策划、顾问等服务的活动，包括金融、软件、技术、财务、税收、法律、内部管理、业务运作、流程管理、健康等方面的咨询。

翻译服务和市场调查服务按照咨询服务缴纳增值税。

⑦广播影视服务。

广播影视服务，包括广播影视节目（作品）的制作服务、发行服务和播映（含放映，下同）服务。

a. 广播影视节目（作品）制作服务，是指进行专题（特别节目）、专栏、综艺、体育、动画片、广播剧、电视剧、电影等广播影视节目和作品制作的服务。具体包括与广播影视节目和作品相关的策划、采编、拍摄、录音、音视频文字图片素材制作、场景布置、后期的剪辑、翻译（编译）、字幕制作、片头、片尾、片花制作、特效制作、影片修复、编目和确权等业务活动。

b. 广播影视节目（作品）发行服务，是指以分账、买断、委托等方式，向影院、电台、电视台、网站等单位和个人发行广播影视节目（作品）以及转让体育赛事等活动的报道及播映权的业务活动。

c. 广播影视节目（作品）播映服务，是指在影院、剧院、录像厅及其他场所播映广播影视节目（作品），以及通过电台、电视台、卫星通信、互联网、有线电视等无线或者有线装置播映广播影视节目（作品）的业务活动。

⑧商务辅助服务。

商务辅助服务，包括企业管理服务、经纪代理服务、人力资源服务、安全保护服务。

a. 企业管理服务，是指提供总部管理、投资与资产管理、市场管理、物业管理、日常综合管理等服务的业务活动。

b. 经纪代理服务，是指各类经纪、中介、代理服务，包括金融代理、知识产权代理、货物运输代理、代理报关、法律代理、房地产中介、职业中介、婚姻中介、代理记账、拍卖等。

货物运输代理服务，是指接受货物收货人、发货人、船舶所有人、船舶承租人或者船舶经营人的委托，以委托人的名义，为委托人办理货物运输、装卸、仓储和船舶进出港口、引航、靠泊等相关手续的业务活动。

代理报关服务，是指接受进出口货物的收、发货人委托，代为办理报关手续的业务活动。

c. 人力资源服务，是指提供公共就业、劳务派遣、人才委托招聘、劳动力外包等服务的业务活动。

d. 安全保护服务，是指提供保护人身安全和财产安全，维护社会治安等的业务活动，包括场所住宅保安、特种保安、安全系统监控以及其他安保服务。

⑨其他现代服务。

其他现代服务，是指除研发和技术服务、信息技术服务、文化创意服务、物流辅助服务、租赁服务、鉴证咨询服务、广播影视服务和商务辅助服务以外的现代服务。

（7）生活服务。

生活服务，是指为满足城乡居民日常生活需求提供的各类服务活动。包括文化体育服务、教育医疗服务、旅游娱乐服务、餐饮住宿服务、居民日常服务和其他生活服务。

①文化体育服务。

文化体育服务包括文化服务和体育服务。

a. 文化服务，是指为满足社会公众文化生活需求提供的各种服务，包括文艺创作、文艺表演、文化比赛，图书馆的图书和资料借阅，档案馆的档案管理，文物及非物质遗产保护，组织举办宗教活动、科技活动、文化活动，提供游览场所。

b. 体育服务，是指组织举办体育比赛、体育表演、体育活动，以及提供体育训练、体育指导、体育管理的业务活动。

②教育医疗服务。

教育医疗服务包括教育服务和医疗服务。

a. 教育服务是指提供学历教育服务、非学历教育服务、教育辅助服务的业务活动。学历教育服务是指根据教育行政管理部门确定或者认可的招生和教学计划组织教学，并颁发相应学历证书的业务活动，包括初等教育、初级中等教育、高级中等教育、高等教育等。非学历教育服务包括学前教育、各类培训、演讲、讲座、报告会等。教育辅助服务包括教育测评、考试、招生等服务。

b. 医疗服务是指提供医学检查、诊断、治疗、康复、预防、保健、接生、计划生育、防疫服务等方面的服务，以及与这些服务有关的提供药品、医用材料器具、救护车、病房住宿和伙食的业务。

③旅游娱乐服务。

旅游娱乐服务包括旅游服务和娱乐服务。

a. 旅游服务，是指根据旅游者的要求，组织安排交通、游览、住宿、餐饮、购物、文娱、商务等服务的业务活动。

b. 娱乐服务，是指为娱乐活动同时提供场所和服务的业务，具体包括：歌厅、舞厅、夜总会、酒吧、台球、高尔夫球、保龄球、游艺（包括射击、狩猎、跑马、游戏机、蹦极、卡丁车、热气球、动力伞、射箭、飞镖）。

④餐饮住宿服务。

餐饮住宿服务包括餐饮服务和住宿服务。

a. 餐饮服务，是指通过同时提供饮食和饮食场所的方式为消费者提供饮食消费服务的业务活动。

b. 住宿服务，是指提供住宿场所及配套服务等的活动，包括宾馆、旅馆、旅社、度假村和其他经营性住宿场所提供的住宿服务。

⑤居民日常服务。

居民日常服务，是指主要为满足居民个人及其家庭日常生活需求提供的服务，包括市容市政管理、家政、婚庆、养老、殡葬、照料和护理、救助救济、美容美发、按摩、桑拿、氧吧、足疗、沐浴、洗染、摄影扩印等服务。

⑥其他生活服务。

其他生活服务，是指除文化体育服务、教育医疗服务、旅游娱乐服务、餐饮住宿服务和居民日常服务之外的生活服务。

4. 销售无形资产

销售无形资产，是指转让无形资产所有权或者使用权的业务活动。无形资产，是指不具实物形态，但能带来经济利益的资产，包括技术、商标、著作权、商誉、自然资源使用权和其他权益性无形资产。

技术，包括专利技术和非专利技术。

自然资源使用权，包括土地使用权、海域使用权、探矿权、采矿权、取水权和其他自然资源使用权。

其他权益性无形资产，包括基础设施资产经营权、公共事业特许权、配额、经营权（包括特许经营权、连锁经营权、其他经营权）、经销权、分销权、代理权、会员权、席位权、网络游戏虚拟道具、域名、名称权、肖像权、冠名权、转会费等。

5. 销售不动产

销售不动产，是指转让不动产所有权的业务活动。不动产，是指不能移动或者移动后会引起性质、形状改变的财产，包括建筑物、构筑物等。

建筑物，包括住宅、商业营业用房、办公楼等可供居住、工作或者进行其他活动的建造物。

构筑物，包括道路、桥梁、隧道、水坝等建造物。

转让建筑物有限产权或者永久使用权的，转让在建的建筑物或者构筑物所有权的，以及在转让建筑物或者构筑物时一并转让其所占土地的使用权的，按照销售不动产缴纳增值税。

▶▶▶ （二）征税范围的特殊规定

增值税的征税范围除了上述的一般规定以外，还有对经济实务中某些特殊项目或行为的具体确定。

1. 特殊项目

（1）货物期货（包括商品期货和贵金属期货），应当征收增值税。纳税人应在期货的实物交割环节纳税。

（2）银行销售金银的业务，应当征收增值税。

（3）典当业的死当物品销售业务和寄售业代委托人销售寄售物品的业务，均应征收增值税。典当提供的服务属于贷款服务，应就其取得的利息收入缴纳增值税。

（4）电力公司向发电企业收取的过网费，应当征收增值税。

（5）对从事热力、电力、燃气、自来水等公用事业的增值税纳税人收取的一次性费用，凡与货物的销售数量有直接关系的，征收增值税；凡与货物的销售数量无直接关系的，不征收增值税。

（6）印刷企业接受出版单位委托，自行购买纸张，印刷有统一刊号（CN）以及采用国际标准书号编序的图书、报纸和杂志，按货物销售征收增值税。

（7）对增值税纳税人收取的会员费收入不征收增值税。

（8）各燃油电厂从政府财政专户取得的发电补贴不属于增值税规定的价外费用，不计入应税销售额，不征收增值税。

（9）纳税人转让土地使用权或者销售不动产的同时一并销售的附着于土地或者不动产上的固定资产中，凡属于增值税应税货物的，应计算缴纳增值税；凡属于不动产的，应按销售不动产税目计算缴纳增值税。

（10）纳税人在资产重组过程中，通过合并、分立、出售、置换等方式，将全部或者部分实物资产以及与其相关联的债权、负债和劳动力一并转让给其他单位和个人，不属于增值税的征税范围，其中涉及的货物转让，不征收增值税。

纳税人在资产重组过程中，通过合并、分立、出售、置换等方式，将全部或部分实物资产以及与其相关联的债权、负债经多次转让后，最终的受让方与劳动力接受方为同一单位和个人，仍适用上述规定，其中的货物多次转让行为均不征收增值税。

（11）出租车公司向使用本公司自有出租车的出租车司机收取的管理费用按照陆路运输服务缴纳增值税。

（12）固定电话、有线电视、宽带、水、电、燃气、暖气等经营者向用户收取的安装费、初装费、开户费、扩容费以及类似收费，按照安装服务缴纳增值税。

（13）纳税人销售电信服务时，附带赠送用户识别卡、电信终端等货物或者电信服务的，应将其取得的全部价款和价外费用进行分别核算，按各自适用的税率计算缴纳增值税。

（14）将建筑物、构筑物等不动产或者飞机、车辆等有形动产的广告位出租给其他单位或者个人用于发布广告，按照经营租赁服务缴纳增值税。

（15）车辆停放服务、道路通行服务（包括过路费、过桥费、过闸费等）等按照不动产经营租赁服务缴纳增值税。水路运输的光租业务、航空运输的干租业务，属于经营租赁。

（16）翻译服务和市场调查服务按照咨询服务缴纳增值税。

（17）个人将购买不足 2 年的住房对外销售的，按照 5% 的征收率全额缴纳增值税；

个人将购买 2 年以上（含 2 年）的住房对外销售的，免征增值税。

（18）一般纳税人销售电梯的同时提供安装服务，其安装服务可以按照甲供工程选择适用简易计税方法计税。纳税人对安装运行后的电梯提供的维护保养服务，按照"其他现代服务"缴纳增值税。

（19）经批准允许从事二手车经销业务的纳税人按照《机动车登记规定》的有关规定，收购二手车时将其办理过户登记到自己名下，销售时再将该二手车过户登记到买家名下的行为，属于《中华人民共和国增值税暂行条例》（以下简称《增值税暂行条例》）规定的销售货物的行为，应按照现行规定征收增值税。

（20）关于罚没物品征免增值税问题。

①执罚部门和单位查处的属于一般商业部门经营的商品，具备拍卖条件的，经执罚部门或单位同级财政部门同意后，公开拍卖。其拍卖收入作为罚没收入由执罚部门和单位如数上缴财政，不予征税。对经营单位购入拍卖物品再销售的应照章征收增值税。

②执罚部门和单位查处的属于一般商业部门经营的商品，不具备拍卖条件的，由执罚部门、财政部门、国家指定销售单位会同有关部门按质论价，交由国家指定销售单位纳入正常销售渠道变价处理。执罚部门按商定价格所取得的变价收入作为罚没收入如数上缴财政，不予征税。国家指定销售单位将罚没物品纳入正常销售渠道销售的，应照章征收增值税。

③执罚部门和单位查处的属于专管机关管理或专管企业经营的财物，如金银（不包括金银首饰）、外币、有价证券、非禁止出口文物，应交由专管机关或专营企业收兑或收购。

④执罚部门和单位按收兑或收购价所取得的收入作为罚没收入如数上缴财政，不予征税。专管机关或专营企业经营上述物品中属于应征增值税的货物，应照章征收增值税。

（21）航空运输企业提供的旅客利用里程积分兑换的航空运输服务，不征收增值税。

（22）油气田企业从事原油、天然气生产，它们为生产原油、天然气提供的生产性劳务应缴纳增值税。生产性劳务是指油气田企业为生产原油、天然气，从地质普查、勘探开发到原油天然气销售的一系列生产过程所发生的劳务。

（23）纳税人取得的中央财政补贴不属于增值税应税收入，不征收增值税。

（24）以积分兑换形式赠送的电信业服务，不征收增值税。

（25）纳税人根据国家指令无偿提供的铁路运输服务、航空运输服务，属于以公益活动为目的的服务，不征收增值税。

（26）纳税人已售票但客户逾期未消费取得的运输逾期票证收入，按照"交通运输服务"缴纳增值税。纳税人为客户办理退票而向客户收取的退票费、手续费等收入，按照"其他现代服务"缴纳增值税。

2. 特殊行为

（1）视同销售货物或者视同提供应税服务的行为。

单位或者个体工商户的下列行为，视同销售货物：

①将货物交付其他单位或者个人代销；

②销售代销货物；

③设有两个以上机构并实行统一核算的纳税人，将货物从一个机构移送至其他机构

用于销售，但相关机构设在同一县（市）的除外；

④将自产或者委托加工的货物用于非增值税应税项目；

⑤将自产、委托加工的货物用于集体福利或者个人消费；

⑥将自产、委托加工或者购进的货物作为投资，提供给其他单位或者个体工商户；

⑦将自产、委托加工或者购进的货物分配给股东或者投资者；

⑧将自产、委托加工或者购进的货物无偿赠送其他单位或者个人。

单位或者个体工商户发生下列行为，视同销售服务、无形资产或者不动产：

①单位或者个体工商户向其他单位或者个人无偿提供服务，但用于公益事业或者以社会公众为对象的除外。

②单位或者个人向其他单位或者个人无偿转让无形资产或者不动产，但用于公益事业或者以社会公众为对象的除外。

③财政部和国家税务总局规定的其他情形。

（2）混合销售行为。

一项销售行为如果既涉及应税服务，又涉及货物，则为混合销售行为。从事货物的生产、批发或者零售的单位和个体工商户的混合销售行为，按照销售货物缴纳增值税；其他单位和个体工商户的混合销售行为，按照销售服务缴纳增值税。

从事货物的生产、批发或者零售的单位和个体工商户，包括以从事货物的生产、批发或者零售为主，并兼营销售服务的单位和个体工商户在内。

（3）兼营行为。

纳税人兼营不同税率的项目，应当分别核算不同税率项目的销售额；未分别核算销售额的，从高适用税率。未分别核算销售额的，按照以下方法适用税率或者征收率：

①兼有不同税率的销售货物、加工修理修配劳务、服务、无形资产或者不动产，从高适用税率。

②兼有不同征收率的销售货物、加工修理修配劳务、服务、无形资产或者不动产，从高适用征收率。

③兼有不同税率和征收率的销售货物、加工修理修配劳务、服务、无形资产或者不动产，从高适用税率。

纳税人销售活动板房、机器设备、钢结构件等自产货物的同时提供建筑、安装服务，不属于混合销售的，应分别核算货物和建筑服务的销售额，分别适用不同的税率或者征收率。

第二节 增值税的纳税义务人、税率和征收率

一、增值税的纳税义务人

在中华人民共和国境内销售货物或者提供加工、修理修配劳务（以下简称劳务）以

及进口货物的单位和个人，为增值税的纳税义务人。

单位，是指企业、行政单位、事业单位、军事单位、社会团体及其他单位。

个人，是指个体工商户和其他个人。

单位以承包、承租、挂靠方式经营的，承包人、承租人、挂靠人（以下统称承包人）以发包人、出租人、被挂靠人（以下统称发包人）名义对外经营并由发包人承担相关法律责任的，以该发包人为纳税人。否则，以承包人为纳税人。

为了严格增值税的征税管理，防止税款的漏缴，增值税的纳税人按照经营规模的大小以及会计核算健全程度划分为小规模纳税人和一般纳税人。

▶▶▶ （一）小规模纳税人的认定

小规模纳税人是指年销售额在规定标准以下，而且会计核算不够健全，不能按照国家统一规定设置账簿，不能按规定报送有关税务资料的增值税纳税人。小规模纳税人的认定标准为：

（1）年应税销售额未超过 500 万元的纳税人为小规模纳税人。

年应税销售额是指纳税人在连续不超过 12 个月或 4 个季度的经营期内累计应征增值税销售额，包括纳税申报销售额、稽查查补销售额、纳税评估调整销售额。

销售服务、无形资产或者不动产（以下简称"应税行为"）有扣除项目的纳税人，其应税行为年应税销售额按未扣除之前的销售额计算。纳税人偶然发生的销售无形资产、转让不动产的销售额，不计入应税行为年应税销售额。

（2）年应税销售额超过小规模纳税人标准的其他个人按小规模纳税人纳税。"其他个人"是指自然人。

（3）非企业性单位、不经常发生应税行为的企业可选择按小规模纳税人纳税；对于应税服务年销售额超过规定标准但不经常提供应税服务的单位和个体工商户可选择按照小规模纳税人纳税。

（4）旅店业和饮食业纳税人销售非现场消费的食品，属于不经常发生增值税应税行为，根据《中华人民共和国增值税暂行条例实施细则》第二十九条的规定，可以选择按小规模纳税人缴纳增值税。

（5）兼有销售货物、提供加工修理修配劳务和应税行为，年应税销售额超过财政部、国家税务总局规定标准且不经常发生销售货物、提供加工修理修配劳务和应税行为的单位和个体工商户可选择按照小规模纳税人纳税。

【例 3-1】某现代服务业企业，2019 年销售收入为 550 万元（含税），该企业是否符合一般纳税人的年销售额的认定标准？

解：用来认定是一般纳税人还是小规模纳税人的年应税销售额，应折算为不含税销售额，该企业不含税销售额＝550÷（1＋3％）＝534（万元）＞500 万元。

销售额超过 500 万元的现代服务业企业就可以申请增值税一般纳税人资格认定。

▶▶▶ （二）一般纳税人的认定

一般纳税人是指年应征增值税销售额（以下简称年应税销售额），超过财政部、国家税务总局规定的小规模纳税人标准的企业和企业性单位（以下统称企业）。

年应税销售额是指纳税人在连续不超过12个月的经营期内累计应征增值税销售额。

兼有销售货物、提供应税劳务以及应税服务的纳税人，应税货物及劳务销售额与应税服务销售额分别计算，分别适用增值税一般纳税人资格认定标准。

同时符合以下条件的一般纳税人，可选择登记为小规模纳税人，或选择作为一般纳税人：

（1）小规模纳税人会计核算健全，能够提供准确税务资料的，可以向主管税务机关申请资格认定，不作为小规模纳税人，依照有关规定计算应纳税额。除国家税务总局另有规定外，纳税人一经认定为一般纳税人后，不得转为小规模纳税人。

（2）已登记为一般纳税人，但是在转登记日前连续12个月（按月申报纳税人）或连续4个季度（按季申报纳税人）累计应税销售额未超过500万元。

如果纳税人在转登记日前的经营期尚不满12个月或4个季度，则按照月（或季度）平均销售额估算12个月或4个季度的累计销售额。

另外，一般来说，下列纳税人不办理一般纳税人资格认定手续：

（1）个体工商户以外的其他个人；

（2）选择按照小规模纳税人纳税的非企业性单位；

（3）选择按照小规模纳税人纳税的不经常发生应税行为的企业。

二、税率与征收率

我国增值税采用比例税率。现行税率分为一般纳税人适用的税率、小规模纳税人和实行简易征税办法的纳税人适用的征税率。

（一）税率

1. 基本税率

为了保持增值税的税收中性，一般来说，原则上增值税的税率规定除特殊情况外，对不同行业的不同企业实行统一的税率，该税率称为基本税率。

增值税一般纳税人销售货物、劳务、有形动产租赁服务或者进口货物，除低税率适用范围外，税率一律为13%。

2. 低税率

在实践中，为了照顾一些特殊行业或产品，增设了低税率档次，税率分别为9%和6%。

（1）增值税一般纳税人销售或者进口下列货物，按低税率9%计征增值税。

①粮食等农产品、食用植物油、食用盐；

②自来水、暖气、冷气、热水、煤气、石油液化气、天然气、二甲醚、沼气、居民用煤炭制品；

③图书、报纸、杂志、音像制品、电子出版物；

④饲料、化肥、农药、农机、农膜；

⑤国务院规定的其他货物。

（2）一般纳税人提供交通运输服务、邮政服务、基础电信服务、建筑服务、不动产租赁服务、销售不动产、转让土地使用权，适用税率9%。

（3）一般纳税人提供增值电信服务、金融服务、现代服务（有形动产租赁服务和不动产租赁服务除外）、生活服务、销售无形资产（转让土地使用权除外），适用税率为6%。

3. 零税率

（1）纳税人出口货物，税率为零；但是国务院另有规定的除外。

（2）境内单位和个人跨境销售国务院规定范围内的服务、无形资产，税率为零。

根据"营改增"的规定，应税服务的零税率政策如下：

（1）中华人民共和国境内（以下称"境内"）的单位和个人提供的国际运输服务、向境外单位提供的研发服务和设计服务，适用增值税零税率。国际运输服务，是指在境内载运旅客或者货物出境、在境外载运旅客或者货物入境，或者在境外载运旅客或者货物。

（2）航天运输服务参照国际运输服务，适用增值税零税率。

（3）向境外单位提供的完全在境外消费的研发、设计等服务，不包括对境内不动产提供的设计服务。

（4）境内的单位和个人提供的往返中国香港、中国澳门、中国台湾的交通运输服务以及在中国香港、中国澳门、中国台湾提供的交通运输服务（以下称港澳台运输服务），适用增值税零税率。

（5）自2013年8月1日起，境内的单位或个人提供程租服务，如果租赁的交通工具用于国际运输服务和港澳台运输服务，由出租方按规定申请适用增值税零税率；境内的单位或个人向境内单位或个人提供期租、湿租服务，如果承租方利用租赁的交通工具向其他单位或个人提供国际运输服务和港澳台运输服务，由承租方按规定申请适用增值税零税率。境内的单位或个人向境外单位或个人提供期租、湿租服务，由出租方按规定申请适用增值税零税率。

▶▶▶ （二）征收率

对于小规模纳税人以及一些特殊情况下采用简易征税的一般纳税人，其适用的税率为征收率。除下列情况外，纳税人选择简易计税方法销售货物、提供应税劳务的，适用的征收率均为3%。

1. 适用征收率为5%的情况

（1）小规模纳税人销售自建或者取得的不动产。

（2）纳税人选择简易计税方法计税的不动产销售。

（3）房地产开发企业中的小规模纳税人，销售自行开发的房地产项目。

（4）其他个人销售其取得（不含自建）的不动产（不含其购买的住房）。

（5）一般纳税人选择简易计税方法计税的不动产经营租赁。

（6）小规模纳税人出租（经营租赁）其取得的不动产（不含个人出租住房）。

（7）其他个人出租（经营租赁）其取得的不动产（不含住房）。

（8）个人出租住房，应按照 5% 的征收率减按 1.5% 计算应纳税额。

（9）一般纳税人和小规模纳税人提供劳务派遣服务选择差额纳税的。

（10）一般纳税人 2016 年 4 月 30 日前签订的不动产融资租赁合同，或者以 2016 年 4 月 30 日前取得的不动产提供的融资租赁服务，选择适用简易计税方法的。

（11）一般纳税人收取试点前开工的一级公路、二级公路、桥、闸通行费，选择适用简易计税方法的。

（12）一般纳税人提供人力资源外包服务，选择适用简易计税方法的。

（13）一般纳税人转让其 2016 年 4 月 30 日前取得的土地使用权，选择适用简易计税方法计税的。

2. 销售自己使用过的物品的增值税税率的规定

（1）销售自己已使用过的固定资产。

"已使用过的固定资产"是指纳税人根据财务会计制度已经计提折旧的固定资产。

一般纳税人销售自己使用过的属于《增值税暂行条例》规定不得抵扣且未抵扣进项税额的固定资产（不包括不动产），按照简易征税办法 3% 的征收率，减按 2% 征收增值税。纳税人只能开具普通发票，不得开具增值税专用发票。

具体包括以下情形：

①2008 年 12 月 31 日之前未纳入扩大增值税抵扣范围试点的纳税人，销售自己使用过的 2008 年 12 月 31 日以前购进的固定资产。

②2008 年 12 月 31 日以前已纳入扩大增值税抵扣范围试点的纳税人，销售自己使用过的在本地区扩大增值税抵扣范围试点以前购进或者自制的固定资产。

③一般纳税人销售自己使用过的属于不得抵扣且未抵扣进项税额的固定资产。

④纳税人购进或者自制固定资产时为小规模纳税人，转为一般纳税人后销售该固定资产。

⑤小规模纳税人销售自己使用过的固定资产。

（2）销售旧货。

纳税人销售旧货。所谓旧货是指进入二次流通的具有部分使用价值的货物，但不包括自己使用过的物品。

纳税人销售自己使用过的固定资产、旧货，按照简易征税办法征税，适用征收率为 2% 时，销售额与应纳税额的确定按照下面公式：

销售额＝含税销售额÷(1＋3%)

应纳税额＝销售额×2%

纳税人销售自己使用过的固定资产，适用简易办法依照 3% 征收率减按 2% 征收增值税政策的，可以放弃减税，按照简易办法依照 3% 征收率缴纳增值税，并可以开具增值税专用发票。

纳税人销售自己使用过的除规定资产以外的物品，应当按照物品适用的税率征税，一般纳税人为 13% 或者 9%，小规模纳税人为 3%。

【例 3－2】某企业 2008 年元月购置固定资产，2015 年转让，获得转让收入为 412 万元（含税价），假设转让价格公允，确定其应纳税额。

解：纳税人销售自己使用过的旧的固定资产，由于该资产是在 2008 年 12 月 31 日之前购置，所以按照简易征税办法 3% 的征收率，减按 2% 征收增值税。

销售额＝412÷(1+3%)＝400(万元)

应纳税额＝400×2%＝8(万元)

第三节　应纳税额的计算

一、增值税一般纳税人应纳税额的计算

我国目前对一般纳税人采用的计税方法是进项税额抵扣制度，即先按当期销售额和适用税率计算出销项税额（这是对销售全额的征税），然后对当期购进项目向对方支付的税款（进项税额）进行抵扣，从而间接计算出对当期增值额部分的应纳税额。

纳税人销售货物、劳务、服务、无形资产、不动产（以下统称应税销售行为），应纳税额为当期销项税额抵扣当期进项税额后的余额。其计算公式如下：

当期应纳税额＝当期销项税额－当期进项税额

＝当期销售额×适用税率－当期进项税额

从上述公式可以看出，增值税一般纳税人当期应纳税额的多少取决于当期销项税额和当期进项税额这两个因素。当当期应纳税额为正数时，它是一般纳税人应缴纳的增值税额；当其为负数时，也就是当当期销项税额小于当期进项税额时，其负数部分可以留到下期继续抵扣增值税额。

>>> **（一）当期销项税额的确定**

销项税额是指纳税人销售货物或者提供应税劳务和应税服务，按照销售额或提供应税劳务和应税服务收入与规定的税率计算并向购买方收取的增值税额。销项税额的计算公式为：

销项税额＝销售额×适用税率

这里的销售额是指不含税销售额，如果是含税销售额，则需要将含税销售额转换为不含税销售额：

不含税销售额＝含税销售额÷(1+增值税税率)

从增值税的定义和公式中可以看出增值税的销项税额的确定取决于销售额和适用税率两个因素。在适用税率既定的前提下，销项税额的大小主要取决于销售额的大小。

1. 一般销售方式下的销售额

销售额是指纳税人销售货物或者提供应税劳务和应税服务向购买方（承受应税劳务和应税服务也视为购买方）收取的全部价款和价外费用。特别需要强调的是，增值税属于价外税，因此销售额中不包括向购买方收取的销项税额。

价外费用，包括价外向购买方收取的手续费、补贴、基金、集资费、返还利润、奖励费、违约金、滞纳金、延期付款利息、赔偿金、代收款项、代垫款项、包装费、包装物租金、储备费、优质费、运输装卸费以及其他各种性质的价外收费。但下列项目不包括在内：

（1）受托加工应征消费税的消费品所代收代缴的消费税。

（2）同时符合以下条件的代垫运输费用：

①承运部门的运输费用发票开具给购买方的；

②纳税人将该发票转交给购买方的。

（3）同时符合以下条件代为收取的政府性基金或者行政事业性收费：

①由国务院或者财政部批准设立的政府性基金，由国务院或者省级人民政府及其财政、价格主管部门批准设立的行政事业性收费；

②收取时开具省级以上财政部门印制的财政票据；

③所收款项全额上缴财政。

（4）销售货物的同时代办保险等而向购买方收取的保险费，以及向购买方收取的代购买方缴纳的车辆购置税、车辆牌照费。

应当注意，价外费用无论其会计制度如何核算，均应并入销售额计算应纳税额。纳税人发生应税销售行为的价格明显偏低并无正当理由的，由主管税务机关核定其销售额。

另外，根据国家税务总局的相关规定，对增值税一般纳税人（包括纳税人自己或代其他部门）向购买方收取的价外费用和逾期包装物押金，应视为含税收入，在征税时换算成不含税收入再并入销售额。

【例3-3】某市水路运输企业属于增值税一般纳税人，2019年7月承担远洋运输业务，取得运输收入763万元（含税），则其不含税销售额为多少？

解：不含税销售额＝763÷(1＋9％)＝700(万元)

2. 特殊销售方式下的销售额

在销售活动中，为了达到促销的目的，有多种销售方式。不同销售方式下，销售额的确定有不同的规定：

（1）采取折扣方式销售。

折扣销售是指销货方在销售货物或提供应税劳务和应税服务时，因购货方购货数量较大等原因而给予购货方的价格优惠。根据税法规定，纳税人采取折扣方式销售货物和提供应税服务的，如果价款和折扣额在同一张发票上分别注明的，可按折扣后的销售额征收增值税。未在同一张发票上分别标明的，折扣额不得从销售额中减除。

【例3-4】某企业为增值税一般纳税人，2019年9月销售商品一批，每件商品不含税售价为50元，共1 000件，该企业给予对方5％的价格折扣，销售额和折扣开在同一张发票上，并在金额栏内分别注明了销售额和折扣额，则该企业计算增值税销项税额时，计税依据为多少？

解：该企业采用折扣销售，折扣额和销售额开在同一张发票上，且注明了销售额和折扣额，所以该企业可以按照折扣后的销售额征收增值税。

该企业应税销售额＝50×1 000×(1－5％)＝47 500(元)

（2）采取以旧换新方式销售。

以旧换新是指纳税人在销售自己的货物时，有偿收回旧货物的行为。根据税法规定，采取以旧换新方式销售货物的，应按新货物的同期销售价格确定销售额，不得扣减旧货物的收购价格。考虑到金银首饰以旧换新业务的特殊情况，对金银首饰以旧换新业务，可以按销售方实际收取的不含增值税的全部价款征收增值税。

【例3-5】某厨具生产企业为了促销，采取以旧换新方式向消费者销售厨具一批，当月实收价款共67 200元，旧货折价600元。计算该笔业务的应税销售额。

解：以旧换新业务应按照新货物的同期销售价格确定销售额，不得扣减旧货物的收购价格。

$$应税销售额＝(67\ 200＋600)÷(1＋13\%)＝60\ 000(元)$$

（3）采取还本销售方式销售。

还本销售是指纳税人在销售货物后，到一定期限由销售方一次或分次退还给购货方全部或部分价款。这种方式实际上是一种筹资行为，是以货物换取资金的使用价值，到期还本不付息的方法。税法规定，采取还本销售方式销售货物，其销售额就是货物的销售价格，不得从销售额中减除还本支出。

【例3-6】某厨具厂（一般纳税人）2019年8月采取还本销售方式销售厨具一批，当月取得含税收入56 500元，约定一个月后将其中10 000元返回给购买者。计算该业务的应税销售额。

解：应税销售额＝56 500÷(1＋13\%)＝50 000(元)，还本金额不允许扣除。

（4）采取以物易物方式销售。

以物易物是指购销双方不是以货币结算，而是以同等价款的货物相互结算，实现货物购销的一种方式。以物易物双方都应作购销处理，以各自发出的货物核算销售额并计算销项税额，以各自收到的货物按规定核算购货额并计算进项税额。应注意，在以物易物活动中，应分别开具合法的票据，如收到的货物不能取得相应的增值税专用发票或其他合法票据的，不能抵扣进项税额。

【例3-7】某企业采取以物易物方式销售产品，用产品换设备，双方分别开具增值税专用发票，设备和产品均为含税价22 600元，无须支付差价。计算该企业此笔业务应税销售额。

解：该以物易物销售，对于企业来说相当于销售产品和购进设备两笔业务，企业只要取得设备的增值税专用发票，就可以进行进项税额的抵扣。而企业销售产品也产生增值税销项税额。在确定销项税额时，其应税销售额计算如下：

$$应税销售额＝22\ 600÷(1＋13\%)＝20\ 000(元)$$

（5）采取直销方式销售。

在直销方式下销售货物的，直销企业先将货物销售给直销员，直销员再将货物销售给消费者，直销企业确定增值税的销售额为其向直销员收取的全部价款和价外费用。直销员将货物销售给消费者时，应按实际收取的金额缴纳增值税。直销企业通过直销员向消费者销售货物的，直接向消费者收取货款，直销企业的销售额为其向消费者收取的全部价款及其价外费用。

（6）包装物押金的税务处理。

纳税人为销售货物而出租出借包装物收取的押金，单独记账核算时间在1年以内并且按合同约定日期未逾期的，不并入销售额征税，但对因逾期未收回包装物不再退还的押金，应按所包装货物的适用税率计算销项税额。纳税人为销售货物出租出借包装物而收取的押金，无论包装物周转使用期限长短，超过1年（含1年）以上仍不退还的均并入销售额征税。酒类产品（除啤酒、黄酒以外）收取的包装物押金，无论是否返还以及会计上如何核算，均应并入当期销售额征税。对销售啤酒、黄酒所收取的押金，按上述一般押金的规定处理。

另外，应注意的是在将包装物押金并入销售额征税时，需要先将该押金换算为不含税价，再并入销售额征税。

包装物押金不应混同于包装物租金，包装物租金在销货时作为价外费用并入销售额计算销项税额。

【例3-8】某企业销售产品（非酒类产品），本月收取包装物押金1 000元，没收到期未退还包装物的押金565元。该企业包装物押金计税销售额是多少？

解：企业收取包装物押金，当期不产生增值税纳税义务，逾期不退还押金时计缴增值税。所以当月收取押金不缴税。

押金应税销售额＝565÷（1＋13％）＝500（元）

（7）贷款服务的销售额的确定。

贷款服务的销售额为提供贷款服务取得的全部利息及其利息性质的收入。银行提供的贷款服务按期计收利息的，结息日当日计收的全部利息收入，均应计入结息日所属期的销售额，按照现行规定计算缴纳增值税。

（8）直接收费的金融服务的销售额。

直接收费金融服务以提供直接收费金融服务收取的手续费、佣金、酬金、管理费、服务费、经手费、开户费、结算费、转托管费等各类费用为销售额。

3. 按差额确定销售额的几种情况

一般来说，增值税的计税依据是销售额，但是目前由于部分情况无法实行进项税额抵扣，因此为了避免重复征税，采取差额计税方式。采取差额计税的情况主要有：

（1）金融商品的转让，按照卖出价扣除买入价后的余额作为销售额。如果余额为负数，可结转下一纳税期，抵减下一期的销售额，但是如果年末时为负数，不得转入下一纳税年度。

（2）经纪代理服务以收取的全部价款和价外费用，扣除向委托方收取并代为支付的政府性基金或者行政事业性收费后的余额为销售额。向委托方收取的政府性基金或者事业性收费，不得开具增值税专用发票。

（3）经中国人民银行、银保监会或者商务部批准从事融资租赁业务的试点纳税人，提供融资租赁服务，以取得的全部价款和价外费用，扣除支付的借款利息（包括外汇借款和人民币借款利息）、发行债券利息和车辆购置税后的余额为销售额。经中国人民银行、银保监会或者商务部批准从事融资租赁业务的试点纳税人，提供融资性售后回租服务，以取得的全部价款和价外费用（不含本金），扣除对外支付的借款利息（包括外汇借款和人民币借款利息）、发行债券利息后的余额作为销售额。

融资租赁对于下游企业而言是新设备启用，因此总价款中应包含设备本金；融资性售后回租业务由于是对企业已有的设备进行操作，因此总价款中不包含设备本金。

(4) 航空运输企业的销售额不包括代收的机场建设费和代售其他航空运输企业客票而代收转付的价款。这两种费用均属于代收性质，因此不包含在销售额内。

(5) 一般纳税人提供客运场站服务，以其取得的全部价款和价外费用，扣除支付给承运方运费后的余额为销售额。

(6) 一般纳税人提供旅游服务，可以选择以取得的全部价款和价外费用，扣除向旅游服务购买方收取并支付给其他单位或者个人的住宿费、餐饮费、交通费、签证费、门票费和支付给其他接团旅游企业的旅游费用后的余额为销售额。

(7) 纳税人提供建筑服务适用简易计税方法的，以取得的全部价款和价外费用扣除支付的分包款后的余额为销售额。

(8) 房地产开发企业中的一般纳税人销售其开发的房地产项目（选择简易计税方法的房地产老项目除外），以取得的全部价款和价外费用，扣除受让土地时向政府部门支付的土地价款后的余额为销售额。

(9) 航空运输销售代理企业提供境外航段机票代理服务，以取得的全部价款和价外费用，扣除向客户收取并支付给其他单位或者个人的境外航段机票结算款和相关费用后的余额为销售额。其中，支付给境内单位或者个人的款项，以发票或行程单为合法有效凭证；支付给境外单位或者个人的款项，以签收单据为合法有效凭证，税务机关对签收单据有疑义的，可以要求其提供境外公证机构的确认证明。

【例3-9】北京某建筑企业承建北京B项目，该项目属于甲供工程。本月收到工程款，开出普通发票，金额为103万元（含税），支付分包款为50万元（不含税），取得专用发票，计算该项目应税销售额和增值税的销项税额。

解：建筑业提供甲供工程项目，可以采用简易计税办法，纳税人提供建筑服务适用简易计税方法的，以取得的全部价款和价外费用扣除支付的分包款后的余额为销售额。因此该项建筑服务应税销售额和增值税销项税额分别为：

应税销售额＝103÷(1+3%)－50＝50(万元)

增值税销项税额＝50×3%＝1.5(万元)

4. 视同销售货物和发生应税行为的销售额确定

纳税人发生视同销售货物或者视同发生应税行为的情形，价格明显偏低或者偏高且不具有合理商业目的的，或无销售额的，主管税务机关有权按照下列顺序确定销售额：

(1) 按照纳税人最近时期销售同类货物或者应税行为的平均价格确定。

(2) 按照其他纳税人最近时期销售同类货物或者应税行为的平均价格确定。

(3) 按照组成计税价格确定。组成计税价格的公式为：

组成计税价格＝成本×(1＋成本利润率)

或者

组成计税价格＝成本×(1＋成本利润率)÷(1－消费税税率)

或者

组成计税价格＝(成本＋利润＋课税数量×定额税率)÷(1－消费税税率)

公式中的成本是指自产货物的实际生产成本或者外购货物的实际采购成本。成本利润率由国家税务总局确定。

【例3-10】某酒厂将自产的药酒作为礼品赠送给客户，该药酒属于新研制的产品，尚未上市，已知该批药酒的生产成本为 9 000 元，无同类产品的对外售价，药酒的成本利润率为 10%，消费税税率为 10%，计算该批药酒的应税销售额。

解： 根据税法规定，企业将自产的货物无偿赠送给他人，属于视同销售货物，应产生增值税纳税义务，因该产品无同类售价，所以按照组成计税价格确定应税销售额。

$$应税销售额＝组成计税价格＝9\,000×(1＋10\%)÷(1－10\%)＝11\,000(元)$$

【例 3-11】 某广告公司（增值税一般纳税人）免费给客户做广告一个月，该广告此类服务价格为 2 万元/月（不含税），计算该项服务的应税销售额。

解： 该广告公司提供的免费广告服务应该视同销售，按照同类服务的价格确定增值税销项税额。所以该项广告服务的应税销售额为 2 万元。

▶▶▶ （二）当期进项税额的计算

进项税额是指纳税人购进货物、加工修理修配劳务、服务、无形资产或者不动产所支付或者负担的增值税额。它是与销项税额相对应的另一个概念。增值税采用购进扣税法，所以计缴税额的核心就是用纳税人收取的销项税额抵扣其支付的进项税额，其余额为纳税人实际应缴纳的增值税税额。这样，进项税额作为可抵扣的部分，对于纳税人实际纳税多少就产生了举足轻重的作用。

1. 准予从销项税额中抵扣的进项税额

准予从销项税额中抵扣的进项税额，限于下列增值税扣税凭证上注明的增值税税额和按规定的扣除率计算的进项税额。

（1）从销售方取得的增值税专用发票（含税控机动车销售统一发票，下同）上注明的增值税额。

（2）从海关取得的海关进口增值税专用缴款书上注明的增值税额。

（3）从境外单位或者个人购进服务、无形资产或者不动产，自税务机关或者扣缴义务人取得的解缴税款的完税凭证上注明的增值税额。

（4）购进农产品，按照农产品收购发票或者销售发票上注明的农产品买价和 9% 的扣除率计算的进项税额。计算公式为：

$$进项税额＝买价×扣除率$$

买价是指纳税人购进农产品在农产品收购发票或者销售发票上注明的价款和按照规定缴纳的烟叶税。

烟叶收购单位收购烟叶时，按照国家有关规定以现金形式直接补贴烟农的生产投入补贴，属于农产品买价的一部分，价外补贴与烟叶收购价格在同一张农产品收购发票或者销售发票上分别标明的，准予计算增值税进项税额进行抵扣，否则价外补贴不得计算增值税进项税额进行抵扣。

对烟叶税纳税人按规定缴纳的烟叶税，准予并入烟叶产品的买价计算增值税的进项税额，并在计算缴纳增值税时予以抵扣。

纳税人购进农产品，取得一般纳税人开具的增值税专用发票或海关进口增值税专用缴款书的，以增值税专用发票或海关进口增值税专用缴款书上注明的增值税额为进项税额；按照简易计税方法依照 3% 征收率计算缴纳增值税的小规模纳税人取得增值税专用发票的，以增值税专用发票上注明的金额和9%的扣除率计算进项税额；取得（开具）农产品销售发票或收购发票的，以农产品销售发票或收购发票上注明的农产品买价和9%的扣除率计算进项税额。

另外，在营改增试点期间，纳税人购进用于生产销售或委托受托加工13%税率货物的农产品维持原扣除力度不变。纳税人将购进的农产品用于生产销售或委托受托加工13%税率货物时，准予加计扣除进项税额，即按10%税率抵扣进项税额。纳税人购进农产品既用于生产销售或委托受托加工13%税率货物，又用于生产销售其他货物服务的，应当分别核算用于生产销售或委托受托加工13%税率货物和其他货物服务的农产品进项税额。未分别核算的，统一以增值税专用发票或海关进口增值税专用缴款书上注明的增值税额为进项税额，或以农产品收购发票或销售发票上注明的农产品买价和9%的扣除率计算进项税额。

$$\frac{\text{加计扣除农产品}}{\text{进项税额}}=\frac{\text{当期生产领用农产品}}{\text{已按9\%税率（扣除率）抵扣税额}}\div 9\% \times (10\% - 9\%)$$

【例3-12】某食品加工厂（一般纳税人）向某农户购进大豆一批，并开具收购发票1份，收购金额为100万元；该产品用于生产植物油，货物验收入库。计算该批产品准予抵扣的进项税额。

解：纳税人购进初级农产品，取得农产品收购发票，可按9%的扣除率抵扣进项税额，因为生产的豆油属于税率为10%的产品，所以不能加计扣除。

准予抵扣的进项税额$=100 \times 9\% = 9$（万元）

【例3-13】某食品厂（一般纳税人）从农户直接购进一批面粉，用于生产蛋糕，开具的农产品收购发票标明收购金额为100万元；当月生产领用按9%税率（扣除率）抵扣的农产品原材料成本91万元。计算该食品厂当期可抵扣进项税额。

解：纳税人购进初级农产品，取得农产品收购发票，可按9%扣除率抵扣进项税额，因为生产的蛋糕属于税率为13%的产品，所以当期可按照生产领用的金额加计扣除。

准予抵扣的进项税额$=100 \times 9\% + 91 \div (1 - 9\%) \times (10\% - 9\%) = 10$（万元）

（5）增值税一般纳税人在资产重组过程中，将全部资产、负债和劳动力一并转让给其他增值税一般纳税人，并按程序办理注销税务登记的，其在办理注销登记前尚未抵扣的进项税额可结转至新纳税人处继续抵扣。

（6）2018年1月1日至6月30日，纳税人支付的高速公路通行费，如暂未能取得收费公路通行费增值税电子普通发票，可凭取得的通行费发票（不含财政票据，下同）上注明的收费金额按照下列公式计算可抵扣的进项税额：

$$\frac{\text{高速公路通行费}}{\text{可抵扣进项税额}}=\frac{\text{高速公路通行费发票上}}{\text{注明的金额}}\div (1 + 3\%) \times 3\%$$

2018年1月1日至12月31日，纳税人支付的一级、二级公路通行费，如暂未能取得收费公路通行费增值税电子普通发票，可凭取得的通行费发票上注明的收费金额按照下列公式计算可抵扣进项税额：

$$\frac{\text{一级、二级公路通行费}}{\text{可抵扣进项税额}}=\frac{\text{一级、二级公路通行费发票上}}{\text{注明的金额}}\div (1 + 5\%) \times 5\%$$

纳税人支付的桥、闸通行费，暂凭取得的通行费发票上注明的收费金额按照下列公式计算可抵扣的进项税额：

桥、闸通行费可抵扣进项税额＝桥、闸通行费发票上注明的金额÷(1＋5％)×5％

(7) 纳税人购进国内旅客运输服务，从 2019 年 4 月 1 日起，其进项税额允许从销项税额中抵扣。纳税人未取得增值税专用发票的，暂按照以下规定确定进项税额：

①取得增值税电子普通发票的，为发票上注明的税额；

②取得注明旅客身份信息的航空运输电子客票行程单的，为按照下列公式计算进项税额：

航空旅客运输进项税额＝(票价＋燃油附加费)÷(1＋9％)×9％

③取得注明旅客身份信息的铁路车票的，为按照下列公式计算的进项税额：

铁路旅客运输进项税额＝票面金额÷(1＋9％)×9％

④取得注明旅客身份信息的公路、水路等其他客票的，按照下列公式计算进项税额：

公路、水路等其他旅客运输进项税额＝票面金额÷(1＋3％)×3％

另外注意，纳税人取得的发票必须注明旅客的身份信息，否则不允许抵扣进项税额。

(8) 原增值税一般纳税人自用的应征消费税的摩托车、汽车、游艇，其进项税额准予从销项税额中抵扣。

(9) 原增值税一般纳税人从境外单位或者个人购进服务、无形资产或者不动产，按照规定应当扣缴增值税的，准予从销项税额中抵扣的进项税额为自税务机关或者扣缴义务人取得的解缴税款的完税凭证上注明的增值税额。

(10) 按照规定不得抵扣且未抵扣进项税额的固定资产、无形资产、不动产，发生用途改变，用于允许抵扣进项税额的应税项目，可在用途改变的次月予以抵扣进项税额。

(11) 自 2018 年 1 月 1 日起，纳税人租入固定资产、不动产，既用于一般计税方法计税项目，又用于简易计税方法计税项目、免征增值税项目、集体福利或者个人消费的，其进项税额准予从销项税额中全额抵扣。

另外要注意，上述可以抵扣的进项税额应取得合法有效的增值税扣税凭证。

2. 不得从销项税额中抵扣的进项税额

纳税人购进货物或者接受应税劳务或应税行为，取得的增值税扣税凭证不符合法律、行政法规或者国务院税务主管部门有关规定的，其进项税额不得从销项税额中抵扣。所称增值税扣税凭证，是指增值税专用发票、海关进口增值税专用缴款书、农产品收购发票和农产品销售发票以及从税务机关或者境内代理人处取得的解缴税款的税收缴款凭证。

按《增值税暂行条例》和《关于全面推开营业税改征增值税试点的通知》及"营改增"相关规定，下列项目的进项税额不得从销项税额中抵扣：

(1) 用于简易计税方法计税项目、免征增值税项目、集体福利或者个人消费的购进货物、加工修理修配劳务、服务、无形资产和不动产。

其中涉及的固定资产、无形资产、不动产，仅指专用于上述项目的固定资产、无形资产（不包括其他权益性无形资产）、不动产。但是发生兼用于上述不允许抵扣项目情况的，该进项税额准予全部抵扣。

另外纳税人购进其他权益性无形资产无论是专用于简易计税方法计税项目、免征增值税项目、集体福利或者个人消费，还是兼用于上述不允许抵扣项目，均可以抵扣进项税额。

纳税人的交际应酬消费属于个人消费，即交际应酬消费不属于生产经营中的生产投入和支出。

（2）非正常损失的购进货物，以及相关的加工修理修配劳务和交通运输服务。

（3）非正常损失的在产品、产成品所耗用的购进货物（不包括固定资产）、加工修理修配劳务和交通运输服务。

（4）非正常损失的不动产以及不动产在建工程，以及该不动产或在建工程所耗用的购进货物、设计服务和建筑服务。

上述情况所说的非正常损失，是指因管理不善造成货物被盗、丢失、霉烂变质，以及因违反法律法规造成货物或者不动产被依法没收、销毁、拆除的情形。

【例3-14】甲企业是一家生产企业，为增值税一般纳税人。2019年6月发生原材料盘亏，成本为1万元；外购商品因仓库潮湿毁损，已经没有使用价值，只能销毁，成本为3万元。计算该企业6月进项税额的转出金额。

解：甲企业材料盘亏和潮湿毁损材料和库存商品都属于管理不善导致的非正常损失，所以已抵扣的进项税额要做进项税额转出。

进项税额转出金额＝（10 000＋30 000）×13％＝5 200(元)

（5）购进的贷款服务、餐饮服务、居民日常服务和娱乐服务。

（6）纳税人接受贷款服务向贷款方支付的与该笔贷款直接相关的投融资顾问费、手续费、咨询费等费用，其进项税额不得从销项税额中抵扣。

（7）适用一般计税方法的纳税人，兼营简易计税方法计税项目、免征增值税项目而无法划分不得抵扣的进项税额，按照下列公式计算不得抵扣的进项税额：

$$不得抵扣的进项税额 = 当期无法划分的全部进项税额 \times \left(当期简易计税方法计税项目销售额 + 免征增值税项目销售额 \right) \div 当期全部销售额$$

一般纳税人已抵扣进项税额的固定资产、无形资产或者不动产，发生不得从销项税额中抵扣进项税额情形的，按照下列公式计算不得抵扣的进项税额：

不得抵扣的进项税额＝固定资产、无形资产或者不动产净值×适用税率

固定资产、无形资产或者不动产净值是指纳税人根据财务会计制度计提折旧或摊销后的余额。

【例3-15】B公司为增值税一般纳税人，主要经营房屋出租业务，同时还代收水电费。由于出租的房屋在2019年5月1日之前购入，其出租收入按照政策可适用简易计税方法。2019年9月取得房租不含税收入100万元，代收电费不含税收入10万元。当月取得进项税额：电费12万元，进项税额2.04万元，其中3万元系办公部门耗用的，划分不清；取得其他办公用品及汽车油费进项税额0.8万元，也无法在各项服务中准确划分。计算该公司当月不得抵扣的进项税额为多少？

解：B公司取得的收入分两部分：出租收入、电费收入，此时纳税人管理部门耗用的电费及办公支出，有服务于一般计税方法的，也有服务于简易计税方法的，因此其取得的进项税额有用于一般计税的，也有用于简易计税的。当无法准确对其进行划分时，就要运用公式来计算不得抵扣的进项税额。

不得抵扣的进项税额＝（3×13％＋0.8）×100÷（100＋10）＝1.08(万元)

（8）有下列情形之一者，应当按照销售额和增值税税率计算应纳税额，不得抵扣进

项税额，也不得使用增值税专用发票：

①一般纳税人会计核算不健全，或者不能够提供准确税务资料的。

②应当办理一般纳税人资格登记而未办理的。

（9）已登记为增值税一般纳税人的单位和个人，在 2018 年 12 月 31 日前，可转登记为小规模纳税人，其未抵扣的进项税额作转出处理。

3. 加计抵减政策

自 2019 年 4 月 1 日至 2021 年 12 月 31 日，允许生产、生活性服务业纳税人按照当期可抵扣进项税额加计 10%，抵减应纳税额（以下称加计抵减政策）。

（1）本条款适用的生产、生活性服务业纳税人，是指提供邮政服务、电信服务、现代服务、生活服务（以下称四项服务）取得的销售额占全部销售额的比重超过 50% 的纳税人。

2019 年 3 月 31 日前设立的纳税人，自 2018 年 4 月至 2019 年 3 月期间的销售额（经营期不满 12 个月的，按照实际经营期的销售额）符合上述规定条件的，自 2019 年 4 月 1 日起适用加计抵减政策。2019 年 4 月 1 日后设立的纳税人，自设立之日起 3 个月的销售额符合上述规定条件的，自登记为一般纳税人之日起适用加计抵减政策。

纳税人确定适用加计抵减政策后，当年内不再调整，以后年度是否适用，根据上年度销售额计算确定。

纳税人可计提但未计提的加计抵减额，可在确定适用加计抵减政策当期一并计提。

（2）纳税人应按照当期可抵扣进项税额的 10% 计提当期加计抵减额。按照现行规定不得从销项税额中抵扣的进项税额，不得计提加计抵减额；已计提加计抵减额的进项税额，按规定作进项税额转出的，应在进项税额转出当期，相应调减加计抵减额。计算公式如下：

$$当期计提加计抵减额＝当期可抵扣进项税额×10\%$$

$$当期可抵减加计抵减额＝上期末加计抵减额余额＋当期计提加计抵减额－当期调减加计抵减额$$

（3）纳税人应在按照现行规定计算一般计税方法下的应纳税额（以下称抵减前的应纳税额）后，区分以下情形加计抵减：

①抵减前的应纳税额等于零的，当期可抵减加计抵减额全部结转下期抵减；

②抵减前的应纳税额大于零，且大于当期可抵减加计抵减额的，当期可抵减加计抵减额全额从抵减前的应纳税额中抵减；

③抵减前的应纳税额大于零，且小于或等于当期可抵减加计抵减额的，以当期可抵减加计抵减额抵减应纳税额至零。未抵减完的当期可抵减加计抵减额，结转下期继续抵减。

（4）纳税人出口货物劳务、发生跨境应税行为不适用加计抵减政策，其对应的进项税额不得计提加计抵减额。

纳税人兼营出口货物劳务、发生跨境应税行为且无法划分不得计提加计抵减额的进项税额，按照以下公式计算：

$$不得计提加计抵减额的进项税额＝当期无法划分的全部进项税额×\frac{当期出口货物劳务和发生跨境应税行为的销售额}{当期全部销售额}$$

（5）纳税人应单独核算加计抵减额的计提、抵减、调减、结余等变动情况。骗取适用加计抵减政策或虚增加计抵减额的，按照《中华人民共和国税收征收管理法》（以下简称《税收征收管理法》）等有关规定处理。适用加计抵减政策的生产、生活性服务业纳税人，应在年度首次确认适用加计抵减政策时，通过电子税务局（或前往办税服务厅）提交《适用加计抵减政策的声明》。适用加计抵减政策的纳税人，同时兼营邮政服务、电信服务、现代服务、生活服务的，应按照四项服务中收入占比最高的业务在《适用加计抵减政策的声明》中勾选确定所属行业。

另外需要注意的是，按照规定，纳税人确定适用加计抵减政策，以后年度是否继续适用，需要根据上年度销售额计算确定。已经提交《适用加计抵减政策的声明》并享受加计抵减政策的纳税人，在2020年、2021年是否继续适用，应分别根据其2019年、2020年销售额确定，如果符合规定，需再次提交《适用加计抵减政策的声明》。

【例3-16】2019年4月份某咨询公司的销项税额为31万元，进项税额为10万元，全部属于允许抵扣的进项税额，计算4月份增值税的加计抵减额是多少？4月份应纳增值税额是多少？

解：4月份应纳增值税的加计抵减额=10×10%=1（万元）

4月份应纳增值税额=31-10-1=20（万元）

▶▶▶ （三）增值税应纳税额的计算

增值税一般纳税人销售货物、提供应税劳务或者发生应税行为的，适用一般计税方法的计算公式如下：

当期应缴纳增值税税额 ＝ 当期销项税额 － 当期准予抵扣进项税额 － 上期留抵税额

当期销项税额小于当期进项税额不足抵扣时，其不足部分可以结转下期继续抵扣或者符合相关条件的可以留抵退税。

【例3-17】某工业企业为一般纳税人，2019年6月发生以下几笔经济业务，购销货物的税率为13%。

（1）1月10日，购入一栋办公楼，价税合计金额1 090万元，适用税率为9%，当月用银行存款支付了款项，办妥了相关产权转移手续，取得了增值税专用发票并认证相符。

（2）销售货物100 000件，含税售价113元/件，普通发票上价税合计金额为113万元。

（3）以旧换新向消费者销售产品，实收价款共11 000元，旧货折价1 430元。

（4）当月向某农户购进农产品，并开具收购发票1份，收购金额为150万元；当月生产领用按9%税率（扣除率）抵扣的农产品原材料成本为91万元。

（5）购进生产工人用工作服一批，取得专用发票，票面金额为10万元。

（6）由于违反国家法律规定，被没收库存产品一批，该产品耗用的库存原材料成本为20万元。

（7）企业于月初在公开市场购入股票15万股，每股成本价为5元，月底全部销售，售价每股7.12元，假设不考虑其他因素。

计算该企业当期应缴纳增值税税额。

解：（1）购入办公楼，适用税率为9%，因而有：

不含税价款＝1 090÷（1＋9%）＝1 000（万元）

当月可抵扣的进项税额＝1 000×9%＝90（万元）

（2）销项税额如下：

销项税额＝130（万元）

（3）以旧换新业务不得扣除旧货物价格。

销项税额＝（11 000＋1 430）/（1＋13%）×13%＝1 430（元）

（4）外购农产品，用于生产13%税率产品，可以加计扣除：

加计扣除金额＝91/（1－9%）×（10%－9%）＝1（万元）

可抵扣金额合计＝150×9%＋1＝14.5（万元）

（5）工人用工作服属于劳保用品，可正常抵扣：

可抵扣的进项税额＝10×13%＝1.3（万元）

（6）违反国家法律法规的损失，属于非常损失，不得抵扣进项税额：

进项税额转出＝20×13%＝2.6（万元）

（7）金融商品转让，按照卖出价扣除买入价后的余额为销售额。转让金融商品出现的正负差，按盈亏相抵后的余额为销售额。若相抵后出现负差，可结转下一纳税期与下期转让金融商品销售额相抵，但年末时仍出现负差的，不得转入下一个会计年度。

转让金融商品应交增值税＝（7.12－5）÷1.06×150 000×6%＝18 000（元）

综上所述，该企业应纳增值税＝28.743（万元）。

【例3－18】甲公司为增值税一般纳税人，2019年7月生产经营情况如下：

（1）购进一台生产用机器设备，取得的增值税专用发票上注明的增值税税额为16万元；另外支付运费20万元（不含税），取得的增值税专用发票上注明的增值税税额为1.8万元。

（2）购进生产用原材料一批，取得的增值税专用发票上注明的增值税税额为13.60万元。另外支付运费10万元（不含税），取得的增值税专用发票上注明的增值税税额为0.9万元。运输途中由于保管不善，原材料丢失10%；运输途中由于遭遇泥石流，原材料毁损20%。

（3）接受乙公司提供的设计服务，取得的增值税专用发票上注明的增值税税额为0.30万元。

（4）从丙银行贷款1 000万元，支付利息60万元。

（5）员工报销差旅费，火车票上注明票价1 090元。

（6）企业职工食堂领用以前月份购进的已经抵扣进项税额的材料，成本10万元，该材料适用的增值税税率为13%。

（7）采用分期收款方式销售自产烟丝一批，书面合同规定，不含税销售额共计1 000万元，本月应收回60%货款，其余货款于9月10日前收回，本月实际收回货款500万元；另收取优质费6.78万元和包装物押金2.34万元（合同约定3个月后收回包装物并退还押金）。

计算甲公司当期应纳增值税税额。

解：（1）购进生产设备，取得专用发票，当期设备和运费都可以进行进项税额抵扣。

该笔业务可抵扣进项税额＝16＋1.8＝17.8（万元）

（2）运输途中因保管不善丢失的10%的原材料的进项税额不得抵扣。根据规定，因管理不善造成被盗、丢失、霉烂变质的损失，不得抵扣进项税额。

该笔业务可抵扣进项税额＝(13.60＋0.9)×(1－10%)＝12.51（万元）

（3）接受的设计服务，取得专用发票，可以当期抵扣。

该笔业务可抵扣进项税额＝0.30（万元）

（4）一般纳税人支付贷款利息的进项税额不可以抵扣。

（5）接受的旅客运输服务可抵扣进项税额＝1 090/(1＋9%)×9%＝90(元)。

（6）职工食堂领用以前月份购进的已经抵扣进项税额的材料未作进项税额转出处理。根据规定，用于集体福利的购进货物、应税劳务或者应税服务的进项税额，不得抵扣；已经抵扣的，需要做进项税额转出处理。

该笔业务进项税额转出额＝10×13%＝1.3（万元）

（7）采取分期收款方式销售货物不应按照实际收到的款项计算当期销项税额。根据规定，以分期收款方式销售货物的，增值税的纳税义务发生时间为书面合同约定的收款日期的当天；无书面合同的或者书面合同没有约定收款日期的，为货物发出的当天。销售烟丝时收取的优质费作为价外费用计算缴纳增值税。包装物押金本期不缴纳增值税。

该笔业务共需要缴纳增值税销项税额 ＝1 000×60%×13%＋6.78÷(1＋13%)×13%＝78.78（万元）

综上所述：

该企业当期销项税额＝78.78（万元）

当期准予抵扣的进项税额＝17.8＋12.51＋0.30＋0.009－1.3＝29.319（万元）

当期应纳增值税税额＝78.78－29.319＝49.461（万元）

▶▶▶ （四）期末留抵退税额的计算

1. 留抵退税的条件

自2019年4月1日起，与2019年3月底相比新增加的期末留抵税额，试行增值税期末留抵税额退税制度。一般纳税人同时符合下面的条件，可以实行留抵退税政策。

（1）自2019年4月税款所属期起，连续六个月（按季纳税的，连续两个季度）增量留抵税额均大于零，且第六个月增量留抵税额不低于50万元；

（2）纳税信用等级为A级或者B级；

（3）申请退税前36个月未发生骗取留抵退税、出口退税或虚开增值税专用发票情形的；

（4）申请退税前36个月未因偷税被税务机关处罚两次及以上的；

（5）自2019年4月1日起未享受即征即退、先征后返（退）政策的。

增量留抵税额是指与2019年3月底相比新增加的期末留抵税额。

2. 留抵退税额的计算

纳税人当期允许退还的增量留抵税额，按照以下公式计算：

允许退还的增量留抵税额＝增量留抵税额×进项构成比例×60％

进项构成比例，为2019年4月至申请退税前一税款所属期内已抵扣的增值税专用发票（含税控机动车销售统一发票）、海关进口增值税专用缴款书、解缴税款完税凭证注明的增值税额占同期全部已抵扣进项税额的比重。

3. 留抵退税政策的税收管理

(1) 纳税人应在增值税纳税申报期内，向主管税务机关申请退还留抵税额。

(2) 纳税人出口货物劳务、发生跨境应税行为，适用免抵退税办法的，办理免抵退税后，仍符合规定条件的，可以申请退还留抵税额；适用免退税办法的，相关进项税额不得用于退还留抵税额。

(3) 纳税人申请办理留抵退税，应于符合留抵退税条件的次月起，在增值税纳税申报期（以下称申报期）内，完成本期增值税纳税申报后，通过电子税务局或办税服务厅提交《退（抵）税申请表》。纳税人取得退还的留抵税额后，应相应调减当期留抵税额。按照本条规定再次满足退税条件的，可以继续向主管税务机关申请退还留抵税额，但留抵退税条件规定的第一条中的连续六个月的连续期间的确定，不得重复计算。当期可申报免抵退税的出口销售额为零的，应办理免抵退税零申报。

(4) 以虚增进项、虚假申报或其他欺骗手段，骗取留抵退税款的，由税务机关追缴其骗取的退税款，并按照《税收征收管理法》等有关规定处理。

(5) 纳税人既申报免抵退税又申请办理留抵退税的，税务机关应先办理免抵退税。办理免抵退税后，纳税人仍符合留抵退税条件的，再办理留抵退税。

【例3-19】某企业2019年3月底存量留抵50万元，4—9月的留抵税额分别为60万元、55万元、80万元、70万元、90万元和100万元，4—9月全部凭增值税专用发票抵扣进项。纳税人连续六个月都有增量留抵税额，且9月增量留抵税额为50万元。如果该企业也同时满足其他四项退税条件，则在10月份应申报的留抵税额的退税金额为多少？

解： 该企业在纳税申报期可向主管税务机关申请退还留抵税额30（＝50×100％×60％）万元。

如果该企业10月收到了30万元退税款，则该企业9月的留抵税额就应从100万元调减为70（＝100－30）万元。此后，纳税人可将10月份作为起始月，再往后连续计算六个月的增量留抵税额的情况，如再次满足退税条件，可继续按规定申请留抵退税。

二、小规模纳税人应纳税额的计算

小规模纳税人一律采用简易计税方法计税，但是一般纳税人销售特定货物或者提供特定应税行为可以选择适用简易计税方法，并且不得抵扣进项税额。其应纳税额的计算公式是：

应纳税额＝销售额×征收率

小规模纳税人销售货物或者应税劳务采用销售额和应纳税额合并计价方法的，按下列公式进行销售额的转换：

不含税销售额＝含税销售额/(1＋征收率)

【例3-20】某零件生产企业是小规模纳税人，2019年8月取得零件收入10 300元。

该零件厂该月应缴纳的增值税税额为多少?

解: 2019 年 8 月不含税销售额＝10 300÷(1＋3％)＝10 000(元)

该企业应缴纳的增值税税额＝10 000×3％＝300(元)

三、进口货物应纳税额的计算

确定一项货物是否属于进口,必须首先看其是否有报关进口手续。一般来说,境外产品要输入境内,都必须向我国海关申报进口,并办理有关报关手续,只要是报关进口的应税货物,均应按照规定缴纳进口环节的增值税。纳税人进口货物,按照组成计税价格和规定的税率计算应缴纳的增值税税额,不得抵扣任何税额。

进口货物计算增值税的组成计税价格和应纳税额计算公式如下:

组成计税价格＝关税完税价格＋关税＋消费税

应纳税额＝组成计税价格×税率

【例 3 - 21】 某进出口公司 2019 年 7 月进口一批商品,海关审定的关税完税价格为 1 000 万元,关税税率为 10％,增值税税率为 13％,计算该公司进口商品应纳增值税税额。

解: 进口商品组成计税价格＝1 000＋1 000×10％＝1 100(万元)

应纳增值税税额＝1 100×13％＝143(万元)

第四节　增值税的退（免）税

出口货物、劳务和跨境应税行为退（免）税是国际贸易中通常采用的并为世界各国普遍接受的、目的在于鼓励各国出口货物公平竞争的一种退还或免征间接税(目前我国主要包括增值税、消费税)的税收措施,即对出口货物、劳务和跨境应税行为已承担或应承担的增值税和消费税等间接税实行退还或者免征。由于这项制度比较公平合理,因此它已成为国际社会通行的惯例。

一、出口货物、劳务和跨境应税行为退（免）增值税基本政策

世界各国为了鼓励本国货物出口,增强本国货物的竞争力,一般都采取优惠的税收政策。目前,我国在立足本国国情,同时遵循世界贸易组织（WTO）规则的前提下,对于出口货物、劳务和跨境应税行为的增值税税收政策分为以下三种形式:

1. 出口免税并退税

出口免税是指对货物、劳务和跨境应税行为在出口销售环节免征增值税,这是把货物、劳务和跨境应税行为出口环节与出口前的销售环节都同样视为一个征税环节;出口退税是指对货物、劳务和跨境应税行为在出口前实际承担的税收负担,按规定的退税率

计算后予以退还。

2. 出口免税不退税

出口免税与上述第1项含义相同。出口不退税是指适用这个政策的出口的货物、劳务和跨境应税行为因为在前一道生产、销售环节或进口环节是免税的，所以出口时该货物、劳务和跨境应税行为的价格中本身就不含税，也无须退税。

3. 出口不免税也不退税

不免税是指对国家限制或禁止出口的某些货物、劳务和跨境应税行为的出口环节视同内销环节，照常征税；出口不退税是指对这些货物、劳务和跨境应税行为在出口环节不退还出口前其所负担的税款。

二、出口货物、劳务和跨境应税行为增值税退（免）税政策

▶▶▶ ┌（一）适用增值税退（免）税政策的范围┐

（1）出口企业出口货物。

出口企业，是指依法办理工商登记、税务登记、对外贸易经营者备案登记，自营或委托出口货物的单位或个体工商户，以及依法办理工商登记、税务登记但未办理对外贸易经营者备案登记，委托出口货物的生产企业。

出口货物，是指向海关报关后实际离境并销售给境外单位或个人的货物，分为自营出口货物和委托出口货物两类。

生产企业，是指具有生产能力（包括加工修理修配能力）的单位或个体工商户。

自2017年1月1日起，生产企业销售自产的海洋工程结构物，或者融资租赁企业及其设立的项目子公司、金融租赁公司及其设立的项目子公司购买并以融资租赁方式出租的国内生产企业生产的海洋工程结构物，应按规定缴纳增值税，不再适用规定的增值税出口退税政策，但购买方或者承租方为按实物征收增值税的中外合作油（气）田开采企业的除外。

（2）出口企业或其他单位视同出口的货物。

出口企业或者其他单位视同出口货物具体包括以下七类：

1）出口企业对外援助、对外承包、境外投资的出口货物。

2）出口企业经海关报关进入国家批准的出口加工区、保税物流园区、保税港区、综合保税区等特殊区域并销售给特殊区域内单位或境外单位、个人的货物。

3）免税品经营企业（国家规定不允许经营和限制出口的货物①、卷烟和超出免税品经营企业《企业法人营业执照》规定经营范围的货物除外）销售的货物。

4）出口企业或其他单位销售给用于国际金融组织或外国政府贷款国际招标建设项目的中标机电产品。

5）生产企业向海上石油天然气开采企业销售的自产的海洋工程结构物。

---

① 具体范围参见财政部、国家税务总局《关于出口货物劳务增值税和消费税政策的通知》（财税〔2012〕39号）中的附件1《国家规定不允许经营和限制出口的货物》。

6）出口企业或其他单位销售给国际运输企业用于国际运输工具上的货物。（如国内航空供应公司生产销售给国内和国外航空公司国际航班的航空食品。）

7）出口企业或其他单位销售给特殊区域内生产企业生产耗用且不向海关报关而输入特殊区域的水（包括蒸汽）、电力、燃气。

（3）出口企业对外提供加工修理修配劳务。

对外提供加工修理修配劳务是指对进境复出口货物或从事国际运输的运输工具进行的加工修理修配。

（4）出口融资租赁货物。

对融资租赁企业、金融租赁公司及其设立的项目子公司，以融资租赁方式租赁给境外承租人且租赁期限在5年（含）以上，并向海关报关后实际离境的货物，试行增值税、消费税出口退税政策。融资租赁出口货物的范围，包括飞机、飞机发动机、铁道机车、铁道客车车厢、船舶及其他货物等固定资产。融资租赁出租方将融资租赁出口货物租赁给境外承租方、将融资租赁海洋工程结构物租赁给海上石油天然气开采企业，向融资租赁出租方退还其购进租赁货物所含增值税。融资租赁出口货物、融资租赁海洋工程结构物属于消费税应税消费品的，向融资租赁出租方退还前一环节已征的消费税。

$$\text{增值税应退税额} = \frac{\text{购进融资租赁货物的}}{\text{增值税专用发票注明的金额或海关(进口增值税)专用缴款书注明的完税价格}} \times \text{融资租赁货物适用的增值税退税率}$$

融资租赁出口货物适用的增值税退税率，按照统一的出口货物适用退税率执行。

从增值税一般纳税人购进的按简易办法征税的融资租赁货物和从小规模纳税人购进的融资租赁货物，其适用的增值税退税率，按照购进货物适用的征收率和退税率孰低的原则确定。

▶▶▶（二）增值税退（免）税办法

适用增值税退（免）税政策的出口货物劳务，按照下列规定实行增值税免抵退税或免退税办法。

1. 免抵退税办法

生产企业出口自产货物和视同自产货物及对外提供加工修理修配劳务，以及列名的74家生产企业出口非自产货物，免征增值税，相应的进项税额抵减应纳增值税额（不包括适用增值税即征即退、先征后退政策的应纳增值税额），未抵减完的部分予以退还。

境内的单位和个人提供适用增值税零税率的服务或者无形资产，如果属于适用增值税一般计税方法的，生产企业实行免抵退税办法，外贸企业直接将服务或自行研发的无形资产出口，视同生产企业连同其出口货物统一实行免抵退税办法。

境内的单位和个人提供适用增值税零税率应税服务的，可以放弃适用增值税零税率，选择免税或按规定缴纳增值税。放弃适用增值税零税率后，36个月内不得再申请适用增值税零税率。

2. 免退税办法

该办法适用于不具有生产能力的出口企业（以下称外贸企业）或其他单位出口货物、劳务，免征增值税，相应的进项税额予以退还。适用增值税一般计税方法的外贸企业外购服务或者无形资产出口实行免退税办法。

外贸企业外购研发服务和设计服务免征增值税，其对应的外购应税服务的进项税额予以退还。

▶▶▶ （三）增值税出口退税率

出口退税率是指出口货物的应退税额与计税依据之间的比例。

1. 一般规定

除财政部和国家税务总局根据国务院决定明确的增值税出口退税率外，出口货物的退税率为其适用税率。应税服务和无形资产的退税率为其规定的增值税税率。

2. 退税率的特殊规定

（1）外贸企业购进按简易办法征税的出口货物、从小规模纳税人购进的出口货物，其退税率分别为按简易办法实际执行的征收率、小规模纳税人征收率。上述出口货物取得增值税专用发票的，退税率按照增值税专用发票上的税率和出口货物退税率孰低的原则确定。

（2）出口企业委托加工修理修配货物，其加工修理修配费用的退税率，为出口货物的退税率。

三、出口货物退税的计算

▶▶▶ （一）增值税免抵退税的计算

实行增值税免抵退税办法的企业出口货物、劳务以及服务的，按照下列公式计算增值税免抵退税。

（1）当期应纳税额的计算：

$$当期应纳税额 = 当期销项税额 - （当期进项税额 - 当期不得免征和抵扣税额）$$

$$\begin{array}{l}当期不得免征 \\ 和抵扣税额\end{array} = \begin{array}{l}当期出口货物 \\ 离岸价\end{array} \times \begin{array}{l}外汇人民币 \\ 折合率\end{array} \times \left(\begin{array}{l}出口货物 \\ 适用税率\end{array} - \begin{array}{l}出口货物 \\ 退税率\end{array}\right) - \begin{array}{l}当期不得免征 \\ 和抵扣税额抵减额\end{array}$$

$$\begin{array}{l}当期不得免征 \\ 和抵扣税额抵减额\end{array} = \begin{array}{l}当期免税购进 \\ 原材料价格\end{array} \times \left(\begin{array}{l}出口货物 \\ 适用税率\end{array} - \begin{array}{l}出口货物 \\ 退税率\end{array}\right)$$

（2）当期免抵退税额的计算：

$$当期免抵退税额 = \begin{array}{l}当期出口货物 \\ 离岸价\end{array} \times \begin{array}{l}外汇人民币 \\ 折合率\end{array} \times \begin{array}{l}出口货物 \\ 退税率\end{array} - \begin{array}{l}当期免抵退税额 \\ 抵减额\end{array}$$

$$\begin{array}{l}当期免抵退税额 \\ 抵减额\end{array} = \begin{array}{l}当期免税购进 \\ 原材料价格\end{array} \times \begin{array}{l}出口货物 \\ 退税率\end{array}$$

（3）当期应退税额和免抵税额的计算：

1）当期期末留抵税额≤当期免抵退税额，则：

当期应退税额＝当期期末留抵税额

当期免抵税额＝当期免抵退税额－当期应退税额

2）当期期末留抵税额＞当期免抵退税额，则：

当期应退税额＝当期免抵退税额

当期免抵税额＝0

当期期末留抵税额为当期增值税纳税申报表中"期末留抵税额"。

（4）当期免税购进原材料价格包括当期国内购进的无进项税额且不计提进项税额的免税原材料的价格和当期进料加工保税进口料件的价格，其中当期进料加工保税进口料件的价格为组成计税价格。

【例3－22】某公司是有出口经营权的生产企业（一般纳税人），2019年5月外销收入100万美元，内销收入150万人民币，当月进项税额合计70万元。美元与人民币的比价为1：6.7，该企业适用增值税税率13％，出口退税税率为9％。试计算当期应退税额。

解： 当期不得免征和抵扣税额＝100×6.7×（13％－9％）＝26.8（万元）

当期应纳增值税＝150×13％－（70－26.8）＝－23.7（万元）

当期免抵退税额＝100×6.7×9％＝60.3（万元）

当期应退税额＝23.7（万元）

当期免抵税额＝60.3－23.7＝36.6（万元）

▶▶▶ （二）增值税免退税的计算

外贸企业出口货物劳务增值税免退税，依下列公式计算：

（1）外贸企业出口委托加工修理修配货物以外的货物：

增值税应退税额＝增值税退（免）税计税依据×出口货物退税率

（2）外贸企业出口委托加工修理修配货物：

$$出口委托加工修理修配货物的增值税应退税额 = 委托加工修理修配的增值税退（免）税计税依据 × 出口货物退税率$$

（3）外贸企业兼营的零税率应税行为增值税免退税的计算：

$$外贸企业兼营的零税率应税行为应退税额 = 外贸企业兼营的零税率应税行为免退税计税依据 × 零税率应税行为增值税退税率$$

【例3－23】甲公司是一家外贸企业，具有进出口经营权，为增值税一般纳税人，本年2月从某日用化妆品公司购进进出口用护发用品500箱，取得的增值税专票注明价款为60万元，增值税税额为7.8万元。货款已用银行存款支付。当月该批产品全部用于出口，售价为每箱120美元（汇率为1美元＝6.8元人民币），申请退税的单证齐全。该护发用品的增值税退税率为9％。甲公司已对增值税发票认证。计算甲公司应退的增值税税额。

解： 应退税额＝600 000×9％＝54 000（元）

四、出口货物、劳务及应税行为增值税免税政策

对符合下列条件的出口货物、劳务和应税行为，除适用增值税征税政策的出口货物和劳务规定外，按下列规定实行免征增值税。

适用增值税免税政策的出口货物、劳务和应税行为是指：

（1）出口企业或其他单位出口规定的货物，具体是指：

1）增值税小规模纳税人出口的货物。

2）避孕药品和用具，古旧图书。

3）软件产品。其具体范围是指海关税则号前四位为"9803"的货物。

4）含黄金、铂金成分的货物、钻石及其饰品。

5）国家计划内出口的卷烟。

6）非出口企业委托出口的货物。

7）非列名生产企业出口的非视同自产货物。

8）农业生产者自产农产品。

9）油画、花生果仁、黑大豆等财政部和国家税务总局规定的出口免税的货物。

10）外贸企业取得普通发票、废旧物资收购凭证、农产品收购发票、政府非税收入票据的货物。

11）来料加工复出口的货物。

12）特殊区域内的企业出口的特殊区域内的货物。

13）以人民币现金作为结算方式的边境地区出口企业从所在省（自治区）的边境口岸出口到接壤国家的一般贸易和边境小额贸易出口货物。

14）以旅游购物贸易方式报关出口的货物。

（2）出口企业或其他单位视同出口的下列货物和劳务：

1）国家批准设立的免税店销售的免税货物〔包括进口免税货物和已实现退（免）税的货物〕。

2）特殊区域内的企业为境外的单位或个人提供加工修理修配劳务。

3）同一特殊区域、不同特殊区域内的企业之间销售特殊区域内的货物。

（3）出口企业或其他单位未按规定申报或未补齐增值税退（免）税凭证的出口货物和劳务。具体是指：

1）未在国家税务总局规定的期限内申报增值税退（免）税的出口货物和劳务。

2）未在规定期限内申报开具《代理出口货物证明》的出口货物和劳务。

3）已申报增值税退（免）税，却未在国家税务总局规定的期限内向税务机关补齐增值税退（免）税凭证的出口货物和劳务。

（4）境内的单位和个人销售的下列服务和无形资产免征增值税，但财政部和国家税务总局规定适用增值税零税率的除外：

1）下列服务：

①工程项目在境外的建筑服务。

②工程项目在境外的工程监理服务。

③工程、矿产资源在境外的工程勘察勘探服务。

④会议展览地点在境外的会议展览服务。

⑤存储地点在境外的仓储服务。

⑥标的物在境外使用的有形动产租赁服务。

⑦在境外提供的广播影视节目（作品）的播映服务。

⑧在境外提供的文化体育服务、教育医疗服务、旅游服务。

2）为出口货物提供的邮政服务、收派服务、保险服务。为出口货物提供的保险服务，包括出口货物保险和出口信用保险。

3）向境外单位提供的完全在境外消费的下列服务和无形资产：

①电信服务。

②知识产权服务。

③物流辅助服务（仓储服务、收派服务除外）。

④鉴证咨询服务。

⑤专业技术服务。

⑥商务辅助服务。

⑦广告投放地在境外的广告服务。

⑧无形资产。

4）为境外单位之间的货币资金融通及其他金融业务提供的直接收费金融服务，且该服务与境内的货物、无形资产和不动产无关。

5）按照国家有关规定应取得相关资质的国际运输服务项目，纳税人未取得相关资质的，适用增值税免税政策。

6）境内单位和个人以无运输工具承运方式提供的国际运输服务，无运输工具承运业务的经营者适用增值税免税政策。

7）境内的单位和个人提供适用增值税零税率的服务或者无形资产，如果属于适用简易计税方法的，实行免征增值税办法。

8）财政部和国家税务总局规定的其他服务。

（5）市场经营户自营或委托市场采购贸易经营者以市场采购贸易方式出口的货物免征增值税。

第五节　增值税的税收优惠

一、法定免税项目

根据《增值税暂行条例》的有关规定，下列项目免征增值税：

（1）农业生产者销售的自产农产品。

（2）避孕药品和用具。

（3）古旧图书，是指向社会收购的古书和旧书。

（4）直接用于科学研究、科学试验和教学的进口仪器、设备。

（5）外国政府、国际组织无偿援助的进口物资和设备。

（6）由残疾人的组织直接进口供残疾人专用的物品。

（7）销售的自己使用过的物品。自己使用过的物品是指其他个人自己使用过的物品。

纳税人兼营免税、减税项目的，应分别核算免税、减税项目的销售额；未分别核算的，不得减税、免税。纳税人销售货物、提供应税劳务适用免税规定的，可以放弃免税，按规定缴纳增值税；放弃免税后，36个月内不得再申请免税。

二、"营改增"规定的税收优惠政策

根据《营业税改征增值税试点过渡政策的规定》，下列项目免征增值税：

（1）托儿所、幼儿园提供的保育和教育服务。

（2）养老机构提供的养老服务。

（3）残疾人福利机构提供的育养服务。

（4）婚姻介绍服务。

（5）殡葬服务。

（6）残疾人员本人为社会提供的服务。

（7）医疗机构提供的医疗服务。

（8）从事学历教育的学校提供的教育服务。

（9）学生勤工俭学提供的服务。

（10）农业机耕、排灌、病虫害防治、植物保护、农牧保险以及相关技术培训业务，家禽、牲畜、水生动物的配种和疾病防治。

（11）纪念馆、博物馆、文化馆、文物保护单位管理机构、美术馆、展览馆、书画院、图书馆在自己的场所提供文化体育服务取得的第一道门票收入。

（12）寺院、宫观、清真寺和教堂举办文化、宗教活动的门票收入。

（13）行政单位之外的其他单位收取的符合《营业税改征增值税试点实施办法》第十条规定条件的政府性基金和行政事业性收费。

（14）个人转让著作权。

（15）个人销售自建自用住房。

（16）台湾航运公司、航空公司从事海峡两岸海上直航、空中直航业务在大陆取得的运输收入。

（17）纳税人提供的直接或者间接国际货物运输代理服务。

1）纳税人提供直接或者间接国际货物运输代理服务，向委托方收取的全部国际货物运输代理服务收入，以及向国际运输承运人支付的国际运输费用，必须通过金融机构进行结算。

2）纳税人为大陆与香港、澳门、台湾地区之间的货物运输提供的货物运输代理服务参照国际货物运输代理服务有关规定执行。

3）委托方索取发票的，纳税人应当就国际货物运输代理服务收入向委托方全额开具增值税普通发票。

（18）以下利息收入：

1）2016 年 12 月 31 日前，金融机构农户小额贷款。

小额贷款，是指单笔且该农户贷款余额总额在 10 万元（含本数）以下的贷款。

2）国家助学贷款。

3）国债、地方政府债。

4）中国人民银行对金融机构的贷款。

5）住房公积金管理中心用住房公积金在指定的委托银行发放的个人住房贷款。

6）外汇管理部门在从事国家外汇储备经营过程中，委托金融机构发放的外汇贷款。

7）统借统还业务中，企业集团或企业集团中的核心企业以及集团所属财务公司按不高于支付给金融机构的借款利率水平或者支付的债券票面利率水平，向企业集团或者集团内下属单位收取的利息。统借方向资金使用单位收取的利息，高于支付给金融机构借款利率水平或者支付的债券票面利率水平的，应全额缴纳增值税。

（19）被撤销金融机构以货物、不动产、无形资产、有价证券、票据等财产清偿债务。

（20）保险公司开办的一年期以上人身保险产品取得的保费收入。

（21）再保险服务。

（22）下列金融商品转让收入：

1）合格境外投资者（QFII）委托境内公司在我国从事证券买卖业务。

2）香港市场投资者（包括单位和个人）通过沪港通买卖上海证券交易所上市 A 股。

3）对香港市场投资者（包括单位和个人）通过基金互认买卖内地基金份额。

4）证券投资基金（封闭式证券投资基金，开放式证券投资基金）管理人运用基金买卖股票、债券。

5）个人从事金融商品转让业务。

（23）金融同业往来利息收入。

（24）同时符合下列条件的担保机构从事中小企业信用担保或者再担保业务取得的收入（不含信用评级、咨询、培训等收入）3 年内免征增值税：

1）已取得监管部门颁发的融资性担保机构经营许可证，依法登记注册为企（事）业法人，实收资本超过 2 000 万元。

2）平均年担保费率不超过银行同期贷款基准利率的 50%。

3）连续合规经营 2 年以上，资金主要用于担保业务，具备健全的内部管理制度和为中小企业提供担保的能力，经营业绩突出，对受保项目具有完善的事前评估、事中监控、事后追偿与处置机制。

4）为中小企业提供的累计担保贷款额占其两年累计担保业务总额的 80% 以上，单笔 800 万元以下的累计担保贷款额占其累计担保业务总额的 50% 以上。

5）对单个受保企业提供的担保余额不超过担保机构实收资本总额的 10%，且平均单笔担保责任金额最多不超过 3 000 万元人民币。

6）担保责任余额不低于其净资产的 3 倍，且代偿率不超过 2%。

（25）国家商品储备管理单位及其直属企业承担商品储备任务，从中央或者地方财政取得的利息补贴收入和价差补贴收入。

（26）纳税人提供技术转让、技术开发和与之相关的技术咨询、技术服务。

（27）同时符合下列条件的合同能源管理服务：

1）节能服务公司实施合同能源管理项目相关技术，应当符合国家质量监督检验检疫总局和国家标准化管理委员会发布的《合同能源管理技术通则》（GB/T24915‐2010）规定的技术要求。

2）节能服务公司与用能企业签订节能效益分享型合同，其合同格式和内容，符合《中华人民共和国合同法》和《合同能源管理技术通则》（GB/T24915‐2010）等规定。

（28）政府举办的从事学历教育的高等、中等和初等学校（不含下属单位），举办进修班、培训班取得的全部归该学校所有的收入。

举办进修班、培训班取得的收入进入该学校下属部门自行开设账户的，不予免征增值税。

（29）政府举办的职业学校设立的主要为在校学生提供实习场所、并由学校出资自办、由学校负责经营管理、经营收入归学校所有的企业，从事《销售服务、无形资产或者不动产注释》中"现代服务"（不含融资租赁服务、广告服务和其他现代服务）、"生活服务"（不含文化体育服务、其他生活服务和桑拿、氧吧）业务活动取得的收入。

（30）家政服务企业由员工制家政服务员提供家政服务取得的收入。

（31）福利彩票、体育彩票的发行收入。

（32）军队空余房产租赁收入。

（33）为了配合国家住房制度改革，企业、行政事业单位按房改成本价、标准价出售住房取得的收入。

（34）将土地使用权转让给农业生产者用于农业生产。

（35）涉及家庭财产分割的个人无偿转让不动产、土地使用权。

（36）土地所有者出让土地使用权和土地使用者将土地使用权归还给土地所有者。

（37）县级以上地方人民政府或自然资源行政主管部门出让、转让或收回自然资源使用权（不含土地使用权）。

（38）随军家属就业。

（39）军队转业干部就业。

（40）各党派、共青团、工会、妇联、中科协、青联、台联、侨联收取党费、团费、会费，以及政府间国际组织收取会费，属于非经营活动，不征收增值税。

（41）青藏铁路公司提供的铁路运输服务免征增值税。

（42）中国邮政集团公司及其所属邮政企业提供的邮政普遍服务和邮政特殊服务，免征增值税。

（43）自2016年1月1日起，中国邮政集团公司及其所属邮政企业为金融机构代办金融保险业务取得的代理收入，在"营改增"试点期间免征增值税。

（44）中国信达资产管理股份有限公司、中国华融资产管理股份有限公司、中国长城资产管理公司和中国东方资产管理公司及各自经批准分设于各地的分支机构，在收购、承接和处置剩余政策性剥离不良资产和改制银行剥离不良资产过程中开展的特殊业务，免征增值税。

（45）全国社会保障基金理事会、全国社会保障基金投资管理人运用全国社会保障基金买卖证券投资基金、股票、债券取得的金融商品转让收入，免征增值税。

（46）对下列国际航运保险业务免征增值税：

1）注册在上海、天津的保险企业从事国际航运保险业务。

2）注册在深圳市的保险企业向注册在前海深港现代服务业合作区的企业提供国际航运保险业务。

3）注册在平潭的保险企业向注册在平潭的企业提供国际航运保险业务。

（47）自2019年1月1日至2022年12月31日，对单位或者个体工商户将自产、委托加工或购买的货物通过公益性社会组织、县级及以上人民政府及其组成部门和直属机构，或直接无偿捐赠给目标脱贫地区的单位和个人，免征增值税。在政策执行期限内，目标脱贫地区实现脱贫的，可继续适用上述政策。"目标脱贫地区"包括832个国家扶贫开发工作重点县、集中连片特困地区县（新疆阿克苏地区6县1市享受片区政策）和建档立卡贫困村。

在2015年1月1日至2018年12月31日期间已发生的符合上述条件的扶贫货物捐赠，可追溯执行上述增值税政策。

三、增值税的即征即退政策

（1）增值税一般纳税人销售其自行开发生产的软件产品，按16%税率征收增值税后，对其增值税实际税负超过3%的部分实行即征即退政策。

（2）一般纳税人提供管道运输服务，对其增值税实际税负超过3%的部分实行增值税即征即退政策。

（3）经中国人民银行、银保监会或者商务部批准从事融资租赁业务的试点纳税人中的一般纳税人，提供有形动产融资租赁服务和有形动产融资性售后回租服务，对其增值税实际税负超过3%的部分实行增值税即征即退政策。

上述规定所称增值税实际税负是指纳税人当期提供应税服务实际缴纳的增值税额占纳税人当期提供应税服务取得的全部价款和价外费用的比例。

（4）纳税人享受安置残疾人增值税即征即退优惠政策。纳税人本期已缴增值税额小于本期应退税额不足退还的，可在本年度内以前纳税期已缴增值税额扣除已退增值税额的余额中退还，仍不足退还的可结转本年度内以后纳税期退还。年度已缴增值税额不足退还的，不得结转以后年度退还。

四、增值税起征点的规定

个人发生销售货物、劳务和应税行为的销售额未达到增值税起征点的，免征增值税；达到起征点的，全额计算缴纳增值税。

增值税起征点仅适用于个人，包括：个体工商户和其他个人，但不适用于认定为一般纳税人的个体工商户，即增值税起征点仅适用于按照小规模纳税人纳税的个体工商户和其他个人。

增值税起征点幅度如下：

（1）按期纳税的，为月销售额 5 000～20 000 元（含本数）。

（2）按次纳税的，为每次（日）销售额 300～500 元（含本数）。

起征点的调整由财政部和国家税务总局规定。省、自治区、直辖市财政厅（局）和国家税务局应当在规定的幅度内，根据实际情况确定本地区适用的起征点，并报财政部和国家税务总局备案。月销售额不超过 3 万元（季报的季度不超过 9 万元）的小微企业免征增值税政策优惠期限延长至 2020 年。

第六节　增值税的征收管理

一、增值税的纳税义务发生时间和纳税期限

▶▶▶ （一）纳税义务发生时间

纳税义务发生时间是纳税人销售货物、提供应税劳务和发生应税行为应当承担纳税义务的起始时间。

1. 销售货物或者提供应税劳务的纳税义务发生时间

纳税人销售货物或者提供应税劳务，其纳税义务发生时间为收讫销售款项或者取得索取销售款项凭据的当天；先开具发票的，为开具发票的当天。其中，收讫销售款项或者取得索取销售款项凭据的当天，按销售结算方式的不同，具体分为：

（1）采取直接收款方式销售货物，不论货物是否发出，均为收到销售款或者取得索取销售款凭据的当天。

（2）采取托收承付和委托银行收款方式销售货物，为发出货物并办妥托收手续的当天。

（3）采取赊销和分期收款方式销售货物，为书面合同约定的收款日期的当天，无书面合同的或者书面合同没有约定收款日期的，为货物发出的当天。

（4）采取预收货款方式销售货物，为货物发出的当天，但生产销售生产工期超过 12 个月的大型机械设备、船舶、飞机等货物，为收到预收款或者书面合同约定的收款日期的当天。

（5）委托其他纳税人代销货物，为收到代销单位的代销清单或者收到全部或者部分货款的当天。未收到代销清单及货款的，为发出代销货物满 180 天的当天。

（6）销售应税劳务，为提供劳务同时收讫销售款或者取得索取销售款的凭据的当天。

（7）纳税人发生除将货物交付其他单位或者个人代销和销售代销货物以外的视同销售货物行为，为货物移送的当天。

（8）纳税人进口货物，其纳税义务发生时间为报关进口的当天。

2. 发生应税行为的纳税义务发生时间

纳税人发生应税行为并收讫销售款项或者取得索取销售款项凭据的当天为纳税义务发生时间;先开具发票的,为开具发票的当天。

3. 特殊行业的纳税义务发生时间

(1) 纳税人提供建筑服务、租赁服务采取预收款方式的,其纳税义务发生时间为收到预收款的当天。

(2) 纳税人从事金融商品转让的,为金融商品所有权转移的当天。

(3) 纳税人发生视同销售服务、无形资产或者不动产情形的,其纳税义务发生时间为服务、无形资产转让完成的当天或者不动产权属变更的当天。

4. 增值税扣缴义务发生时间为纳税人增值税纳税义务发生的当天

▶▶▶ (二) 纳税期限

为了保证按期缴纳税款。根据《增值税暂行条例》和《关于全面推开营业税改征增值税试点的通知》,增值税的纳税期限分别为 1 日、3 日、5 日、10 日、15 日、1 个月或者 1 个季度。

纳税人的具体纳税期限,由主管税务机关根据纳税人应纳税额的大小分别核定。不能按照固定期限纳税的,可以按次纳税。

纳税人以 1 个月或者 1 个季度为 1 个纳税期的,自期满之日起 15 日内申报纳税;以 1 日、3 日、5 日、10 日或者 15 日为 1 个纳税期的,自期满之日起 5 日内预缴税款,于次月 1 日起 15 日内申报纳税并结清上月应纳税款。

纳税人进口货物,应当自海关填发进口增值税专用缴款书之日起 15 日内缴纳税款。

纳税人出口货物适用退(免)税规定的,应当向海关办理出口手续,凭出口报关单等有关凭证,在规定的出口退(免)税申报期内按月向主管税务机关申报办理该项出口货物的退(免)税。

二、增值税纳税地点

根据企业跨地区经营和商品流通的特点的不同情况,《增值税暂行条例》和《关于全面推开营业税改征增值税试点的通知》规定了具体的增值税纳税地点:

(1) 固定业户应当向其机构所在地或者居住地主管税务机关申报纳税。总机构和分支机构不在同一县(市)的,应当分别向各自所在地的主管税务机关申报纳税;经财政部和国家税务总局或者其授权的财政和税务机关批准,可以由总机构汇总向总机构所在地的主管税务机关申报纳税。

(2) 非固定业户销售货物、提供劳务和发生应税行为应当向销售地、劳务发生地和应税行为发生地主管税务机关申报纳税;未申报纳税的,由其机构所在地或者居住地主管税务机关补征税款。

(3) 纳税人跨县(市、区)提供建筑服务,应向建筑服务发生地主管国税机关预缴税款,向机构所在地主管国税机关申报纳税。

（4）其他个人提供建筑服务，销售或者租赁不动产，转让自然资源使用权，应向建筑服务发生地、不动产所在地、自然资源所在地主管税务机关申报纳税。

（5）扣缴义务人应当向其机构所在地或者居住地主管税务机关申报缴纳扣缴的税款。

第七节 增值税专用发票的管理

增值税专用发票是增值税一般纳税人销售货物或者提供应税劳务开具的发票，是购买方支付增值税额并可按照增值税相关规定据以抵扣增值税进项税额的凭证。增值税专用发票不仅是纳税人经济活动中的重要商业凭证，而且是兼记销货方销项税额和购货方进项税额进行税款抵扣的凭证，对增值税的计算和管理起着至关重要的作用，因此正确使用增值税专用发票是十分重要的。纳税人应严格遵循国家税务总局颁布的《增值税专用发票使用规定》。

一、专用发票的联次

专用发票由基本联次或者基本联次附加其他联次构成，基本联次为三联：发票联、抵扣联和记账联。发票联，作为购买方核算采购成本和增值税进项税额的记账凭证；抵扣联，作为购买方报送主管税务机关认证和留存备查的凭证；记账联，作为销售方核算销售收入和增值税销项税额的记账凭证。其他联次用途，由一般纳税人自行确定。

二、专用发票的领购范围

一般纳税人有下列情形之一的，不得领购开具专用发票：

1. 会计核算不健全，不能向税务机关准确提供增值税销项税额、进项税额、应纳税额数据及其他有关增值税税务资料的

2. 有《税收征收管理法》规定的税收违法行为，拒不接受税务机关处理的

3. 有下列行为之一，经税务机关责令限期改正而仍未改正的

（1）虚开增值税专用发票。

（2）私自印制专用发票。

（3）向税务机关以外的单位和个人买取专用发票。

（4）借用他人专用发票。

（5）未按要求开具专用发票。

（6）未按规定保管专用发票和专用设备。有下列情形之一的，为未按规定保管专用发票和专用设备：

①未设专人保管专用发票和专用设备；

②未按税务机关要求存放专用发票和专用设备；

③未将认证相符的专用发票抵扣联、《认证结果通知书》和《认证结果清单》装订成册；

④未经税务机关查验，擅自销毁专用发票基本联次。

（7）未按规定申请办理防伪税控系统变更发行。

（8）未按规定接受税务机关检查。

有上列情形的，如已领购专用发票，主管税务机关应暂扣其结存的专用发票和IC卡。

三、增值税专用发票的开具要求

增值税专用发票应按下列要求开具：

（1）项目齐全，与实际交易相符。

（2）字迹清楚，不得压线、错格。

（3）发票联和抵扣联加盖财务专用章或者发票专用章。

（4）按照增值税纳税义务的发生时间开具。

对不符合上列要求的专用发票，购买方有权拒收。

（5）一般纳税人销售货物或者提供应税劳务可汇总开具专用发票。汇总开具专用发票的，同时使用防伪税控系统开具《销售货物或者提供应税劳务清单》，并加盖财务专用章或者发票专用章。

（6）保险机构作为车船税扣缴义务人，在代收车船税并开具增值税发票时，应在增值税发票备注栏中注明代收车船税税款信息。

（7）自2016年5月1日起，纳入新系统推行范围的试点纳税人及新办增值税纳税人，应使用新系统根据相应的编码开具增值税发票。

（8）按照现行政策规定适用差额征税办法缴纳增值税，且不得全额开具增值税发票的（财政部、税务总局另有规定的除外），纳税人自行开具或者税务机关代开增值税发票时，通过新系统中差额征税开票功能，录入含税销售额（或含税评估额）和扣除额，系统自动计算税额和不含税金额，备注栏自动打印"差额征税"字样，发票开具不应与其他应税行为混开。

（9）提供建筑服务，纳税人自行开具或者税务机关代开增值税发票时，应在发票的备注栏注明建筑服务发生地县（市、区）名称及项目名称。

（10）销售不动产，纳税人自行开具或者税务机关代开增值税发票时，应在发票"货物或应税劳务、服务名称"栏填写不动产名称及房屋产权证书号码（无房屋产权证书的可不填写），"单位"栏填写面积单位，备注栏注明不动产的详细地址。

（11）出租不动产，纳税人自行开具或者税务机关代开增值税发票时，应在备注栏注明不动产的详细地址。

四、增值税专用发票开具范围

（1）一般纳税人销售货物或者提供应税劳务和应税服务，应向购买方开具专用发票。

（2）商业企业一般纳税人零售的烟、酒、食品、服装、鞋帽（不包括劳保专用部分）、化妆品等消费品不得开具专用发票。

（3）增值税小规模纳税人需要开具专用发票的，可向主管税务机关申请代开。

（4）销售免税货物不得开具专用发票，法律、法规及国家税务总局另有规定的除外。

（5）纳税人提供应税服务，应当向索取增值税专用发票的接受方开具增值税专用发票，并在增值税专用发票上分别注明销售额和销项税额。属于下列情形之一的，不得开具增值税专用发票：

①向消费者个人提供应税服务。

②适用免征增值税规定的应税服务。

五、增值税专用发票不得抵扣进项税额的规定

（1）有下列情形之一的，不得作为增值税进项税额的抵扣凭证：

经认证，有下列情形之一的，不得作为增值税进项税额的抵扣凭证，税务机关退还原件，购买方可要求销售方重新开具专用发票。

①无法认证。无法认证是指专用发票所列密文或者明文不能辨认，无法产生认证结果。

②纳税人识别号认证不符。纳税人识别号认证不符，是指专用发票所列购买方纳税人识别号有误。

③专用发票代码、号码认证不符。专用发票代码、号码认证不符，是指专用发票所列密文解译后与明文的代码或者号码不一致。

（2）有下列情形之一的，暂不得作为增值税进项税额的抵扣凭证，税务机关扣留原件，查明原因，分情况进行处理。

①重复认证。重复认证是指已经认证相符的同一张专用发票再次认证。

②密文有误。密文有误是指专用发票所列密文无法解译。

③认证不符。认证不符是指纳税人识别号有误，或者专用发票所列密文解译后与明文不一致。

认证不符不含纳税人识别号认证不符和专用发票代码、号码认证不符的情形。

④列为失控专用发票。列为失控专用发票是指认证时的专用发票已被登记为失控专用发票。

六、有关增值税专用发票的管理的主要规定

（一）关于被盗、丢失增值税专用发票的处理

（1）纳税人必须严格按照《增值税专用发票使用规定》保管使用专用发票，对违反规定发生被盗、丢失专用发票的纳税人，按《税收征收管理法》和《中华人民共和国发票管理办法》（以下简称《发票管理办法》）的规定，处以1万元以下的罚款，并可视具体情况，对丢失专用发票的纳税人，在一定期限内（最长不超过半年）停止领购专用发

票。对纳税人申报遗失的专用发票，如发现非法代开、虚开问题的，该纳税人应承担偷税、骗税的连带责任。

（2）纳税人丢失专用发票后，必须按规定程序向当地主管税务机关、公安机关报失。

▶▶▶ ┌（二）关于对代开、虚开增值税专用发票的处理┐

代开发票是指为与自己没有发生直接购销关系的他人开具发票的行为，虚开发票是指在没有任何购销事实的前提下，为他人、为自己或让他人为自己或介绍他人开具发票的行为。

对代开、虚开专用发票的，一律按票面所列货物的适用税率全额征补税款，并按《税收征收管理法》的规定按偷税给予处罚。对纳税人取得的代开、虚开的增值税专用发票，不得作为增值税合法抵扣凭证抵扣进项税额。代开、虚开发票构成犯罪的，按全国人大常委会发布的《关于惩治虚开、伪造和非法出售增值税专用发票犯罪的决定》处以刑罚。

▶▶▶ ┌（三）税控系统增值税专用发票的管理┐

（1）税务机关专用发票管理部门在运用防伪税控发售系统进行发票入库管理或向纳税人发售专用发票时，要认真录入发票代码、号码，并与纸质专用发票进行仔细核对，确保发票代码、号码电子信息与纸质发票的代码、号码完全一致。

（2）纳税人在运用防伪税控系统开具专用发票时，应认真检查系统中的电子发票代码、号码与纸质发票是否一致。如发现税务机关错填电子发票代码、号码的，应持纸质专用发票和税控IC卡到税务机关办理退回手续。

（3）对税务机关错误录入代码或号码后又被纳税人开具的专用发票，按以下办法处理：

1）纳税人当月发现上述问题的，应按照专用发票使用管理的有关规定，对纸质专用发票和防伪税控开票系统中专用发票电子信息同时进行作废，并及时报主管税务机关。纳税人在以后月份发现的，应按有关规定开具负数专用发票。

2）主管税务机关按照有关规定追究有关人员责任，同时将有关情况，如发生原因、主管税务机关名称、编号、纳税人名称、纳税人识别号、发票代码号码（包括错误的和正确的）、发生时间、责任人以及处理意见或请求等，逐级上报至总局。

3）对涉及发票数量多、影响面较大的，总局将按规定程序对"全国作废发票数据库"进行修正。

4）在未收回专用发票抵扣联及发票联，或虽已收回专用发票抵扣联及发票联但购货方已将专用发票抵扣联报送税务机关认证的情况下，销货方一律不得作废已开具的专用发票。

七、税务机关代开增值税专用发票管理办法

代开专用发票是指主管税务机关为所管辖范围内的增值税纳税人（指已办理税务登

记的小规模纳税人，包括个体经营者以及国家税务总局确定的其他可予代开增值税专用发票的纳税人）代开专用发票，其他单位和个人不得代开。增值税纳税人发生增值税应税行为、需要开具专用发票时，可向其主管税务机关申请代开。

申请代开专用发票时，应填写《代开增值税专用发票缴纳税款申报单》，连同税务登记证副本，到主管税务机关税款征收岗位按专用发票上注明的税额全额申报缴纳税款，同时缴纳专用发票工本费。

◎ 复习题

一、单项选择题

1. 将购买的货物用于下列项目，其进项税额准予抵扣的是（　　）。
   A. 用于修建展厅　　　　　　　　B. 用于发放奖品
   C. 无偿赠送给客户　　　　　　　D. 作为发放职工的福利

2. 下列项目中不允许扣除进项税额的有（　　）。
   A. 一般纳税人购进应税劳务
   B. 混合销售中一般纳税人销售货物时支付的运费
   C. 企业购进的烟丝用于生产卷烟
   D. 企业购进的货物被雨水淋坏

3. 下列项目中应确认收入计算销项税额的项目有（　　）。
   A. 将购买的货物用于集体福利
   B. 将购买的货物用于非应税项目
   C. 将购买的货物委托加工单位加工后收回继续生产使用的货物
   D. 将购买的货物作为投资给其他单位

4. 增值税起征点的规定只适用于（　　）。
   A. 企业　　　　　B. 事业单位　　　　C. 自然人个人　　　　D. 个体经营者

5. 纳税人提供景区游览场所并收取门票收入按（　　）缴纳增值税。
   A. 不征收增值税　　　　　　　　B. 文化体育服务
   C. 娱乐业　　　　　　　　　　　D. 其他生活服务

6. 下列项目中，不得从计税销售额中扣除的有（　　）。
   A. 折扣额与销售额同开在一张发票情形下的折扣额
   B. 销售折扣额
   C. 销售折让额
   D. 销售退货额

7. 某事业单位从事经营设计服务，2015 年经营额为 45 万元，2016 年经营额为 600 万元，关于登记一般纳税人正确的是（　　）。
   A. 该事业单位可选择按小规模纳税人申报纳税
   B. 应当于 2015—2016 年该事业单位连续 12 个月达到 515 万元经营额次月登记一般纳税人
   C. 2016 年年度营业额达到 515 万元经营额次月登记一般纳税人
   D. 2017 年年初登记一般纳税人

8. 张某于 2019 年 6 月出售自己名下住房（不足两年），获得价款 50 万元，应纳增值税额为（   ）。

    A. 25 000 元   B. 7 500 元   C. 7 142.86 元   D. 23 809.52 元

9. 某饭店是小规模纳税人，2019 年 6 月提供正餐服务 2.5 万元，外卖营业额 0.85 万元，则该饭店 2019 年 6 月应纳税额为（   ）。

    A. 975.73 元   B. 1 005 元   C. 772.5 元   D. 0 元

10. 以下不是增值税纳税期限的为（   ）。

    A. 3 日   B. 5 日   C. 7 日   D. 10 日

11. 2019 年某一纳税人购进的原材料发生被盗，其成本为 89.1 万元，其中免税农产品 9.1 万元，应转出的进项税额是（   ）。

    A. 14.45 万元   B. 14.14 万元   C. 13.85 万元   D. 8.1 万元

12. 中央商场在销售一般商品的同时，既提供本商场所售商品的运输劳务，也接受外单位委托提供运输劳务，则该行为属于（   ）。

    A. 混合销售   B. 混业经营   C. 兼营行为   D. 免税行为

13. 出口货物不能享受退（免）税政策的是（   ）。

    A. 有出口经营权的生产企业

    B. 有出口经营权的外贸企业

    C. 委托外贸企业代理出口货物的外贸企业

    D. 委托外贸企业代理出口货物的商贸企业

14. 目前我国小规模纳税人的征收率是（   ）。

    A. 4%   B. 6%   C. 3%   D. 17%

15. 销售额是指纳税人销售货物或提供应税劳务向购买方收取的全部价款和价外费用，但不包括（   ）。

    A. 手续费   B. 包装费   C. 销项税   D. 违约金

二、多项选择题

1. 目前执行的增值税税率有（   ）。

    A. 3%   B. 5%   C. 6%   D. 13%

    E. 11%   F. 9%   G. 16%

2. 纳税人销售货物或提供应税劳务，增值税纳税义务的发生时间为（   ）。

    A. 签订销售合同的当天

    B. 发出货物的当天

    C. 取得索取销售款凭证的当天

    D. 收讫销售款的当天

3. 以下关于增值税的特点正确的有（   ）。

    A. 不重复征税

    B. 既普遍征收，又多环节征收

    C. 同种产品最终售价相同，税负就相同

    D. 采用税款抵扣制度

4. 增值税的类型有（   ）。

    A. 生产型增值税   B. 成本型增值税

    C. 收入型增值税   D. 消费型增值税

5. 下列情形不属于在境内销售服务或者无形资产的是（　　　）。

    A. 境外单位或者个人向境内单位或者个人销售完全在境外发生的服务

    B. 境外单位或者个人向境内单位或者个人销售完全在境外使用的无形资产

    C. 境外单位或者个人向境内单位或者个人出租完全在境外使用的有形动产

    D. 财政部和国家税务总局规定的其他情形

6. 下列行为应按"提供加工、修理修配劳务"征收增值税的是（　　　）。

    A. 空调制造公司为客户安装大型中央空调

    B. 企业为另一企业修理机床

    C. 企业受托为另一企业加工零件

    D. 汽车修理厂为本厂修理汽车

7. 以下可以开具增值税专用发票的有（　　　）。

    A. 向消费者销售应税项目

    B. 向一般纳税人销售应税项目

    C. 销售报关出口的货物

    D. 锅炉厂销售锅炉

8. 以下行为应视同销售缴纳增值税的是（　　　）。

    A. 将自产货物分发给职工作为福利

    B. 将委托加工货物分发给职工作为福利

    C. 将自产货物用于个人消费

    D. 将委托加工货物用于连续加工

9. 以下行为应视同销售缴纳增值税的是（　　　）。

    A. 将自产货物用于对外投资

    B. 将委托加工的货物用于对外投资

    C. 将自产货物用于连续加工

    D. 将自产货物分配给股东

10. 以下行为不应视同销售缴纳增值税的是（　　　）。

    A. 将购买的货物用于职工食堂

    B. 将购买的货物用作本企业的原料

    C. 将购买的货物作为福利分配给职工

    D. 将购买的货物无偿赠送他方

11. 下列关于增值税纳税地点的说法正确的有（　　　）。

    A. 固定业户应当向其机构所在地主管税务机关申报纳税

    B. 固定业户到外县市销售货物的，未开具外出经营活动税收管理证明单的，应当向其机构所在地主管税务机关纳税

    C. 非固定业户销售货物或者应税劳务，应当向销售地主管税务机关申报纳税

    D. 进口货物，应当由进口人或其代理人向报关地海关申报纳税

12. 下列说法正确的有（　　　）。

A. 采用还本销售方式销售货物，其销售额就是货物的销售价格，不得从销售额中减除还本支出

B. 采取以旧换新方式销售货物的，应按新货物的同期销售价格确定销售额，不得扣减货物的收购价格

C. 采取以旧换新方式销售货物的，应按新旧货物的同期销售价格的差额确定销售额

D. 销售折扣可以从销售额中减除

13. 下列可以选择一般纳税人身份的有（　　　）。

A. 年应税销售额未超过小规模纳税人标准的商业企业

B. 个人（除个体经营者以外的其他个人）

C. 超过小规模纳税人标准的非企业性单位

D. 超过小规模纳税人标准的不经常发生增值税应税行为的企业

三、简答题

1. 简述增值税分为哪几种类型？增值税的征税范围有哪些？

2. 如何认定增值税的一般纳税人与小规模纳税人？

3. 简述增值税的纳税义务发生时间。

4. 在免抵退税方式下如何进行出口退税的计算与核算？

5. 简述交通运输业和现代服务业增值税的征税范围。

四、计算题

1. 某商场（中国人民银行批准的金银首饰经营单位）为增值税一般纳税人，2019年5月采取以旧换新方式销售金戒指40只，每只新金戒指的零售价格为12 500元，每只旧金戒指作价9 650元，每只金戒指取得差价款2 850元；取得首饰修理费共计16 570元（含税）。计算该商场上述业务应纳增值税税额。

2. 某超市为增值税小规模纳税人。2019年10月，该超市取得货物零售收入120 000元；向困难群体捐赠部分外购商品，该部分商品市场零售价为5 000元；向职工发放部分外购商品作为节日福利，该部分商品市场售价为3 700元；销售已使用1年的冰柜一台，取得收入1 400元。计算该超市当月的应纳增值税。

3. 甲运输公司（小规模纳税人）2019年6月取得运费收入15万元，支付车辆修理费2万元、路桥费2万元，借用乙运输公司司机一人，向该司机支付劳务费1万元。请问甲运输公司6月应纳增值税是多少？

4. 某宾馆是一个综合性的生活服务企业，主营娱乐业，兼营饮食、歌舞厅等业务，2019年6月取得如下含税收入：住宿收入50万元；歌舞厅收入15万元，其中门票收入5万元，烟酒收入10万元；其他服务收入2万元；小班车接送客人收入8万元；代购车票手续费收入10 000元。计算该宾馆6月的应纳增值税。

第四章
消费税

【本章要点】

1. 消费税的特点
2. 消费税的征税范围及税率
3. 消费税的计税依据

【导入案例】

张女士负责全家的消费规划，大到汽车，小到烟酒、化妆品、油盐酱醋。张女士买入的每一样消费品是否都需要缴纳消费税？税率是否一致？消费税是由商家承担还是由张女士承担？学完本章你将能够解答上述问题。

第一节　消费税概述

一、概　念

消费税是指对特定消费品和特定的消费行为按消费流转额在特定环节征收的一种商品税。消费税实行价内税，主要以消费品为课税对象，税收随价格转嫁给消费者负担，消费者是实际的赋税人，消费税是典型的间接税。消费税征税项目具有选择性，在对货物普遍征收增值税的基础上，选择少数消费品再征收一道消费税，目的是为了贯彻国家消费政策，引导消费方向，从而调节产品结构，引导产业结构发展。因此，消费税在保证国家财政收入，体现国家经济政策等方面具有十分重要的意义。

二、特 点

(1) 消费税征收范围具有选择性。消费税以税法规定的特定产品为征税对象，即国家可以根据宏观产业政策和消费政策的要求，有目的、有重点地选择部分消费品征收消费税，而不是对所有消费品都征收消费税。

(2) 消费税是价内税，是商品价格的组成部分。

(3) 消费税征收环节单一，它在生产、销售或批发的某一环节课税，而不是在每个环节都征税。

(4) 税率档次多，且不统一。消费税按不同的产品设计不同的税率，不同征税项目的税负差异较大，对需要限制或控制消费的消费品，通常税负较重，例如烟、酒。

(5) 征收方法具有灵活性，消费税实行从价定率、从量定额以及从价从量复合计征三种方法征税。

(6) 消费税是间接税，税收负担随价格最终都转嫁到消费者身上。

第二节 消费税纳税义务人、征收范围、税目及税率

一、消费税纳税义务人

在中华人民共和国境内生产、委托加工和进口《中华人民共和国消费税暂行条例》（以下简称《消费税暂行条例》）规定的消费品的单位和个人，以及国务院确定的销售《消费税暂行条例》规定的消费品的单位和个人为消费税的纳税人。单位，是指企业、行政单位、事业单位、军事单位、社会团体及其他单位。个人，是指个体工商户及其他个人，具体包括：

(1) 生产销售（包括自用）应税消费品的，以生产销售的单位和个人为纳税人，由生产者直接纳税。

(2) 委托加工的应税消费品，除受托方为个人外，由受托方在向委托方交货时代收代缴税款。委托个人加工的应税消费品，由委托方收回后缴纳消费税。

(3) 进口应税消费品的，以进口的单位和个人为纳税人，由海关代征。个人携带或者邮寄进境的应税消费品，连同关税一并征收。

(4) 在中华人民共和国境内从事卷烟批发业务的单位和个人。

此外，金银首饰、钻石及钻石饰品消费税的纳税人，为在我国境内从事商业零售金

银首饰、钻石及钻石饰品的单位和个人。消费者个人携带、邮寄进境的金银首饰，以消费者个人为纳税人。经营单位进口的金银首饰，在进口时不缴纳消费税，待其在国内零售时再纳税。

二、征收范围

现行消费税的征收范围主要分布于以下五个环节。

▶▶▶ （一）生产应税消费品

生产应税消费品直接对外销售，销售是消费税征收的主要环节，因为消费税具有单一环节征税的特点，在生产销售环节征税以后，货物在流通环节无论再转销多少次，均无须再缴纳消费税。

生产应税消费品除了直接对外销售应征收消费税外，纳税人将生产的应税消费品换取生产资料、消费资料、投资入股、偿还债务，以及用于继续生产应税消费品以外的其他方面都应在移送使用时缴纳消费税。例如，将生产的应税消费品用于生产非应税消费品、在建工程、职工福利、赞助等方面，于移送使用时缴纳消费税。

另外，工业企业以外的单位和个人的下列行为被视为应税消费品的生产行为，按规定征收消费税：

（1）将外购的消费税非应税产品以消费税应税产品对外销售的；

（2）将外购的消费税低税率应税产品以高税率应税产品对外销售的。

▶▶▶ （二）委托加工应税消费品

委托加工应税消费品是指由委托方提供原料和主要材料，受托方只收取加工费和代垫部分辅助材料加工的应税消费品。

委托加工的应税消费品，除受托方为个人外，由受托方在向委托方交货时代收代缴税款。委托个人加工应税消费品，由委托方收回后缴纳消费税。

委托加工的应税消费品收回后直接出售的，不再缴纳消费税。委托加工的应税消费品收回后，再继续用于生产应税消费品销售且符合现行政策规定的，其加工环节缴纳的消费税款可以扣除。

▶▶▶ （三）进口应税消费品

进口应税消费品，于报关进口时缴纳消费税，为了减少征税成本，进口环节缴纳的消费税由海关代征。

▶▶▶ （四）零售应税消费品

经国务院批准，自1995年1月1日起，金银首饰消费税由生产销售环节征收改为零售环节征收。

（1）纳税人从事金银首饰、钻石及钻石饰品、铂金首饰（含以旧换新）零售业务的，在零售时纳税；

（2）纳税人将钻石及钻石饰品、铂金首饰用于馈赠、赞助、集资、广告、样品、职工福利、奖励等方面的，在移送时纳税；

（3）带料加工、翻新改制钻石及钻石饰品、铂金首饰的，在受托方交货时纳税。

▶▶▶ （五）批发应税消费品

与其他消费税应税商品不同的是，卷烟除了在生产销售环节征收消费税外，还在卷烟批发环节加征一道从价计征的消费税。卷烟批发企业的机构所在地，总机构与分支机构不在同一地区的，由总机构汇总申报纳税。

三、税　目

按照《消费税暂行条例》规定，2014年12月调整后，我国消费税的征税对象有烟、酒及酒精、化妆品、贵重首饰及珠宝玉石、鞭炮和焰火、成品油、小汽车、摩托车、高尔夫球及球具、高档手表、游艇、木制一次性筷子、实木地板、电池、涂料等15个税目，有的税目还进一步划分若干子目。按照性质不同来划分，可分为3种类型：

第一类是过度消费会对人类健康、社会秩序和生态环境等造成危害的特殊消费品，如烟、酒、鞭炮和焰火等。

第二类是奢侈品和非生活必需品，如贵重首饰和珠宝玉石、化妆品、游艇、高档手表、高尔夫球和球具等。对这类消费品征税，可以调节高收入者的消费支出。

第三类是资源类消费品，如成品油、木质一次性筷子、实木地板等。对这类消费品征收消费税，可以节约资源。具体的税目如下：

▶▶▶ （一）烟

凡是以烟叶为原料加工生产的产品，不论使用何种辅料，均属于本税目的征收范围。本税目下设卷烟、雪茄烟、烟丝3个子目，"卷烟"又分"甲类卷烟"和"乙类卷烟"。其中，甲类卷烟是指每标准条（200支）调拨价格在70元（不含增值税）以上（含70元）的卷烟，低于此价格的是乙类卷烟。

自2009年5月1日起，甲类卷烟的消费税从价税率由原来的45%调整至56%，乙类卷烟由30%调整至36%，雪茄烟由25%调整至36%。另外，在卷烟批发环节加征一道从价税，税率为5%，即在中华人民共和国境内从事卷烟批发业务的单位和个人，批发销售的所有牌号规格的卷烟，按其销售额（不含增值税）征收5%的消费税。纳税人应将卷烟销售额与其他商品销售额分开核算，未分开核算的，一并征收消费税。卷烟批发企业的总机构与分支机构不在同一地区的，由总机构申报纳税。卷烟消费税在生产和批发两个环节征收后，批发企业在计算纳税时不得扣除已含的生产环节的消费税税款。

2015 年 5 月 8 日，经国务院的批准，自 2015 年 5 月 10 日起，卷烟批发环节从价税税率由 5％提高到 11％，并按 0.005 元/支加征从量税。这是中国继 2009 年 5 月之后时隔六年再度调整烟草消费税，此次提税迎合了当前国际上普遍对烟产品课以重税的大趋势。

▶▶▶ （二）酒

酒是酒精度在 1 度以上的各种酒类饮料。本税目下设粮食白酒、薯类白酒、黄酒、啤酒、其他酒和酒精 6 个子目。调味料酒属于调味品，不属于配置酒和泡制酒，对调味料酒不再征收消费税。

啤酒每吨出厂价（含包装物及包装物押金）在 3 000 元（含 3 000 元，不含增值税）以上的是甲类啤酒，每吨出厂价（含包装物及包装物押金）在 3 000 元（不含增值税）以下的是乙类啤酒。包装物押金不包括重复使用的塑料周转箱的押金。对饮食业、商业、娱乐业开办的啤酒屋（啤酒坊）利用啤酒生产设备生产的啤酒，应当征收消费税。果啤属于啤酒，按啤酒征收消费税。配制酒（露酒）是指以发酵酒、蒸馏酒或食用酒精为酒基，加入可食用或药食两用的辅料或食品添加剂，进行调配、混合或再加工制成的并改变了其原酒基风格的饮料酒。具体规定如下：

以蒸馏酒或食用酒精为酒基，具有国家相关部门批准的国食健字或卫食健字文号并且酒精度低于 38 度（含）的配制酒，按消费税税目税率表"其他酒"10％适用税率征收消费税。

以发酵酒为酒基，酒精度低于 20 度（含）的配制酒，按消费税税目税率表"其他酒"10％适用税率征收消费税。

其他配制酒，按消费税税目税率表"白酒"适用税率征收消费税。2014 年 11 月 25 日，经国务院批准，自 2014 年 12 月 1 日起取消酒精消费税。

▶▶▶ （三）高档化妆品

自 2016 年 10 月 1 日起普通化妆品不再征收消费税，高档化妆品消费税税率从 30％降至 15％。

本税目征收范围包括高档美容、修饰类化妆品和高档护肤类化妆品以及成套化妆品。

高档美容、修饰类化妆品和高档护肤类化妆品是指生产（进口）环节销售（完税）价格（不含增值税）在 10 元/毫升（克）或 15 元/片（张）及以上的美容、修饰类化妆品和护肤类化妆品。

美容、修饰类化妆品是指香水、香水精、香粉、口红、指甲油、胭脂、眉笔、唇笔、蓝眼油、眼睫毛以及成套化妆品。舞台、戏剧、影视演员化妆用的上妆油、卸妆油、油彩，不属于本税目的征收范围。

▶▶▶ （四）贵重首饰及珠宝玉石

本税目征收范围包括以金、银、白金、宝石、珍珠、钻石、翡翠、珊瑚、玛瑙等高贵稀有物质以及其他金属、人造宝石等制作的各种纯金银首饰及镶嵌首饰和经采掘、打磨、加工的各种珠宝玉石。

▶▶▶ ┌（五）鞭炮、焰火┐

本税目征收范围包括各种鞭炮、焰火，通常分为 13 类，即喷花类、旋转类、旋转升空类、火箭类、吐珠类、线香类、小礼花类、烟雾类、造型玩具类、爆竹类、摩擦炮类、组合烟花类、礼花弹类。

体育上用的发令纸、鞭炮药引线，不按本税目征收。

▶▶▶ ┌（六）成品油┐

本税目包括汽油、柴油、石脑油、溶剂油、航空煤油、润滑油、燃料油 7 个子目，航空煤油暂缓征收。

1. 汽油

汽油是指用原油或其他原料加工生产的辛烷值不小于 66 的，可用作汽油发动机燃料的各种轻质油。经国务院批准，自 2014 年 12 月 1 日起取消车用含铅汽油消费税，汽油税目不再划分二级子目，统一按照无铅汽油税率征收消费税。

以汽油、汽油组分调和生产的甲醇汽油、乙醇汽油也属于本税目征收范围。

2. 柴油

柴油是指用原油或其他原料加工生产的倾点或凝点在 −50℃ 至 30℃ 的可用作柴油发动机燃料的各种轻质油和以柴油组分为主、经调和精制可用作柴油发动机燃料的非标油。

以柴油、柴油组分调和生产的生物柴油也属于本税目征收范围。

为支持汽油、柴油质量升级，应对大气污染问题，经国务院批准，自 2014 年 1 月 1 日起，以外购或委托加工收回的已税汽油、柴油为原料连续生产汽油、柴油，准予从汽、柴油消费税应纳税额中扣除原料已纳的消费税税款。

3. 石脑油

石脑油又叫化工轻油，是以原油或其他原料加工生产的用于化工原料的轻质油。

石脑油的征收范围包括除汽油、柴油、航空煤油、溶剂油以外的各种轻质油。

4. 溶剂油

溶剂油是用原油或其他原料加工生产的用于涂料、油漆、食用油、印刷油墨、皮革、农药、橡胶、化妆品生产和机械清洗、胶粘行业的轻质油。

橡胶填充油、溶剂油原料，属于溶剂油征收范围。

5. 航空煤油

航空煤油也叫喷气燃料，是用原油或其他原料加工生产的用作喷气发动机和喷气推进系统燃料的各种轻质油。航空煤油的消费税暂缓征收。

6. 润滑油

润滑油是用原油或其他原料加工生产的用于内燃机、机械加工过程的润滑产品。

润滑油的征收范围包括矿物性润滑油、矿物性润滑油基础油、植物性润滑油、动物性润滑油和化工原料合成润滑油。以植物性、动物性和矿物性基础油（或矿物性润滑油）

混合掺配而成的"混合性"润滑油，不论矿物性基础油（或矿物性润滑油）所占比例高低，均属润滑油的征收范围。

另外，用原油或其他原料加工生产的用于内燃机、机械加工过程的润滑产品均属于润滑油征税范围。润滑脂是润滑产品，生产、加工润滑脂应当征收消费税。变压器油、导热类油等绝缘油类产品不属于润滑油，不征收消费税。

7. 燃料油

燃料油也称重油、渣油，是用原油或其他原料加工生产，主要用作电厂发电、锅炉用燃料、加热炉燃料、冶金和其他工业炉燃料。

纳税人按照现行政策规定，以外购、进口和委托加工收回石脑油、燃料油、润滑油（以下简称应税油品）用于连续生产应税成品油，准予从成品油消费税应纳税额中扣除应税油品已纳消费税税款。

▶▶▶ （七）摩托车

本税目征收范围包括轻便摩托车和摩托车两种。对最大设计车速不超过 50 千米/小时，发动机气缸总工作容量不超过 50 毫升的三轮摩托车不征收消费税。气缸容量 250 毫升（不含）以下的小排量摩托车不征收消费税。

▶▶▶ （八）小汽车

小汽车是指由动力驱动，具有 4 个或 4 个以上车轮的非轨道承载的车辆。

本税目征收范围包括含驾驶员座位在内最多不超过 9 个座位（含）的，在设计和技术特性上用于载运乘客和货物的各类乘用车和含驾驶员座位在内的座位数在 10～23 座（含23 座）的，在设计和技术特性上用于载运乘客和货物的各类中轻型商用客车。

使用排气量小于 1.5 升（含）的乘用车底盘（车架）改装、改制的车辆属于乘用车征收范围。使用排气量大于 1.5 升的乘用车底盘（车架）或用中轻型商用客车底盘（车架）改装、改制的车辆属于中轻型商用客车征收范围。

额定载客人数（含驾驶员）为区间值的（如 8～10 人、17～26 人）小汽车，按其区间值下限人数确定征收范围。

电动汽车不属于本税目征收范围。车身长度大于 7 米（含），并且座位在 10～23 座（含）以下的商用客车，不属于中轻型商用客车征税范围，不征收消费税。沙滩车、雪地车、卡丁车、高尔夫车不属于消费税征收范围，不征收消费税。

依据《财政部、国家税务总局关于对超豪华小汽车加征消费税有关事项的通知》的规定，自 2016 年 12 月 1 日起，"小汽车"税目下增设"超豪华小汽车"子税目。对超豪华小汽车，在生产（进口）环节按现行税率征收消费税基础上，在零售环节加征消费税，税率为 10%。征收范围为每辆零售价格 130 万元（不含增值税）及以上的乘用车和中轻型商用客车，即乘用车和中轻型商用客车子税目中的超豪华小汽车。

▶▶▶ （九）高尔夫球及球具

高尔夫球及球具是指从事高尔夫球运动所需的各种专用装备，包括高尔夫球、高尔夫球杆及高尔夫球包（袋）等。

高尔夫球是指重量不超过45.93克、直径不超过42.67毫米的高尔夫球运动比赛、练习用球；高尔夫球杆是指被设计用来打高尔夫球的工具，由杆头、杆身和握把三部分组成；高尔夫球包（袋）是指专用于盛装高尔夫球及球杆的包（袋）。

本税目征收范围包括高尔夫球、高尔夫球杆、高尔夫球包（袋），高尔夫球杆的杆头、杆身和握把同样属于本税目的征收范围。

▶▶▶ （十）高档手表

高档手表是指销售价格（不含增值税）每只在10 000元（含）以上的各类手表。

本税目征收范围包括符合以上标准的各类手表。

▶▶▶ （十一）游艇

游艇是指长度大于8米（含）小于90米（含），船体由玻璃钢、钢、铝合金、塑料等多种材料制作，可以在水上移动的水上浮载体。按照动力划分，游艇分为无动力艇、帆艇和机动艇。

本税目征收范围包括艇身长度大于8米（含）小于90米（含），内置发动机，可以在水上移动，一般为私人或团体购置，主要用于水上运动和休闲娱乐等非营利活动的各类机动艇。

▶▶▶ （十二）木制一次性筷子

本税目征收范围包括各种规格的木制一次性筷子。未经打磨、倒角的木制一次性筷子属于本税目征税范围。

▶▶▶ （十三）实木地板

实木地板是指以木材为原料，经锯割、干燥、刨光、截断、开榫、涂漆等工序加工而成的块状或条状的地面装饰材料。实木地板按生产工艺不同，可分为独板（块）实木地板、实木指接地板、实木复合地板三类；按表面处理状态不同，可分为未涂饰地板（白坯板、素板）和漆饰地板两类。

本税目征收范围包括各类规格的实木地板、实木指接地板、实木复合地板及用于装饰墙壁、天棚的侧端面为榫、槽的实木装饰板。未经涂饰的素板也属于本税目征税范围。

▶▶▶ （十四）电池

电池是一种将化学能、光能等直接转换为电能的装置，一般由电极、电解质、容器、极端，通常还有隔离层组成的基本功能单元，以及用一个或多个基本功能单元装配成的电池组。范围包括：原电池、蓄电池、燃料电池、太阳能电池和其他电池。

自 2015 年 2 月 1 日起对电池（铅蓄电池除外）征收消费税；对无汞原电池、金属氢化物镍蓄电池（又称"氢镍蓄电池"或"镍氢蓄电池"）、锂原电池、锂离子蓄电池、太阳能电池、燃料电池、全钒液流电池免征消费税。2015 年 12 月 31 日前对铅蓄电池缓征消费税；自 2016 年 1 月 1 日起，对铅蓄电池按 4% 税率征收消费税。

▶▶▶ （十五）涂料

涂料是指涂于物体表面能形成具有保护、装饰或特殊性能的固态涂膜的一类液体或固体材料之总称。自 2015 年 2 月 1 日起对涂料征收消费税，施工状态下挥发性有机物（volatile organic compounds，VOC）含量低于 420 克/升（含）的涂料免征消费税。

四、税 率

我国现行消费税税率采用比例税率和定额税率两种形式。消费税采用列举法，按具体应税消费品设置税目税率。例如，白酒税率为 20%，摩托车税率为 3% 等；黄酒、啤酒、汽油、柴油等分别按单位重量或单位体积确定单位税额。

经整理汇总的消费税税目税率表如表 4-1 所示。

表 4-1 消费税税目税率表

税目	税率
一、烟	
1. 卷烟	
（1）甲类卷烟（生产环节）	56% 加 0.003 元/支
（2）乙类卷烟（生产环节）	36% 加 0.003 元/支
（3）批发环节	11% 加 0.005 元/支
2. 雪茄烟	36%
3. 烟丝	30%
二、酒	
1. 白酒	20% 加 0.5 元/500 克（或者 500 毫升）
2. 黄酒	240 元/吨
3. 啤酒	
（1）甲类啤酒	250 元/吨
（2）乙类啤酒	220 元/吨
4. 其他酒	10%
三、高档化妆品	15%
四、贵重首饰及珠宝玉石	
1. 金银首饰、铂金首饰和钻石及钻石饰品	5%
2. 其他贵重首饰和珠宝玉石	10%
五、鞭炮、焰火	15%

续前表

税目	税率
六、成品油	
1. 汽油	1.52 元/升
2. 柴油	1.2 元/升
3. 航空煤油	1.2 元/升
4. 石脑油	1.52 元/升
5. 溶剂油	1.52 元/升
6. 润滑油	1.52 元/升
7. 燃料油	1.2 元/升
七、摩托车	
1. 气缸容量为 250 毫升的	3%
2. 气缸容量为 250 毫升以上的	10%
八、小汽车	
1. 乘用车	
（1）气缸容量（排气量，下同）在 1.0 升（含 1.0 升）以下的	1%
（2）气缸容量在 1.0 升以上至 1.5 升（含 1.5 升）的	3%
（3）气缸容量在 1.5 升以上至 2.0 升（含 2.0 升）的	5%
（4）气缸容量在 2.0 升以上至 2.5 升（含 2.5 升）的	9%
（5）气缸容量在 2.5 升以上至 3.0 升（含 3.0 升）的	12%
（6）气缸容量在 3.0 升以上至 4.0 升（含 4.0 升）的	25%
（7）气缸容量在 4.0 升以上的	40%
2. 中轻型商用客车	5%
3. 超豪华小汽车	
生产和进口环节	按乘用车和中轻型商用客车征收
零售环节	10%
九、高尔夫球及球具	10%
十、高档手表	20%
十一、游艇	10%
十二、木制一次性筷子	5%
十三、实木地板	5%
十四、电池	4%
十五、涂料	4%

如果存在下列情况，应按适用税率中最高税率征税：

（1）纳税人兼营不同税率的应税消费品，应当分别核算不同税率应税消费品的销售额和销售数量；未分别核算的，按最高税率征税。

（2）纳税人将应税消费品与非应税消费品以及适用税率不同的应税消费品组成成套消费品销售的，应根据组合产制品的销售金额按应税消费品中适用最高税率的消费品税率征税。

第三节 消费税计税依据

按照现行消费税法的基本规定，消费税应纳税额的计算主要分为从价计征、从量计征和从价从量复合计征三种方法。

一、从价计征

在从价定率计算方法下，消费税以应税消费品的销售额为计税依据。应纳税额等于应税消费品的销售额乘以适用税率，应纳税额的多少取决于应税消费品的销售额和适用税率两个因素。

>>> **（一）销售额的确定**

销售额为纳税人销售应税消费品向购买方收取的全部价款和价外费用。销售是指有偿转让应税消费品的所有权；有偿是指从购买方取得货币、货物或者其他经济利益；价外费用是指价外向购买方收取的手续费、补贴、基金、集资费、返还利润、奖励费、违约金、滞纳金、延期付款利息、赔偿金、代收款项、代垫款项、包装费、包装物租金、储备费、优质费、运输装卸费以及其他各种性质的价外收费。但下列项目不包括在内：

（1）同时符合以下条件的代垫运输费用：

①承运部门的运输费用发票开具给购买方的；

②纳税人将该项发票转交给购买方的。

（2）同时符合以下条件代为收取的政府性基金或者行政事业性收费：

①由国务院或者财政部批准设立的政府性基金，由国务院或者省级人民政府及其财政、价格主管部门批准设立的行政事业性收费；

②收取时开具省级以上财政部门印制的财政票据；

③所收款项全额上缴财政。

其他价外费用，无论是否属于纳税人的收入，均应并入销售额计算征税。

>>> **（二）应税消费品连同包装物销售计税的规定**

实行从价定率办法计算应纳税额的应税消费品连同包装销售的，无论包装是否单独计价，也不论在会计上如何核算，均应并入应税消费品的销售额中征收消费税。如果包装物不作价随同产品销售，而是收取押金，此项押金则不应并入应税消费品销售额中征税。但对因逾期未收回的包装物不再退还的或者已收取的时间超过 12 个月的押金，应并入应税消费品的销售额，按照应税消费品的适用税率缴纳消费税。

对既作价随同应税消费品销售，又另外收取押金的包装物的押金，凡纳税人在规定的期限内没有退还的，均应并入应税消费品的销售额，按照应税消费品的适用税率缴纳消费税。

▶▶▶ ⌐（三）含增值税销售额的换算⌐

应税消费品在缴纳消费税的同时，与一般货物一样，还应缴纳增值税。按照《中华人民共和国消费税暂行条例实施细则》的规定，应税消费品的销售额不包括应向购货方收取的增值税税款。如果纳税人应税消费品的销售额中未扣除增值税税款或者因不得开具增值税专用发票而发生价款和增值税税款合并收取的，在计算消费税时，应将含增值税的销售额换算为不含增值税税款的销售额。其换算公式为：

应税消费品的销售额＝含增值税的销售额/（1＋增值税税率或征收率）

二、从量计征

在从量定额计算方法下，消费税以应税消费品的销售数量为计税依据。应纳税额等于应税消费品的销售数量乘以单位税额，应纳税额的多少取决于应税消费品的销售数量和单位税额两个因素。

▶▶▶ ⌐（一）销售数量的确定⌐

销售数量是指纳税人生产、加工和进口应税消费品的数量。具体规定为：

（1）销售应税消费品的，为应税消费品的销售数量；

（2）自产自用应税消费品的，为应税消费品的移送使用数量；

（3）委托加工应税消费品的，为纳税人收回的应税消费品数量；

（4）进口的应税消费品，为海关核定的应税消费品进口征税数量。

▶▶▶ ⌐（二）计量单位的换算标准⌐

《消费税暂行条例》规定，黄酒、啤酒是以吨为税额单位；汽油、柴油是以升为税额单位的。但是，考虑到在实际销售过程中，一些纳税人会把吨或升这两个计量单位混用，实行从量定额计征方法计算应纳税额的应税消费品，计量单位的换算标准如表 4-2 所示：

表 4-2　　　　　　　　　　吨、升换算表

序　号	名　称	计量单位的换算标准
1	黄酒	1 吨＝962 升
2	啤酒	1 吨＝988 升
3	汽油	1 吨＝1 388 升
4	柴油	1 吨＝1 176 升

续前表

序 号	名 称	计量单位的换算标准
5	航空煤油	1 吨＝1 246 升
6	石脑油	1 吨＝1 385 升
7	溶剂油	1 吨＝1 282 升
8	润滑油	1 吨＝1 126 升
9	燃料油	1 吨＝1 015 升

三、从价从量复合计征

在现行消费税的征税范围中，只有卷烟、白酒采用复合计征方法。应纳税额等于应税销售数量乘以定额税率再加上应税销售额乘以比例税率。

生产销售卷烟、白酒从量定额计税依据为实际销售数量。进口、委托加工、自产自用卷烟、白酒从量定额计税依据分别为海关核定的进口征税数量、委托方收回数量、移送使用数量。

四、计税依据的特殊规定

（1）纳税人销售的应税消费品，以外汇结算销售额的，其销售额的人民币折合率可以选择结算的当天或者当月1日的国家外汇牌价（原则上为中间价）。纳税人应在事先确定采取何种折合率，确定后1年内不得变更。

（2）纳税人通过自设非独立核算门市部销售的自产应税消费品，应当按照门市部对外销售额或者销售数量征收消费税。

（3）纳税人用于换取生产资料和消费资料、投资入股和抵偿债务等方面的应税消费品，应当以纳税人同类应税消费品的最高销售价格作为计税依据，计算征收消费税。

（4）酒类关联企业间关联交易消费税问题处理。

白酒生产企业向商业销售单位收取的"品牌使用费"是随着应税白酒的销售而向购货方收取的，属于应税白酒销售价款的组成部分，因此，不论企业采取何种方式或以何种名义收取价款，均应并入白酒的销售额中缴纳消费税。

（5）兼营不同税率应税消费品的税务处理。

纳税人生产销售应税消费品，如果不是单一经营某一税率的产品，而是经营多种不同税率的产品，这就是兼营行为。由于《消费税暂行条例》税目税率表列举的各种应税消费品的税率高低不同，因此，纳税人在兼营不同税率应税消费品时，税法就要针对其不同的核算方式分别规定税务处理办法，以加强税收管理，避免因核算方式不同而出现税款流失的现象。

纳税人兼营不同税率的应税消费品，应当分别核算不同税率应税消费品的销售额、销售数量。未分别核算销售额、销售数量，或者将不同税率的应税消费品组成成套消费品销售的，从高适用税率。

纳税人将自产的应税消费品与外购或自产的非应税消费品组成套装销售的，以套装产品的销售额（不含增值税）为计税依据。

第四节 消费税应纳税额的计算

一、生产销售环节应纳税额的计算

纳税人在生产销售环节应缴纳的消费税，包括直接对外销售应税消费品应缴纳的消费税和自产自用应税消费品应缴纳的消费税。

纳税人销售的应税消费品，如因质量等原因由购买者退回，经机构所在地或者居住地主管税务机关审核批准后，可退还已缴纳的消费税税款。

▶▶▶ （一）直接对外销售应纳消费税的计算

1. 从价定率计算

从价计征消费税按应税消费品的销售额和适用的比例税率计算征收。计算公式为：

应纳税额＝销售额×比例税率

【例4-1】某化妆品生产企业为增值税一般纳税人。2019年3月15日，该企业向某大型商场销售化妆品一批，开具增值税专用发票，取得不含增值税销售额100万元。3月20日，该企业向某单位销售化妆品一批，开具普通发票，取得含增值税销售额11.3万元。计算该化妆品生产企业上述业务应缴纳的消费税额，化妆品适用消费税税率为30%。

解：销售额＝100＋11.3/(1＋13%)＝110(万元)

应纳税额＝销售额×比例税率＝110×30%＝33(万元)

2. 从量定额计算

从量计征消费税以应税消费品的销售数量乘以适用的单位税率计算征收。计算公式为：

应纳税额＝销售数量×定额税率

【例4-2】某啤酒厂2019年4月销售甲类啤酒1 000吨，取得不含增值税销售额305万元，增值税税款39.65万元，另收取包装物押金25万元。计算4月该啤酒厂应纳消费税税额。销售甲类啤酒，适用定额税率每吨250元。

解：应纳税额＝销售数量×定额税率＝1 000×250＝250 000(元)

3. 从价定率与从量定额复合计算

从价定率与从量定额复合计算的基本公式为：

应纳税额＝销售额×比例税率＋销售数量×定额税率

【例4-3】某白酒生产企业为增值税一般纳税人，2016年4月销售白酒60吨，取得不含增值税的销售额 240 万元。计算该白酒企业 4 月应缴纳的消费税税额。白酒适用比例税率 20%，定额税率为每 500 克 0.5 元。

解： 应纳税额=240×20%+(60×1 000 000/500)×0.000 05=54(万元)

▶▶▶ (二) 自产自用应纳消费税的计算

所谓自产自用，就是纳税人生产应税消费品后，不是用于直接对外销售，而是用于自己连续生产应税消费品或用于其他方面。

1. 用于连续生产应税消费品

纳税人自产自用的应税消费品，用于连续生产应税消费品的，不纳税。用于连续生产应税消费品是指纳税人将自产自用的应税消费品作为直接材料生产最终应税消费品。例如，卷烟厂生产出烟丝，烟丝本是应税消费品，卷烟厂再用生产出的烟丝连续生产卷烟，这样，用于连续生产卷烟的烟丝就不缴纳消费税，只对生产的卷烟征收消费税。税法规定对自产自用的应税消费品用于连续生产应税消费品的不征税，体现了不重复课税且计税简便的原则。

2. 用于其他方面的应税消费品

纳税人自产自用的应税消费品，除用于连续生产应税消费品外，凡用于其他方面的，于移送使用时纳税。用于其他方面的是指纳税人用于生产非应税消费品、在建工程、管理部门、非生产机构，提供劳务，馈赠、赞助、集资、广告、样品、职工福利、奖励等方面。例如，摩托车厂把自己生产的摩托车赠送或赞助给摩托车拉力赛赛手使用，兼作商品广告；酒厂把生产的滋补药酒以福利的形式发给职工等。总之，企业自产的应税消费品虽然没有用于销售或连续生产应税消费品，但只要是用于税法所规定的范围的都要视同销售，依法缴纳消费税。

3. 组成计税价格及税额的计算

纳税人自产自用的应税消费品，凡用于其他方面，应当纳税的，按照纳税人生产同类消费品的销售价格计算纳税；没有同类消费品销售价格的，按照组成计税价格计算纳税。

(1) 实行从价定率办法计算纳税的组成计税价格计算公式为：

组成计税价格=(成本+利润)/(1-比例税率)

应纳税额=组成计税价格×比例税率

(2) 实行复合计税办法计算纳税的组成计税价格计算公式为：

组成计税价格=(成本+利润+自产自用数量×定额税率)/(1-比例税率)

应纳税额=组成计税价格×比例税率+自产自用数量×定额税率

公式中的成本是指应税消费品的产品生产成本；利润是指根据应税消费品的全国平均成本利润率计算的利润。

【例4-4】 某首饰公司将一批自产的金银首饰用作职工福利，金银首饰的成本为 80 000 元，该金银首饰无同类产品市场销售价格，但已知其成本利润率为 6%，消费税税率为 5%。计算该批金银首饰应缴纳的消费税税额。

解： 组成计税价格=成本×(1+成本利润率)/(1-消费税税率)

$$=80\ 000\times(1+6\%)/(1-5\%)$$
$$=89\ 263(元)$$

应纳税额$=89\ 263\times5\%=4\ 463.16(元)$

4. 应税消费品全国平均成本利润率

应税消费品全国平均成本利润率由国家税务总局确定。具体规定如下：（1）甲类卷烟，10%；（2）乙类卷烟，5%；（3）雪茄烟，5%；（4）烟丝，5%；（5）粮食白酒，10%；（6）薯类白酒，5%；（7）其他酒，5%；（8）酒精，5%；（9）化妆品，5%；（10）鞭炮、焰火，5%；（11）贵重首饰及珠宝玉石，6%；（12）汽车轮胎，5%；（13）摩托车，6%；（14）高尔夫球及球具，10%；（15）高档手表，20%；（16）游艇，10%；（17）木制一次性筷子，5%；（18）实木地板，5%；（19）乘用车，8%；（20）中轻型商用客车，5%。

二、委托加工环节应税消费品应纳税额的计算

企业、单位或个人由于设备、技术、人力等方面的局限或其他方面的原因，常常要委托其他单位代为加工应税消费品，然后，将加工好的应税消费品收回，直接销售或自己使用。按照规定，委托加工的应税消费品由受托方在向委托方交货时代收代缴税款。

▶▶▶ （一）委托加工应税消费品代收代缴税款的规定

委托加工的应税消费品是指由委托方提供原料和主要材料，受托方只收取加工费和代垫部分辅助材料加工的应税消费品。对于受托方提供原材料生产的应税消费品，或者受托方先将原材料卖给委托方，再接受加工的应税消费品，以及由受托方以委托方名义购进原材料生产的应税消费品，不论纳税人在财务上是否作销售处理，都不得作为委托加工应税消费品，而应当按照销售自制应税消费品缴纳消费税。

委托加工应税消费品，除受托方为个人外，由受托方在向委托方交货时代收代缴税款。委托个人加工应税消费品，由委托方收回后缴纳消费税。

▶▶▶ （二）应纳税额的计算

委托加工的应税消费品，按照受托方的同类消费品的销售价格计算纳税；没有同类消费品销售价格的，按照组成计税价格计算纳税。

（1）实行从价定率办法计算纳税的组成计税价格计算公式为：

组成计税价格$=$（材料成本$+$加工费）$/$（$1-$比例税率）

应纳税额$=$组成计税价格$\times$比例税率

（2）实行复合计税办法计算纳税的组成计税价格计算公式为：

组成计税价格$=$（材料成本$+$加工费$+$委托加工数量$\times$定额税率）$/$（$1-$比例税率）

应纳税额$=$组成计税价格$\times$比例税率$+$委托加工数量$\times$定额税率

公式中的材料成本是指委托方所提供加工材料的实际成本。委托加工应税消费品的

纳税人必须在委托加工合同上如实注明（或者以其他方式提供）材料成本，凡未提供材料成本的，受托方所在地主管税务机关有权核定其材料成本。

加工费是指受托方加工应税消费品向委托方所收取的全部费用（包括代垫辅助材料的实际成本）。

委托加工的应税消费品，受托方在交货时已代收代缴消费税，委托方将收回的应税消费品，以不高于受托方的计税价格出售的，为直接出售，不再缴纳消费税；委托方以高于受托方的计税价格出售的，不属于直接出售，需按照规定申报缴纳消费税，在计税时准予扣除受托方已代收代缴的消费税。

【例4-5】 某化妆品企业2016年5月受托为某单位加工一批高档化妆品，委托单位提供的原材料金额为80万元，收取委托单位不含增值税的加工费25万元，化妆品企业无同类产品市场价格。计算该化妆品企业应代收代缴的消费税。

解： 高档化妆品的适用税率为15%。

组成计税价格＝(60＋25)/(1－15%)＝100(万元)

应代收代缴消费税＝100×15%＝15(万元)

三、外购或委托加工应税消费品已纳消费税扣除的计算方法

消费税实行"一物一税，税不重征"原则。为了避免重复征税，用于生产的应税消费品为已税消费品的，应当从生产的应税消费品的应纳税额中扣除其已纳消费税。

▶▶▶ （一）外购应税消费品已纳税款的扣除

(1) 准予从应纳税额中扣除已纳消费税的应税消费品的范围为：

①以外购的已税烟丝为原料生产的卷烟；

②以外购的已税化妆品为原料生产的化妆品；

③以外购的已税珠宝玉石为原料生产的贵重首饰及珠宝玉石；

④以外购的已税鞭炮、焰火为原料生产的鞭炮、焰火；

⑤以外购的已税杆头、杆身和握把为原料生产的高尔夫球杆；

⑥以外购的已税木制一次性筷子为原料生产的木制一次性筷子；

⑦以外购的已税实木地板为原料生产的实木地板；

⑧以外购的已税汽油、柴油、石脑油、燃料油、润滑油用于连续生产应税成品油；

⑨以外购的已税摩托车连续生产应税摩托车（如用外购两轮摩托车改装三轮摩托车）。

上述当期准予扣除外购应税消费品已纳消费税税款的计算公式为：

$$\begin{matrix} \text{当期准予扣除的} \\ \text{外购应税消费品} \\ \text{已纳税款} \end{matrix} = \begin{matrix} \text{当期准予扣除的} \\ \text{外购应税消费品的} \\ \text{买价} \end{matrix} \times \begin{matrix} \text{外购应税消费品} \\ \text{适用税率} \end{matrix}$$

$$\begin{matrix} \text{当期准予扣除的} \\ \text{外购应税消费品的} \\ \text{买价} \end{matrix} = \begin{matrix} \text{期初库存的} \\ \text{外购应税消费品的} \\ \text{买价} \end{matrix} + \begin{matrix} \text{当期购进的} \\ \text{应税消费品的} \\ \text{买价} \end{matrix} - \begin{matrix} \text{期末库存的} \\ \text{外购应税消费品的} \\ \text{买价} \end{matrix}$$

外购已税消费品的买价是指购货发票上注明的销售额（不包括增值税税款）。

【例4-6】某卷烟生产企业，某月初库存外购应税烟丝金额80万元，当月又外购应税烟丝金额1 000万元（不含增值税），月末库存烟丝金额300万元，其余被当月生产卷烟领用。请计算卷烟生产企业当月准许扣除的外购烟丝已缴纳的消费税税额。

解： 烟丝适用的消费税税率为30%。

当期准许扣除的外购烟丝买价＝80＋1 000－300＝780（万元）

当月准许扣除的外购烟丝已缴纳的消费税税额＝780×30%＝234（万元）

需要说明的是，纳税人用外购的已税珠宝玉石生产的改在零售环节征收消费税的金银首饰（镶嵌首饰），在计税时一律不得扣除外购珠宝玉石的已纳税款。

（2）外购应税消费品后销售。

对自己不生产应税消费品，而只是购进后再销售应税消费品的工业企业，其销售的高档化妆品、护肤护发品、鞭炮焰火和珠宝玉石，凡不能构成最终消费品直接进入消费品市场，而需进一步生产加工、包装、贴标或者组合的珠宝玉石、化妆品、酒、鞭炮焰火等，应当征收消费税，同时允许扣除上述外购应税消费品的已纳税款。

▶▶▶ **（二）委托加工收回的应税消费品已纳税款的扣除**

委托加工的应税消费品因为已由受托方代收代缴消费税，因此，委托方收回货物后用于连续生产应税消费品的，其已纳税款准予按照规定从连续生产的应税消费品应纳消费税税额中抵扣。按照国家税务总局的规定，下列连续生产的应税消费品准予从应纳消费税税额中按当期生产领用数量计算扣除委托加工收回的应税消费品已纳消费税税款：

（1）以委托加工收回的已税烟丝为原料生产的卷烟；

（2）以委托加工收回的已税化妆品为原料生产的化妆品；

（3）以委托加工收回的已税珠宝玉石为原料生产的贵重首饰及珠宝玉石；

（4）以委托加工收回的已税鞭炮、焰火为原料生产的鞭炮、焰火；

（5）以委托加工收回的已税杆头、杆身和握把为原料生产的高尔夫球杆；

（6）以委托加工收回的已税木制一次性筷子为原料生产的木制一次性筷子；

（7）以委托加工收回的已税实木地板为原料生产的实木地板；

（8）以委托加工收回的已税汽油、柴油、石脑油、燃料油、润滑油用于连续生产应税成品油；

（9）以委托加工收回的已税摩托车连续生产应税摩托车（如用外购两轮摩托车改装三轮摩托车）。

上述当期准予扣除委托加工收回的应税消费品已纳消费税税款的计算公式是：

$$
\begin{array}{l}
\text{当期准予扣除的} \\
\text{委托加工应税消费品} \\
\text{已纳税款}
\end{array}
=
\begin{array}{l}
\text{期初库存的} \\
\text{委托加工应税消费品} \\
\text{已纳税款}
\end{array}
+
\begin{array}{l}
\text{当期收回的} \\
\text{委托加工应税消费品} \\
\text{已纳税款}
\end{array}
-
\begin{array}{l}
\text{期末库存的} \\
\text{委托加工应税消费品} \\
\text{已纳税款}
\end{array}
$$

纳税人以外购、进口和委托加工收回的汽油、柴油、石脑油、燃料油、润滑油用于连续生产应税成品油的，应凭通过增值税发票选择确认平台确认的成品油专用发票、《海关进口消费税专用缴款书》、《税收缴款书（代扣代收专用）》，按规定计算扣除已纳消费税税款，其他凭证不得作为消费税扣除凭证。

外购石脑油、燃料油用于生产乙烯、芳烃类化工产品的，应凭取得的成品油专用发票所载明的石脑油、燃料油的数量，按规定计算退还消费税，其他发票或凭证不得作为计算退还消费税的凭证。

需要说明的是，纳税人用委托加工收回的已税珠宝玉石生产的改在零售环节征收消费税的金银首饰，在计税时一律不得扣除委托加工收回的珠宝玉石的已纳消费税税款。

四、进口环节应纳消费税的计算

进口的应税消费品，于报关进口时缴纳消费税，由海关代征；进口的应税消费品，由进口人或者其代理人向报关地海关申报纳税；纳税人进口应税消费品，按照关税征收管理的相关规定，应当自海关填发海关进口消费税专用缴款书之日起15日内缴纳税款。纳税人进口应税消费品，按照组成计税价格和规定的税率计算应纳税额。计算方法如下：

（1）从价定率计征应纳税额的计算。

应纳税额的计算公式：

组成计税价格＝（关税完税价格＋关税）/（1－消费税比例税率）

应纳税额＝组成计税价格×消费税比例税率

【例4－7】某商贸公司2016年5月从国外进口一批应税消费品，已知该批应税消费品的关税完税价格为112.5万元，按规定应缴纳关税22.5万元，假定进口的应税消费品的消费税税率为10％。请计算该批消费品进口环节应缴纳的消费税税额。

解：组成计税价格＝（112.5＋22.5）/（1－10％）＝150（万元）

应缴纳消费税税额＝150×10％＝15（万元）

（2）实行从量定额计征应纳税额的计算。

应纳税额的计算公式：

应纳税额＝应税消费品数量×消费税定额税率

（3）实行从价定率和从量定额复合计税办法计征应纳税额的计算。

应纳税额的计算公式：

$$组成计税价格＝\left(关税完税价格＋关税＋进口数量×\dfrac{消费税}{定额税率}\right)/\left(1－消费税比例税率\right)$$

$$应纳税额＝组成计税价格×消费税税率＋应税消费品进口数量×消费税定额税率$$

进口环节消费税除国务院另有规定者外，一律不得给予减税、免税。

第五节 消费税的税收优惠

《消费税暂行条例》规定，纳税人出口应税消费品与出口货物一样，国家都给予退

（免）税优惠。出口应税消费品同时涉及退（免）增值税和消费税，且退（免）消费税与出口货物退（免）增值税在退（免）税范围的限定、退（免）税办理程序、退（免）税审核及管理上都有许多一致的地方。

一、消费税出口退税政策

对纳税人出口应税消费品，免征消费税；国务院另有规定的除外。

▶▶▶ （一）出口免税并退税

有出口经营权的外贸企业购进应税消费品直接出口，以及外贸企业受其他外贸企业委托代理出口应税消费品、外贸企业只有受其他外贸企业委托，代理出口应税消费品才可办理退税，外贸企业受其他企业（主要是非生产性的商贸企业）委托，代理出口应税消费品是不予退（免）税的。

▶▶▶ （二）出口免税但不退税

有出口经营权的生产性企业自营出口或生产企业委托代理出口自产的应税消费品，依据其实际出口数量免征消费税，不予办理退还消费税。免征消费税是指对生产性企业按其实际出口数量免征生产环节的消费税。

▶▶▶ （三）出口不免税也不退税

除生产企业、外贸企业外的其他企业，具体是指一般商贸企业，这类企业委托外贸企业代理出口应税消费品一律不予退（免）税。出口货物的消费税应退税额的计税依据，按购进出口货物的消费税专用缴款书和海关进口消费税专用缴款书确定。

二、出口应税消费品退税的计算

外贸企业从生产企业购进货物直接出口或受其他外贸企业委托代理出口应税消费品的应退消费税税款，分两种情况处理：

属于从价定率计征消费品的应税消费品，应依照外贸企业从工厂购进货物时征收消费税的价格计算。计算公式为：

应退消费税税款＝出口货物的工厂销售额×税率

公式中的出口货物的工厂销售额应不包括增值税。

属于从量定额计征消费税的应税消费品，应依照货物购进和报关出口的数量计算，其公式为：

应退消费税税额＝出口数量×单位税额

【例4-8】某酒业有限公司2017年委托昌盛进出口公司向美国出口黄酒600吨，按规定实行消费税先征后退。销售黄酒，适用定额税率每吨240元。请计算2017年该公司应退消费税税额。

解： 应退消费税税额＝600×240＝144 000(元)

第六节 征收管理

一、纳税义务发生时间

消费税纳税义务发生时间以货物结算方式或行为发生时间分别确定。

(1) 纳税人销售应税消费品的，其纳税义务发生时间为：

1) 纳税人采取赊销和分期收款结算方式的，为书面合同约定的收款日期的当天，书面合同没有约定收款日期或者无书面合同的，为发出应税消费品的当天。

2) 纳税人采取预收货款结算方式的，为发出应税消费品的当天。

3) 纳税人采取托收承付和委托银行收款方式的，为发出应税消费品并办妥托收手续的当天。

4) 纳税人采取其他结算方式的，为收讫销售款或者取得索取销售款凭据的当天。

(2) 纳税人自产自用应税消费品的，其纳税义务发生时间为移送使用的当天。

(3) 纳税人委托加工应税消费品的，其纳税义务发生时间为纳税人提货的当天。

(4) 纳税人进口的应税消费品，其纳税义务发生时间为报关进口的当天。

二、纳税期限

按照《消费税暂行条例》规定，消费税的纳税期限分别为 1 日、3 日、5 日、10 日、15 日、1 个月或者 1 个季度。纳税人的具体纳税期限，由主管税务机关根据纳税人应纳税额的大小分别核定；不能按照固定期限纳税的，可以按次纳税。

纳税人以 1 个月或以 1 个季度为 1 个纳税期的，自期满之日起 15 日内申报纳税；以 1 日、3 日、5 日、10 日或者 15 日为 1 个纳税期的，自期满之日起 5 日内预缴税款，于次月 1 日起至 15 日内申报纳税并结清上月应纳税款。

纳税人进口应税消费品，应当自海关填发海关进口消费税专用缴款书之日起 15 日内缴纳税款。

三、纳税地点

消费税具体纳税地点有：

(1) 纳税人销售的应税消费品，以及自产自用的应税消费品，除国务院财政、税务主管部门另有规定外，应当向纳税人机构所在地或者居住地的主管税务机关申报纳税。

(2) 委托加工的应税消费品，除受托方为个人外，由受托方向机构所在地或者居住地的主管税务机关解缴消费税税款。

（3）进口的应税消费品，由进口人或者其代理人向报关地海关申报纳税。

（4）纳税人到外县（市）销售或者委托外县（市）代销自产应税消费品的，于应税消费品销售后，向机构所在地或者居住地主管税务机关申报纳税。

纳税人的总机构与分支机构不在同一县（市），但在同一省（自治区、直辖市）范围内，经省（自治区、直辖市）财政厅（局）、国家税务总局审批同意，可以由总机构汇总向总机构所在地的主管税务机关申报缴纳消费税。

省（自治区、直辖市）财政厅（局）、国家税务总局应将审批同意的结果上报财政部、国家税务总局备案。

（5）纳税人销售的应税消费品，因质量等原因发生退货的，其已缴纳的消费税税款可予以退还。

纳税人办理退税手续时，应将开具的红色增值税发票、退税证明等资料报主管税务机关备案。主管税务机关核对无误后办理退税。

纳税人直接出口的应税消费品办理免税后，发生退关或者国外退货，复进口时已予以免税的，可暂不办理补税，待其转为国内销售的当月申报缴纳消费税。

◎ 复习题

一、单项选择题

1. 下列各项中，属于消费税征收范围的是（   ）。
   A. 电动汽车　　　　B. 卡丁车　　　　C. 高尔夫球车　　　　D. 小汽车

2. 某化妆品公司销售一批化妆品，增值税专用发票上注明的价款为 60 000 元，增值税税额为 7 800 元。消费税税率为 30%。该公司应缴纳的消费税是（   ）。
   A. 12 000 元　　　　B. 18 000 元　　　　C. 21 060 元　　　　D. 30 000 元

3. 下列行为涉及的货物，属于消费税征税范围的是（   ）。
   A. 批发商批发销售的雪茄烟
   B. 竹木制品厂销售的竹制一次性筷子
   C. 鞭炮加工厂销售田径比赛用发令纸
   D. 商场销售的金银首饰

4. 以下关于消费税纳税规定不正确的是（   ）。
   A. 纳税人生产的应税消费品，于纳税人销售时纳税
   B. 纳税人自产自用的应税消费品，用于连续生产应税消费品的，不纳税
   C. 纳税人自产自用的应税消费品，用于其他方面的，于移送使用时纳税
   D. 进口的应税消费品，于销售进口货物时纳税

5. 消费税计算应纳税额的计算方法不包括（   ）。
   A. 从价定率　　　　　　　　B. 从量定额
   C. 从价定率和从量定额复合计税　　　　D. 累进计税

6. 纳税人自产自用的实行复合计税办法的应税消费品，没有同类消费品销售价格的，组成计税价格公式如下（   ）。
   A. 组成计税价格＝（成本＋利润）÷（1－比例税率）

B. 组成计税价格＝（成本＋利润＋自产自用数量×定额税率）÷（1－比例税率）

C. 组成计税价格＝（成本＋利润）÷（1－比例税率）＋自产自用数量×定额税率

D. 以上都不对

7. 委托加工的应税消费品的纳税地点不正确的是（　　）。

A. 委托加工的应税消费品，除受托方为个人外，由受托方向机构所在地或者居住地的主管税务机关解缴消费税税款

B. 委托加工的应税消费品，受托方为个人的，由受托方向机构所在地或者居住地的主管税务机关解缴消费税税款

C. 委托加工的应税消费品，受托方为个人的，由委托方向机构所在地或者居住地的主管税务机关解缴消费税税款

D. 委托加工的应税消费品，受托方为企业的，由受托方向机构所在地或者居住地的主管税务机关解缴消费税税款

8. 纳税人以1日、3日、5日、10日或者15日为一个纳税期的，自期满之日起5日内预缴税款，于次月（　　）内申报纳税并结清上月应纳税款。

A. 1日起15日　　　　　　　　　　B. 1日起7日

C. 1日起10日　　　　　　　　　　D. 1日起5日

9. 下列关于消费税纳税义务时间规定不正确的是（　　）。

A. 纳税人自产自用应税消费品的，为移送使用的当天

B. 纳税人委托加工应税消费品的，为纳税人提货的当天

C. 纳税人进口应税消费品的，为报关进口的当天

D. 纳税人销售应税消费品的，为收到货款的当天

10. 下列行为中应征消费税的是（　　）。

A. 商店销售自制啤酒

B. 商店销售外购啤酒

C. 商店销售高档化妆品

D. 商店零售卷烟

11. 企业生产销售的下列产品中，属于消费税征税范围的是（　　）。

A. 电动汽车　　　　　　　　　　B. 体育用鞭炮药引线

C. 铅蓄电池　　　　　　　　　　D. 销售价格为9 000元的手表

12. 某啤酒厂（增值税一般纳税人）6月销售A型啤酒20吨给副食品公司，开具的增值税专用发票上注明价款58 000元，另收取包装物押金3 000元；同时销售B型啤酒10吨给宾馆，开具普通发票取得收入32 760元，另收取包装物押金1 500元。该啤酒厂当月应缴纳的消费税是（　　）。

A. 5 000元　　　B. 6 600元　　　C. 7 200元　　　D. 7 500元

二、多项选择题

1. 下列关于消费税纳税人的说法，正确的有（　　）。

A. 零售金银首饰的纳税人是消费者

B. 委托加工化妆品的纳税人是委托加工企业

C. 携带卷烟入境的纳税人是携带者

D. 邮寄入境应税消费品的纳税人是收件人

2. 依据消费税的有关规定，下列消费品中属于化妆品税目的有（　　）。

    A. 香水、香水精

    B. 高档护肤类化妆品

    C. 指甲油、蓝眼油

    D. 影视演员用的上妆油、卸妆油

3. 依据消费税的有关规定，下列消费品中不属于高档化妆品税目、不需要缴纳消费税的有（　　）。

    A. 进口完税价格 10 元一张的面膜

    B. 出厂销售价格 20 元一只（50 克）的护手霜

    C. 进口完税价格 600 元一瓶（50 毫升）的香水

    D. 影视演员用的 100 元一盒（250 克）的卸妆油

4. 下列应在移送环节缴纳消费税的有（　　）。

    A. 酒厂将自产白酒移送勾兑低度酒

    B. 小轿车厂将自产轿车赠送给拉力赛

    C. 日化厂将自产高档香水精用于连续生产沐浴露

    D. 化妆品厂将自制高档化妆品发给职工作福利

5. 下列货物中，采用从量定额方法计征消费税的有（　　）。

    A. 黄酒　　　　　　B. 游艇　　　　　　C. 润滑油　　　　　　D. 雪茄烟

6. 下列各项中，可按委托加工应税消费品的规定征收消费税的有（　　）。

    A. 受托方代垫原料、收加工费，委托方提供辅助材料的

    B. 委托方提供原材料和主要材料，受托方代垫部分辅助材料并收加工费的

    C. 受托方负责采购委托方所需原材料并收加工费的

    D. 委托方提供原料、材料和全部辅助材料，受托方收加工费的

7. 下列产品中，在计算缴纳消费税时准许扣除外购应税消费品已纳消费税的有（　　）。

    A. 外购已税烟丝生产的卷烟

    B. 外购已税实木素板涂漆生产的实木地板

    C. 外购已税白酒加香生产的白酒

    D. 外购已税手表镶嵌钻石生产的手表

8. 关于消费税纳税义务发生时间的说法，正确的有（　　）。

    A. 企业采取预收款方式销售成品油，2015 年 6 月收到购货方的预付款，2015 年 7 月发货，纳税义务发生时间为 2015 年 7 月

    B. 企业采取赊销方式销售鞭炮，合同未约定收款日期，发货日期为 2015 年 4 月，实际收款时间为 2015 年 6 月，纳税义务发生时间为 2015 年 6 月

    C. 某卷烟生产企业委托另一卷烟生产企业生产卷烟，2015 年 10 月提货，2015 年 11 月付款，纳税义务发生时间为 2015 年 11 月

    D. 企业采取分期收款方式销售化妆品，合同约定首次收款日期为 2015 年 1 月，实际收款日期为 2015 年 5 月，纳税义务发生时间为 2015 年 1 月

9. 下列各项中，符合消费税纳税地点规定的有（　　　）。

A. 进口应税消费品的，由进口人或其代理人向报关地海关申报纳税

B. 纳税人总机构与分支机构不在同一县的，分支机构应回总机构申报纳税

C. 委托加工应税消费品的，由委托方向受托方所在地主管税务机关申报纳税

D. 纳税人到外县销售自产应税消费品的，应于应税消费品销售后，向机构所在地或者居住地主管税务机关申报纳税

10. 工业企业以外的单位和个人的下列行为中，视为应税消费品的生产行为，按规定征收消费税的有（　　　）。

A. 将外购的消费税非应税产品以消费税应税产品对外销售的

B. 将外购的消费税已税产品加价对外销售的

C. 将外购的消费税低税率应税产品以高税率应税产品对外销售的

D. 将外购的消费税高税率应税产品以低税率应税产品对外销售的

11. 企业生产销售的下列货物中，应当征收消费税的有（　　　）。

A. 食用油　　　　　B. 溶剂油　　　　C. 润滑油　　　　　　D. 演员的上妆油

12. 根据税法规定，下列应同时征收增值税和消费税的有（　　　）。

A. 进口环节的汽车轮胎

B. 出厂销售环节的 VOC 含量 450 克/升的涂料

C. 批发环节的卷烟

D. 将自产实木地板移送用于企业会议室装修

三、简答题

1. 简述消费税的特点。

2. 简述消费税的征收范围。

3. 简述消费税应纳税额的计算方法。

四、计算题

甲地板厂（以下简称"甲厂"）生产实木地板，2019 年 4 月发生下列业务：

（1）甲厂将外购素板 40% 加工成 A 型实木地板，当月对外销售并开具增值税专用发票注明销售金额 40 万元，税额 5.2 万元。

（2）甲厂受乙地板厂（以下简称"乙厂"）委托加工一批 A 型实木地板，双方约定由甲厂提供素板，乙厂支付加工费，甲厂将剩余的外购实木素板全部投入加工，当月将加工完毕的实木地板交付乙厂，开具的增值税专用发票注明收取材料费金额 30.6 万元，加工费 5 万元，甲厂未代收代缴消费税。

根据上述资料，按照下列序号顺序回答问题，如有计算需计算出合计数。

要求（1）：计算业务（1）应缴纳的消费税税额。

要求（2）：指出业务（2）的消费税纳税义务人、计税依据确定方法及数额。

要求（3）：计算业务（2）应缴纳的消费税税额。

第五章

城市维护建设税及教育费附加

【本章要点】

1. 城市维护建设税的特点
2. 城市维护建设税应纳税额的计算
3. 教育费附加的概念

【导入案例】

某外商想要在某市投资建厂，生产羊毛衫，该外商是否需要缴纳城市维护建设税和教育费附加，缴纳的金额受哪些因素的影响，从税收筹划的角度考虑，你建议他将工厂建在市区还是县城？

第一节　城市维护建设税

一、城市维护建设税的概念与特点

▶▶▶ **（一）概念**

城市维护建设税（简称城建税）是国家对从事工商经营，缴纳增值税、消费税的单位和个人，以其实际缴纳的"两税"（增值税和消费税）税额为计税依据，计算征收的一种附加税。

现行城市维护建设税的基本规范是 1985 年 2 月 8 日国务院发布并于同年 1 月 1 日实施的《中华人民共和国城市维护建设税暂行条例》（以下简称《城市维护建设税暂行条例》），以及 2010 年 10 月 18 日国务院发布的《国务院关于统一内外资企业和个人城市维护建设税和教育费附加制度的通知》。

▶▶▶ （二）特点

城市维护建设税是一种具有受益性质的行为税，具有以下特点：

（1）税款专款专用。城市维护建设税所征税款要求保证用于城市公用事业及公共设施的维护和建设。

（2）属于一种附加税。城市维护建设税以纳税人实际缴纳的增值税、消费税税额为计税依据，随"两税"同时征收。税法规定对纳税人减免"两税"时，相应也减免了城建税，其本身没有特定的课税对象，其征管方法也基本比照"两税"的有关规定办理。

（3）根据城镇规模设计不同的税率。城市维护建设税的税率不是依据纳税人的获利水平或经营特点，而是根据纳税人所在城镇的规模及其资金需要设计的。城镇规模大的，税率高一些；反之，就低一些。

（4）征税范围较广。城市维护建设税以消费税、增值税税额为税基，意味着对所有纳税人都要征收城市维护建设税。它的征收范围比其他任何税种的征税范围都要广。

二、纳税义务人

城市维护建设税的纳税义务人是指在征税范围内从事工商经营并缴纳增值税、消费税的单位和个人。

根据《国务院关于统一内外资企业和个人城市维护建设税和教育费附加制度的通知》，自 2010 年 12 月 1 日起，对外商投资企业、外国企业及外籍个人征收城市维护建设税。

三、税　率

城市维护建设税的税率是指纳税人应缴纳的城市维护建设税税额与纳税人实际缴纳的"两税"税额之间的比率。城市维护建设税实行地区差别比例税率，按纳税人所在地的行政区划设定了三档比例税率，具体为：

（1）纳税人所在地为市区的，税率为 7%；

（2）纳税人所在地为县城、镇的，税率为 5%；

（3）纳税人所在地不在市区、县城或镇的，税率为 1%。

开采海洋石油资源的中外合作油（气）田所在地在海上，其城市维护建设税适用 1% 的税率。

城市维护建设税的适用税率应当按纳税人所在地的规定税率执行。但是，以下两种情况除外：

（1）由受托方代扣代缴、代收代缴"两税"的单位和个人，其代扣代缴、代收代缴的城市维护建设税按受托方所在地适用税率执行；

（2）流动经营等无固定纳税地点的单位和个人，在经营地缴纳"两税"的，其城市维护建设税的缴纳按经营地适用税率执行。

四、应纳税额的计算

城市维护建设税以纳税人实际缴纳的增值税、消费税税额为计税依据。纳税人违反"两税"有关税法而加收的滞纳金和罚款，是税务机关对纳税人违法行为的经济制裁，不作为城市维护建设税的计税依据，但纳税人在被查补"两税"和被处以罚款时，应同时对其偷漏的城市维护建设税进行补税、征收滞纳金和罚款。其计算公式为：

应纳税额＝（纳税人实际缴纳的增值税税额＋消费税税额）×适用税率

【例5-1】某市区一家企业2016年6月实际缴纳增值税20 000元，缴纳消费税8 000元。计算该企业应纳的城市维护建设税税额。

解： 应纳税额＝（20 000＋8 000）×7%＝1 960（元）

五、税收优惠

城市维护建设税原则上不单独减免，但因城市维护建设税具有附加税性质，当主税发生减免时，城市维护建设税相应发生税收减免。城市维护建设税的税收减免有以下几种情况：

（1）城市维护建设税按减免后实际缴纳的"两税"税额计征，即随"两税"的减免而减免。

（2）对"两税"实行先征后返、先征后退、即征即退办法的，除另有规定外对随"两税"附征的城市维护建设税和教育费附加，一律不予退（返）还。

（3）海关对进口产品代征增值税、消费税的，不征收城市维护建设税；对出口产品退还增值税、消费税的，不退还已缴纳的城市维护建设税。

（4）对于因减免税而需进行"两税"退库的，城市维护建设税也可同时退库。

（5）为支持国家重大水利工程建设，对国家重大水利工程建设基金免征城市维护建设税。

六、申报与缴纳

（一）纳税地点

（1）纳税人直接缴纳"两税"的，在缴纳"两税"地缴纳城市维护建设税。

（2）代扣代缴、代收代缴"两税"的单位和个人，同时也是城市维护建设税的代扣代缴、代收代缴义务人，其城市维护建设税的纳税地点在代扣代收地。

（3）跨省开采的油田，下属生产单位与核算单位不在一个省内的，其生产的原油，在油井所在地缴纳增值税，其应纳税款由核算单位按照各油井的产量和规定税率计算，汇拨各油井缴纳。所以，各油井应纳的城市维护建设税应由核算单位计算，随同增值税一并汇拨油井所在地，由油井在缴纳增值税的同时，一并缴纳城市维护建设税。

（4）对流动经营等无固定纳税地点的单位和个人，应随同"两税"在经营地按适用税率缴纳。

▶▶▶（二）申报要求

纳税人在申报缴纳增值税、消费税的同时，申报、缴纳城市维护建设税。

第二节　教育费附加

一、教育费附加的概念

教育费附加是对缴纳增值税、消费税的单位和个人，就其实际缴纳的税额为计算依据征收的一种附加费。

教育费附加是国家为扶持教育事业发展，计征用于教育事业的政府性基金。1984年，国务院颁布了《国务院关于筹措农村学校办学经费的通知》，开征了农村教育事业经费附加。1985年，中共中央作出了《中共中央关于教育体制改革的决定》，指出必须在国家增拨教育基本建设投资和教育经费的同时，充分调动企、事业单位和其他各种社会力量办学的积极性，开辟多种渠道筹措经费。1986年，国务院颁布了《征收教育费附加的暂行规定》，从同年7月1日起，在全国范围内，以各单位和个人实际缴纳的增值税、消费税总额的2%征收教育费附加。

现行教育费附加的基本规范是《国务院关于修改〈征收教育费附加的暂行规定〉的决定》，自2005年10月1日起施行，以及2010年10月18日国务院发布的《国务院关于统一内外资企业和个人城市维护建设税和教育费附加制度的通知》，自2010年12月1日起，对外商投资企业、外国企业及外籍个人征收教育费附加。2010年财政部下发了《财政部关于统一地方教育附加政策有关问题的通知》，对各省、自治区、直辖市的地方教育附加进行了统一。

二、纳费人

教育费附加和地方教育附加纳费人是指负有缴纳"两税"义务的单位和个人，以其实际缴纳的增值税、消费税为计征依据，分别与增值税、消费税同时缴纳。

三、计征比率

教育费附加计征比率曾几经变化，在 1986 年开征时，规定为 1%；1990 年 5 月《国务院关于修改〈征收教育费附加的暂行规定〉的决定》中规定为 2%；现行教育费附加征收比率按照 1994 年《国务院关于教育费附加征收问题的紧急通知》的规定为 3%。地方教育附加征收率从 2010 年起统一为 2%。

四、计算过程

教育费附加或地方教育附加以纳税人实际缴纳的增值税、消费税的税额为计税依据。其计算公式为：

$$\text{应缴纳教育费附加或地方教育附加} = \left(\text{实际缴纳的增值税} + \text{消费税} \right) \times \text{征收比率}$$

【例 5-2】北京市区一家企业 2016 年 12 月实际缴纳增值税 240 000 元，缴纳消费税 210 000 元。计算该企业的应缴纳教育费附加和地方教育附加。

解：应缴纳教育费附加 =（实际缴纳的增值税 + 消费税）× 征收比率
    =（240 000 + 210 000）× 3% = 450 000 × 3% = 13 500（元）

应缴纳地方教育附加 =（实际缴纳的增值税 + 消费税）× 征收比率
    =（240 000 + 210 000）× 2% = 450 000 × 2% = 9 000（元）

五、减免规定

（1）对海关进口的产品征收增值税、消费税，不征收教育费附加。

（2）对由于减免增值税、消费税而发生退税的，可同时退还已征收的教育费附加。但对出口产品退还增值税、消费税的，不退还已征收的教育费附加。

（3）对国家重大水利工程建设基金免征教育费附加。

六、申报与缴纳

纳税人在申报缴纳增值税、消费税的同时，申报、缴纳教育费附加。教育费附加由地方税务局负责征收。

◎ **复习题**

一、单项选择题

1. 位于市区的某公司 2015 年 12 月应缴纳增值税 170 万元，实际缴纳增值税 210 万元（包括缴纳以前年度欠缴的增值税 40 万元）。当月因享受增值税先征后退政策，获得增值税退税 60 万元。该公司当月应缴纳的城市维护建设税和教育费附加合计为（   ）。

A. 15 万元　　　　B. 17 万元　　　　C. 21 万元　　　　D. 53 万元

2. 位于市区的甲企业 2015 年 7 月销售产品缴纳增值税和消费税共计 50 万元，被税务机关查补增值税 15 万元并处罚款 5 万元，甲企业 7 月应缴纳的城市维护建设税为（　　）。

A. 3.25 万元　　　B. 4.9 万元　　　C. 3.5 万元　　　D. 4.55 万元

3. 位于市区的某企业 2017 年 6 月共缴纳增值税、消费税和关税 562 万元，其中关税 102 万元，进口环节缴纳的增值税和消费税共 260 万元。该企业 6 月应缴纳的城市维护建设税、教育费附加和地方教育附加合计为（　　）。

A. 24 万元　　　　B. 36.24 万元　　　C. 55.2 万元　　　D. 67.44 万元

4. 下列关于城市维护建设税的说法，正确的是（　　）。

A. 只要缴纳增值税就要缴纳城建税

B. 只有同时缴纳增值税、消费税的纳税人才能成为城建税的纳税人

C. 只要退还"两税"，就退还城建税

D. 城建税的纳税人是负有缴纳增值税、消费税义务的单位和个人

5. 流动经营等无固定纳税地点的单位和个人，在经营地缴纳"两税"的，其城建税税率按（　　）执行。

A. 经营地适用税率　　　　　　　B. 居住地适用税率

C. 7% 税率　　　　　　　　　　D. 1% 税率

6. 单位或个人的下列行为，在缴纳相关税种的同时，还应缴纳城建税的是（　　）。

A. 私营企业销售货物　　　　　　B. 博物馆举办文化活动的门票收入

C. 企业购置车辆自用　　　　　　D. 个人取得稿酬所得

7. 某企业地处市区，2016 年 5 月被税务机关查补增值税 50 000 元，消费税 20 000 元，企业所得税 30 000 元，还被加收滞纳金 2 000 元，被处罚款 50 000 元。该企业应补缴城市维护建设税、教育费附加和地方教育附加共计（　　）。

A. 12 000 元　　　B. 8 400 元　　　C. 7 000 元　　　D. 0 元

8. 根据城市维护建设税的有关规定，下列说法正确的是（　　）。

A. 进口环节缴纳增值税纳税人同时也需缴纳城市维护建设税

B. 城市维护建设税实行行业规划税率

C. 城市维护建设税的计税依据是纳税人实际缴纳的增值税、消费税税额及滞纳金和罚款

D. 流动经营的无固定纳税地点的纳税人在经营地缴纳城建税

9. 位于某市的卷烟生产企业委托设在县城的烟丝加工厂加工一批烟丝，提货时，加工厂代收代缴的消费税为 1 600 元，其城建税和教育费附加按以下办法处理（　　）。

A. 在烟丝加工厂所在地缴纳城建税及教育费附加 128 元

B. 在烟丝加工厂所在地缴纳城建税及教育费附加 80 元

C. 在卷烟厂所在地缴纳城建税及教育费附加 80 元

D. 在卷烟厂所在地缴纳城建税及教育费附加 112 元

10. 某市一生产企业为增值税一般纳税人。本期进口原材料一批，向海关缴纳进口环节增值税 10 万元；本期在国内销售甲产品缴纳增值税 30 万元、消费税 50 万元，

消费税滞纳金1万元；本期出口乙产品一批，按规定退回增值税5万元。该企业本期应缴纳城市建设维护税（　　）万元。

A. 4.55　　　　　　B. 4　　　　　　C. 4.25　　　　　　D. 5.6

二、多项选择题

1. 机构所在地在B市的甲建筑企业是增值税一般纳税人，当月在A县取得含税建筑收入70万元，支付分包款20万元，则甲企业在建筑劳务发生地A县（　　）。

    A. 预缴增值税1.35万元

    B. 缴纳城建税0.05万元

    C. 缴纳教育费附加0.03万元

    D. 缴纳地方教育附加0.03万元

2. 城建税的特点包括（　　）。

    A. 税款专款专用

    B. 多环节征收

    C. 属于一种附加税

    D. 根据城镇规模设计不同的比例税率

3. 下列各项中，应作为城市维护建设税计税依据的有（　　）。

    A. 被税务机关查补的增值税税额

    B. 被海关查补的消费税税额

    C. 经税务局审批的当期免抵增值税税额

    D. 向海关缴纳的进口产品增值税税额

4. 下列关于城市维护建设税减免税规定的表述中，正确的有（　　）。

    A. 城市维护建设税随"两税"的减免而减免

    B. 对国家重大水利工程建设基金免征城市维护建设税

    C. 对由海关代征的进口产品增值税和消费税应减半征收城市维护建设税

    D. 因减免税而对"两税"进行退库的，可同时对已征收的城市维护建设税实施退库

5. 下列有关城市维护建设税的说法，正确的有（　　）。

    A. 城市维护建设税的适用税率一律按纳税人所在地的适用税率执行

    B. 某企业总机构在甲地，在乙地缴纳增值税，城市维护建设税也在乙地缴纳

    C. 某企业已缴纳了增值税，没有缴纳城市维护建设税，税务机关可对其上述行为单独进行处罚

    D. 某企业增值税实行先征后返，城市维护建设税同时返还

6. 根据规定，下列关于城市维护建设税的纳税地点的说法中，正确的有（　　）。

    A. 流动经营的单位和个人，在纳税人缴纳"两税"的所在地缴纳

    B. 代扣代缴增值税、消费税的，在委托方所在地缴纳

    C. 纳税人销售不动产，在不动产所在地缴纳城建税

    D. 流动经营的单位和个人，随"两税"在户籍地按适用税率缴纳

7. 下列各项中，属于城市维护建设税及教育费附加计税依据的有（　　）。

    A. 外商投资企业缴纳的增值税

    B. 偷逃消费税加收的滞纳金

    C. 出口免抵的增值税

    D. 进口产品征收的消费税

8. 根据现行规定，下列关于教育费附加的说法中正确的有（   ）。

    A. 海关对进口产品代征消费税的，不代征教育费附加

    B. 对于减免增值税、消费税而发生退税的，可以同时退还已征收的教育费附加

    C. 出口产品退还增值税、消费税的，同时退还已经征收的教育费附加

    D. 流动经营无固定纳税地点的单位和个人，不缴纳教育费附加

9. 企业在 2011 年发生的下列行为中，需要缴纳城建税和教育费附加的有（   ）。

    A. 事业单位出租房屋行为

    B. 企业购买房屋行为

    C. 油田开采天然原油并销售行为

    D. 外商投资企业销售货物行为

10. 某县城一家食品加工企业为增值税小规模纳税人，2019 年 3 月购进货物取得普通发票的销售额合计 50 000 元，销售货物开具普通发票销售额合计 70 000 元，出租小货车取得收入 10 000 元。下列选项中表述正确的有（   ）。

    A. 应纳城建税 54.13 元

    B. 应纳城建税 126.94 元

    C. 应纳教育费附加 95.77 元

    D. 应纳教育费附加 76.16 元

11. 关于城市维护建设税减免税优惠政策的说法，正确的有（   ）。

    A. 某企业出口服装已退增值税后，应退还城市维护建设税

    B. 减免"两税"而发生退税的，可以同时退还已征收的城建税及教育费附加

    C. 某企业享受增值税先征后返的税收优惠政策，城市维护建设税同时先征后返

    D. 纳税人因偷漏增值税、消费税应该补税的，也要补缴城市维护建设税

三、简答题

1. 简述城市维护建设税的特点。

2. 简述城市维护建设税的税率及计税依据。

3. 简述教育费附加的计征比率。

四、计算题

位于 A 市的甲运输企业是增值税一般纳税人，3 月取得运输收入 76.3 万元（含增值税，下同）；当月出租其一座购置仅半年的车库，按月收取租金 30 万元；当月该企业采购物料可抵扣进项税 5 万元。请回答下列问题，如需计算请计算出合计数：

计算甲企业在 A 市应缴纳的城建税和教育费附加、地方教育附加。

第六章

关　税

【本章要点】

1. 关税的概念、特点和分类
2. 关税的征税对象、纳税义务人和税率
3. 关税应纳税额的计算

4. 关税的法定减免、特定减免和临时减免
5. 关税的征收管理

【导入案例】

1999年4月，中华人民共和国海关总署纪检组和监察局接到一封长达74页的检举信，信中检举揭发了厦门远华走私犯罪集团利用各种手段走私500多亿元的大案。据调查，自1996年以来，赖昌星走私犯罪集团及其他走私犯罪分子在厦门关区走私的进口成品油、植物油、汽车、香烟、化工原料、西药原料、电子机械等货物的价值高达530亿元，偷逃税款300亿元，这是中华人民共和国成立以来查处的最大的走私案。

第一节　关税概述

一、关税的概念

关税是海关依法对进出境货物或者物品征收的一种税，属于流转税。所谓"境"，也就是关境，关境是一个国家的关税法令完全实施的境域，所以说关境又称税境。国境是一个国家的领土范围，它通常与关境保持一致，但如果一个国家在国境内设立了自由港、自由贸易区等，因为对于这些地区，国家是免征关税的，所以此时该国家的关境小于国境。我国现行的关税法律规范是以全国人民代表大会于2017年11月修订颁布的《中华人民共和国海关法》（以下简称《海关法》）为法律依据，以国务院2017年3月修订发布的《中华人民共和国进出口关税条例》（以下简称《进出口关税条例》）、《中华人民共和国海关进出口税则》（以下简称《海关进出口税则》）和《中华人民共和国海关关于入境旅客行李物品和个人邮递物品征收进口税办法》为基本法规，由海关负责征收。

关税的起源很早。随着社会生产力的发展，出现了商品的生产和交换。关税正是随着商品交换和商品流通领域的不断扩大，以及国际贸易的不断发展而产生和逐步发展的。关税是国家宏观经济调控的手段，对于国家对外经济贸易的发展具有重要的作用。

二、关税的特点

关税作为流转税之一，除了具备税收的强制性、无偿性和固定性的一般特征以外，还具有下面几个特点：

1. 征税对象以货物是否出入关境为标准

关税的征税对象不是所有的货物和物品，而是仅仅对于进出关境的货物和物品征税。货物是以贸易行为为目的而进出我国关境的商品；物品是指入境旅客携带的、个人邮寄的、运输工具服务人员携带的以及以其他方式进入我国关境的属于个人自用的非商品。为营造公平竞争的市场环境，促进跨境电子商务健康发展，自2016年4月8日起，我国实施跨境电子商务零售进口税收政策。

2. 征税环节的单一性

关税不同于增值税多环节征税，关税仅在货物和物品出入境时一次性征收，货物和物品在关境内流通后，无论流通多少环节，都不再征税。

3. 关税实行复式税则

关税税则，又叫海关税则，是指一国对进口商品计征关税的规章和对进口的应税商品和免税商品加以系统分类的一栏表。它是海关征税的依据，是一国关税政策的具体体现。复式税则又称多栏税则，是指一个税目设有两个或两个以上的税率，对来自不同国家的进口商品使用不同的税率征税，分别适用高低不同的税率。复式税则是一个国家对外贸易政策的体现。实行多栏税率的国家，主要目的是争夺国际市场，凡经济发达国家，大多采用三栏税率。

4. 关税具有重要的宏观经济调控职能

关税由各国海关总署及其所属机构进行管理和征收，海关是我国政府宏观调控的重要职能部门之一，通过对进出境运输工具、货物、物品的监管，履行宏观调控的职责，为实现国家宏观调控目标服务。一国国家关税政策直接关系到该国外贸是否能够实现稳定增长、贸易结构是否能够优化。

三、关税的分类

按照不同的标准，关税有多种分类方法。

▶▶▶ ┌（一）按征税对象的流向分类┐

按征税对象的流向来看，关税分为进口税、出口税和过境税三种。

1. 进口税

进口税是海关对进口货物和物品所征收的关税。进口税有正税与附加税之分。正税即按税则法定税率征收的关税；此外征收的即为附加税。我国加入WTO后，于2002年1月1日再次调整了进口税则税目税率，将总税目数增加到7 316个，其中5 332个税目的税率有不同程度的降低。进口税是关税中最重要的一种，在许多废除了出口税和过境税的国家，进口税是唯一的关税。

2. 出口税

出口税是海关对出口货物和物品所征收的关税。目前，世界上大多数国家都不征收出口税。我国在2002年出口税则中仅对一小部分关系到国计民生的重要出口商品征收出口税，一共有36个税目，其中对23个税目实行出口暂定税率，其余的不征税。

3. 过境税

过境税又称通过税，是指对过境货物所征收的关税。过境货物一般是指该货物运输的起点和终点均在运输所经的国家之外的情况，即在外国货物运进一个国家的关境后又原样运出该关境的货物。征收过境税的主要目的是增加国家的财政收入。目前，世界上大多数国家都不征收过境税，我国也不征收过境税。

▶▶▶ ┌（二）按征收方式分类┐

按征收方式不同，关税可以分为从价税、从量税、复合关税、选择性关税和滑准关税。

1. 从价税

从价税是一种最常用的关税计税标准。它是以货物的价格或者价值为征税标准，按照一定比例的税率计征关税，商品的价格越高，关税的税额越高。从价税的特点是相对进口商品价格的高低，其税额也相应高低。其优点是税负公平明确、易于实施；缺点是海关估价有一定的难度，因此计征关税的手续也较繁杂。目前，我国海关计征关税标准主要是从价税。

2. 从量税

从量税是以征税对象的数量、重量、体积、容量等实物计量单位为计税标准，按照每单位货物的应征税额为税率。从量税的特点是每一种货物的单位应税额固定，不受该货物价格的影响。从量税的优点是计算简便，通关手续快捷，并能起到抑制低廉商品或故意低瞒价格货物的进口。但是，由于应税额固定，当物价涨落时，税额不能相应变化，因此，在物价上涨时，关税的调控作用相对减弱。

3. 复合关税

复合关税又称混合税，即订立从价、从量两种税率，随着完税价格和进口数量而变化，征收时两种税率合并计征。复合关税既可发挥从量税抑制低价进口货物的特点，又可发挥从价税税负合理、稳定的特点。

4. 选择性关税

选择性关税是指对同一种货物在税则中规定从价、从量两种税率，在征税时选择其中征收税额较多的一种，以免因价格的波动影响国家的财政收入。

5. 滑准关税

滑准关税又称滑准税，是对货物的不同价格适用不同税率的一类特殊的从价关税。它是一种关税税率随进口货物价格由高至低而由低至高设置计征关税的方法。进口货物的价格越高，其进口关税税率越低，进口商品的价格越低，其进口关税税率越高。滑准税的特点是可保持实行滑准税商品的国内市场价格相对稳定，不受国际市场价格波动的影响。

▶▶▶ （三）按征税目的分类

因征税目的不同，关税分为财政关税、保护关税和报复性关税。

1. 财政关税

财政关税也称收入关税，也就是国家征收此关税的主要目的就是增加国家的财政收入。

2. 保护关税

保护关税即以保护本国生产为主要目的而征收的关税，具体包括反倾销税和反补贴税。

（1）反倾销税。

反倾销税是指为了对付和抵制其他国家进行倾销而征收的一种附加关税。倾销是指他国以低于本国同类产品的正常价格或低于成本的价格将其商品抛售到另一国家或地区的市场的行为。倾销被视为国际上一种不正当的竞争手段，为 WTO 所禁止，因此征收反倾销税也成为各国保护本国市场，扶持本国企业强有力的手段。

（2）反补贴税。

反补贴税是指对于直接或间接接受奖金或补贴的进口货物和物品所征收的一种进口附加税。各国为了鼓励出口，出口国政府会直接或者间接给予本国出口产品津贴或者补贴，进口国在进口时候就会征收相当于这部分津贴或者补贴部分的附加税，以抵消出口国给其出口企业的补贴。

3. 报复性关税

报复性关税是指一国为报复他国对本国出口货物的关税歧视，而对来源于该国的货物征收的一种附加税。任何国家或者地区对其进口的原产于我国的货物征收歧视性关税或者给予其他歧视性待遇的，我国对原产于该国家或者地区的进口货物征收报复性关税，税率视具体情况而定。

▶▶▶ (四) 按货物国别来源分类

按对货物国别来源区别对待的原则，可以分成最惠国关税、协定关税、特惠关税和普通关税。

1. 最惠国关税

最惠国关税适用原产于与我国共同适用最惠国待遇条款的 WTO 成员的进口货物，或原产于与我国签订有相互给予最惠国待遇条款的双边贸易协定的国家或地区的进口货物。

2. 协定关税

协定关税适用原产于我国参加的含有关税优惠条款的区域性贸易协定的有关缔约方的进口货物。

3. 特惠关税

特惠关税适用原产于与我国签订有特殊优惠关税协定的国家或地区的进口货物。

4. 普通关税

普通关税适用原产于上述国家或地区以外的国家或地区的进口货物。

第二节　关税的纳税义务人、征税对象和税率

一、关税的纳税义务人

关税分为进口关税和出口关税，进口关税的纳税义务人是进口我国准许进口的货物的收货人，出口关税的纳税义务人是出口我国准许出口的货物的发货人和中国准许进出境物品的所有人。进出口货物的收、发货人是依法取得对外贸易经营权，并进口或者出口货物的法人或者其他社会团体。进出境物品的所有人包括该物品的所有人和推定为所有人的人。一般情况下，对于携带进境的物品，推定其携带人为所有人；对分离运输的行李，推定相应的进出境旅客为所有人；对以邮递方式进境的物品，推定其收件人为所有人；以邮递或其他运输方式出境的物品，推定其寄件人或托运人为所有人。

二、关税的征税对象

关税的征税对象也就是关税对什么征税。凡是国家允许的，准予进出境的货物和物品都属于关税的征税对象。货物是指贸易性商品；物品是指入境旅客随身携带的行李物品、个人邮递物品、各种运输工具上的服务人员携带进口的自用物品、馈赠物品以及其他方式进境的个人物品。

三、关税税率

▶▶▶ ┌（一）进口关税税率┐

各国进口关税税率的制定是基于多方面因素的考虑，从有效保护和促进经济发展出发，对不同商品制定不同的税率。一般来说，进口关税税率随着进口商品加工程度的提高而提高，即工业制成品税率最高，半制成品次之，原料等初级产品税率最低甚至免税，这称为关税升级（tariff escalation）。进口国同样对不同商品实行差别税率，对于国内紧缺而又急需的生活必需品和机器设备予以低关税或免税，而对国内能大量生产的商品或奢侈品则征收高关税。同时，由于各国政治经济关系的需要，会对来自不同国家的同一种商品实行不同的税率。我国进口税则设有最惠国税率、协定税率、特惠税率、普通税率、关税配额税率等税率。对进口货物在一定期限内可以实行暂定税率。

最惠国税率适用原产于与我国共同适用最惠国待遇条款的 WTO 成员的进口货物，或原产于与我国签订有相互给予最惠国待遇条款的双边贸易协定的国家或地区的进口货物，以及原产于我国境内的进口货物；协定税率适用原产于我国参加的含有关税优惠条款的区域性贸易协定有关缔约方的进口货物；特惠税率适用原产于与我国签订有特殊优惠关税协定的国家或地区的进口货物；普通税率适用原产于上述国家或地区以外的其他国家或地区的进口货物。按照普通税率征税的进口货物，经国务院关税税则委员会特别批准，可以适用最惠国税率。关税配额税率是指对实行关税配额管理的进口货物，关税配额内的，适用关税配额税率；关税配额外的，按不同情况分别适用最惠国税率、协定税率、特惠税率或普通税率。

适用最惠国税率、协定税率、特惠税率的国家或者地区名单，由国务院关税税则委员会决定，报国务院批准后执行。

▶▶▶ ┌（二）出口关税税率┐

出口关税是出口国家的海关在本国产品输往国外时，对出口商所征收的关税。我国出口税则为一栏税率，即出口税率。目前大多数国家对绝大部分出口商品都不征收出口关税。因为征收出口关税会抬高出口商品的成本和国外售价，削弱其在国外市场的竞争力，不利于扩大出口。但目前世界上仍有少数国家（特别是经济落后的发展中国家）征收出口关税，主要是为了增加本国财政收入，保护本国资源环境，保证本国市场供应，维护本国经济利益。我国目前采取的是进口与出口并重的政策，但为了控制一些商品的出口流量，采用了对极少数商品征出口关税的办法，被征出口关税的商品主要是高耗能、高污染、资源性产品。

▶▶▶ ┌（三）税率的运用┐

进出口货物应当依照税则规定的归类原则归入合适的税号，并按照适用的税率征税。其中：

（1）进出口货物应当适用海关接受该货物申报进口或者出口之日实施的税率。

（2）进口货物到达前，经海关核准先行申报的，应当适用装载此货物的运输工具申报进境之日实施的税率。

（3）进出口货物的补税和退税，适用该进出口货物原申报进口或者出口之日所实施的税率，但下列情况除外：

①按照特定减免税办法批准予以减免税的进口货物，后因情况改变经海关批准转让或出售或移作他用需予补税的，适用海关接受纳税人再次填写报关单申报办理纳税及有关手续之日实施的税率征税。

②加工贸易进口料、件等属于保税性质的进口货物，如经批准转为内销，应按向海关申报转为内销之日实施的税率征税；如未经批准擅自转为内销的，则按海关查获日期所施行的税率征税。

③暂时进口货物转为正式进口需予补税时，应按其申报正式进口之日实施的税率征税。

④分期支付租金的租赁进口货物，分期付税时，适用海关接受纳税人再次填写报关单申报办理纳税及有关手续之日实施的税率征税。

⑤溢卸、误卸货物事后确定需征税时，应按其原运输工具申报进口日期所实施的税率征税。如原进口日期无法查明的，可按确定补税当天实施的税率征税。

⑥对由于税则归类的改变、完税价格的审定或其他工作差错而需补税的，应按原征税日期实施的税率征税。

⑦对经批准缓税进口的货物以后缴税时，不论是分期或一次交清税款，都应按货物原进口之日实施的税率征税。

⑧查获的走私进口货物需补税时，应按查获日期实施的税率征税。

四、原产地的规定

不同国家或者地区的进口货物适用不同的关税税率，所以要确定进口货物的原产地才能正确地运用进口税则的各栏税率；我国原产地规定基本上采用了全部产地生产标准、实质性加工标准两种国际上通用的原产地标准。

▶▶▶ （一）全部产地生产标准

全部产地生产标准是指进口货物完全在一个国家内生产或制造，生产国或制造国即为该货物的原产国。完全在一国生产或制造的进口货物包括：

（1）在该国领土或领海内开采的矿产品；

（2）在该国领土上收获或采集的植物产品；

（3）在该国领土上出生或由该国饲养的活动物及从其所得产品；

（4）在该国领土上狩猎或捕捞所得的产品；

（5）在该国的船只上卸下的海洋捕捞物，以及由该国船只在海上取得的其他产品；

（6）在该国加工船加工上述第5项所列物品所得的产品；

（7）在该国收集的只适用于做再加工制造的废碎料和废旧物品；

（8）在该国完全使用上述（1）～（7）项所列产品加工成的制成品。

▶▶▶ （二）实质性加工标准

实质性加工标准是适用于确定有两个或两个以上国家参与生产的产品的原产国的标准，基本含义是：经过几个国家加工、制造的进口货物，以最后一个对货物进行经济上可以视为实质性加工的国家作为有关货物的原产国。实质性加工是指产品加工后，在进出口税则中四位数税号一级的税则归类已经有了改变，或者加工增值部分所占新产品总值的比例已超过30％及以上。

▶▶▶ （三）其他

对机器、仪器、器材或车辆所用零件、部件、配件、备件及工具，如与主件同时进口且数量合理的，其原产地按主件的原产地确定，分别进口的则按各自的原产地确定。

第三节　关税应纳税额的计算

一、关税的完税价格

我国的关税是以进出口货物的完税价格作为计税依据来计算应缴纳的税款的，所谓关税的完税价格，就是进出口货物应当缴纳关税的价值，或者说是对进出口货物计征应缴纳税款时所使用的价格，也有称为海关价格的。

▶▶▶ （一）一般进口货物的完税价格

在我国，进口货物的完税价格以经海关审定的成交价格为基础所确定的到岸价格作为完税价格。到岸价格是指包括货物的价格以及货物运抵我国关境内输入地点起卸前的包装费、运费、保险费和其他劳务费等在内的交货价格。

（1）如果成交价格未包括下列费用，应一并计入完税价格。

1）由买方负担的除购货佣金以外的佣金和经纪费。购货佣金是指买方为购买进口货物向自己的采购代理人支付的劳务费用。经纪费是指买方为购买进口货物向代表买卖双方利益的经纪人支付的劳务费用。

2）由买方负担的与该货物视为一体的容器费用。

3）由买方负担的包装材料和包装劳务费用。

4）与该货物的生产和向中华人民共和国境内销售有关的，由买方以免费或者以低于成本的方式提供并可以按适当比例分摊的料件、工具、模具、消耗材料及类似货物的价款，以及在境外开发、设计等相关服务的费用。

5）与该货物有关并作为卖方向我国销售该货物的一项条件，应当由买方直接或间接支付的特许权使用费。特许权使用费是指买方为获得与进口货物相关的、受著作权保护的作品、专利、商标、专有技术和其他权利的使用许可而支付的费用。但是在估定完税价格时，进口货物在境内的复制权费不得计入该货物的实付或应付价格之中。

6）卖方直接或间接从买方对该货物进口后转售、处置或使用所得中获得的收益。

（2）下列费用，如能与该货物实付或者应付价格区分，不得计入完税价格：

1）厂房、机械、设备等货物进口后的基建、安装、装配、维修和技术服务的费用；

2）货物运抵境内输入地点之后的运输费用、保险费和其他相关费用；

3）进口关税及其他国内税收；

4）为在境内复制进口货物而支付的费用；

5）境内外技术培训及境外考察费用。

（3）买卖双方之间有特殊关系的调整。

买卖双方之间有特殊关系的，经海关审定其特殊关系未对成交价格产生影响，或进口货物的收货人能证明其成交价格与同时或大约同时发生的下列任一价格相近，该成交价格应当接受：

1）向境内无特殊关系的买方出售的相同或类似货物的成交价格；

2）按照使用倒扣价格有关规定所确定的相同或类似货物的完税价格；

3）按照使用计算价格有关规定所确定的相同或类似货物的完税价格。

海关在使用上述价格做比较时，应当考虑商业水平和进口数量的不同以及实付或者应付价格的调整规定所列各项目和交易中买卖双方有无特殊关系造成的费用差异。

（4）进口货物海关估定的完税价格。

如果进口货物的到岸价格经海关审查后不符合成交价格，或者成交价格不能够确定的，海关应当依次以相同货物成交价格方法、类似货物成交价格方法、倒扣价格方法、计算价格方法及其他合理方法确定的价格为基础，确定完税价格。如果进口货物的收货人提出要求，并提供相关资料，经海关同意，可以选择倒扣价格方法和计算价格方法的适用次序。

1）相同或类似货物成交价格方法。

相同或类似货物成交价格方法即以与被估的进口货物同时或大约同时（在海关接受申报进口之日的前后各45日以内）进口的相同或类似货物的成交价格为基础，估定完税价格。

2）倒扣价格方法。

倒扣价格方法即以被估的进口货物、相同或类似进口货物在境内销售的价格为基础估定完税价格。

3）计算价格方法。

计算价格方法即按下列各项的总和计算出的价格估定完税价格。有关项为：

①生产该货物所使用的原材料价值和进行装配或其他加工的费用；

②与向境内出口销售同等级或同种类货物的利润、一般费用相符的利润和一般费用；

③货物运抵境内输入地点起卸前的运输及相关费用、保险费。

4）其他合理方法。

（5）其他方式进口货物的完税价格。

1）加工贸易进口料件及其制成品。

加工贸易进口料件及其制成品需征税的，海关应按照一般进口货物的规定审定完税价格。关税完税价格按照以下情况分别确定：

①进口时需征税的进料加工进口料件，以该料件申报进口时的价格估定；

②内销的进料加工进口料件或其制成品（包括残次品），以该料件原进口时的价格估定；

③内销的来料加工进口料件或其制成品（包括残次品），以该料件申报内销时的价格或者大约同时进口的与该料件相同或者类似的货物的进口成交价格为基础估定；

④加工企业内销加工过程中产生的边角料或者副产品，以海关审查确定的内销价格估定。

2）出口加工区内的加工企业内销的制成品、边角料或者副产品。

出口加工区内的加工企业内销的制成品（包括残次品），海关以接受内销申报的同时或者大约同时进口的相同或者类似货物的进口成交价格估定关税完税价格。

出口加工区内的加工企业内销加工过程中产生的边角料或者副产品，以海关审查确定的内销价格作为完税价格。

3）保税区内加工企业内销的进口料件或者其制成品（包括残次品）。

保税区内加工企业的内销产品的税收政策与出口加工区政策基本相同。一般来说，保税区内的进口料件或者制成品（包括残次品）转为内销时，关税计税价格为内销申报的同时或者大约同时进口的相同或者类似货物的进口成交价格，不含从境内采购的料件价格；保税区的加工企业内销加工过程中产生的边角料或者副产品，以海关审查确定的内销价格作为完税价格。

4）运往境外修理的货物。

运往境外修理的机械器具、运输工具或其他货物，出境时已向海关报明，并在海关规定期限内复运进境的，应当以海关审定的境外修理费、料件费、复运进境运输及其相关费用、保险费用为完税价格。

5）运往境外加工的货物。

运往境外加工的货物，出境时已向海关报明，并在海关规定期限内复运进境的，应当以海关审定的境外加工费和料件费以及该货物复运进境的运输及其相关费用、保险费估定完税价格。

6）暂时进境货物。

对于经海关批准的暂时进境的货物，应当按照一般进口货物估价办法的规定估定完税价格。

7）租赁方式进口货物。

在以租赁方式进口的货物中，不同的租赁方式，关税完税价格确定的标准不同。

①以租金方式对外支付的租赁货物，在租赁期间以海关审定的租金作为完税价格；

②留购的租赁货物，以海关审定的留购价格作为完税价格；

③承租人申请一次性缴纳税款的，经海关同意，按照一般进口货物估价办法的规定估定完税价格。

8）予以补税的减免税货物。

减税或免税进口的货物需予补税时，应当以海关审定的该货物原进口时的价格，扣除折旧部分价值作为完税价格，其计算公式如下：

$$关税完税价格 = 海关审定的该货物原进口时的价格 \times \left[1 - \frac{申请补税时实际已使用的时间（月）}{监管年限 \times 12} \right]$$

9）以其他方式进口的货物。

以以货易货贸易、寄售、捐赠、赠送等不存在成交价格的特殊成交方式进口的货物，应当按照一般进口货物估价办法的规定，估计完税价格。

（二）出口货物的完税价格

1. 以成交价格为基础的完税价格

出口货物的完税价格由海关以该货物向境外销售的成交价格为基础审查确定，并应包括货物运至我国境内输出地点装载前的运输及其相关费用、保险费，但其中包含的出口关税税额，应当扣除。

出口货物的成交价格是指该货物出口销售到我国境外时买方向卖方实付或应付的价格。出口货物的成交价格中含有支付给境外的佣金的，如果单独列明，应当扣除。

出口关税的完税价格＝离岸价格÷（1＋出口税率）

2. 出口货物海关估价方法

在出口货物的成交价格不能确定时，完税价格由海关依次使用下列方法估定：

（1）同时或大约同时向同一国家或地区出口的相同货物的成交价格；

（2）同时或大约同时向同一国家或地区出口的类似货物的成交价格；

（3）根据境内生产相同或类似货物的成本、利润和一般费用、境内发生的运输及其相关费用、保险费计算所得的价格；

（4）按照合理方法估定的价格。

（三）进出口货物完税价格中的运输及相关费用、保险费的计算

1. 以一般陆运、空运、海运方式进口的货物

在进口货物的运输及相关费用、保险费计算中，海运进口货物，计算至该货物运抵境内的卸货口岸；如果该货物的卸货口岸是内河（江）口岸，则应当计算至内河（江）口岸。

陆运进口货物，计算至该货物运抵境内的第一口岸；如果运输及其相关费用、保险费支付至目的地口岸，则计算至目的地口岸。

空运进口货物，计算至该货物运抵境内的第一口岸；如果该货物的目的地为境内的第一口岸外的其他口岸，则计算至目的地口岸。

陆运、空运和海运进口货物的运费和保险费,应当按照实际支付的费用计算。如果进口货物的运费无法确定或未实际发生,海关应当按照该货物进口同期运输行业公布的运费率(额)计算运费;按照"货价加运费"两者总额的3‰计算保险费。其计算公式如下:

保险费＝(货价＋运费)×3‰

2. 以其他方式进口的货物

邮运的进口货物,应当以邮费作为运输及其相关费用、保险费。

以境外边境口岸价格条件成交的铁路或公路运输进口货物,海关应当按照货价的1%计算运输及其相关费用、保险费。

作为进口货物的自驾进口的运输工具,海关在审定完税价格时,可以不另行计入运费。

3. 出口货物

出口货物的销售价格如果包括离境口岸至境外口岸之间的运费、保险费,该运费、保险费应当扣除。

二、应纳税额的计算

我国对进(出)口商品基本上都实行从价税,也就是以进口货物的完税价格作为计税依据,以应征税额占货物完税价格的百分比作为税率。从1997年起,我国对部分商品实行从量税、复合税和滑准税。

(1)从价税应纳税额的计算。

关税税额＝应税进(出)口货物数量×单位完税价格×适用税率

(2)从量税应纳税额的计算。

关税税额＝应税进(出)口货物数量×单位货物税额

(3)复合税应纳税额的计算。

我国目前实行的复合税都是先计征从量税,再计征从价税。

$$关税税额＝\frac{应税进(出)口}{货物数量}×\frac{单位货物}{税额}＋\frac{应税进(出)口}{货物数量}×\frac{单位}{完税价格}×税率$$

(4)滑准税应纳税额的计算。

关税税额＝应税进(出)口货物数量×单位完税价格×滑准税税率

现行税则《进(出)口商品从量税、复合税、滑准税税目税率表》后注明了滑准税税率的计算公式,该公式是一个与应税进(出)口货物完税价格相关的取整函数。

【例6-1】某生产企业为增值税一般纳税人,2019年9月进口原材料一批,支付国外买价120万元,包装材料8万元,到达我国海关以前的运输装卸费为3万元、保险费为13万元,从海关运往企业所在地支付运输费用7万元。要求计算该批进口原材料进口环节应缴纳的关税和增值税(假定该批原材料的进口关税税率为20%,增值税税率为13%)。

解: 关税组成价格＝120＋8＋3＋13＝144(万元)

9月进口原材料应缴纳的关税＝(120＋8＋3＋13)×20%＝28.8(万元)

9月进口原材料应缴纳的增值税＝(120＋8＋3＋13＋28.8)×13％
＝22.464(万元)

第四节　关税的税收优惠

关税减免是对某些纳税人和征税对象给予鼓励和照顾的一种特殊调节手段。关税减免是贯彻国家关税政策的一项重要措施。关税减免分为法定减免税、特定减免税和临时减免税。

一、法定减免税

法定减免税是税法中明确列出的减税或免税。符合税法规定可予减免税的进出口货物，纳税义务人无须提出申请，海关可按规定直接予以减免税。海关对法定减免税货物一般不进行后续管理。《海关法》和《进出口关税条例》明确规定，下列货物、物品予以减免关税：

(1) 关税税额在人民币50元以下的一票货物，可免征关税。

(2) 无商业价值的广告品和货样，可免征关税。

(3) 外国政府、国际组织无偿赠送的物资可免征关税。

(4) 进出境运输工具装载的途中必需的燃料、物料和饮食用品，可予免税。

(5) 经海关核准暂时进境或者暂时出境，并在6个月内复运出境或者复运进境的货样、展览品、施工机械、工程车辆、工程船舶、供安装设备时使用的仪器和工具、电视或者电影摄制器械、盛装货物的容器以及剧团服装道具，在货物收、发货人向海关缴纳相当于税款的保证金或者提供担保后，可予暂时免税。

(6) 为境外厂商加工、装配成品和为制造外销产品而进口的原材料、辅料、零件、部件、配套件和包装物料，海关按照实际加工出口的成品数量免征进口关税；或者对进口料件先征进口关税，再按照实际加工出口的成品数量予以退税。

(7) 因故退还的中国出口货物，经海关审查属实，可予免征进口关税，但已征收的出口关税不予退还。

(8) 因故退还的境外进口货物，经海关审查属实，可予免征出口关税，但已征收的进口关税不予退还。

(9) 进口货物如有以下情形，经海关查明属实，可酌情减免进口关税：

①在境外运输途中或者在起卸时，遭受损坏或者损失的；

②起卸后海关放行前，因不可抗力遭受损坏或者损失的；

③海关查验时已经破漏、损坏或者腐烂，经证明不是保管不慎造成的。

(10) 无代价抵偿货物，即进口货物在征税放行后，发现货物残损、短少或品质不良，而由国外承运人、发货人或保险公司免费补偿或更换的同类货物，可以免税。但有残损或质量问题的原进口货物如未退运国外，其进口的无代价抵偿货物应照章征税。

（11）我国缔结或者参加的国际条约规定减征、免征关税的货物、物品，按照规定予以减免关税。

（12）法律规定减征、免征的其他货物。

二、特定减免税

特定减免税也称政策性减免税。在法定减免税之外，国家按照国际通行规则和我国实际情况，制定发布的有关进出口货物减免关税的政策，称为特定或政策性减免税。下列货物、物品予以实行特定减免税：

（1）科教用品。

（2）残疾人专用品。

（3）扶贫、慈善性捐赠物资。

（4）加工贸易产品、边境贸易进口物资等的减灾关税规定。

三、临时减免税

临时减免税是指以上法定和特定减免税以外的其他减免税，即由国务院根据《海关法》对某个单位、某类商品、某个项目或某批进出口货物的特殊情况给予特别照顾，一案一批，专文下达的减免税。一般有单位、品种、期限、金额或数量等限制，不能比照执行。

我国已加入 WTO，为遵循统一、规范、公平、公开的原则，有利于统一税法、公平税负、平等竞争，国家严格控制减免税，一般不办理个案临时性减免税，对特定减免税也在逐步规范、清理，对不符合国际惯例的税收优惠政策将逐步予以废止。

第五节　关税的征收管理

一、关税的缴纳

▶▶▶ （一）关税的申报

进口货物自运输工具申报进境之日起 14 日内，出口货物在货物运抵海关监管区后装货的 24 小时以前，应由进出口货物的纳税义务人向货物进（出）境地海关申报，海关根据税则归类和完税价格计算应缴纳的关税和进口环节代征税，并填发税款缴款书。

>>> **(二) 关税的缴纳期限**

纳税义务人应当自海关填发税款缴款书之日起 15 日内，向指定银行缴纳税款。如关税缴纳期限的最后 1 日是周末或法定节假日，则关税缴纳期限顺延至周末或法定节假日过后的第 1 个工作日。为方便纳税义务人，经申请且海关同意，进（出）口货物的纳税义务人可以在设有海关的指运地（启运地）办理海关申报、纳税手续。

纳税义务人因不可抗力或者国家税收政策调整不能按期缴纳税款的，依法提供税款担保后，可以直接向海关办理延期缴纳税款手续。延期缴纳税款最长不得超过 6 个月。

二、关税的强制执行

关税纳税义务人应在关税缴纳期限内缴纳税款，未在期限内缴纳税款的，构成关税滞纳。海关有权对滞纳关税的纳税义务人强制执行。具体的强制措施主要有两类：

（1）征收关税滞纳金。滞纳金自关税缴纳期限届满滞纳之日起，至纳税义务人缴纳关税之日止，按滞纳税款万分之五的比例按日征收，周末或法定节假日不予扣除。具体计算公式为：

$$关税滞纳金金额＝滞纳关税税额×滞纳金征收比率×滞纳天数$$

（2）强制征收。如纳税义务人自海关填发缴款书之日起 3 个月仍未缴纳税款，经海关关长批准，海关可以采取强制扣缴、变价抵缴等强制措施。强制扣缴即海关从纳税义务人在开户银行或者其他金融机构的存款中直接扣缴税款。变价抵缴即海关将应税货物依法变卖，以变卖所得抵缴税款。

三、关税退还

海关对于多征的税款，发现后应当立即退还。按规定，有下列情形之一的进出口货物的纳税义务人可以自缴纳税款之日起 1 年内，书面声明理由，连同原纳税收据向海关申请退税并加算银行同期活期存款利息，逾期不予受理：

（1）因海关误征，多纳税款的；

（2）海关核准免验进口的货物，在完税后，发现有短卸情形，经海关审查认可的；

（3）已征出口关税的货物，因故未将其出口，申报退关，经海关查验属实的。

对已征出口关税的出口货物和已征进口关税的进口货物，因货物品种或规格原因（非其他原因）原状复运进境或出境的，经海关查验属实的，也应退还已征关税。海关应当自受理退税申请之日起 30 日内，作出书面答复并通知退税申请人。

四、关税补征和追征

补征和追征是海关在关税纳税义务人按海关核定的税额缴纳关税后，发现实际征收税额少于应当征收的税额（称为短征关税）时，责令纳税义务人补缴所差税款的一种行政行为。

　　《海关法》根据短征关税的原因，将海关征收原短征关税的行为分为补征和追征两种。由于纳税人违反海关规定造成短征关税的，称为追征；非因纳税人违反海关规定造成短征关税的，称为补征。进出境货物和物品放行后，海关发现少征或者漏征税款，应当自缴纳税款或者货物、物品放行之日起1年内，向纳税义务人补征；因纳税义务人违反规定而造成的少征或者漏征的税款，自纳税义务人应缴纳税款之日起3年以内可以追征，并从缴纳税款之日起按日加收少征或者漏征税款万分之五的滞纳金。

◎ **复习题**

一、单项选择题

1. 下列不属于关税纳税义务人的是（　　）。
　　A. 进口货物的收货人　　　　　　　B. 出口货物的发货人
　　C. 邮递出口物品的收件人　　　　　D. 进境物品的携带人

2. 下列各项中，应计入出口货物完税价格的是（　　）。
　　A. 货物在我国境内输出地点装载后的运输费用
　　B. 单独列明的支付给境外的佣金
　　C. 出口关税税额
　　D. 货物运至我国境内输出地点装载前的运输费用、保险费

3. （　　）是指对同一种进口货物，由于输出国或生产国不同，或输入情况不同而使用不同税率征收的关税。
　　A. 反倾销税　　　B. 歧视性关税　　　C. 报复性关税　　　D. 特惠关税

4. 任何国家或者地区对其进口的原产于我国的货物征收歧视性关税或者给予其他歧视性待遇的，我国对原产于该国家或者地区的进口货物征收（　　）。
　　A. 保障性关税　　　B. 报复性关税　　　C. 反倾销税　　　D. 反补贴税

5. 根据我国税法规定，进口货物以经海关审定的成交价格为基础的（　　）为完税价格。
　　A. 公允价格　　　B. 到岸价格　　　C. 离岸价格　　　D. 货价

6. 下列各项中，符合进口关税完税价格规定的是（　　）。
　　A. 留购的进口货样，以海关审定的留购价格为完税价格
　　B. 转让进口的免税旧货物，以原入境的到岸价格为完税价格
　　C. 准予暂时进口的施工机械，按同类货物的到岸价格为完税价格
　　D. 运往境外加工的货物，应以加工后进境时的到岸价格为完税价格

7. 某公司进口一台机器设备，成交价格为404万元人民币，运费和保险费共计1.5万元，成交价格中包含该公司向境外采购代理人支付的购货佣金4万元，进口关税税率为15%，则该公司应纳进口关税（　　）万元。
　　A. 60　　　　B. 60.18　　　　C. 60.225　　　　D. 60.825

8. 进口货物自运输工具申报进境之日起（　　）内向货物进（出）境海关申报。
　　A. 14日　　　B. 15日　　　C. 24小时　　　D. 7日

9. 根据《海关法》规定，进口货物的完税价格，由海关以进出口货物的（　　）为基础审定完税价格。

A. 到岸价格　　　　B. 申报价格　　　　C. 实际成交价格　　　　D. 离岸价格

10. 出口货物适用的关税制度是（　　）。

A. 比例税制度　　B. 定额税制度　　C. 复合关税　　　　D. 从量关税

11. 某纳税义务人于某月 15 日（周二）取得海关税收缴纳证，其税收最后缴款日期为（　　）。

A. 21 日　　　　B. 22 日　　　　C. 29 日　　　　D. 30 日

12. 以下关于关境和国境的描述中，正确的是（　　）。

A. 关税大于国境　　　　　　　　B. 关境小于国境

C. 关境和国境是一致的　　　　　D. 我国的关境大于国境

二、多项选择题

1. 下列关于关税的作用，描述正确的有（　　）。

A. 筹集国家财政收入

B. 保护和促进本国工农业生产的发展

C. 调节国民经济和对外贸易

D. 维护国家主权和经济利益

2. 按照关税的计征方式，可以将关税分为（　　）。

A. 从量关税　　　　　　　　B. 从价关税

C. 复合关税　　　　　　　　D. 选择性关税

E. 滑动关税

3. 进口货物的下列（　　）费用应当计入完税价格。

A. 由买方负担的购货佣金

B. 由买方负担的在审查确定完税价格时与该货物视为一体的容器的费用

C. 由买方负担的包装材料费用和包装劳务费用

D. 作为该货物向中华人民共和国境内销售的条件，买方必须支付的、与该货物有关的特许权使用费

4. 下列属于特别关税的是（　　）。

A. 报复性关税　　　　　　　　B. 反倾销税

C. 反补贴税　　　　　　　　　D. 保障性关税

5. 下列关于关税的概念说法正确的是（　　）。

A. 关税是海关对进出境货物、物品征收的一种税

B. 通常情况下，一个国家的关境与国境是一致的

C. 我国的关境大于国境

D. 一个国家的关境包括国家全部的领土、领海和领空

6. 下列未包含在进口货物价格中的项目，应计入关税完税价格的有（　　）。

A. 买方负担的购货佣金

B. 买方负担的包装材料和包装劳务费

C. 买方支付的进口货物在境内的复制权费

D. 买方负担的与该货物视为一体的容器费用

7. 进口时在货物的价款中列明的（　　），不计入该货物的完税价格。

A. 机械、设备进口后进行建设、安装、装配、维修和技术服务的费用

B. 进口货物运抵境内输入地点起卸后的运输及其相关费用、保险费

C. 由买方负担的购货佣金以外的佣金和经纪费

D. 进口关税及国内税收

8. 进口货物的成交价格不符合进出口关税条例有关规定的，或者成交价格不能确定的，可以使用（　　）方法估定该货物的完税价格。

A. 相同或类似货物成交价格法　　　　B. 倒扣价格法

C. 计算价格法　　　　　　　　　　　D. 比较价格法

9. 纳税义务人应当自海关填发税款缴款书之日起（　　）内向指定银行缴纳税款。纳税义务人未按期缴纳税款的，从滞纳税款之日起，按日加收滞纳税款（　　）的滞纳金。

A. 7 日　　　　B. 万分之三　　　　C. 15 日　　　　D. 万分之五

10. 下列（　　）进出口货物，免征关税。

A. 无商业价值的广告品和货样

B. 外国政府、国际组织无偿赠送的物资

C. 在海关放行前损失的货物

D. 进出境运输工具装载的途中必需的燃料、物料和饮食用品

11. 进出境物品的所有人包括该物品的所有人和推定为所有人的人。一般情况下，推定为所有人的人包括（　　）。

A. 对于携带进境的物品，推定其携带人为所有人

B. 对分离运输的行李，推定相应的进出境旅客为所有人

C. 对以邮递方式进境的物品，推定其寄件人为所有人

D. 对以邮递或其他运输方式出境的物品，推定其寄件人或托运人为所有人

12. 特别关税包括（　　）。

A. 关税减免　　　　B. 保障性关税　　　　C. 报复性关税　　　　D. 关税追征

三、简答题

1. 简述进口关税的计算方法。

2. 一般进口货物的完税价格如何确定？

3. 什么是法定减免税？哪些情况属于关税的法定减免税？

四、计算题

1. 某进出口公司从美国进口一批化工原料共 500 吨，货物以境外口岸离岸价格成交，单价折合人民币 2 万元。已知该货物运抵中国关境内输入地点起卸前的包装费、运费、保险费和其他劳务费为每吨 0.2 万元人民币，关税税率为 10%，则该批化工原料应纳关税为多少？

2. 上海某进出口公司从美国进口货物一批，货物以离岸价格成交，成交价格折合人民币 1 410 万元，其中包括单独计价并已经海关审查属实的向境外采购代理人支付的买方佣金 10 万元，但不包括适用该货物而向境外支付的软件费 50 万元、向卖方支付的佣金 15 万元。另支付货物运抵我国上海港的运费、保险费等 35 万元。假设该货物适用的关税税率为 20%、增值税税率为 13%、消费税税率为 10%。要求：分别计算该公司应纳关

税、消费税和增值税。

3. 某具有进出口经营权的企业发生以下进口业务：

以租赁方式进口一台设备，设备价款为78万元，完税价格为80万元，分8次支付租金，每次支付10万元，承租人申请一次性缴纳税款。

进口材料一批，进料成交价100万元，发生境外运费1万元，保险费0.4万元。

将一台设备运往境外修理，设备价60万元，修理费5万元，材料费6万元，运费1万元，保险费0.4万元。

免税进口一台设备，设备价60万元，海关监管期4年，免税项目使用18个月转售。

进口一批材料，进口完税价格50万元，报关进口后发现其中20%有严重质量问题，将其退货，出口方同意更换，进口方取得无代价抵偿物价值10万元。

要求：计算该企业当年应纳进口关税。

（上述进口关税税率：设备15%，材料20%。）

第七章

企业所得税

【导入案例】

某内资家具生产企业，2017 年度会计利润为 1 500 万元，每个月按照会计利润进行了所得税的缴纳工作，在 2017 年年底税务机关要求填制企业所得税纳税申报表，该企业是否会按照会计利润进行企业所得税的最终申报？会计利润与税法利润是否有差异？

第一节　企业所得税概述

一、概　念

企业所得税是对我国境内的企业和其他取得收入的组织的生产经营所得和其他所得征收的一种税。企业所得税法是指国家制定的用以调整企业所得税征收与缴纳之间权利及义务关系的法律规范。现行企业所得税法的基本规范是 2007 年 3 月 16 日第十届全国人民代表大会第五次全体会议通过的《中华人民共和国企业所得税法》（以下简称《企业所得税法》）和 2007 年 11 月 28 日国务院第 197 次常务会议通过的《中华人民共和国企业所得税法实施条例》（以下简称《企业所得税法实施条例》）。

《企业所得税法》对企业税收实现了"四个统一"：内资企业、外资企业适用统一的企业所得税法；统一并适当降低企业所得税税率；统一和规范税前扣除办法和标准；统一和规范税收优惠政策。

二、特　点

1. 计税依据为应纳税所得额

企业所得税的计税依据是纳税人的收入总额扣除各项成本、费用、税金、损失等支出后的净所得额，它不等于企业实现的会计利润额。

2. 应纳税所得额的计算较为复杂

企业所得税以净所得为计税依据，因此，应纳税所得额的计算需涉及一定时期的成本、费用的归集与分摊。由于政府往往将所得税作为调节国民收入分配、执行经济政策和社会政策的重要工具，为了对纳税人的不同所得项目实行区别对待，需要通过不予计列项目，将某些收入所得排除在应税所得之外，由于以上两方面的原因，应纳税所得额的计算程序较为复杂。

3. 征税以量能负担为原则

企业所得税以纳税人的生产、经营所得和其他所得为计税依据，贯彻了量能负担的原则，即所得多、负担能力大的，多纳税；所得少、负担能力小的，少纳税；无所得、没有负担能力的，不纳税。这种将所得税负担和纳税人所得多少联系起来征税的办法，便于体现税收公平的基本原则。

4. 实行按年计征、分期预缴的征收管理办法

通过利润所得来综合反映企业的经营业绩，通常是按年度计算、衡量的。所以，企业所得税以全年的应纳税所得额作为计税依据，分月或分季预缴，年终汇算清缴，与会计年度及核算期限一致，有利于税收的征收管理和企业核算期限的一致性。

三、立法原则

（1）贯彻公平税负原则，解决目前内资、外资企业税收待遇不同，税负差异较大的问题。

（2）落实科学发展观原则，统筹经济社会和区域协调发展，促进环境保护和社会全面进步，实现国民经济的可持续发展。

（3）发挥调控作用原则，按照国家产业政策要求，推动产业升级和技术进步，优化国民经济结构。

（4）参照国际惯例原则，借鉴世界各国税制改革最新经验，进一步充实和完善企业所得税制度，尽可能体现税法的科学性、完备性和前瞻性。

（5）理顺分配关系原则，兼顾财政承受能力和纳税人负担水平，有效地组织财政

收入。

（6）有利于征收管理原则，规定征管行为，方便纳税人，降低税收征纳成本。

第二节　企业所得税纳税义务人、征税对象和税率

一、企业所得税的纳税义务人

企业所得税的纳税义务人是指在中华人民共和国境内的企业和其他取得收入的组织。《企业所得税法》第一条规定，除个人独资企业、合伙企业不适用《企业所得税法》外，凡在我国境内，企业和其他取得收入的组织（以下统称"企业"）为企业所得税的纳税人，依照该法规定缴纳企业所得税。

企业所得税的纳税人分为居民企业和非居民企业，这是根据企业纳税义务范围的宽窄进行的分类，不同的企业在向中国政府缴纳所得税时，纳税义务不同。把企业分为居民企业和非居民企业是为了更好地保障我国税收管辖权的有效行使。税收管辖权是一国政府在征税方面的主权，是国家主权的重要组成部分。根据国际上的通行做法，我国选择了地域管辖权和居民管辖权的双重管辖权标准，最大限度地维护我国的税收利益。

>>> （一）居民企业

居民企业是指依法在中国境内成立，或者依照外国（地区）法律成立但实际管理机构在中国境内的企业。这里的企业包括国有企业、集体企业、私营企业、联营企业、股份制企业、外商投资企业、外国企业以及有生产、经营所得和其他所得的其他组织。其中，有生产、经营所得和其他所得的其他组织是指经国家有关部门批准，依法注册、登记的事业单位、社会团体等组织。由于我国的一些社会团体组织、事业单位在完成国家事业计划的过程中开展多种经营和有偿服务活动，取得除财政部门各项拨款、财政部和国家物价部门批准的各项规费收入以外的经营收入，具有经营的特点，应当视同企业取得收入的征税范围。其中，实际管理机构是指对企业的生产经营、人员、账务、财产等实施实质性全面管理和控制的机构。

>>> （二）非居民企业

非居民企业是指依照外国（地区）法律成立且实际管理机构不在中国境内，但在中国境内设立机构、场所的，或者在中国境内未设立机构、场所，但有来源于中国境内所得的企业。

上述所称机构、场所是指在中国境内从事生产经营活动的机构、场所，包括：管理机构、营业机构、办事机构；工厂、农场、开采自然资源的场所；提供劳务的场所；从事建筑、安装、装配、修理、勘探等工程作业的场所；其他从事生产经营活动的机构、场所。非居民企业委托营业代理人在中国境内从事生产经营活动的，包括委托单位或者个人经常代其签订合同，或者储存、交付货物等，该营业代理人被视为非居民企业在中国境内设立的机构、场所。

二、企业所得税的征税对象

企业所得税的征税对象是指企业的生产经营所得、其他所得和清算所得。

▶▶▶ （一）居民企业的征税对象

居民企业应当将其来源于中国境内、境外的所得作为征税对象。所得包括销售货物所得、提供劳务所得、转让财产所得、股息红利等权益性投资所得、利息所得、租金所得、特许权使用费所得、接受捐赠所得和其他所得。

▶▶▶ （二）非居民企业的征税对象

非居民企业在中国境内设立机构、场所的，应当就其所设机构、场所取得的来源于中国境内的所得，以及发生在中国境外但与其所设机构、场所有实际联系的所得，缴纳企业所得税。非居民企业在中国境内未设立机构、场所的，或者虽设立机构、场所但取得的所得与其所设机构、场所没有实际联系的，应当就其来源于中国境内的所得缴纳企业所得税。

上述所称实际联系是指非居民企业在中国境内设立的机构、场所拥有的据以取得所得的股权、债权，以及拥有、管理、控制据以取得所得的财产。

▶▶▶ （三）所得来源的确定

销售货物所得，按照交易活动发生地确定。
提供劳务所得，按照劳务发生地确定。
转让财产所得，按以下方式确定：
（1）不动产转让所得，按照不动产所在地确定。
（2）动产转让所得，按照转让动产的企业或者机构、场所所在地确定。
（3）权益性投资资产转让所得，按照被投资企业所在地确定。
股息、红利等权益性投资所得，按照分配所得的企业所在地确定。
利息所得、租金所得、特许权使用费所得，按照负担、支付所得的企业或者机构、场所所在地确定，或者按照负担、支付所得的个人的住所地确定。
其他所得，由国务院财政、税务主管部门确定。

三、税　率

企业所得税税率是体现国家与企业分配关系的核心要素。税率设计的原则是兼顾国家、企业、职工个人三者利益，既要保证财政收入的稳定增长，又要使企业在发展生产、经营方面有一定的财力保证；既要考虑到企业的实际情况和负担能力，又要维护税率的统一性。

企业所得税实行比例税率。比例税率简便易行，透明度高，不会因征税而改变企业间的收入分配比例，有利于促进效率的提高。现行规定基本税率为25%，适用于居民企业和在中国境内设有机构、场所且所得与机构、场所有关联的非居民企业；低税率为20%，适用于在中国境内未设立机构、场所的，或者虽设立机构、场所但取得的所得与其所设机构、场所没有实际联系的非居民企业，但实际征税时适用10%的税率（在本章第五节企业所得税税收优惠中有介绍）。

第三节　企业所得税应纳税所得额的计算

应纳税所得额是企业所得税的计税依据，按照《企业所得税法》的规定，应纳税所得额为企业每一个纳税年度的收入总额，减除不征税收入、免税收入、各项扣除以及允许弥补的以前年度亏损后的余额。基本公式为：

$$\text{应纳税所得额} = \text{收入总额} - \text{不征税收入} - \text{免税收入} - \text{各项扣除} - \text{允许弥补的以前年度亏损}$$

企业应纳税所得额的计算以权责发生制为原则，属于当期的收入和费用，不论款项是否收付，均作为当期的收入和费用；不属于当期的收入和费用，即使款项已经在当期收付，均不作为当期的收入和费用。应纳税所得额的正确计算直接关系到国家财政收入和企业的税收负担，并且同成本、费用核算关系密切。因此，企业所得税法对应纳税所得额计算做了明确规定，主要内容包括收入总额、扣除范围和标准、资产的税务处理、亏损弥补等。

一、收入总额

企业的收入总额包括以货币形式和非货币形式从各种来源取得的收入，具体有：销售货物收入，提供劳务收入，转让财产收入，股息、红利等权益性投资收益，利息收入，租金收入，特许权使用费收入，接受捐赠收入，其他收入。

企业取得收入的货币形式包括现金、存款、应收账款、应收票据、准备持有至到期的债券投资以及债务的豁免等；纳税人以非货币形式取得的收入，包括固定资产、生物资产、无形资产、股权投资、存货、不准备持有至到期的债券投资、劳务以及有关权益等，这些非货币资产应当按照公允价值确定收入额，公允价值是指按照市场价格确定的价值。收入的具体构成为：

>>> (一) 一般收入的确认

销售货物收入，是指企业销售商品、产品、原材料、包装物、低值易耗品以及其他存货取得的收入。

提供劳务收入，是指企业从事建筑安装、修理修配、交通运输、仓储租赁、金融保险、邮电通信、咨询经纪、文化体育、科学研究、技术服务、教育培训、餐饮住宿、中介代理、卫生保健、社区服务、旅游、娱乐、加工以及其他劳务服务活动取得的收入。

转让财产收入，是指企业转让固定资产、生物资产、无形资产、股权、债权等财产取得的收入。

企业转让股权收入，应于转让协议生效且完成股权变更手续时，确认收入的实现。转让股权收入扣除为取得该股权所发生的成本后，为股权转让所得。企业在计算股权转让所得时，不得扣除被投资企业未分配利润等股东留存收益中按该项股权所可能分配的金额。

股息、红利等权益性投资收益，是指企业因权益性投资从被投资方取得的收入。股息、红利等权益性投资收益，除国务院财政、税务主管部门另有规定外，按照被投资方作出利润分配决定的日期确认收入的实现。

被投资企业将股权（票）溢价所形成的资本公积转为股本的，不作为投资方企业的股息、红利收入，投资方企业也不得增加该项长期投资的计税基础。

利息收入，是指企业将资金提供他人使用但不构成权益性投资，或者因他人占用本企业资金取得的收入，包括存款利息、贷款利息、债券利息、欠款利息等收入。利息收入，按照合同约定的债务人应付利息的日期确认收入的实现。

租金收入，是指企业提供固定资产、包装物或者其他有形资产的使用权取得的收入。租金收入，按照合同约定的承租人应付租金的日期确认收入的实现。其中，如果交易合同或协议中规定租赁期限跨年度，且租金提前一次性支付的，根据《企业所得税法实施条例》第九条规定的收入与费用配比原则，出租人可对上述已确认的收入在租赁期内分期均匀计入相关年度收入。

特许权使用费收入，是指企业提供专利权、非专利技术、商标权、著作权以及其他特许权的使用权取得的收入。特许权使用费收入，按照合同约定的特许权使用人应付特许权使用费的日期确认收入的实现。

接受捐赠收入，是指企业接受的来自其他企业、组织或者个人无偿给予的货币性资产、非货币性资产。接受捐赠收入，按照实际收到捐赠资产的日期确认收入的实现。

其他收入，是指企业取得的除以上收入外的其他收入，包括企业资产溢余收入、逾期未退包装物押金收入、确实无法偿付的应付款项、已作坏账损失处理后又收回的应收款项、债务重组收入、补贴收入、违约金收入、汇兑收益等。

▶▶▶ （二）特殊收入的确认

以分期收款方式销售货物的，按照合同约定的收款日期确认收入的实现。

企业受托加工制造大型机械设备、船舶、飞机，以及从事建筑、安装、装配工程业务或者提供其他劳务等，持续时间超过 12 个月的，按照纳税年度内完工进度或者完成的工作量确认收入的实现。

采取产品分成方式取得收入的，按照企业分得产品的日期确认收入的实现，其收入额按照产品的公允价值确定。

企业发生非货币性资产交换，以及将货物、财产、劳务用于捐赠、偿债、赞助、集资、广告、样品、职工福利或者利润分配等用途的，应当视同销售货物、转让财产或者提供劳务，但国务院财政、税务主管部门另有规定的除外。

▶▶▶ （三）处置资产收入的确认

企业发生下列情形的处置资产，除将资产转移至境外以外，由于资产所有权属在形式和实质上均不发生改变，可作为内部处置资产，不视同销售确认收入，相关资产的计税基础延续计算。

（1）将资产用于生产、制造、加工另一产品。

（2）改变资产形状、结构或性能。

（3）改变资产用途（如自建商品房转为自用或经营）。

（4）将资产在总机构及其分支机构之间转移。

（5）上述两种或两种以上情形的混合。

（6）其他不改变资产所有权属的用途。

企业将资产移送他人的下列情形，因资产所有权属已发生改变而不属于内部处置资产，应按规定视同销售确定收入。

（1）用于市场推广或销售。

（2）用于交际应酬。

（3）用于职工奖励或福利。

（4）用于股息分配。

（5）用于对外捐赠。

（6）其他改变资产所有权属的用途。

企业发生将资产移送他人规定情形时，属于企业自制的资产，应按企业同类资产同期对外销售价格确定销售收入；属于外购的资产，可按购入时的价格确定销售收入。

▶▶▶ （四）相关收入实现的确认

除《企业所得税法》及《企业所得税法实施条例》前述收入的规定外，企业销售收入的确认必须遵循权责发生制原则和实质重于形式原则。企业销售商品同时满足下列四项条件的，应确认收入的实现：

（1）商品销售合同已经签订，企业已将商品所有权相关的主要风险和报酬转移给购货方。

（2）企业对已售出的商品既没有保留通常与所有权相联系的继续管理权，也没有实施有效控制。

（3）收入的金额能够可靠计量。

（4）已发生或将发生的销售方的成本能够可靠地核算。

符合上款收入确认条件，采取下列商品销售方式的，应按以下规定确认收入实现时间：

（1）销售商品采用托收承付方式的，在办妥托收手续时确认收入。

（2）销售商品采取预收款方式的，在发出商品时确认收入。

（3）销售商品需要安装和检验的，在购买方接受商品以及安装和检验完毕时确认收入。如果安装程序比较简单，可在发出商品时确认收入。

（4）销售商品采用支付手续费方式委托代销的，在收到代销清单时确认收入。

采用售后回购方式销售商品的，销售的商品按售价确认收入，回购的商品作为购进商品处理。有证据表明不符合销售收入确认条件的，如以销售商品方式进行融资，收到的款项应确认为负债，回购价格大于原售价的，差额应在回购期间确认为利息费用。

销售商品以旧换新的，销售商品应当按照销售商品收入确认条件确认收入，回收的商品作为购进商品处理。

企业为促进商品销售而在商品价格上给予的价格扣除属于商业折扣，商品销售涉及商业折扣的，应当按照扣除商业折扣后的金额确定销售商品收入金额。

债权人为鼓励债务人在规定的期限内付款而向债务人提供的债务扣除属于现金折扣，销售商品涉及现金折扣的，应当按扣除现金折扣前的金额确定销售商品收入金额，现金折扣在实际发生时作为财务费用扣除。

企业因售出商品的质量不合格等原因而在售价上给予的减让属于销售折让；企业因售出商品质量、品种不符合要求等原因而发生的退货属于销售退回。企业已经确认销售收入的售出商品发生销售折让和销售退回，应当在发生当期冲减当期销售商品收入。

企业以买一赠一等方式组合销售本企业商品的，不属于捐赠，应将总的销售金额按各项商品的公允价值的比例来分摊确认各项销售收入。

企业在各个纳税期末，提供劳务交易的结果能够可靠估计的，应采用完工进度（完工百分比）法确认提供劳务收入。提供劳务交易的结果能够可靠估计，是指同时满足下列条件：

（1）收入的金额能够可靠地计量；

（2）交易的完工进度能够可靠地确定；

（3）交易中发生和将发生的成本能够可靠地核算。

下列提供劳务满足以上确认条件的，应按规定确认收入：

（1）安装费。应根据安装完工进度确认收入。安装工作是商品销售附带条件的，安装费在确认商品销售实现时确认收入。

（2）宣传媒介的收费。应在相关的广告或商业行为出现于公众面前时确认收入。广告的制作费，应根据制作广告的完工进度确认收入。

（3）软件费。为特定客户开发软件的收费，应根据开发的完工进度确认收入。

（4）服务费。包含在商品售价内可区分的服务费，在提供服务的期间分期确认收入。

（5）艺术表演、招待宴会和其他特殊活动的收费。在相关活动发生时确认收入。收费涉及几项活动的，预收的款项应合理分配给每项活动，分别确认收入。

（6）会员费。申请入会或加入会员，只允许取得会籍，所有其他服务或商品都要另行收费的，在取得该会员费时确认收入。申请入会或加入会员后，会员在会员期内不再付费就可得到各种服务或商品，或者以低于非会员的价格销售商品或提供服务的，该会员费应在整个受益期内分期确认收入。

（7）特许权费。属于提供设备和其他有形资产的特许权费，在交付资产或转移资产所有权时确认收入；属于提供初始及后续服务的特许权费，在提供服务时确认收入。

（8）劳务费。长期为客户提供重复的劳务收取的劳务费，在相关劳务活动发生时确认收入。

企业取得财产（包括各类资产、股权、债权等）转让收入、债务重组收入、接受捐赠收入、无法偿付的应付款收入等，不论是以货币形式还是非货币形式体现，除另有规定外，均应一次性计入确认收入的年度计算缴纳企业所得税。

二、不征税收入和免税收入

国家为了扶持和鼓励某些特殊的纳税人和特定的项目，或者避免因征税影响企业的正常经营，对企业取得的某些收入予以不征税或免税的特殊政策，以减轻企业的负担，促进经济的协调发展。或是准予抵扣应纳税所得额，或是对专项用途的资金作为非税收入处理，减轻企业的税负，增加企业可用资金。

▶▶▶ （一）不征税收入

（1）财政拨款。财政拨款是指各级人民政府对纳入预算管理的事业单位、社会团体等组织拨付的财政资金，但国务院和国务院财政、税务主管部门另有规定的除外。

（2）依法收取并纳入财政管理的行政事业性收费、政府性基金。行政事业性收费是指依照法律法规等有关规定，按照国务院规定程序批准，在实施社会公共管理，以及在向公民、法人或者其他组织提供特定公共服务过程中，向特定对象收取并纳入财政管理的费用。政府性基金是指企业依照法律、行政法规等有关规定，代政府收取的具有专项用途的财政资金。

（3）国务院规定的其他不征税收入。国务院规定的其他不征税收入是指企业取得的，由国务院财政、税务主管部门规定专项用途并经国务院批准的财政性资金。

企业取得的不征税收入，应按照《财政部、国家税务总局关于专项用途财政性资金企业所得税处理问题的通知》（以下简称《通知》）的规定进行处理。凡未按照《通知》规定进行管理的，应作为企业应税收入计入应纳税所得额，依法缴纳企业所得税。

>>> （二）免税收入

（1）国债利息收入。为鼓励企业积极购买国债，支援国家建设，税法规定，企业因购买国债所得的利息收入，免征企业所得税。

（2）符合条件的居民、企业之间的股息、红利等权益性收益。这是指居民企业直接投资于其他居民企业取得的投资收益，免征企业所得税。

（3）在中国境内设立机构、场所的非居民企业从居民企业取得与该机构、场所有实际联系的股息、红利等权益性投资收益，免征企业所得税。该收益不包括连续持有居民企业公开发行并上市流通的股票不足12个月取得的投资收益。

（4）依法履行非营利组织登记手续，从事公益性或者非营利性活动，取得的收入除用于与该组织有关的、合理的支出外，全部用于登记核定或者章程规定的公益性或者非营利性事业的非营利组织的收入，免征企业所得税。

《企业所得税法》第二十六条第四项所称符合条件的非营利组织的收入不包括非营利组织从事营利性活动取得的收入，但国务院财政、税务主管部门另有规定的除外。

三、扣除原则和范围

>>> （一）税前扣除项目的原则

企业申报的扣除项目和金额要真实、合法。所谓真实是指能证明有关支出确实已经实际发生；合法是指符合国家税法的规定，若其他法规规定与税收法规规定不一致，应以税收法规的规定为标准。除税收法规另有规定外，税前扣除一般应遵循以下原则：

权责发生制原则，即企业费用应在发生的所属期扣除，而不是在实际支付时确认扣除。

配比原则，即企业发生的费用应当与收入配比扣除。除特殊规定外，企业发生的费用不得提前或滞后申报扣除。

相关性原则，即企业可扣除的费用从性质和根源上必须与取得应税收入直接相关。

确定性原则，即企业可扣除的费用不论何时支付，其金额必须是确定的。

合理性原则，即符合生产经营活动常规，应当计入当期损益或者有关资产成本的必要和正常的支出。

>>> （二）扣除项目的范围

《企业所得税法》规定，企业实际发生的与取得收入有关的、合理的支出，包括成本、费用、税金、损失和其他支出，准予在计算应纳税所得额时扣除。在实际中，计算应纳税所得额时还应注意三方面的内容：

（1）企业发生的支出应当区分收益性支出和资本性支出。收益性支出在发生当期直接扣除；资本性支出应当分期扣除或者计入有关资产成本，不得在发生当期直接扣除。

（2）企业的不征税收入用于支出所形成的费用或者财产，不得扣除或者计算对应的折旧、摊销扣除。

（3）除《企业所得税法》及《企业所得税法实施条例》另有规定外，企业实际发生的成本、费用、税金、损失和其他支出，不得重复扣除。

成本是指企业在生产经营活动中发生的销售成本、销货成本、业务支出以及其他耗费，即企业销售商品（产品、材料、下脚料、废料、废旧物资等）、提供劳务、转让固定资产、无形资产（包括技术转让）的成本。

企业必须将经营活动中发生的成本合理划分为直接成本和间接成本。直接成本是可直接计入有关成本计算对象或劳务的经营成本中的直接材料、直接人工等。间接成本是指多个部门为同一成本对象提供服务的共同成本，或者同一种投入可以制造、提供两种或两种以上的产品或劳务的联合成本。直接成本可根据有关会计凭证、记录直接计入有关成本计算对象或劳务的经营成本中。间接成本必须根据与成本计算对象之间的因果关系、成本计算对象的产量等，以合理的方法分配计入有关成本计算对象中。

费用是指企业每一个纳税年度为生产、经营商品和提供劳务等所发生的销售（经营）费用、管理费用和财务费用。已经计入成本的有关费用除外。

销售费用是指应由企业负担的为销售商品而发生的费用，包括广告费、运输费、装卸费、包装费、展览费、保险费、销售佣金（能直接认定的进口佣金调整商品进价成本）、代销手续费、经营性租赁费及销售部门发生的差旅费、工资、福利费等费用。

管理费用是指企业的行政管理部门为管理组织经营活动提供各项支援性服务而发生的费用。

财务费用是指企业筹集经营性资金而发生的费用，包括利息净支出、汇兑净损失、金融机构手续费以及其他非资本化支出。

税金是指企业发生的除企业所得税和允许抵扣的增值税以外的企业缴纳的各项税金及其附加，即企业按规定缴纳的消费税、城市维护建设税、关税、资源税、土地增值税、房产税、车船税、土地使用税、印花税、教育费附加等产品销售税金及附加。这些已纳税金准予税前扣除。准许扣除的税金有两种扣除方式：一是在发生当期扣除；二是在发生当期计入相关资产的成本，在以后各期分摊扣除。

损失是指企业在生产经营活动中发生的固定资产和存货的盘亏、毁损、报废损失，转让财产损失，呆账损失，坏账损失，自然灾害等不可抗力因素造成的损失以及其他损失。企业发生的损失，减除责任人赔偿和保险赔款后的余额，依照国务院财政、税务主管部门的规定扣除。

企业已经作为损失处理的资产，在以后纳税年度又全部收回或者部分收回时，应当计入当期收入。

扣除的其他支出是指除成本、费用、税金、损失外，企业在生产经营活动中发生的与生产经营活动有关的、合理的支出。

>>> （三）扣除项目及其标准

在计算应纳税所得额时，下列项目可按照实际发生额或规定的标准扣除。

1. 工资、薪金支出

企业发生的合理的工资、薪金支出准予据实扣除。工资、薪金支出是企业每一纳税年度支付给本企业任职或与其有雇佣关系的员工的所有现金或非现金形式的劳动报酬，包括基本工资、奖金、津贴、补贴、年终加薪、加班工资，以及与任职或者是受雇有关的其他支出。合理的工资、薪金是指企业按照股东大会、董事会、薪酬委员会或相关管理机构制定的工资、薪金制度规定实际发放给员工的工资薪金。

2. 职工福利费、工会经费、职工教育经费

企业发生的职工福利费、工会经费、职工教育经费按标准扣除，未超过标准的按实际数扣除，超过标准的只能按标准扣除。

企业发生的职工福利费支出，不超过工资、薪金总额14%的部分准予扣除。

企业拨缴的工会经费，不超过工资、薪金总额2%的部分准予扣除。

企业发生的职工教育经费支出，不超过工资、薪金总额8%的部分，准予在计算企业所得税应纳税所得额时扣除；超过部分，准予在以后纳税年度结转扣除。

3. 保险费

企业依照国务院有关主管部门或者省级人民政府规定的范围和标准为职工缴纳的五险一金，即基本养老保险费、基本医疗保险费、失业保险费、工伤保险费、生育保险费等基本社会保险费和住房公积金，准予扣除。

企业为投资者或者职工支付的补充养老保险费、补充医疗保险费，在国务院财政、税务主管部门规定的范围和标准内，准予扣除。企业依照国家有关规定为特殊工种职工支付的人身安全保险费和符合国务院财政、税务主管部门规定可以扣除的商业保险费准予扣除。

企业参加财产保险，按照规定缴纳的保险费，准予扣除。

企业为投资者或者职工支付的商业保险费，不得扣除。

4. 利息费用

企业在生产、经营活动中发生的利息费用，按下列规定扣除：

非金融企业向金融企业借款的利息支出、金融企业的各项存款利息支出和同业拆借利息支出、企业经批准发行债券的利息支出可据实扣除。

非金融企业向非金融业借款的利息支出，不超过按照金融企业同期同类贷款利率计算的数额的部分可据实扣除，超过部分不许扣除。

关联企业利息费用的扣除：

企业从其关联方接受的债权性投资与权益性投资的比例超过规定标准而发生的利息支出，不得在计算应纳税所得额时扣除。

在计算应纳税所得额时，企业实际支付给关联方的利息支出，不超过以下规定比例和税法及其实施条例有关规定计算的部分，准予扣除，超过的部分不得在发生当期和以后年度扣除。

企业实际支付给关联方的利息支出，除符合下面规定外，其接受关联方债权性投资与其权益性投资比例为：金融企业5∶1；其他企业2∶1。

企业如果能够按照税法及其实施条例的有关规定提供相关资料，并证明相关交易活动符合独立交易原则，或者该企业的实际税负不高于境内关联方，其实际支付给境内关联方的利息支出，在计算应纳税所得额时准予扣除。

企业同时从事金融业务和非金融业务，其实际支付给关联方的利息支出，应按照合理方法分开计算；没有按照合理方法分开计算的，一律按前述非金融业务的比例计算准予税前扣除的利息支出。

企业自关联方取得的不符合规定的利息收入应按照有关规定缴纳企业所得税。

企业向自然人借款的利息支出在企业所得税税前扣除。

5. 借款费用

企业在生产经营活动中发生的合理的不需要资本化的借款费用，准予扣除。企业为购置、建造固定资产、无形资产和经过 12 个月以上的建造才能达到预定可销售状态的存货发生借款的，在有关资产购置、建造期间发生的合理的借款费用，应予以资本化，作为资本性支出计入有关资产的成本；有关资产交付使用后发生的借款利息，可在发生当期扣除。

企业通过发行债券、取得贷款、吸收保户储金等方式融资而发生的合理的费用支出，符合资本化条件的，应计入相关资产成本；不符合资本化条件的，应作为财务费用，准予在企业所得税前据实扣除。

6. 汇兑损失

企业在货币交易中，以及纳税年度终了时将人民币以外的货币性资产、负债按照期末即期人民币汇率中间价折算为人民币时产生的汇兑损失，除已经计入有关资产成本以及与向所有者进行利润分配相关的部分外，准予扣除。

7. 业务招待费

企业发生的与生产经营活动有关的业务招待费支出，按照发生额的 60% 扣除，但最高不得超过当年销售（营业）收入的 0.5%。

对从事股权投资业务的企业（包括集团公司总部、创业投资企业等），其从被投资企业所分配的股息、红利以及股权转让收入，可以按规定的比例计算业务招待费扣除限额。

企业在筹建期间发生的与筹办活动有关的业务招待费支出，可按实际发生额的 60% 计入企业筹办费，并按有关规定在税前扣除。

8. 广告费和业务宣传费

企业发生的符合条件的广告费和业务宣传费支出，除国务院财政、税务主管部门另有规定外，不超过当年销售（营业）收入 15% 的部分，准予扣除；超过部分，准予结转以后纳税年度扣除。

企业在筹建期间发生的广告费和业务宣传费，可按实际发生额计入企业筹办费，可按上述规定在税前扣除。

企业申报扣除的广告费支出应与赞助支出严格区分。企业申报扣除的广告费支出必须符合下列条件：广告是通过工商部门批准的专门机构制作的；已实际支付费用，并已取得相应发票；通过一定的媒体传播。

9. 环境保护专项资金

企业依照法律、行政法规有关规定提取的用于环境保护、生态恢复等方面的专项资金，准予扣除。上述专项资金提取后改变用途的，不得扣除。

10. 租赁费

企业根据生产经营活动的需要租入固定资产支付的租赁费，按照以下方法扣除：

以经营租赁方式租入固定资产发生的租赁费支出，按照租赁期限均匀扣除。经营性租赁是指所有权不转移的租赁。

以融资租赁方式租入固定资产发生的租赁费支出，按照规定构成融资租入固定资产价值的部分应当提取折旧费用，分期扣除。融资租赁是指在实质上转移与一项资产所有权有关的全部风险和报酬的一种租赁。

11. 劳动保护费

企业发生的合理的劳动保护支出，准予扣除。自 2011 年 7 月 1 日起，企业根据其工作性质和特点，由企业统一制作并要求员工工作时统一着装所发生的工作服饰费用，可以作为企业合理的支出给予税前扣除。

12. 公益性捐赠支出

公益性捐赠是指企业通过公益性社会团体或者县级（含县级）以上人民政府及其部门，用于《中华人民共和国公益事业捐赠法》规定的公益事业的捐赠。

企业发生的公益性捐赠支出，不超过年度利润总额 12% 的部分，准予扣除。超过年度利润总额 12% 的部分，准予结转以后三年内在计算应纳税所得额时扣除。年度利润总额是指企业依照国家统一会计制度的规定计算的年度会计利润。

用于公益事业的捐赠支出是指《中华人民共和国公益事业捐赠法》规定的向公益事业的捐赠支出，具体范围包括：救助灾害、救济贫困、扶助残疾人等困难的社会群体和个人的活动；教育、科学、文化、卫生、体育事业；环境保护、社会公共设施建设；促进社会发展和进步的其他社会公共和福利事业。企事业单位、社会团体以及其他组织捐赠住房作为廉租住房的视同公益性捐赠按上述规定执行。

13. 有关资产的费用

企业转让各类固定资产发生的费用，允许扣除。企业按规定计算的固定资产折旧费、无形资产和递延资产的摊销费，准予扣除。企业在 2018 年 1 月 1 日至 2020 年 12 月 31 日期间新购进除房屋、建筑物以外的设备、器具，单位价值不超过 500 万元的，允许一次性计入当期成本费用，在计算应纳税所得额时扣除，不再分年度计算折旧；单位价值超过 500 万元的，仍按《企业所得税法实施条例》、《财政部、国家税务总局关于完善固定资产加速折旧企业所得税政策的通知》（财税〔2014〕75 号）、《财政部、国家税务总局关于进一步完善固定资产加速折旧企业所得税政策的通知》（财税〔2015〕106 号）等相关规定执行。

14. 总机构分摊的费用

非居民企业在中国境内设立的机构、场所，就其中国境外总机构发生的与该机构、场所生产经营有关的费用，能够提供总机构出具的费用汇集范围、定额、分配依据和方法等证明文件，并合理分摊的，准予扣除。

15. 资产损失

企业当期发生的固定资产和流动资产盘亏、毁损净损失，由其提供清查盘存资料经主管税务机关审核后，准予扣除。依照有关法律、行政法规和国家有关税法规定准予扣除的其他项目有会员费、合理的会议费、差旅费、违约金、诉讼费用等。

依据财税〔2009〕57 号文规定，企业资产损失税前扣除政策如下：

（1）企业清查出的现金短缺减除责任人赔偿后的余额，作为现金损失在计算应纳税所得额时扣除。

（2）企业将货币性资金存入法定具有吸收存款职能的机构，因该机构依法破产、清算，或者政府责令停业、关闭等原因，确实不能收回的部分，作为存款损失在计算应纳税所得额时扣除。

（3）企业除贷款类债权外的应收、预付账款符合下列条件之一的，减除可收回金额后确认的无法收回的应收、预付款项，可以作为坏账损失在计算应纳税所得额时扣除：

①债务人依法宣告破产、关闭、解散、被撤销，或者被依法注销、吊销营业执照，其清算财产不足清偿的。

②债务人死亡，或者依法被宣告失踪、死亡，其财产或者遗产不足清偿的。

③债务人逾期 3 年以上未清偿，且有确凿证据证明已无力清偿债务的。

④与债务人达成债务重组协议或法院批准破产重整计划后，无法追偿的。

⑤因自然灾害、战争等不可抗力导致无法收回的。

⑥国务院财政、税务主管部门规定的其他条件。

（4）企业经采取所有可能的措施和实施必要的程序之后，符合下列条件之一的贷款类债权，可以作为贷款损失在计算应纳税所得额时扣除：

①借款人和担保人依法宣告破产、关闭、解散、被撤销，并终止法人资格，或者已完全停止经营活动，被依法注销、吊销营业执照，对借款人和担保人进行追偿后，未能收回的债权。

②借款人死亡，或者依法被宣告失踪、死亡，依法对其财产或者遗产进行清偿，并对担保人进行追偿后，未能收回的债权。

③借款人遭受重大自然灾害或者意外事故，损失巨大且不能获得保险补偿，或者以保险赔偿后，确实无力偿还部分或者全部债务，对借款人财产进行清偿和对担保人进行追偿后，未能收回的债权。

④借款人触犯刑律，依法受到制裁，其财产不足归还所借债务，又无其他债务承担者，经追偿后确实无法收回的债权。

⑤由于借款人和担保人不能偿还到期债务，企业诉诸法律，经法院对借款人和担保人强制执行，借款人和担保人均无财产可执行，法院裁定执行程序终结或终止（中止）后，仍无法收回的债权。

⑥由于借款人和担保人不能偿还到期债务，企业诉诸法律后，经法院调解或经债权人会议通过，与借款人和担保人达成和解协议或重整协议，在借款人和担保人履行完还款义务后，无法追偿的剩余债权。

⑦由于上述原因借款人不能偿还到期债务，企业依法取得抵债资产，抵债金额小于贷款本息的差额，经追偿后仍无法收回的债权。

⑧开立信用证、办理承兑汇票、开具保函等发生垫款时，凡开证申请人和保证人由于上述原因，无法偿还垫款，金融企业经追偿后仍无法收回的垫款。

⑨银行卡持卡人和担保人由于上述原因，未能还清透支款项，金融企业经追偿后仍无法收回的透支款项。

⑩助学贷款逾期后，在金融企业确定的有效追索期限内，依法处置助学贷款抵押物（质押物），并向担保人追索连带责任后，仍无法收回的贷款。

⑪经国务院专案批准核销的贷款类债权。

⑫国务院财政、税务主管部门规定的其他条件。

（5）企业的股权投资符合下列条件之一的，减除可收回金额后确认的无法收回的股权投资，可以作为股权投资损失在计算应纳税所得额时扣除：

①被投资方依法宣告破产、关闭、解散、被撤销，或者被依法注销、吊销营业执照的。

②被投资方财务状况严重恶化，累计发生巨额亏损，已连续停止经营3年以上，且无重新恢复经营改组计划的。

③对被投资方不具有控制权，投资期限届满或者投资期限已超过10年，且被投资单位因连续3年经营亏损导致资不抵债的。

④被投资方财务状况严重恶化，累计发生巨额亏损，已完成清算或清算期超过3年以上的。

⑤国务院财政、税务主管部门规定的其他条件。

（6）对企业盘亏的固定资产或存货，以该固定资产的账面净值或存货的成本减除责任人赔偿后的余额，作为固定资产或存货盘亏损失在计算应纳税所得额时扣除。

（7）对企业毁损、报废的固定资产或存货，以该固定资产的账面净值或存货的成本减除残值、保险赔款和责任人赔偿后的余额，作为固定资产或存货毁损、报废损失在计算应纳税所得额时扣除。

（8）对企业被盗的固定资产或存货，以该固定资产的账面净值或存货的成本减除保险赔款和责任人赔偿后的余额，作为固定资产或存货被盗损失在计算应纳税所得额时扣除。

（9）企业因存货盘亏、毁损、报废、被盗等原因不得从增值税销项税额中抵扣的进项税额，可以与存货损失一起在计算应纳税所得额时扣除。

（10）企业在计算应纳税所得额时已经扣除的资产损失，在以后纳税年度全部或者部分收回时，其收回部分应当作为收入计入收回当期的应纳税所得额。

（11）企业境内、境外营业机构发生的资产损失应分开核算，对境外营业机构由于发生资产损失而产生的亏损，不得在计算境内应纳税所得额时扣除。

（12）企业对其扣除的各项资产损失，应当提供能够证明资产损失确属已实际发生的合法证据，包括具有法律效力的外部证据、具有法定资质的中介机构的经济鉴证证明、具有法定资质的专业机构的技术鉴定证明等。

16. 手续费及佣金支出

企业发生的与生产经营有关的手续费及佣金支出，不超过以下规定计算限额以内的部分，准予扣除；超过部分，不得扣除。

（1）保险企业：财产保险企业按当年全部保费收入扣除退保金等后余额的15％（含15％，下同）计算限额；人身保险企业按当年全部保费收入扣除退保金等后余额的10％计算限额。

（2）其他企业：按与具有合法经营资格中介服务机构或个人（不含交易双方及其雇员、代理人和代表人等）所签订服务协议或合同确认的收入金额的5％计算限额。

（3）企业应与具有合法经营资格的中介服务企业或个人签订代办协议或合同，并按国家有关规定支付手续费及佣金。除委托个人代理外，企业以现金等非转账方式支付的手续费及佣金不得在税前扣除。企业为发行权益性证券支付给有关证券承销机构的手续费及佣金不得在税前扣除。

企业不得将手续费及佣金支出计入回扣、业务提成、返利、进场费等费用。

企业已计入固定资产、无形资产等相关资产的手续费及佣金，应当通过折旧、摊销等方式分期扣除，不得在发生当期直接扣除。

四、不得扣除的项目

在计算应纳税所得额时，下列支出不得扣除：

（1）向投资者支付的股息、红利等权益性投资收益款项。

（2）企业所得税税款。

（3）税收滞纳金，即纳税人违反税收法规，被税务机关处以的滞纳金。

（4）罚金、罚款和被没收财物的损失，即纳税人违反国家有关法律、法规规定，被有关部门处以的罚款，以及被司法机关处以的罚金和被没收财物。

（5）超过规定标准的捐赠支出。

（6）赞助支出，即企业发生的与生产经营活动无关的各种非广告性质支出。

（7）未经核定的准备金支出，即不符合国务院财政、税务主管部门规定的各项资产减值准备、风险准备等准备金支出。

（8）企业之间支付的管理费、企业内营业机构之间支付的租金和特许权使用费，以及非银行企业内营业机构之间支付的利息，不得扣除。

（9）与取得收入无关的其他支出。

五、亏损弥补

亏损是指企业依照《企业所得税法》及《企业所得税法实施条例》的规定，将每一纳税年度的收入总额减除不征税收入、免税收入和各项扣除后小于零的数额。税法规定，企业某一纳税年度发生的亏损可以用下一年度的所得弥补，下一年度的所得不足以弥补的，可以逐年延续弥补，但最长不得超过5年。而且，企业在汇总计算缴纳企业所得税时，其境外营业机构的亏损不得抵减境内营业机构的盈利。

企业筹办期间不计算为亏损年度，企业自开始生产经营的年度，为开始计算企业损益的年度。企业从事生产经营之前进行筹办活动期间发生筹办费用支出，不得计算为当期的亏损，企业可以在开始经营之日的当年一次性扣除，也可以按照新税法有关长期待摊费用的处理规定处理，但一经选定，不得改变。税务机关对企业以前年度纳税情况进行检查时调增的应纳税所得额，凡企业以前年度发生亏损且该亏损属于企业所得税法规定允许弥补的，应允许调增的应纳税所得额弥补该亏损。弥补该亏损后仍有余额的，按照企业所得税法规定计算缴纳企业所得税。对检查调增的应纳税所得额应根据其情节，依照《税收征收管理法》有关规定进行处理或处罚。

对企业发现以前年度实际发生的、按照税收规定应在企业所得税前扣除而未扣除或者少扣除的支出，企业作出专项申报及说明后，准予追补至该项目发生年度计算扣除，但追补确认期限不得超过5年。

企业由于上述原因多缴的企业所得税税款，可以在追补确认年度企业所得税应纳税款中抵扣，不足抵扣的，可以向以后年度递延抵扣或申请退税。

亏损企业追补确认以前年度未在企业所得税前扣除的支出，或盈利企业经过追补确认后，出现亏损的，应首先调整该项支出所属年度的亏损额，再按照弥补亏损的原则计算以后年度多缴的企业所得税款，并按前款规定处理。

六、资产的税务处理

资产是由于资本投资而形成的财产，对于资本性支出以及无形资产受让、开办、开发费用，不允许作为成本、费用从纳税人的收入总额中做一次性扣除，只能采取分次计提折旧或分次摊销的方式予以扣除。纳税人经营活动中使用的固定资产的折旧费用、无形资产和长期待摊费用的摊销费用可以扣除。税法规定，纳入税务处理范围的资产形式主要有固定资产、生物资产、无形资产、长期待摊费用、投资资产、存货等，均以历史成本为计税基础。历史成本是指企业取得该项资产时实际发生的支出。企业持有各项资产期间资产增值或者减值，除国务院财政、税务主管部门规定可以确认损益外，不得调整该资产的计税基础。

1. 固定资产的税务处理

固定资产是指企业为生产产品、提供劳务、出租或者经营管理而持有的、使用时间超过12个月的非货币性资产，包括房屋、建筑物、机器、机械、运输工具以及其他与生产经营活动有关的设备、器具、工具等。

（1）固定资产计税基础。

外购的固定资产，以购买价款和支付的相关税费以及直接归属于使该资产达到预定用途发生的其他支出为计税基础。

自行建造的固定资产，以竣工结算前发生的支出为计税基础。

融资租入的固定资产，以租赁合同约定的付款总额和承租人在签订租赁合同过程中发生的相关费用为计税基础，租赁合同未约定付款总额的，以该资产的公允价值和承租人在签订租赁合同过程中发生的相关费用为计税基础。

盘盈的固定资产，以同类固定资产的重置完全价值为计税基础。

通过捐赠、投资、非货币性资产交换、债务重组等方式取得的固定资产，以该资产的公允价值和支付的相关税费为计税基础。

改建的固定资产，除已足额提取折旧的固定资产和租入的固定资产以外的其他固定资产，以改建过程中发生的改建支出增加计税基础。

（2）固定资产折旧的范围。

在计算应纳税所得额时，企业按照规定计算的固定资产折旧，准予扣除。下列固定资产不得计算折旧扣除：房屋、建筑物以外未投入使用的固定资产、以经营租赁方式租入的固定资产、以融资租赁方式租出的固定资产、已足额提取折旧仍继续使用的固定资产、与经营活动无关的固定资产、单独估价作为固定资产入账的土地以及其他不得计算折旧扣除的固定资产。

（3）固定资产折旧的计提方法。

企业应当自固定资产投入使用月份的次月起计算折旧；停止使用的固定资产应当自停止使用月份的次月起停止计算折旧。

企业应当根据固定资产的性质和使用情况，合理确定固定资产的预计净残值。固定资产的预计净残值一经确定，不得变更，固定资产按照直线法计算的折旧，准予扣除。

（4）固定资产折旧的计提年限。

除国务院财政、税务主管部门另有规定外，固定资产计算折旧的最低年限如下：

①房屋、建筑物，为20年。

②飞机、火车、轮船、机器、机械和其他生产设备，为10年。

③与生产经营活动有关的器具、工具、家具等，为5年。

④飞机、火车、轮船以外的运输工具，为4年。

⑤电子设备，为3年。

从事开采石油、天然气等矿产资源的企业，在开始商业性生产前发生的费用和有关固定资产的折耗、折旧方法，由国务院财政、税务主管部门另行规定。

（5）固定资产折旧的企业所得税处理。

企业固定资产会计折旧年限如果短于税法规定的最低折旧年限，其按会计折旧年限计提的折旧高于按税法规定的最低折旧年限计提的折旧部分，应调增当期应纳税所得额；企业固定资产会计折旧年限已期满且会计折旧已提足，但税法规定的最低折旧年限尚未到期且税收折旧尚未足额扣除，其未足额扣除的部分准予在剩余的税收折旧年限继续按规定扣除。

企业固定资产会计折旧年限如果长于税法规定的最低折旧年限，其折旧应按会计折旧年限计算扣除，税法另有规定除外。

企业按会计规定提取的固定资产减值准备，不得税前扣除，其折旧仍按税法确定的固定资产计税基础计算扣除。

企业按税法规定实行加速折旧的，其按加速折旧办法计算的折旧额可全额在税前扣除。

2. 存货的税务处理

存货是指企业持有以备出售的产成品或者商品、处在生产过程中的在产品、将在生产过程或者提供劳务过程中耗用的材料和物料等。

（1）存货的计税基础。

存货按照以下方法确定成本：

①通过支付现金方式取得的存货，以购买价款和支付的相关税费为成本。

②通过支付现金以外的方式取得的存货，以该存货的公允价值和支付的相关税费为成本。

③生产性生物资产收获的农产品，以产出或者采收过程中发生的材料费、人工费和分摊的间接费用等必要支出为成本。

（2）存货的成本计算方法。

企业使用或者销售的存货的成本计算方法，可以在先进先出法、加权平均法、个别计价法中选用一种。计价方法一经选用，不得随意变更。

企业转让以上资产，在计算企业应纳税所得额时，资产的净值允许扣除。其中，资产的净值是指有关资产、财产的计税基础减除已经按照规定扣除的折旧、折耗、摊销、准备金等后的余额。除国务院财政、税务主管部门另有规定外，企业在重组过程中，应当在交易发生时确认有关资产的转让所得或者损失，相关资产应当按照交易价格重新确定计税基础。

3. 生物资产的税务处理

生物资产是指有生命的动物和植物。生物资产分为消耗性生物资产、生产性生物资产和公益性生物资产。消耗性生物资产是指为出售而持有的或在将来收获为农产品的生物资产，包括生长中的农田作物、蔬菜、用材林以及存栏待售的牲畜等。生产性生物资产是指为产出农产品、提供劳务或出租等目的而持有的生物资产，包括经济林、薪炭林、产畜和役畜等。公益性生物资产是指以防护、环境保护为主要目的的生物资产，包括防风固沙林、水土保持林和水源涵养林等。

（1）生物资产的计税基础。

生产性生物资产按照以下方法确定计税基础：

外购的生产性生物资产以购买价款和支付的相关税费为计税基础。

通过捐赠、投资、非货币性资产交换、债务重组等方式取得的生产性生物资产，以该资产的公允价值和支付的相关税费为计税基础。

（2）生物资产的折旧方法和折旧年限。

生产性生物资产按照直线法计算的折旧，准予扣除。企业应当自生产性生物资产投入使用月份的次月起计算折旧；停止使用的生产性生物资产应当自停止使用月份的次月起停止计算折旧。企业应当根据生产性生物资产的性质和使用情况，合理确定生产性生物资产的预计净残值。生产性生物资产的预计净残值一经确定，不得变更。

生产性生物资产计算折旧的最低年限如下：

林木类生产性生物资产为 10 年。

畜类生产性生物资产为 3 年。

4. 无形资产的税务处理

无形资产是指企业长期使用但没有实物形态的资产，包括专利权、商标权、著作权、土地使用权、非专利技术等。

（1）无形资产的计税基础。

无形资产按照以下方法确定计税基础：

外购的无形资产以购买价款和支付的相关税费以及直接归属于使该资产达到预定用途发生的其他支出为计税基础。

自行开发的无形资产以开发过程中该资产符合资本化条件后至达到预定用途前发生的支出为计税基础。

通过捐赠、投资、非货币性资产交换、债务重组等方式取得的无形资产，以该资产的公允价值和支付的相关税费为计税基础。

（2）无形资产摊销的范围。

在计算应纳税所得额时，企业按照规定计算的无形资产摊销费用，准予扣除；自行开发的支出已在计算应纳税所得额时扣除的无形资产、与生产经营无关的无形资产不得计算摊销费用进行扣除。

（3）无形资产的摊销方法及年限。

无形资产的摊销采取直线法计算。无形资产的摊销年限不得低于 10 年。作为投资或者受让的无形资产，有关法律规定或者合同约定了使用年限的，可以按照规定或者约定的使用年限分期摊销。外购商誉的支出在企业整体转让或者清算时，准予扣除。

第四节 企业所得税应纳税额的计算

一、居民企业应纳税额的计算

居民企业应缴纳所得税税额等于应纳税所得额乘以适用税率，再减去减免税额和抵免税额，基本计算公式为：

应纳税额＝应纳税所得额×适用税率－减免税额－抵免税额

根据计算公式可以看出，应纳税额的多少取决于应纳税所得额、适用税率、减免税额和抵免税额等因素。在实际过程中，应纳税所得额的计算一般有两种方法。

▶▶▶（一）直接计算法

在直接计算法下，企业每一纳税年度的收入总额减除不征税收入、免税收入、各项扣除金额以及允许弥补的以前年度亏损后的余额为应纳税所得额。计算公式与前述相同，即：

应纳税所得额＝收入总额－不征税收入－免税收入－各项扣除金额－允许弥补的以前年度亏损

▶▶▶（二）间接计算法

在间接计算法下，在会计利润总额的基础上加或减按照税法规定调整的项目金额，即为应纳税所得额，计算公式为：

应纳税所得额＝会计利润总额±纳税调整项目金额

纳税调整项目金额包括两方面的内容：一是企业的财务会计处理和税收规定不一致的应予以调整的金额；二是企业按税法规定准予扣除的税收金额。

【例7-1】某企业为居民企业，2016 年发生经营业务如下：

取得产品销售收入 4 000 万元。

发生产品销售成本 2 600 万元。

发生销售费用 770 万元（其中广告费 650 万元）；管理费用 480 万元（其中业务招待

费 25 万元）；财务费用 60 万元。

销售税金 160 万元（含增值税 120 万元）。

营业外收入 80 万元，营业外支出 50 万元（含通过公益性社会团体向贫困山区捐款 30 万元，支付税收滞纳金 6 万元）。

计入成本、费用中的实发工资总额 200 万元，拨缴职工工会经费 5 万元，发生职工福利费 31 万元，发生职工教育经费 7 万元。

要求：计算该企业 2016 年度实际应纳企业所得税。

解：

会计利润总额＝4 000＋80－2 600－770－480－60－(160－120)－50＝80(万元)

广告费和业务宣传费调增所得额＝650－4 000×15%＝650－600＝50(万元)

业务招待费调增所得额＝25－25×60%＝25－15＝10(万元)

4 000×0.5%＝20(万元)>25×60%＝15(万元)

捐赠支出应调增所得额＝30－80×12%＝20.4(万元)

工会经费应调增所得额＝5－200×2%＝1(万元)

职工福利费应调增所得额＝31－200×14%＝3(万元)

职工教育经费允许扣除 200×8%＝16（万元），大于 7 万元，不需要调整。

应纳税所得额＝80＋50＋10＋20.4＋6＋1＋3＝170.4(万元)

2016 年应纳企业所得税＝170.4×25%＝42.6(万元)

【例 7-2】 某工业企业为居民企业，2016 年度发生经营业务如下：全年取得产品销售收入 5 600 万元，发生产品销售成本 4 000 万元；其他业务收入 800 万元，其他业务成本 694 万元；取得购买国债的利息收入 40 万元；缴纳非增值税销售税金及附加 300 万元；发生管理费用 760 万元，其中新技术的研究开发费用为 60 万元，业务招待费为 70 万元；发生财务费用 200 万元；取得直接投资其他居民企业的权益性收益 34 万元（已在投资方所在地按 15% 的税率缴纳了所得税）；取得营业外收入 100 万元，发生营业外支出 250 万元（其中含公益捐赠 38 万元）。要求：计算该企业 2016 年应纳企业所得税。

解：

利润总额＝5 600＋800＋40＋34＋100－4 000－694－300－760－200－250
　　　　＝370(万元)

国债利息收入免征企业所得税，应调减所得额 40 万元。

技术开发费调减所得额＝60×50%＝30(万元)

按实际发生业务招待费的 60% 计算＝70×60%＝42(万元)

按销售(营业)收入的 5‰ 计算＝(5 600＋800)×5‰＝32(万元)

按照规定税前扣除限额应为 32 万元，实际应调增应纳税所得额＝70－32＝38（万元）。

取得直接投资其他居民企业的权益性收益属于免税收入，应调减应纳税所得额 34 万元。

捐赠扣除标准＝370×12%＝44.4(万元)

实际捐赠额 38 万元小于扣除标准 44.4 万元，可按实捐数扣除，不做纳税调整。

应纳税所得额＝370－40－30＋38－34＝304(万元)

2016 年应纳企业所得税＝304×25%＝76(万元)

二、境外所得抵扣税额的计算

企业取得的下列所得已在境外缴纳的所得税税额，可以从其当期应纳税额中抵免，抵免限额为该项所得依照《企业所得税法》规定计算的应纳税额；超过抵免限额的部分，可以在以后5个年度内，用每年度抵免限额抵免当年应抵税额后的余额进行抵补：

（1）居民企业来源于中国境外的应税所得。

（2）非居民企业在中国境内设立机构、场所，取得发生在中国境外但与该机构、场所有实际联系的应税所得。

（3）居民企业从其直接或者间接控制的外国企业分得的来源于中国境外的股息、红利等权益性投资收益，外国企业在境外实际缴纳的所得税税额中属于该项所得负担的部分，可以作为该居民企业的可抵免境外所得税税额，在《企业所得税法》规定的抵免限额内抵免。

上述所称直接控制，是指居民企业直接持有外国企业20%以上股份。上述所称间接控制，是指居民企业以间接持股方式持有外国企业20%以上股份，具体认定办法由国务院财政、税务主管部门另行制定。

已在境外缴纳的所得税税额是指企业来源于中国境外的所得依照中国境外税收法律以及相关规定应当缴纳并已经实际缴纳的企业所得税性质的税款。企业依照《企业所得税法》的规定抵免企业所得税税额时，应当提供中国境外税务机关出具的税款所属年度的有关纳税凭证。

抵免限额是指企业来源于中国境外的所得，依照《企业所得税法》及《企业所得税法实施条例》的规定计算的应纳税额。除国务院财政、税务主管部门另有规定外，该抵免限额应当分国（地区）不分项计算，计算公式为：

$$抵免限额 = 依照《企业所得税法》及《企业所得税法实施条例》规定计算的应纳税总额 \times \frac{来源于某国（地区）的应纳税所得额}{中国境内、境外应纳税所得总额}$$

前述5个年度是指从企业取得的来源于中国境外的所得，已经在中国境外缴纳的企业所得税性质的税额超过抵免限额的当年的次年起连续5个纳税年度。

三、居民企业核定征收应纳税额的计算

为了加强企业所得税征收管理，规范核定征收企业所得税工作，保障国家税款及时足额入库，维护纳税人合法权益，根据《企业所得税法》及《企业所得税法实施条例》、《税收征收管理法》及《中华人民共和国税收征收管理法实施细则》（以下简称《税收征收管理法实施细则》）的有关规定，核定征收企业所得税的有关规定如下：

（一）核定征收企业所得税的范围

核定征收办法适用于居民企业纳税人，纳税人具有下列情形之一的，核定征收企业

所得税：

(1) 依照法律、行政法规的规定可以不设置账簿的。

(2) 依照法律、行政法规的规定应当设置但未设置账簿的。

(3) 擅自销毁账簿或者拒不提供纳税资料的。

(4) 虽设置账簿，但账目混乱或者成本资料、收入凭证、费用凭证残缺不全，难以查账的。

(5) 发生纳税义务，未按照规定的期限办理纳税申报，经税务机关责令限期申报，逾期仍不申报的。

(6) 申报的计税依据明显偏低，又无正当理由的。

(7) 特殊行业、特殊类型的纳税人和一定规模以上的纳税人不适用核定征收办法。上述特定纳税人由国家税务总局另行明确。

根据国家税务总局公告 2012 年第 27 号规定，自 2012 年 1 月 1 日起，专门从事股权（股票）投资业务的企业不得核定征收企业所得税。

对依法按核定应税所得率方式核定征收企业所得税的企业，取得的转让股权（股票）收入等转让财产收入，应全额并入应税收入额，按照主营项目（业务）确定适用的应税所得率计算征税；若主营项目（业务）发生变化，应在当年汇算清缴时，按照变化后的主营项目（业务）重新确定适用的应税所得率计算征税。

▶▶▶ （二）核定征收的办法

税务机关应根据纳税人具体情况，对核定征收企业所得税的纳税人，核定应税所得率或者核定应纳所得税额。

具有下列情形之一的，核定其应税所得率：

(1) 能正确核算（查实）收入总额，但不能正确核算（查实）成本费用总额的。

(2) 能正确核算（查实）成本费用总额，但不能正确核算（查实）收入总额的。

(3) 通过合理方法，能计算和推定纳税人收入总额或成本费用总额的。

纳税人不属于以上情形的，核定其应纳所得税额。

税务机关采用下列方法核定征收企业所得税：

(1) 参照当地同类行业或者类似行业中经营规模和收入水平相近的纳税人的税负水平核定。

(2) 按照应税收入额或成本费用支出额定率核定。

(3) 按照耗用的原材料、燃料、动力等推算或测算核定。

(4) 按照其他合理方法核定。

采用前款所列一种方法不足以正确核定应纳税所得额或应纳税额的，可以同时采用两种以上的方法核定。采用两种以上方法测算的应纳税额不一致时，可按测算的应纳税额从高核定。

采用应税所得率方式核定征收企业所得税的，应纳所得税额计算公式如下：

应纳所得税额＝应纳税所得额×适用税率

应纳税所得额＝应税收入额×应税所得率

或

$$应纳税所得额＝成本(费用)支出额÷(1-应税所得率)×应税所得率$$

实行应税所得率方式核定征收企业所得税的纳税人，经营多业的，无论其经营项目是否单独核算，均由税务机关根据其主营项目确定适用的应税所得率。

主营项目应为纳税人所有经营项目中，收入总额或者成本（费用）支出额或者耗用原材料、燃料、动力数量所占比重最大的项目。

应税所得率按表7-1规定的幅度标准确定。

表7-1 应税所得率的幅度标准

行业	应税所得率（％）
农、林、牧、渔业	3～10
制造业	5～15
批发和零售贸易业	4～15
交通运输业	7～15
建筑业	8～20
饮食业	8～25
娱乐业	15～30
其他行业	10～30

纳税人的生产经营范围、主营业务发生重大变化，或者应纳税所得额或应纳税额增减变化达到20％的，应及时向税务机关申报调整已确定的应纳税额或应税所得率。

▶▶▶ （三）核定征收企业所得税的管理

主管税务机关应及时向纳税人送达《企业所得税核定征收鉴定表》，及时完成对其核定征收企业所得税的鉴定工作。

纳税人应在收到《企业所得税核定征收鉴定表》后10个工作日内，填好该表并报送主管税务机关。《企业所得税核定征收鉴定表》一式三联，主管税务机关和县税务机关各执一联，另一联送达纳税人执行。主管税务机关还可根据实际工作需要，适当增加联次备用。

纳税人收到《企业所得税核定征收鉴定表》后，未在规定期限内填列、报送的，税务机关视同纳税人已经报送，按上述程序进行复核认定。

纳税人实行核定应税所得率方式的，按下列规定申报纳税：主管税务机关根据纳税人应纳税额的大小确定纳税人按月或者按季预缴，年终汇算清缴。预缴方法一经确定，一个纳税年度内不得改变。

纳税人应依照确定的应税所得率计算纳税期间实际应缴纳的税额，进行预缴。按实际数额预缴有困难的，经主管税务机关同意，可按上一年度应纳税额的1/12或1/4预缴，或者按经主管税务机关认可的其他方法预缴。

纳税人预缴税款或年终进行汇算清缴时，应按规定填写《中华人民共和国企业所得税月（季）度预缴纳税申报表（B类）》，在规定的纳税申报时限内报送主管税务机关。

纳税人实行核定应纳所得税额方式的，按下列规定申报纳税：

纳税人在应纳所得税额尚未确定之前，可暂按上年度应纳所得税额的 1/12 或 1/4 预缴，或者按经主管税务机关认可的其他方法，按月或按季分期预缴。

在应纳所得税额确定以后，减除当年已预缴的所得税额，余额按剩余月份或季度均分，以此确定以后各月或各季的应纳税额，由纳税人按月或按季填写《中华人民共和国企业所得税月（季）度预缴纳税申报表（B类）》，在规定的纳税申报期限内进行纳税申报。

纳税人年度终了后，在规定的时限内按照实际经营额或实际应纳税额向税务机关申报纳税。申报额超过核定经营额或应纳税额的，按申报额缴纳税款；申报额低于核定经营额或应纳税额的，按核定经营额或应纳税额缴纳税款。

对违反核定征收规定的行为，按照《税收征收管理法》及《税收征收管理法实施细则》的有关规定处理。

四、非居民企业应纳税额的计算

对于在中国境内未设立机构、场所的，或者虽设立机构、场所但取得的所得与其所设机构、场所没有实际联系的非居民企业的所得，按下列方法计算应纳税所得额：

（1）股息、红利等权益性投资收益和利息、租金、特许权使用费所得，以收入全额为应纳税所得额。

营业税改征增值税试点中的非居民企业，应以不含增值税的收入全额作为应纳税所得额。

（2）转让财产所得，以收入全额减除财产净值后的余额为应纳税所得额。

（3）其他所得，参照前两项规定的方法计算应纳税所得额。

财产净值是指财产的计税基础减除已经按照规定扣除的折旧、折耗、摊销、准备金等后的余额，具体征收管理规定如下：

（1）扣缴义务人在每次向非居民企业支付或者到期应支付所得时，应从支付或者到期应支付的款项中扣缴企业所得税。

（2）到期应支付的款项是指支付人按照权责发生制原则应当计入相关成本、费用的应付款项。扣缴义务人每次代扣代缴税款时，应当向其主管税务机关报送《中华人民共和国扣缴企业所得税报告表》（以下简称《扣缴表》）及相关资料，并自代扣之日起 7 日内缴入国库。扣缴企业所得税应纳税额计算公式如下：

扣缴企业所得税应纳税额＝应纳税所得额×实际征收率

应纳税所得额的计算，按上述（1）～（3）的规定为标准；实际征收率是指《企业所得税法》及《企业所得税法实施条例》等相关法律法规规定的税率，或者税收协定规定的更低的税率。

扣缴义务人对外支付或者到期应支付的款项为人民币以外货币的，在申报扣缴企业所得税时，应当按照扣缴当日国家公布的人民币汇率中间价，折合成人民币计算应纳税所得额。

扣缴义务人与非居民企业签订应税所得有关的业务合同时，凡合同中约定由扣缴义务人负担应纳税款的，应将非居民企业取得的不含税所得换算为含税所得后计算征税。

按照《企业所得税法》及《企业所得税法实施条例》和相关税收法规规定，给予非居民企业减免税优惠的，应按相关税收减免管理办法和行政审批程序的规定办理。对未经审批或者减免税申请未得到批准之前，扣缴义务人发生支付款项的，应按规定代扣代缴企业所得税。

非居民企业可以适用的税收协定与国内相关法规有不同规定的，可申请执行税收协定规定；非居民企业未提出执行税收协定规定申请的，按国内税收法律法规的有关规定执行。

非居民企业已按国内税收法律法规的有关规定征税后，提出享受减免税或税收协定待遇申请的，主管税务机关经审核确认应享受减免税或税收协定待遇的，对多缴纳的税款应依据《税收征收管理法》及《税收征收管理法实施细则》的有关规定予以退税。因非居民企业拒绝代扣税款的，扣缴义务人应当暂停支付相当于非居民企业应纳税款的款项，并在1天之内向其主管税务机关报告，并报送书面情况说明。扣缴义务人未依法扣缴或者无法履行扣缴义务的，非居民企业应于扣缴义务人支付或者到期应支付之日起7日内，到所得发生地主管税务机关申报缴纳企业所得税。股权转让交易双方为非居民企业且在境外交易的，由取得所得的非居民企业自行或委托代理人向被转让股权的境内企业所在地主管税务机关申报纳税。被转让股权的境内企业应协助税务机关向非居民企业征缴税款。

扣缴义务人所在地与所得发生地不在一地的，扣缴义务人所在地主管税务机关应自确定扣缴义务人未依法扣缴或者无法履行扣缴义务之日起5个工作日内，向所得发生地主管税务机关发送《非居民企业税务事项联络函》，告知非居民企业的申报纳税事项。非居民企业依照有关规定申报缴纳企业所得税，但在中国境内存在多处所得发生地，并选定其中之一申报缴纳企业所得税的，应向申报纳税所在地主管税务机关如实报告有关情况。

非居民企业未依照有关规定申报缴纳企业所得税，由申报纳税所在地主管税务机关责令限期缴纳，逾期仍未缴纳的，申报纳税所在地主管税务机关可以收集、查实该非居民企业在中国境内其他收入项目及其支付人（以下简称"其他支付人"）的相关信息，并向其他支付人发出《税务事项通知书》，从其他支付人应付的款项中，追缴该非居民企业的应纳税款和滞纳金。

其他支付人所在地与申报纳税所在地不在一地的，其他支付人所在地主管税务机关应给予配合和协助。

对多次付款的合同项目，扣缴义务人应当在履行合同最后一次付款前15日内，向主管税务机关报送合同全部付款明细、前期《扣缴表》和完税凭证等资料，办理扣缴税款清算手续。

五、非居民企业所得税核定征收办法

非居民企业因会计账簿不健全，资料残缺难以查账，或者其他原因不能准确计算并据实申报其应纳税所得额的，税务机关有权采取以下方法核定其应纳税所得额。

（1）按收入总额核定应纳税所得额：适用于能够正确核算收入或通过合理方法推定收入总额，但不能正确核算成本费用的非居民企业。计算公式如下：

应纳税所得额＝收入总额×经税务机关核定的利润率

（2）按成本费用核定应纳税所得额：适用于能够正确核算成本费用，但不能正确核算收入总额的非居民企业。计算公式如下：

$$\text{应纳税所得额}=\text{成本费用总额}\div\left(1-\text{经税务机关核定的利润率}\right)\times\text{经税务机关核定的利润率}$$

（3）按经费支出换算收入核定应纳税所得额：适用于能够正确核算经费支出总额，但不能正确核算收入总额和成本费用的非居民企业。计算公式如下：

$$\text{应纳税所得额}=\text{经费支出总额}\div\left(1-\text{经税务机关核定的利润率}-\text{营业税税率}\right)\times\text{经税务机关核定的利润率}$$

税务机关可按照以下标准确定非居民企业的利润率：

（1）从事承包工程作业、设计和咨询劳务的，利润率为 15%～30%。

（2）从事管理服务的，利润率为 30%～50%。

（3）从事其他劳务或劳务以外经营活动的，利润率不低于 15%。

（4）税务机关有根据认为非居民企业的实际利润率明显高于上述标准的，可以按照比上述标准更高的利润率核定其应纳税所得额。

（5）非居民企业与中国居民企业签订机器设备或货物销售合同，同时提供设备安装、装配、技术培训、指导、监督服务等劳务，其销售货物合同中未列明提供上述劳务服务收费金额，或者计价不合理的，主管税务机关可以根据实际情况，参照相同或相近业务的计价标准核定劳务收入。无参照标准的，以不低于销售货物合同总价款的 10% 为原则，确定非居民企业的劳务收入。

①居民企业为中国境内客户提供劳务取得的收入，凡其提供的服务全部发生在中国境内的，应全额在中国境内申报缴纳企业所得税。凡其提供的服务同时发生在中国境内外的，应以劳务发生地为原则划分其境内外收入，并就其在中国境内取得的劳务收入申报缴纳企业所得税。税务机关对其境内外收入划分的合理性和真实性有疑义的，可以要求非居民企业提供真实有效的证明，并根据工作量、工作时间、成本费用等因素合理划分其境内外收入；如非居民企业不能提供真实有效的证明，税务机关可视同其提供的服务全部发生在中国境内，确定其劳务收入并据以征收企业所得税。

②采取核定征收方式征收企业所得税的非居民企业，在中国境内从事适用不同核定利润率的经营活动，并取得应税所得的，应分别核算并适用相应的利润率计算缴纳企业所得税；凡不能分别核算的，应从高适用利润率，计算缴纳企业所得税。

拟采取核定征收方式的非居民企业应填写《非居民企业所得税征收方式鉴定表》（以下简称《鉴定表》），报送主管税务机关。主管税务机关应对企业报送的《鉴定表》的适用行业及所适用的利润率进行审核，并签注意见。

对经审核不符合核定征收条件的非居民企业，主管税务机关应自收到企业提交的《鉴定表》后 15 个工作日内向其下达《税务事项通知书》，将鉴定结果告知企业。非居民企业未在上述期限内收到《税务事项通知书》的，其征收方式视同已被认可。

税务机关发现非居民企业采用核定征收方式计算申报的应纳税所得额不真实，或者明显与其承担的功能风险不相匹配的，有权予以调整。

第五节　企业所得税税收优惠

税收优惠是指国家对某一部分特定企业和征税对象给予减轻或免除税收负担的一种措施。税法规定的企业所得税的税收优惠包括免征优惠、减征优惠、高新技术企业优惠、小型微利企业优惠、加计扣除优惠、加速折旧优惠、减计收入优惠、税额抵免优惠、非居民企业优惠、公共租赁住房税收优惠、特殊行业优惠等。

一、免征与减征优惠

企业的下列所得可以免征、减征企业所得税。企业如果从事国家限制和禁止发展的项目，不得享受企业所得税优惠。

▶▶▶ （一）从事农、林、牧、渔业项目的所得

企业从事农、林、牧、渔业项目的所得包括免征和减征两部分。

企业从事下列项目的所得，免征企业所得税：

（1）蔬菜、谷物、薯类、油料、豆类、棉花、麻类、糖料、水果、坚果的种植。

（2）农作物新品种的选育。

（3）中药材的种植。

（4）林木的培育和种植。

（5）牲畜、家禽的饲养。

（6）林产品的采集。

（7）灌溉、农产品初加工、兽医、农技推广、农机作业和维修等农、林、牧、渔服务业项目。

（8）远洋捕捞。

企业从事下列项目的所得，减半征收企业所得税：

（1）花卉、茶以及其他饮料作物和香料作物的种植。

（2）海水养殖、内陆养殖。

▶▶▶ （二）从事国家重点扶持的公共基础设施项目投资经营的所得

《企业所得税法》所称国家重点扶持的公共基础设施项目是指《公共基础设施项目企业所得税优惠目录》规定的港口码头、机场、铁路、公路、电力、水利等项目。

企业从事国家重点扶持的公共基础设施项目的投资经营的所得，自项目取得第一笔

生产经营收入所属纳税年度起，第1年至第3年免征企业所得税，第4年至第6年减半征收企业所得税。

企业承包经营、承包建设和内部自建自用本条规定的项目，不得享受本条规定的企业所得税优惠。

企业投资经营符合《公共基础设施项目企业所得税优惠目录》规定条件和标准的公共基础设施项目，采用一次核准、分批次（如码头、泊位、航站楼、跑道、路段、发电机组等）建设的，凡同时符合以下条件的，可按每一批次为单位计算所得，并享受企业所得税"三免三减半"优惠：

（1）不同批次在空间上相互独立；

（2）每一批次自身具备取得收入的功能；

（3）以每一批次为单位进行会计核算，单独计算所得，并合理分摊期间费用。

▶▶▶ （三）从事符合条件的环境保护、节能节水项目的所得

从事符合条件的环境保护、节能节水项目的所得，自项目取得第一笔生产经营收入所属纳税年度起，第1年至第3年免征企业所得税，第4年至第6年减半征收企业所得税。

符合条件的环境保护、节能节水项目，包括公共污水处理、公共垃圾处理、沼气综合开发利用、节能减排技术改造、海水淡化等。项目的具体条件和范围由国务院财政、税务主管部门商国务院有关部门制订，报国务院批准后公布施行。

但是以上规定享受减免税优惠的项目，在减免税期限内转让的，受让方自受让之日起，可以在剩余期限内享受规定的减免税优惠；减免税期限届满后转让的，受让方不得就该项目重复享受减免税优惠。

▶▶▶ （四）符合条件的技术转让所得

企业所得税法所称符合条件的技术转让所得免征、减征企业所得税是指一个纳税年度内，居民企业转让技术所得不超过500万元的部分，免征企业所得税；超过500万元的部分，减半征收企业所得税。

技术转让的范围包括居民企业转让专利技术、计算机软件著作权、集成电路布图设计权、植物新品种、生物医药新品种，以及财政部和国家税务总局确定的其他技术。

符合条件的技术转让所得的计算方法如下：

技术转让所得＝技术转让收入－技术转让成本－相关税费

技术转让收入是指当事人履行技术转让合同后获得的价款，不包括销售或转让设备、仪器、零部件、原材料等非技术性收入。不属于与技术转让项目密不可分的技术咨询、技术服务、技术培训等收入，不得计入技术转让收入。

可以计入技术转让收入的技术咨询、技术服务、技术培训收入是指转让方为使受让方掌握所转让的技术投入使用、实现产业化而提供的必要的技术咨询、技术服务、技术培训所产生的收入，并应同时符合以下条件：

（1）在技术转让合同中约定的与该技术转让相关的技术咨询、技术服务、技术培训；

（2）技术咨询、技术服务、技术培训收入与该技术转让项目收入一并收取价款。

技术转让成本是指转让的无形资产的净值，即该无形资产的计税基础减除在资产使用期间按照规定计算的摊销扣除额后的余额。

相关税费是指技术转让过程中实际发生的有关税费，包括除企业所得税和允许抵扣的增值税以外的各项税金及其附加、合同签订费用、律师费等相关费用及其他支出。

享受减免企业所得税优惠的技术转让应符合以下条件：

（1）享受优惠的技术转让主体是企业所得税法规定的居民企业；技术转让属于财政部、国家税务总局规定的范围；境内技术转让经省级以上科技部门认定；向境外转让技术经省级以上商务部门认定；国务院税务主管部门规定的其他条件。

（2）技术转让应签订技术转让合同。其中，境内的技术转让须经省级以上（含省级）科技部门认定登记，跨境的技术转让须经省级以上（含省级）商务部门认定登记，涉及财政经费支持的技术转让，需省级以上（含省级）科技部门审批。

（3）居民企业技术出口应由有关部门按照商务部、科技部发布的《中国禁止出口限制出口技术目录》（商务部、科技部令2008年第12号）进行审查。居民企业取得禁止出口和限制出口技术转让所得，不享受技术转让减免企业所得税优惠政策。

居民企业从直接或间接持有股权之和达到100%的关联方取得的技术转让所得，不享受技术转让减免企业所得税优惠政策。享受技术转让所得减免企业所得税优惠的企业，应单独计算技术转让所得，并合理分摊企业的期间费用；没有单独计算的，不得享受技术转让所得企业所得税优惠。

企业发生技术转让，应在纳税年度终了至报送年度纳税申报表以前，向主管税务机关办理减免税备案手续。

二、高新技术企业优惠

（一）政策概述

国家需要重点扶持的高新技术企业减按15%的税率征收企业所得税。

国家需要重点扶持的高新技术企业是指拥有核心自主知识产权，并同时符合下列条件的企业：

（1）产品（服务）属于《国家重点支持的高新技术领域》规定的范围。

（2）研究开发费用占销售收入的比例不低于规定比例。这具体是指企业为获得科学技术（不包括人文、社会科学）新知识，创造性运用科学技术新知识，或实质性改进技术、产品（服务）而持续进行了研究开发活动，且近3个会计年度的研究开发费用总额占销售收入总额的比例符合如下要求：

①最近一年销售收入小于5 000万元的企业，比例不低于6%。

②最近一年销售收入在5 000万元～20 000万元的企业，比例不低于4%。

③最近一年销售收入在20 000万元以上的企业，比例不低于3%。

其中，企业在中国境内发生的研究开发费用总额占全部研究开发费用总额的比例不低于 60%。企业注册成立时间不足 3 年的，按实际经营年限计算。

（3）高新技术产品（服务）收入占企业总收入的比例不低于规定比例。这是指高新技术产品（服务）收入占企业当年总收入的 60% 以上。

（4）科技人员占企业职工总数的比例不低于规定比例。这是指具有大学专科以上学历的科技人员占企业当年职工总数的 30% 以上，其中研发人员占企业当年职工总数的 10% 以上。

（5）《高新技术企业认定管理办法》规定的其他条件。《国家重点支持的高新技术领域》和《高新技术企业认定管理办法》由国务院科技、财政、税务主管部门商国务院有关部门制订，报国务院批准后公布施行。

拥有核心自主知识产权的企业是指在中国境内（不含港、澳、台地区）注册的企业，近 3 年内通过自主研发、受让、并购等方式，或通过 5 年以上的独占许可方式，对其主要产品（服务）的核心技术自有自主知识产权。

▶▶▶ （二）高新技术企业境外所得适用税率及税收抵免规定

根据财税〔2011〕47 号规定，自 2010 年 1 月 1 日起，高新技术企业境外所得适用税率及税收抵免有关问题按以下规定执行：

以境内、境外全部生产经营活动有关的研究开发费用总额、总收入、销售收入总额、高新技术产品（服务）收入等指标申请并经认定的高新技术企业，其来源于境外的所得可以享受高新技术企业所得税优惠政策，即对其来源于境外的所得可以按照 15% 的优惠税率缴纳企业所得税，在计算境外抵免限额时，可按照 15% 的优惠税率计算境内外应纳税总额。

上述高新技术企业境外所得税收抵免的其他事项，仍按照财税〔2016〕125 号文件的有关规定执行。

此处所称高新技术企业是指依照《企业所得税法》及《企业所得税法实施条例》规定，经认定机构按照《高新技术企业认定管理办法》和《高新技术企业认定管理工作指引》认定取得高新技术企业证书并正在享受企业所得税 15% 税率优惠的企业。

▶▶▶ （三）高新技术企业资格复审期间企业所得税预缴规定

根据国家税务总局公告 2011 年第 4 号规定，高新技术企业资格复审结果公示之前企业所得税预缴按以下规定执行：高新技术企业应在资格期满前三个月内提出复审申请，在通过复审之前，在其高新技术企业资格有效期内，其当年企业所得税暂按 15% 的税率预缴。

三、小型微利企业优惠

▶▶▶ （一）小型微利企业认定

小型微利企业减按 20% 的税率征收企业所得税。小型微利企业的条件如下：

工业企业，年度应纳税所得额不超过 30 万元，从业人数不超过 100 人，资产总额不超过 3 000 万元。其他企业，年度应纳税所得额不超过 30 万元，从业人数不超过 80 人，资产总额不超过 1 000 万元。

上述"从业人数"按企业全年平均从业人数计算，"资产总额"按企业年初和年末的资产总额平均计算。

小型微利企业是指企业的全部生产经营活动产生的所得均负有我国企业所得税纳税义务的企业。仅就来源于我国所得负有我国纳税义务的非居民企业，不适用上述规定。

▶▶▶ （二）小型微利企业的优惠政策

2014 年 1 月 1 日至 2016 年 12 月 31 日，对年应纳税所得额低于 10 万元（含 10 万元）的小型微利企业，其所得减按 50%计入应纳税所得额，按 20%的税率缴纳企业所得税。自 2017 年 1 月 1 日至 2019 年 12 月 31 日，小型微利企业的年应纳税所得额上限由 30 万元提高至 50 万元，对年应纳税所得额低于 50 万元（含 50 万元）的小型微利企业，其所得减按 50%计入应纳税所得额，按 20%的税率缴纳企业所得税。自 2019 年 1 月 1 日至 2021 年 12 月 31 日，对小型微利企业年应纳税所得额不超过 100 万元的部分，减按 25%计入应纳税所得额，按 20%的税率缴纳企业所得税；对年应纳税所得额超过 100 万元但不超过 300 万元的部分，减按 50%计入应纳税所得额，按 20%的税率缴纳企业所得税。上述小型微利企业是指从事国家非限制和禁止行业，且同时符合年度应纳税所得额不超过 300 万元、从业人数不超过 300 人、资产总额不超过 5 000 万元等三个条件的企业。

四、加计扣除优惠

加计扣除优惠包括以下两项内容：

▶▶▶ （一）研究开发费用

研究开发费用是指企业为研发新技术、新产品、新工艺产生的费用，未形成无形资产计入当期损益的，在按照规定据实扣除的基础上，按照研究开发费用的 50%加计扣除；形成无形资产的，按照无形资产成本的 150%摊销。

▶▶▶ （二）企业安置残疾人员所支付的工资

企业安置残疾人员所支付工资费用的加计扣除是指企业安置残疾人员的，在按照支付给残疾职工工资据实扣除的基础上，按照支付给残疾职工工资的 100%加计扣除。残疾人员的范围适用《中华人民共和国残疾人保障法》的有关规定。企业安置国家鼓励安置的其他就业人员所支付的工资的加计扣除办法，由国务院另行规定。

五、加速折旧优惠

企业的固定资产由于技术进步等原因，确需加速折旧的可以缩短折旧年限或者采取加速折旧的方法。可采用以上折旧方法的固定资产是指：

（1）由于技术进步，产品更新换代较快的固定资产；

（2）常年处于强震动、高腐蚀状态的固定资产。

采取缩短折旧年限方法的，最低折旧年限不得低于规定折旧年限的60%；若为购置已使用过的固定资产，其最低折旧年限不低于税法规定的最低折旧年限减去已使用年限后剩余年限的60%。最低年限一经确定，一般不得变更。采取加速折旧方法的，可以采取双倍余额递减法或者年数总和法。关于加速折旧政策，具体规定如下：

（1）自2019年1月1日起，制造业固定资产加速折旧优惠的行业范围扩大至全部制造业领域。对生物药品制造业，专用设备制造业，铁路、船舶、航空航天和其他运输设备制造业，计算机、通信和其他电子设备制造业，仪器仪表制造业，信息传输、软件和信息技术服务业等6个行业的企业，自2014年1月1日后新购进的固定资产可缩短折旧年限或采取加速折旧的方法。对轻工、纺织、机械、汽车等四个领域重点行业的企业2015年1月1日后新购进的固定资产，其他制造业自2019年1月1日后新购进的研发和生产经营共用的仪器、设备，单位价值不超过100万元的，允许一次性计入当期成本费用，在计算应纳税所得额时扣除，不再分年度计算折旧；单位价值超过100万元的，可缩短折旧年限或采取加速折旧的方法。

（2）对制造业的小型微利企业2015年1月1日后新购进的研发和生产经营共用的仪器、设备，单位价值不超过100万元的，允许一次性计入当期成本费用，在计算应纳税所得额时扣除，不再分年度计算折旧；单位价值超过100万元的，可由企业选择缩短折旧年限或采取加速折旧的方法。

（3）对所有行业企业2014年1月1日后新购进的专门用于研发的仪器、设备，单位价值不超过100万元的，允许一次性计入当期成本费用，在计算应纳税所得额时扣除，不再分年度计算折旧；单位价值超过100万元的，可缩短折旧年限或采取加速折旧的方法。

（4）对所有行业企业在2018年1月1日至2020年12月31日期间购进的设备、器具，单位价值不超过500万元的固定资产，允许一次性计入当期成本费用，在计算应纳税所得额时扣除，不再分年度计算折旧。设备、器具是指除房屋、建筑物以外的固定资产。

六、减计收入优惠

企业综合利用资源，生产符合国家产业政策规定的产品所取得的收入，可以在计算应纳税所得额时减计收入。

综合利用资源是指企业以《资源综合利用企业所得税优惠目录》规定的资源作为主要原材料，生产国家非限制和禁止并符合国家和行业相关标准的产品取得的收入，减按90%计入收入总额。

上述所称原材料占生产产品材料的比例不得低于《资源综合利用企业所得税优惠目录》规定的标准。

七、税额抵免优惠

税额抵免是指企业购置并实际使用《环境保护专用设备企业所得税优惠目录》、《节能节水专用设备企业所得税优惠目录》和《安全生产专用设备企业所得税优惠目录》规定的环境保护、节能节水、安全生产等专用设备的,该专用设备的投资额的10%可以从企业当年的应纳税额中抵免;当年不足抵免的,可以在以后5个纳税年度结转抵免。享受前款规定的企业所得税优惠的企业,应当实际购置并自身实际投入使用前款规定的专用设备;企业购置上述专用设备在5年内转让、出租的,应当停止享受企业所得税优惠,并补缴已经抵免的企业所得税税款。转让的受让方可以按照该专用设备投资额的10%抵免当年企业所得税应纳税额;当年应纳税额不足抵免的,可以在以后5个纳税年度结转抵免。

企业所得税优惠目录由国务院财政、税务主管部门商国务院有关部门制订,报国务院批准后公布施行。

企业同时从事适用不同企业所得税待遇的项目的,其优惠项目应当单独计算所得,并合理分摊企业的期间费用;没有单独计算的,不得享受企业所得税优惠。自2016年1月1日起,增值税一般纳税人购进固定资产发生的进项税额可从其销项税额中抵扣。如增值税进项税额允许抵扣,其专用设备投资额不再包括增值税进项税额;如增值税进项税额不允许抵扣,其专用设备投资额应为增值税专用发票上注明的价税合计金额。企业购买专用设备取得普通发票的,其专用设备投资额为普通发票上注明的金额。

八、非居民企业优惠

非居民企业减按10%的税率征收企业所得税。这里的非居民企业是指在中国境内未设立机构、场所的,或者虽设立机构、场所但取得的所得与其所设机构、场所没有实际联系的企业。该类非居民企业取得下列所得免征企业所得税。

(1)外国政府向中国政府提供贷款取得的利息所得。

(2)国际金融组织向中国政府和居民企业提供优惠贷款取得的利息所得。

(3)经国务院批准的其他所得。

九、公共租赁住房税收优惠

对公租房建设期间用地及公租房建成后占地,免征城镇土地使用税。在其他住房项目中配套建设公租房,按公租房建筑面积占总建筑面积的比例免征建设、管理公租房涉及的城镇土地使用税。

对公租房经营管理单位免征建设、管理公租房涉及的印花税。在其他住房项目中配套建设公租房,按公租房建筑面积占总建筑面积的比例免征建设、管理公租房涉及的印花税。

对公租房经营管理单位购买住房作为公租房的,免征契税、印花税;对公租房租赁双方免征签订租赁协议涉及的印花税。

对企事业单位、社会团体以及其他组织转让旧房作为公租房房源，且增值额未超过扣除项目金额20%的，免征土地增值税。

企事业单位、社会团体以及其他组织捐赠住房作为公租房，符合税收法律法规规定的，对其公益性捐赠支出在年度利润总额12%以内的部分，准予在计算应纳税所得额时扣除，超过年度利润总额12%的部分，准予结转以后三年内在计算应纳税所得额时扣除。

个人捐赠住房作为公租房，符合税收法律法规规定的，对其公益性捐赠支出未超过其申报的应纳税所得额30%的部分，准予从其应纳税所得额中扣除。

对符合地方政府规定条件的城镇住房保障家庭从地方政府领取的住房租赁补贴，免征个人所得税。

对公租房免征房产税。对经营公租房所取得的租金收入，免征增值税。公租房经营管理单位应单独核算公租房租金收入，未单独核算的，不得享受免征增值税、房产税优惠政策。

享受上述税收优惠政策的公租房是指纳入省、自治区、直辖市、计划单列市人民政府及新疆生产建设兵团批准的公租房发展规划和年度计划，或者市、县人民政府批准建设（筹集），并按照《关于加快发展公共租赁住房的指导意见》（建保〔2010〕87号）和市、县人民政府制定的具体管理办法进行管理的公租房。

纳税人享受《关于公共租赁住房税收优惠政策的公告》规定的优惠政策，应按规定进行免税申报，并将不动产权属证明、载有房产原值的相关材料、纳入公租房及用地管理的相关材料、配套建设管理公租房相关材料、购买住房作为公租房相关材料、公租房租赁协议等留存备查。

十、特殊行业优惠

▶▶▶ （一）关于鼓励软件产业和集成电路产业发展的优惠政策

为进一步鼓励软件产业和集成电路产业发展，财税〔2012〕27号文件规定了相应的企业所得税优惠政策，主要有：

集成电路线宽小于0.8微米（含）的集成电路生产企业，经认定后，在2017年12月31日前自获利年度起计算优惠期，第1年至第2年免征企业所得税，第3年至第5年按照25%的法定税率减半征收企业所得税，并享受至期满为止。

集成电路线宽小于0.25微米或投资额超过80亿元的集成电路生产企业，经认定后，减按15%的税率征收企业所得税，其中经营期在15年以上的，在2017年12月31日前自获利年度起计算优惠期，第1年至第5年免征企业所得税，第6年至第10年按照25%的法定税率减半征收企业所得税，并享受至期满为止。

我国境内新办的集成电路设计企业和符合条件的软件企业，经认定后，在2017年12月31日前自获利年度起计算优惠期，第1年至第2年免征企业所得税，第3年至第5年按照25%的法定税率减半征收企业所得税，并享受至期满为止。

软件企业所得税优惠政策适用于经认定并实行查账征收方式的软件企业。所称经认定，是指经国家规定的软件企业认定机构按照软件企业认定管理的有关规定进行认定并取得软件企业认定证书。

软件企业的获利年度是指软件企业开始生产经营后，第一个应纳税所得额大于零的纳税年度，包括对企业所得税实行核定征收方式的纳税年度。软件企业享受定期减免税优惠的期限应当连续计算，不得因中间发生亏损或其他原因而间断。

国家规划布局内的重点软件企业和集成电路设计企业，如当年未享受免税优惠的，可减按 10％的税率征收企业所得税。

▶▶▶ （二）关于鼓励证券投资基金发展的优惠政策

对证券投资基金从证券市场中取得的收入，包括买卖股票、债券的差价收入，股权的股息、红利收入，债券的利点收入及其他收入，暂不征收企业所得税。

对投资者从证券投资基金分配中取得的收入，暂不征收企业所得税。

对证券投资基金管理人运用基金买卖股票、债券的差价收入，暂不征收企业所得税。

▶▶▶ （三）节能服务公司的优惠政策

自 2011 年 1 月 1 日起，对符合条件的节能服务公司实施合同能源管理项目，符合《企业所得税法》有关规定的，自项目取得第一笔生产经营收入所属纳税年度起，第 1 年至第 3 年免征企业所得税，第 4 年至第 6 年按照 25％的法定税率减半征收企业所得税。

▶▶▶ （四）电网企业电网新建项目享受所得税的优惠政策

根据《企业所得税法》及《企业所得税法实施条例》的有关规定，居民企业从事符合《公共基础设施项目企业所得税优惠目录》规定条件和标准的电网（输变电设施）的新建项目，可依法享受"三免三减半"的企业所得税优惠政策。基于企业电网新建项目的核算特点，暂以资产比例法，即以企业新增输变电固定资产原值占企业总输变电固定资产原值的比例，合理计算电网新建项目的应纳税所得额，并据此享受"三免三减半"的企业所得税优惠政策。

▶▶▶ （五）中国铁路总公司为发行和偿还主体的债券利息收入优惠政策

以中国铁路总公司为发行和偿还主体的债券，包括中国铁路建设债券、中期票据、短期融资券等债务融资工具。铁路债券利息收入所得税对企业投资者持有 2019—2023 年发行的铁路债券取得的利息收入，减半征收企业所得税。对个人投资者持有 2019—2023 年发行的铁路债券取得的利息收入，减按 50％计入应纳税所得额计算征收个人所得税。税款由兑付机构在向个人投资者兑付利息时代扣代缴。

第六节　企业所得税征收管理

一、扣缴义务人

对非居民企业在中国境内未设立机构、场所的，或者虽设立机构、场所但取得的所得与其所设机构、场所没有实际联系的所得应缴纳的所得税，实行源泉扣缴，以支付人为扣缴义务人。税款由扣缴义务人在每次支付或者到期应支付时，从支付或者到期应支付的款项中扣缴。

上述所称支付人是指依照有关法律规定或者合同约定对非居民企业直接负有支付相关款项义务的单位或者个人。

上述所称支付包括现金支付、汇拨支付、转账支付和权益兑价支付等货币支付和非货币支付。

上述所称到期应支付的款项是指支付人按照权责发生制原则应当计入相关成本、费用的应付款项。

对非居民企业在中国境内取得工程作业和劳务所得应缴纳的所得税，税务机关可以指定工程价款或者劳务费的支付人为扣缴义务人。

二、扣缴方法

扣缴义务人扣缴税款时，按前述第四节中适用于非居民企业的计算方法计算税款。

应当扣缴的所得税，扣缴义务人未依法扣缴或者无法履行扣缴义务的，由企业在所得发生地缴纳。企业未依法缴纳的，税务机关可以从该企业在中国境内其他收入项目的支付人应付的款项中追缴该企业的应纳税款。

上述所称所得发生地是指依照《企业所得税法实施条例》第七条规定的原则确定的所得发生地。在中国境内存在多处所得发生地的，由企业选择其中之一申报缴纳企业所得税。

上述所称该企业在中国境内其他收入是指该企业在中国境内取得的其他各种来源的收入。

税务机关在追缴该企业应纳税款时，应当将追缴理由、追缴数额、缴纳期限和缴纳方式等告知该企业。

扣缴义务人每次代扣的税款，应当自代扣之日起7日内缴入国库，并向所在地的税务机关报送扣缴企业所得税报告表。

三、纳税地点

除税收法律、行政法规另有规定外，居民企业以企业登记注册地为纳税地点；但登记注册地在境外的，以实际管理机构所在地为纳税地点。企业登记注册地是指企业依照国家有关规定登记注册的住所地。

居民企业在中国境内设立不具有法人资格的营业机构的，应当汇总计算并缴纳企业所得税。企业汇总计算并缴纳企业所得税时，应当统一核算应纳税所得额，具体办法由国务院财政、税务主管部门另行制定。

非居民企业在中国境内设立机构、场所的，应当就其所设机构、场所取得的来源于中国境内的所得，以及发生在中国境外但与其所设机构、场所有实际联系的所得，以机构、场所所在地为纳税地点。非居民企业在中国境内设立两个或者两个以上机构、场所的，经税务机关审核批准，可以选择由其主要机构、场所汇总缴纳企业所得税。非居民企业经批准汇总缴纳企业所得税后，需要增设、合并、迁移、关闭机构、场所或者停止机构、场所业务的，应当事先由负责汇总申报缴纳企业所得税的主要机构、场所向其所在地税务机关报告；需要变更汇总缴纳企业所得税的主要机构、场所的，依照前款规定办理。

非居民企业在中国境内未设立机构、场所的，或者虽设立机构、场所但取得的所得与其所设机构、场所没有实际联系的所得，以扣缴义务人所在地为纳税地点。

除国务院另有规定外，企业之间不得合并缴纳企业所得税。

四、纳税期限

企业所得税按年计征，分月或者分季预缴，年终汇算清缴，多退少补。

企业所得税的纳税年度，自公历 1 月 1 日起至 12 月 31 日止。企业在一个纳税年度的中间开业，或者由于合并、关闭等原因终止经营活动，使该纳税年度的实际经营期不足12 个月的，应当以其实际经营期为 1 个纳税年度。企业清算时，应当以清算期间作为 1个纳税年度。

自年度终了之日起 5 个月内，向税务机关报送年度企业所得税纳税申报表，并汇算清缴，结清应缴应退税款。

企业在年度中间终止经营活动的，应当自实际经营终止之日起 60 日内，向税务机关办理当期企业所得税汇算清缴。

五、纳税申报

按月或按季预缴的，应当自月份或者季度终了之日起 15 日内，向税务机关报送预缴企业所得税纳税申报表，预缴税款。

企业在报送企业所得税纳税申报表时，应当按照规定附送财务会计报告和其他有关资料。企业应当在办理注销登记前，就其清算所得向税务机关申报并依法缴纳企业所得税。

依照《企业所得税法》缴纳的企业所得税以人民币计算。所得以人民币以外的货币计算的，应当折合成人民币计算并缴纳税款。

企业在纳税年度内无论盈利或者亏损，都应当依照《企业所得税法》第五十四条规定的期限，向税务机关报送预缴企业所得税纳税申报表、年度企业所得税纳税申报表、财务会计报告和税务机关规定应当报送的其他有关资料。

◎ 复习题

一、单项选择题

1. 下列各项中，不属于企业所得税纳税人的企业是（   ）。
    A. 在外国成立但实际管理机构在中国境内的企业
    B. 在中国境内成立的外商独资企业
    C. 在中国境内成立的个人独资企业
    D. 在中国境内未设立机构、场所，但有来源于中国境内所得的企业

2. 根据《企业所得税法》的规定，以下适用25％税率的是（   ）。
    A. 高新技术的生产企业
    B. 在中国境内设有机构、场所且所得与机构、场所有关联的非居民企业
    C. 在中国境内未设立机构、场所但有来源于中国境内所得的非居民企业
    D. 在中国境内虽设立机构、场所但取得所得与境内机构、场所没有实际联系的非居民企业

3. 下列关于企业劳务收入的确认，表述不正确的是（   ）。
    A. 特许权费一律在交付资产或转移资产所有权时确认收入
    B. 安装费应根据安装完工进度确认收入，安装工作是商品销售附带条件的，安装费在确认商品销售实现时确认收入
    C. 长期为客户提供重复的劳务收取的劳务费，在相关劳务活动发生时确认收入
    D. 包含在商品售价内可区分的服务费，在提供服务的期间分期确认收入

4. 根据企业所得税的规定，下列有关收入确认表述不正确的是（   ）。
    A. 售后回购满足收入确认条件的，应作销售和购进核算
    B. 以销售商品方式进行融资，收到的款项应确认为负债，回购价格大于原售价的，差额应在回购期间确认为利息费用
    C. 销售商品采用托收承付方式的，在发出商品时确认收入
    D. 销售商品采用支付手续费方式委托代销的，在收到代销清单时确认收入

5. 根据《企业所得税法》的规定，企业的下列各项支出，在计算应纳税所得额时，准予从收入总额中直接扣除的是（   ）。
    A. 公益性捐赠支出
    B. 转让固定资产发生的费用
    C. 未经核定的准备金支出
    D. 向投资者支付的股息、红利等权益性投资收益款项

6. 某居民企业2016年实际支出的工资、薪金总额为150万元，福利费本期发生30

万元，拨缴的工会经费为 3 万元，已经取得工会拨缴收据，实际发生职工教育经费 4.50 万元，该企业在计算 2016 年应纳税所得额时，应调整的应纳税所得额为（　　）万元。

A. 0　　　　　　B. 7.75　　　　　　C. 9.75　　　　　　D. 35.50

7. 2016 年某化妆品生产企业实现自产化妆品销售收入 500 万元，当年发生计入销售费用中的广告费 120 万元，企业上年还有 35 万元的广告费没有在税前扣除，该化妆品企业当年可以税前扣除的广告费是（　　）万元。

A. 150　　　　　　B. 120　　　　　　C. 75　　　　　　D. 95

8. 某企业 2016 年度境内应纳税所得额为 200 万元，已在全年预缴税款为 40 万元，来源于境外某国的所得为 100 万元，境外所得税税率为 30%，由于享受优惠，实际按 20% 税率纳税，该企业当年汇算清缴应补（退）的税款为（　　）万元。

A. 5　　　　　　B. 10　　　　　　C. 15　　　　　　D. 23

9. 某企业 2016 年通过政府向灾区捐赠自产货物一批，成本为 80 万元，同类产品售价为 100 万元，增值税税率为 17%，企业当年按照会计准则计算的会计利润是 500 万元，无其他纳税调整事项，所得税税率为 25%，企业当年应缴纳的所得税是（　　）万元。

A. 125　　　　　　B. 134.25　　　　　　C. 139.25　　　　　　D. 145

10. 根据《企业所得税法》的规定，下列对生物资产的税务处理正确的是（　　）。

A. 企业应当自生产性生物资产投入使用月份的当月起计算折旧

B. 停止使用的生产性生物资产，应当自停止使用月份的当月停止计算折旧

C. 畜类生产性生物资产，折旧年限不得超过 3 年

D. 通过投资方式取得的生产性生物资产，以该资产的公允价值和支付的相关税费为计税基础

11. 下列关于软件产业和集成电路产业发展的优惠政策的说法中，正确的是（　　）。

A. 软件生产企业实行增值税即征即退政策所退还的税款，一律不作为企业所得税应税收入

B. 我国境内新办软件生产企业经认定后，自获利年度起，第一年免征企业所得税，第 2 年至第 3 年减半征收企业所得税

C. 软件生产企业的职工教育支出可按实际发生额在计算应纳税所得额时扣除

D. 集成电路生产企业的生产性设备，经主管税务机关核准，其折旧年限可以适当缩短，最短可为 3 年

12. 根据《企业所得税法》的规定，扣缴义务人每次代扣的税款，应当自代扣之日起（　　）日内缴入国库。

A. 7　　　　　　B. 10　　　　　　C. 15　　　　　　D. 5

二、多项选择题

1. 下列各项中，属于企业所得税征税范围的有（　　）。

A. 居民企业来源于境外的所得

B. 非居民企业来源于中国境内的所得

C. 非居民企业来源于中国境外的，与所设机构没有实际联系的所得

    D. 居民企业来源于中国境内的所得

2. 下列属于企业所得税的视同销售收入的有（　　　）。
    A. 将外购货物用于职工奖励
    B. 将自产货物用于交际应酬
    C. 将企业自产的产品用于市场推广
    D. 将半成品用于连续生产成品

3. 以下属于企业所得税中不征税收入的有（　　　）。
    A. 企业根据法律、行政法规等有关规定，代政府收取的具有专项用途的财政性资金
    B. 符合条件的非营利组织的收入
    C. 企业取得的，经国务院批准的财政、税务主管部门规定专项用途的财政性资金
    D. 国债利息收入

4. 企业发生的下列（　　　）费用，不得在企业所得税前扣除。
    A. 甲为法国公司设在中国境内的机构，当年发生总机构分摊费用 50 万元
    B. 乙企业因接受 M 公司投资，因此按协议约定乙每年向 M 公司支付 50 万元管理费
    C. 丙与 N 同为总公司下设分厂，财务均独立核算，丙租用 N 设备一台，按约定需支付 50 万元费用
    D. 丁企业向某商业企业借款，当年发生利息 25 万元，经审核利率未超过同类同期商业银行贷款利率

5. 根据《企业所得税法》规定，下列保险费可以税前扣除的是（　　　）。
    A. 企业参加财产保险，按规定缴纳的保险费
    B. 企业为投资者支付的商业保险费
    C. 企业为职工支付的商业保险费
    D. 企业依照有关规定为特殊工种职工支付的人身安全保险费

6. 根据《企业所得税法》的规定，下列关于无形资产的税务处理正确的是（　　　）。
    A. 外购的无形资产，以购买价款和支付的相关税费以及直接归属于使该资产达到预定用途发生的其他支出为计税基础
    B. 通过债务重组方式取得的无形资产，以该资产的公允价值和支付的相关税费为计税基础
    C. 自创商誉的摊销年限不得低于 10 年
    D. 在计算应纳税所得额时，企业按照规定计算的无形资产摊销费用准予扣除

7. 下列资产损失，属于由企业自行计算扣除的资产损失有（　　　）。
    A. 企业在正常经营管理活动中变卖固定资产发生的损失
    B. 企业生产性生物资产达到或超过使用年限而正常死亡发生的资产损失
    C. 企业固定资产达到或超过使用年限而正常报废清理的损失
    D. 企业捆绑资产发生的损失

8. 下列符合企业所得税相关规定的有（　　　）。
    A. 对企业盘亏的固定资产，以该固定资产的账面净值减除赔偿后的余额，作为固

定资产盘亏损失在计算应纳税所得额时扣除

  B. 企业已计入固定资产、无形资产等相关资产的手续费及佣金支出，在发生当期直接扣除

  C. 债务重组中发生债权转股权的，应当分解为债务清偿和股权投资两项业务，确认有关债务清偿所得或损失

  D. 居民企业在境外设立不具有独立纳税地位的分支机构取得的各项境外所得，无论是否汇回中国境内，均应计入该企业所属纳税年度的境外应纳税所得额

9. 下列关于企业所得税的优惠政策中，说法错误的有（   ）。

  A. 企业购置并实际使用规定的环境保护、节能节水、安全生产等专用设备的，该专用设备的投资额的 40％可以从企业当年的应纳税额中抵免

  B. 创投企业从事国家需要重点扶持和鼓励的创业投资，可以按投资额的 70％在投资当年抵扣应纳税所得额

  C. 企业综合利用资源，生产符合国家产业政策规定的产品所取得的收入，可以在计算应纳税所得额时减计收入 10％

  D. 对投资者从证券投资基金分配中取得的收入，暂不征收企业所得税

10. 下列关于企业享受安置残疾职工工资 100％加计扣除应同时具备的条件包括（   ）。

  A. 安置残疾人员在企业实际上岗工作，并签订了 1 年以上（含 1 年）的劳动合同或服务协议

  B. 为安置的每位残疾人按月足额缴纳了国家规定的社会保险

  C. 残疾人员创造收入不低于企业当年总收入的 10％

  D. 具备安置残疾人上岗工作的基本设施

11. 下列关于企业所得税中特别纳税调整相关规定表述正确的有（   ）。

  A. 企业发生关联交易以及税务机关审核、评估关联交易均应遵循独立交易原则，选用合理的转让定价方法

  B. 再销售价格法通常适用于再销售者未对商品进行改变外形、性能、结构或更换商标等实质性增值加工的简单加工或单纯购销业务

  C. 预约定价安排适用于自企业提交正式书面申请年度的次年起 3～5 个连续年度的关联交易

  D. 企业从其关联方接受的债权性投资与权益性投资的比例超过规定标准而发生的利息支出，可以在计算应纳税所得额时扣除

12. 下列关于居民纳税人缴纳企业所得税纳税地点的表述中，说法正确的有（   ）。

  A. 企业一般在实际经营管理地纳税

  B. 企业一般在登记注册地纳税

  C. 登记注册地在境外的，在登记注册地纳税

  D. 登记注册地在境外的，在实际管理机构所在地纳税

三、计算题

1. 经济特区某香烟生产性外商投资企业为我国的居民企业，2005 年开业。2016 年企业有关生产、经营情况如下：

（1）取得产品销售收入 2 300 万元，购买国库券利息收入为 50 万元，从境内投资公司分回税后利润 180 万元。

（2）发生产品销售成本 1 100 万元；发生销售费用 380 万元，其中广告费和业务宣传费 80 万元；发生产品销售税金及附加 50 万元。

（3）发生财务费用 220 万元，其中 1 月 1 日以集资方式筹集生产经营性资金 300 万元，期限 1 年；支付利息费用 30 万元（同期银行贷款年利率为 6%）。

（4）发生管理费用 260 万元，其中含业务招待费 190 万元。

（5）"营业外支出"账户记载金额 53.52 万元，其中合同违约金 4 万元；通过民政局对灾区捐赠现金 49.52 万元。

其他相关资料：该企业 2015 年属于减半政策执行第二年，该年预缴所得税 18.43 万元。

要求：根据上述资料，按下列序号顺序回答问题，每问需计算出合计数（以万元为单位）：

（1）计算 2016 年企业所得税前准予扣除的财务费用。

（2）计算 2016 年企业所得税前准予扣除的管理费用和销售费用。

（3）计算 2016 年企业所得税前准予扣除的营业外支出。

（4）计算 2016 年应纳税所得额。

（5）计算 2016 年企业应纳所得税总额。

（6）计算 2016 年企业应补缴纳企业所得税。

2. 某市一个内资化妆品生产企业于 2008 年 10 月成立，年底职工共计 30 人，企业的资产总额为 300 万元，企业 2016 年的销售收入为 720 万元，投资收益为 30 万元，销售成本和税金为 520 万元，财务费用、管理费用、销售费用共计 210 万元，企业自行计算的应纳税所得额为 20 万元，2016 年度新增职员 35 人，资产总额增加到 800 万元。企业已经按规定到税务机关备案，取得所得税优惠的审批。在汇算清缴时经会计师事务所审核，发现以下事项未进行纳税调整：

（1）企业的"主营业务收入"科目隐瞒销售自产化妆品收入 10 万元；

（2）已计入成本费用中实际支付的合理工资为 72 万元，计提但未上缴工会经费 1.44 万元，实际发生职工福利费 15.16 万元，实际发生职工教育经费 1.08 万元；

（3）管理费用中列支的业务招待费为 15 万元；

（4）管理费用中列支的企业财产保险费为 2.8 万元，为股东支付的商业保险费为 5 万元；

（5）销售费用中列支的业务宣传费为 20 万元，广告费为 10 万元；

（6）投资收益 30 万元直接投资于其他居民企业取得的投资收益。

已知会计师事务所审核该企业核算的进项税额准确。

要求：根据上述资料，按下列序号回答问题，每问需计算出合计数：

（1）计算该企业 2016 年度应补缴的流转税、城市维护建设税和教育费附加。

（2）计算该企业工资及三项费用纳税调整金额。

（3）计算该企业管理费用纳税调整金额。

（4）计算该企业销售费用纳税调整金额。

（5）计算该企业应缴纳的企业所得税。

四、综合题

1. 某中外合资家电生产企业为增值税一般纳税人，2016 年销售产品取得不含税收入 2 500 万元，会计利润 600 万元，已预缴所得税 150 万元。经会计师事务所审核，发现以下问题：

（1）期间费用中广告费为 450 万元，业务招待费为 15 万元，研究开发费用为 20 万元。

（2）营业外支出为 50 万元（含通过公益性社会团体向贫困山区捐款 30 万元，直接捐赠 6 万元）。

（3）计入成本、费用中的实发工资总额为 150 万元，拨缴职工工会经费 3 万元，支出职工福利费 23 万元和职工教育经费 6 万元。

（4）7 月购置并投入使用的安全生产专用设备企业未进行账务处理。取得购置设备增值税专用发票上注明价款 70 万元，增值税 11.9 万元，预计使用 10 年。

（5）在 A 国设有分支机构，A 国分支机构当年应纳税所得额为 300 万元，其中生产经营所得 200 万元，A 国规定的税率为 20%；特许权使用费所得 100 万元，A 国规定的税率为 30%；从 A 国分得税后利润 230 万元，尚未入账处理。

要求：根据上述资料，按下列序号顺序回答问题，每问需计算出合计数：

（1）计算企业当年专用设备对会计利润的影响额；

（2）计算企业当年广告费的调整额；

（3）计算企业当年业务招待费的调整额；

（4）计算企业当年调账后的会计利润总额；

（5）计算企业当年对外捐赠的纳税调整额；

（6）计算企业当年"三费"应调整的所得额；

（7）计算企业当年境内所得应纳税所得额；

（8）计算 A 国分支机构在我国应补缴的企业所得税；

（9）计算年终汇算清缴实际缴纳的企业所得税。

2. 某市煤矿联合企业为增值税一般纳税人，具有专业培训资质，主要生产开采原煤销售，假定 2016 年度有关经营业务如下：

（1）销售开采原煤 13 000 吨，不含税收入为 15 000 万元，销售成本为 6 580 万元；

（2）转让开采技术所有权取得收入 650 万元，直接与技术所有权转让有关的成本和费用为 300 万元；

（3）提供矿山开采技术培训取得收入 300 万元，本期为培训业务耗用上年库存材料成本 18 万元，取得国债利息收入 130 万元；

（4）购进原材料共计 3 000 万元，取得增值税专用发票注明进项税税额 510 万元；支付购料运输费用共计 230 万元，取得运输发票；

（5）销售费用为 1 650 万元，其中广告费为 1 400 万元；

（6）管理费用为 1 232 万元，其中业务招待费为 120 万元，另外，研发开发费用为 280 万元；

（7）财务费用为 280 万元，其中含向非金融企业借款 1 000 万元所支付的年利息 120

万元；向金融企业贷款 800 万元，支付年利息 46.40 万元；

（8）计入成本、费用中的实发合理工资为 820 万元；发生的职工工会经费为 16.4 万元（取得工会专用收据），职工福利费为 98 万元，职工教育经费为 25 万元；

（9）营业外支出为 500 万元，其中含通过红十字会向灾区捐款 300 万元；因消防设施不合格，被处罚 50 万元。

其他相关资料：①上述销售费用、管理费用和财务费用不涉及转让费用；②取得的相关票据均通过主管税务机关认证；③煤矿资源税为 5 元/吨；④上年广告费用税前扣除余额为 380 万元。

要求：根据上述资料，按下列序号顺序回答问题，每问需计算出合计数：

（1）计算该企业 2016 年应缴纳的资源税；

（2）计算该企业 2016 年应缴纳的增值税；

（3）计算该企业 2016 年应缴纳的营业税；

（4）计算该企业 2016 年应缴纳的城市维护建设税和教育费附加；

（5）计算该企业 2016 年实现的会计利润；

（6）计算该企业 2016 年广告费用应调整的应纳税所得额；

（7）计算该企业 2016 年业务招待费应调整的应纳税所得额；

（8）计算该企业 2016 年财务费用应调整的应纳税所得额；

（9）计算该企业 2016 年职工工会经费、职工福利费、职工教育经费应调整的应纳税所得额；

（10）计算该企业 2016 年营业外支出应调整的应纳税所得额；

（11）计算该企业 2016 年企业所得税的应纳税所得额；

（12）计算该企业 2016 年应缴纳的企业所得税。

第八章

个人所得税

【本章要点】

1. 个人所得税的税制模式
2. 我国个人所得税纳税人分类
3. 我国个人所得税征税范围
4. 我国个人所得税应纳税额的计算

【导入案例】

小王 2019 年 1—12 月每月工资收入为 6 000 元，同时又取得 12 000 元的年终奖。小王听说个人所得税政策改革后，可以选择两种方式缴纳年终奖个人所得税，一种是并入 12 月的工资一起纳税，另一种是单独计税。从税收筹划的角度考虑，你建议小王应该采取什么方式纳税？

第一节　个人所得税概述

个人所得税是对自然人取得的各项应税所得课征的一种税，是世界各国目前普遍开征的一个税种。随着生产力水平的提高和个人所得税制度的不断完善，个人所得税收入在税收收入中的比重迅速增加，在许多国家尤其是发达国家已确立了其主体税种的地位，成为财政收入的主要来源，国际上个人所得税收入占税收收入的比重约为 30%。

一、个人所得税的产生和发展

个人所得税最早起源于英国。我国个人所得税的基本规范是 1980 年 9 月 10 日第五届全国人民代表大会第三次会议通过的《中华人民共和国个人所得税法》（以下简称《个人所得税法》），此后，根据我国国民经济和社会发展的情况，全国人民代表大会常务委员会于 1993 年 10 月 31 日、1999 年 8 月 30 日、2005 年 10 月 27 日、2007 年 6 月 29 日、2007 年 12 月 29 日、2011 年 6 月 30 日对《个人所得税法》进行了六次修订。为贯彻落实党中央、国务院部署，积极回应社会各界对子女教育、大病医疗等支出纳入个人所得税税前扣除的呼声，2018 年 8 月 31 日第十三届全国人民代表大会常务委员会第五次会议对《个人所得税法》进行了第七次修订，自 2019 年 1 月 1 日起开始实施。

二、个人所得税税制模式

从国际上看，个人所得税的税制模式主要分为分类所得税制、综合所得税制以及混合所得税制三种类型。

▶▶▶ （一）分类所得税制

分类所得税制就是将纳税人不同来源、性质的所得项目，分别规定不同的税率征税，如工资、薪金所得，个体工商户生产、经营所得，劳务报酬所得，稿酬所得，特许权使用费所得，利息、股息、红利所得，财产租赁所得，财产转让所得，偶然所得等。其优点是对纳税人全部所得区分性质进行区别征税，能够体现国家的政治、经济与社会政策；缺点是对纳税人整体所得把握得不一定全面，容易导致实际税负的不公平。我国的个人所得税即采用分类所得税制。

▶▶▶ （二）综合所得税制

综合所得税制是对纳税人全年的各项所得加以汇总，就其总额进行征税；该种征收制度可以对纳税人的全部所得征税，从收入的角度体现税收公平的原则，但它不利于针对不同收入进行调节，不利于体现国家的有关社会、经济政策。

▶▶▶ （三）混合所得税制

混合所得税制是对纳税人不同来源、性质的所得先分别按照不同的税率征税，然后将全年的各项所得进行汇总征税。该种制度集中了前面两种优点，既可实现税收的政策性调节功能，也可体现税收的公平原则。

三、我国个人所得税的特点

（一）实行综合和分类并用征收

世界各国的个人所得税制分为分类所得税制、综合所得税制和混合所得税制，这三种税制各有所长，各国可根据本国具体情况选择、运用。我国现行个人所得税采用的是综合所得税制和分类所得税制相结合的方法，工资、薪金所得，劳务报酬所得，稿酬所得，以及特许权使用费所得合并在一起按综合所得计算个人所得税；经营所得，利息、股息、红利所得，财产租赁所得，财产转让所得，偶然所得按五类所得分类计算所得税。各项所得分别适用不同的费用减除规定、不同的税率和不同的计税方法。

（二）累进税率与比例税率并用

分类所得税制一般采用比例税率，综合所得税制通常采用累进税率。比例税率计算简便，便于实行源泉扣缴；累进税率可以合理调节收入分配，体现公平。我国现行个人所得税根据各类个人所得的不同性质和特点，将这两种形式的税率综合运用于个人所得税制。其中，对综合所得、经营所得采用累进税率，实行量能负担；对利息、股息、红利所得、财产租赁所得、财产转让所得、偶然所得等其他所得，采用比例税率，实行等比负担。

（三）费用扣除额较宽

各国的个人所得税均有费用扣除的规定，只是扣除的方法及额度不尽相同。我国本着费用扣除从宽、从简的原则，采用费用定额扣除和定率扣除两种方法。如对综合所得，每一纳税年度按 6 万元加专项扣除、专项附加扣除和依法确定的其他扣除作为扣除标准。而对财产租赁等所得实行每次收入不超过 4 000 元的减除 800 元，每次收入 4 000 元以上的减除 20％费用的双重扣除标准。

（四）采取课源制和申报制两种征纳方法

《个人所得税法》规定，对纳税人的应纳税额分别采取由支付单位源泉扣缴和纳税人自行申报两种方法。对凡是可以在应税所得的支付环节扣缴个人所得税的，均由扣缴义务人履行代扣代缴义务；对于没有扣缴义务人的，以及个人在两处以上取得工资、薪金所得的，由纳税人自行申报纳税。此外，对其他不便于扣缴税款的，亦规定由纳税人自行申报纳税。

第二节 个人所得税纳税义务人、征税范围和税率

一、纳税义务人

个人所得税的纳税义务人包括中国公民、个体工商业户、个人独资企业、合伙企业投资者、在中国有所得的外籍人员（包括无国籍人员，下同）和香港、澳门、台湾同胞。上述纳税义务人依据住所和居住时间两个标准，区分为居民纳税义务人和非居民纳税义务人，分别承担不同的纳税义务。

▶▶▶ （一）居民纳税义务人

居民纳税义务人负有无限纳税义务。其所取得的应纳税所得，无论是来源于中国境内还是中国境外任何地方，都要在中国缴纳个人所得税。根据《个人所得税法》规定，居民纳税义务人是指在中国境内有住所，或者无住所而一个纳税年度内在中国境内居住累计满183天的个人。

所谓在中国境内有住所，是指因户籍、家庭、经济利益关系，而在中国境内习惯性居住的个人。这里所说的习惯性居住是判定纳税义务人属于居民还是非居民的一个重要依据。它是指个人因学习、工作、探亲等原因消除之后，没有理由在其他地方继续居留时，所要回到的地方，而不是指实际居住或在某一个特定时期内的居住地。一个纳税人因学习、工作、探亲、旅游等原因，原来是在中国境外居住，但是在这些原因消除之后，如果必须回到中国境内居住的，则中国为该人的习惯性居住地。尽管该纳税义务人在一个纳税年度内，甚至连续几个纳税年度，都未在中国境内居住过1天，他仍然是中国居民纳税义务人，应就其来自全球的应纳税所得，向中国缴纳个人所得税。

综上可知，个人所得税的居民纳税义务人包括以下两类：

（1）在中国境内定居的中国公民和外国侨民，但不包括虽具有中国国籍，却并没有在中国大陆定居，而是侨居海外的华侨和居住在香港、澳门、台湾的同胞。

（2）从公历1月1日起至12月31日止，居住在中国境内的外国人、海外侨胞和香港、澳门、台湾同胞，如果在一个纳税年度内，在中国境内居住累计超过183天，判定为居民纳税义务人。例如某外籍人员自2019年1月起到中国任职，2019年7月5日到15日回国述职，2019年12月21日至31日休假回国，由于该纳税人在2019纳税年度在中国境内居住满183天，故该纳税人属于居民纳税义务人。

现行税法中关于"中国境内"的概念，是指中国大陆地区，目前还不包括中国香港、中国澳门和中国台湾地区。

（二）非居民纳税义务人

非居民纳税义务人是指不符合居民纳税义务人判定标准（条件）的纳税义务人。非居民纳税义务人承担有限纳税义务，即仅就其来源于中国境内的所得向中国缴纳个人所得税。《个人所得税法》规定，在中国境内无住所又不居住，或者无住所而一个纳税年度内在中国境内居住累计不满 183 天的个人，为非居民个人。也就是说，非居民纳税义务人是指习惯性居住地不在中国境内，而且不在中国居住，或者在一个纳税年度内，在中国境内居住累计不超过 183 天的个人。在现实生活中，习惯性居住地不在中国境内的个人，只有外籍人员、华侨或香港、澳门和台湾同胞。因此，非居民纳税义务人实际上只能是在一个纳税年度中，没有在中国境内居住，或者在中国境内居住累计不超过 183 天的外籍人员、华侨或香港、澳门、台湾同胞。

自 2004 年 7 月 1 日起，对境内居住的天数和境内实际工作期间按以下规定为准：

（1）对在中国境内无住所的个人，需要计算确定其在中国境内居住天数，以便依照税法和协定或安排的规定判定其在华负有何种纳税义务时，均应以该个人实际在华逗留天数计算。上述个人入境、离境、往返或多次往返境内外的当日，均按 1 天计算其在华实际逗留天数。

（2）对在中国境内、境外机构同时担任职务或仅在境外机构任职的境内无住所的个人，在计算其境内工作期间时，对其入境、离境、往返或多次往返境内外的当日，均按半天计算其在华实际工作天数。

二、征税范围的一般规定

下列各项个人所得，应纳个人所得税。

（一）工资、薪金所得

工资、薪金所得是指个人因任职或者受雇而取得的工资、薪金、奖金、年终加薪、劳动分红、津贴、补贴以及与任职或者受雇有关的其他所得。

一般来说，工资、薪金所得属于非独立个人劳动所得。所谓非独立个人劳动是指个人所从事的是由他人指定、安排并接受管理的劳动，工作或服务于公司、工厂、行政事业单位的人员（私营企业主除外）均为非独立劳动者。他们从上述单位取得的劳动报酬是以工资、薪金的形式体现的。在这类报酬中，工资和薪金的收入主体略有差异。通常情况下，把直接从事生产、经营或服务的劳动者（工人）的收入称为工资，即所谓"蓝领阶层"所得；而将从事社会公职或管理活动的劳动者（公职人员）的收入称为薪金，即所谓"白领阶层"所得。但在实际立法过程中，各国都从简便易行的角度考虑，将工资、薪金合并为一个项目计征个人所得税。

除工资、薪金以外，奖金、年终加薪、劳动分红、津贴、补贴也被确定为工资、薪金范畴。其中，年终加薪、劳动分红不分种类和取得情况，一律按工资薪金所得课税，津贴、补贴等则有例外。根据我国目前个人收入的构成情况，规定对于一些不属于工资、薪金性质的补贴、津贴或者不属于纳税人本人工资、薪金所得项目的收入，不予征税。这些项目包括：独生子女补贴、家属成员的补贴、托儿补助费、差旅费津贴、误餐补助。其中，误餐补助是指按照财政部规定个人因公在城区、郊区工作，不能在工作单位或返回就餐的，根据实际误餐顿数，按规定的标准领取的误餐费。单位以误餐补助名义发给职工的津贴不能包括在内。奖金是指所有具有工资性质的奖金，免税奖金的范围在税法中另有规定。

公司职工取得的用于购买企业国有股权的劳动分红，按"工资、薪金所得"项目计征个人所得税。经营单位对出租车驾驶员采取单车承包或承租方式运营，出租车驾驶员从事客货营运取得的收入，按工资、薪金所得征税。

▶▶▶ （二）劳务报酬所得

劳务报酬所得是指个人从事劳务取得的所得，包括从事设计、装潢、安装、制图、化验、测试、医疗、法律、会计、咨询、讲学、翻译、审稿、书画、雕刻、影视、录音、录像、演出、表演、广告、展览、技术服务、介绍服务、经纪服务、代办服务以及其他劳务取得的所得。

自2004年1月20日起，对商品营销活动中，企业和单位对其营销业绩突出的非雇员以培训班、研讨会、工作考察等名义组织旅游活动，通过免收差旅费、旅游费对个人实行的营销业绩奖励（包括实物、有价证券等），应根据所发生费用的全额作为该营销人员当期的劳务收入，按照"劳务报酬所得"项目征收个人所得税，并由提供上述费用的企业和单位代扣代缴。

在实际操作过程中，还可能出现难以判定一项所得是属于工资、薪金所得，还是属于劳务报酬所得的情况。这两者的区别在于：工资、薪金所得属于从事非独立个人劳务活动所得的报酬，即在机关、团体、学校、部队、企业、事业单位及其他组织中任职、受雇而得到的报酬；而劳务报酬所得则是个人独立从事各种技艺、提供各项劳务取得的报酬。

▶▶▶ （三）稿酬所得

稿酬所得是指个人因其作品以图书、报刊形式出版、发表而取得的所得。作品包括文学作品、书画作品、摄影作品以及其他作品。作者去世后，财产继承人取得的遗作稿酬也应按稿酬所得征收个人所得税。

将稿酬所得独立划归一个征税项目，而对不以图书、报刊形式出版、发表的翻译、审稿、书画所得归为劳务报酬所得，主要是考虑了出版、发表作品的特殊性：第一，它是一种依靠较高智力创作的精神产品；第二，它具有普遍性；第三，它与社会主义精神文明和物质文明密切相关；第四，它的报酬相对偏低。因此，稿酬所得应当与一般劳务报酬相区别，并给予适当优惠照顾。

▶▶▶ （四）特许权使用费所得

特许权使用费所得是指个人提供专利权、商标权、著作权、非专利技术以及其他特许权的使用权取得的所得。提供著作权的使用权取得的所得，不包括稿酬所得。

专利权是由国家专利主管机关依法授予专利申请人或其权利继承人在一定期间内实施其发明创造的专有权。对于专利权，许多国家只将提供他人使用取得的所得列入特许权使用费，而将转让专利权所得列为资本利得税的征税对象。我国没有开征资本利得税，故将个人提供和转让专利权取得的所得都列入特许权使用费所得，征收个人所得税。

商标权，即商标注册人享有的商标专用权。著作权，即版权，是作者依法对文学、艺术和科学作品享有的专有权。个人提供或转让商标权、著作权、专有技术或技术秘密、技术诀窍取得的所得，应当依法缴纳个人所得税。

▶▶▶ （五）经营所得

经营所得包括以下内容：

（1）个体工商户从事生产、经营活动取得的所得，个人独资企业投资人、合伙企业的个人合伙人来源于境内注册的个人独资企业、合伙企业生产、经营的所得；

（2）个人依法从事办学、医疗、咨询以及其他有偿服务活动取得的所得；

（3）个人对企业、事业单位承包经营、承租经营以及转包、转租取得的所得；

（4）个人从事其他生产、经营活动取得的所得。

个体工商户从事生产、经营所得是指个体工商户从事工业、手工业、建筑业、交通运输业、商业、饮食业、服务业、修理业及其他行业取得的所得。

个人因从事彩票代销业务而取得的所得，应按照"经营所得"项目计征个人所得税。

从事个体出租车运营的出租车驾驶员取得的收入，按个体工商户从事生产、经营所得项目缴纳个人所得税。

出租车属个人所有，但挂靠出租汽车经营单位或企事业单位，驾驶员向挂靠单位缴纳管理费的，或出租汽车经营单位将出租车所有权转移给驾驶员的，出租车驾驶员从事客货运营取得的收入，比照个体工商户从事生产、经营所得项目征税。

个体工商户和从事生产、经营的个人，取得与生产、经营活动无关的其他各项应税所得，应分别按照其他应税项目的有关规定，计算征收个人所得税。如取得银行存款的利息所得、对外投资取得的股息所得，应按"利息、股息、红利所得"税目的规定单独计征个人所得税。

个人独资企业、合伙企业的个人投资者以企业资金为本人、家庭成员及其相关人员支付与企业生产经营无关的消费性支出及购买汽车、住房等财产性支出，视为企业对个人投资者的利润分配，并入投资者个人的生产经营所得，依照"个体工商户的生产、经营所得"项目计征个人所得税。

▶▶▶ （六）利息、股息、红利所得

利息、股息、红利所得是指个人拥有债权、股权而取得的利息、股息、红利所得。

利息是指个人拥有债权而取得的利息，包括存款利息、贷款利息和各种债券的利息。按税法规定，个人取得的利息所得，除国债和国家发行的金融债券利息外，应当依法缴纳个人所得税。股息、红利是指个人拥有股权取得的股息、红利。按照一定的比率对每股发给的息金叫作股息；公司、企业应分配的利润，按股份分配的叫作红利。股息、红利所得，除另有规定外，都应当缴纳个人所得税。

除个人独资企业、合伙企业以外的其他企业的个人投资者，以企业资金为本人、家庭成员及其相关人员支付与企业生产经营无关的消费性支出及购买汽车、住房等财产性支出，视为企业对个人投资者的红利分配，依照"利息、股息、红利所得"项目计征个人所得税。企业的上述支出不允许在所得税前扣除。

纳税年度内个人投资者从其投资企业（个人独资企业、合伙企业除外）借款，在该纳税年度终了后既不归还又未用于企业生产经营的，其未归还的借款可视为企业对个人投资者的红利分配，依照"利息、股息、红利所得"项目计征个人所得税。

▶▶▶ （七）财产租赁所得

财产租赁所得是指个人出租不动产、机器设备、车船以及其他财产取得的所得。

个人取得的财产转租收入属于财产租赁所得的征税范围，由财产转租人缴纳个人所得税。

▶▶▶ （八）财产转让所得

财产转让所得是指个人转让有价证券、股权、合伙企业中的财产份额、不动产、机器设备、车船以及其他财产取得的所得。

在现实生活中，个人进行的财产转让主要是个人财产所有权的转让。财产转让实际上是一种买卖行为，当事人双方通过签订、履行财产转让合同，形成财产买卖的法律关系，使出让财产的个人从对方取得价款（收入）或其他经济利益。财产转让所得因其性质的特殊性，需要单独列举项目征税。对个人取得的各项财产转让所得，除股票转让所得外，都要征收个人所得税。具体规定为：

（1）股票转让所得。根据《中华人民共和国个人所得税法实施条例》（以下简称《个人所得税法实施条例》）规定，对股票转让所得征收个人所得税的办法由财政部另行制定，报国务院批准施行。鉴于我国证券市场发育还不成熟，股份制还处于试点阶段，对股票转让所得的计算、征税办法和纳税期限的确认等都需要做深入的调查研究后，结合国际通行的做法，作出符合我国实际的规定，因此国务院决定，对股票转让所得暂不征收个人所得税。

（2）量化资产股份转让。量化资产是指原集体所有制企业进行股份制改造时，企业职工个人得到一些企业的股份，这些股份不能以现金的方式发给企业员工，而是把企业的所得资产，如地皮、厂房、设备等，划分成股，然后分配给每名职工的资产。根据2000年3月29日国税发［2000］60号文件《国家税务总局关于企业改组改制过程中个人取得的量化资产征收个人所得税问题的通知》，集体所有制企业在改制为股份合作企业时，对职工个人以股份形式取得的拥有所有权的企业量化资产暂缓征收个人所得税；个人将股份转让时，就其转让收入额减除个人取得该股份时实际支付的费用支出和合理转让费用后余额，按"财产转让所得"征税。

（3）限售股转让所得。根据《关于个人转让上市公司限售股所得征收个人所得税有关问题的通知》（财税〔2009〕167号），自2010年1月1日起对限售股转让征收个人所得税。限售股包括：上市公司股权分置改革完成后股票复牌日之前股东所持原非流通股股份，以及股票复牌日至解禁日期间由上述股份孳生的送、转股（即股改限售股）；2006年股权分置改革新老划断后，首次公开发行股票并上市的公司形成的限售股，以及上市首日至解禁日期间由上述股份孳生的送、转股（即新股限售股）；个人从机构或其他个人受让的未解禁限售股；个人因依法继承或家庭财产依法分割取得的限售股；个人持有的从代办股份转让系统转到主板市场（或中小板、创业板市场）的限售股；上市公司吸收合并中，个人持有的原被合并方公司限售股所转换的合并方公司股份；上市公司分立中，个人持有的被分立方公司限售股所转换的分立后公司股份以及其他限售股。

▶▶▶ （九）偶然所得

偶然所得是指个人得奖、中奖、中彩以及其他偶然性质的所得。得奖是指参加各种有奖竞赛活动，取得名次得到的奖金；中奖、中彩是指参加各种有奖活动，如有奖销售、有奖储蓄或者购买彩票，经过规定程序，抽中、摇中号码而取得的奖金。偶然所得应缴纳的个人所得税税款，一律由发奖单位或机构代扣代缴。

个人取得的所得难以界定应纳税所得项目的，由国务院税务主管部门确定。

三、征税范围的具体规定

（1）居民纳税义务人负无限纳税义务，就其来源于中国境内、境外的所得，向我国政府履行全面纳税义务，依法缴纳个人所得税。

①"6年规则"：在中国境内无住所的个人，在中国境内居住累计满183天的年度连续不满6年的，经向主管税务机关备案，其来源于中国境外且由境外单位或者个人支付的所得，免予缴纳个人所得税；在中国境内居住累计满183天的任一年度中有一次离境超过30天的，其在中国境内居住累计满183天的年度的连续年限重新起算。

②在中国境内无住所的个人在中国境内居住累计满183天的年度连续满6年的，从第7年起，应当就其来源于中国境内、境外的全部所得缴纳个人所得税。个人在中国境内居住满6年是指个人在中国境内连续居住满6年，即在连续6年中的每一个纳税年度内均居住满183天；个人从第7年起以后各年度中，凡在境内居住满183天的，就其境内、境外所得申报纳税；凡在境内居住不满183天的，仅就其该年内来源于境内的所得申报纳税；如该个人在第7年起以后的某一纳税年度内在境内居住不足90天，可以按税法相关规定确定纳税义务，仅就其境内所得境内支付部分交税。

（2）非居民纳税义务人负有限纳税义务，仅就其来源于中国境内的所得向中国缴纳个人所得税。

① "90 天规则"：在中国境内无住所的个人，在一个纳税年度内在中国境内居住累计不超过 90 天的，其来源于中国境内的所得，由境外雇主支付并且不由该雇主在中国境内的机构、场所负担的部分，免予缴纳个人所得税。仅就其实际在中国境内工作期间由中国境内企业或个人雇主支付或者由中国境内机构负担的工资、薪金所得纳税。

②在境内无住所而一个纳税年度内在境内连续或累计居住超过 90 日，但不满 183 天的个人，其来源于中国境内的所得，无论是由中国境内企业或个人雇主支付还是由境外企业或个人雇主支付，均应缴纳个人所得税。至于个人在中国境外取得的工资、薪金所得，除担任中国境内企业董事或高层管理人员，并在境外履行职务，而由境内企业支付董事费或工资之外，不缴纳个人所得税。

四、所得来源的确定

下列所得，不论支付地点是否在中国境内，均视为来源于中国境内的所得：
（1）因任职、受雇、履约等在中国境内提供劳务取得的所得；
（2）将财产出租给承租人在中国境内使用而取得的所得；
（3）许可各种特许权在中国境内使用而取得的所得；
（4）转让中国境内的不动产等财产或者在中国境内转让其他财产取得的所得；
（5）从中国境内企业、事业单位、其他组织以及居民个人取得的利息、股息、红利所得。

五、税　率

我国个人所得税本着区别对待、税负从轻的原则，实行分类征收税制，税率设置了超额累进税率和比率税率两种形式。

▶▶▶ （一）综合所得适用税率

居民个人取得工资、薪金所得，劳务报酬所得，稿酬所得，特许权使用费所得（以下称综合所得），按纳税年度合并计算个人所得税；非居民个人取得综合所得，按月或者按次分项计算个人所得税。综合所得适用七级超额累进税率，税率为 3%～45%（见表 8-1）。

表 8-1　　　　　　　　　综合所得个人所得税税率表

级数	全年应纳税所得额	税率（%）	速算扣除数
1	不超过 36 000 元的	3	0
2	超过 36 000 元不超过 144 000 元的	10	2 520
3	超过 144 000 元不超过 300 000 元的	20	16 920
4	超过 300 000 元不超过 420 000 元的	25	31 920
5	超过 420 000 元不超过 660 000 元的	30	52 920

续前表

级数	全年应纳税所得额	税率（％）	速算扣除数
6	超过 660 000 元不超过 960 000 元的	35	85 920
7	超过 960 000 元的	45	181 920

注：（1）居民个人取得综合所得的全年应纳税所得额是指每一纳税年度收入额减除费用 6 万元以及专项扣除、专项附加扣除和依法确定的其他扣除后的余额。

（2）非居民个人取得综合所得按照本表按月换算后计算应纳税额，应纳税所得额是指每月收入额减除费用 5 000 元后的余额；劳务报酬所得、稿酬所得、特许权使用费所得以每次收入额为应纳税所得额。

▶▶▶（二）经营所得适用税率

经营所得适用 5％～35％ 的五级超额累进税率（见表 8-2）。

表 8-2　　　　　　　　　　经营所得个人所得税税率表

级数	全年应纳税所得额	税率（％）	速算扣除数
1	不超过 30 000 元的	5	0
2	超过 30 000 元不超过 90 000 元的	10	1 500
3	超过 90 000 元不超过 300 000 元的	20	10 500
4	超过 300 000 元不超过 500 000 元的	30	40 500
5	超过 500 000 元的	35	65 500

注：本表所称全年应纳税所得额是以每一纳税年度的收入总额减除成本、费用以及损失后的余额。

承包、承租人对企业经营成果不拥有所有权，仅是按合同（协议）规定取得一定所得的，其所得按"工资、薪金所得"项目征税，适用 3％～45％ 的七级超额累进税率。

承包、承租人按合同（协议）的规定只向发包方、出租方缴纳一定费用后，企业经营成果归其所有的，承包、承租人取得的所得按对企事业单位的承包经营、承租经营所得项目，适用 5％～35％ 的五级超额累进税率征税。

▶▶▶（三）其他所得适用税率

其他所得包括利息、股息、红利所得，财产租赁所得，财产转让所得和偶然所得，适用比例税率，税率为 20％。

为有效调控居民收入分配，我国税法对有关项目做了减征规定。

（1）稿酬所得的收入额减按 70％ 计算。

（2）对个人出租房屋取得的所得减按 10％ 的税率征收个人所得税。

第三节 个人所得税应纳税所得额 及应纳税额的计算

一、应纳税所得额的计算

由于个人所得税的应税项目不同，并且取得某项所得所需费用也不相同，因此，计算个人应纳税所得额需按不同应税项目分项计算，以某项应税项目的收入额减去税法规定的该项目费用减除标准后的余额为该应税项目的应纳税所得额。

▶▶▶ （一）每次收入的确定

《个人所得税法》对纳税义务人的征税方法有三种：一是按年计征，如经营所得；二是按月计征，如非居民工资、薪金所得；三是按次计征，如财产租赁所得、偶然所得等。在按次征收情况下，由于扣除费用依据每次应纳税所得额的大小分别规定了定额和定率两种标准，因此无论是从正确贯彻税法的立法精神、维护纳税义务人的合法权益方面来看，还是从避免税收漏洞、防止税款流失、保证国家税收收入方面来看，如何准确划分次数，都是十分重要的。《个人所得税法实施条例》中对次数的确定作出了明确规定。

（1）劳务报酬所得根据不同劳务项目的特点分别规定为：

①只有一次性收入的以取得该项收入为一次。例如从事设计、安装、装潢、制图、化验、测试等劳务，往往是接受客户的委托，按照客户的要求，完成一次劳务后取得收入。因此，属于一次性收入的，应以每次提供劳务取得的收入为一次。

②属于同一事项连续取得收入的，以1个月内取得的收入为一次。例如，某歌手与一个卡拉OK厅签约，在1年内每天到卡拉OK厅演唱一次，每次演出后得到50元。在计算其劳务报酬所得时，该收入应视为同一事项的连续性收入，以其1个月内取得的收入为一次计征个人所得税，而不能以每天取得的收入为一次。

（2）稿酬所得以每次出版、发表取得的收入为一次。具体又可细分为：

①同一作品再版取得的所得，应视作另一次稿酬所得计征个人所得税。

②同一作品在报刊上连载取得收入的，以连载完成后取得的所有收入合并为一次，计征个人所得税。

③同一作品先在报刊上连载，再出版，或先出版，再在报刊上连载的，应视为两次稿酬所得征税，即连载作为一次，出版作为另一次。

④同一作品在出版和发表时，以预付稿酬或分次支付稿酬等形式取得的稿酬收入，应合并计算为一次。

⑤同一作品出版、发表后，因添加印数而追加稿酬的，应与以前出版、发表时取得

的稿酬合并计算为一次，计征个人所得税。

（3）特许权使用费所得，以某项使用权的一次转让所取得的收入为一次。一个纳税义务人可能不仅拥有一项特许权利，每一项特许权的使用权也可能不止一次地向他人提供。因此，对特许权使用费所得的"次"的界定，明确为每一项使用权的每次转让所取得的收入为一次。如果该次转让取得的收入是分笔支付的，则应将各笔收入相加为一次的收入，计征个人所得税。

（4）财产租赁所得，以1个月内取得的收入为一次。

（5）利息、股息、红利所得，以支付利息、股息、红利时取得的收入为一次。

（6）偶然所得，以每次收入为一次。

（7）其他所得，以每次收入为一次。

▶▶▶ （二）费用减除标准

1. 综合所得

居民个人的综合所得，以每一纳税年度的收入额减除费用6万元以及专项扣除、专项附加扣除和依法确定的其他扣除后的余额，为应纳税所得额。

（1）专项扣除。

专项扣除包括居民个人按照国家规定的范围和标准缴纳的基本养老保险、基本医疗保险、失业保险等社会保险费和住房公积金等。

（2）专项附加扣除。

个人所得税专项附加扣除是指《个人所得税法》规定的子女教育、继续教育、大病医疗、住房贷款利息、住房租金和赡养老人等6项专项附加扣除。

个人所得税专项附加扣除遵循公平合理、利于民生、简便易行的原则。今后会根据教育、医疗、住房、养老等民生支出变化情况，适时调整专项附加扣除范围和标准。

①子女教育支出。纳税人的子女接受全日制学历教育的相关支出，按照每个子女每月1 000元的标准定额扣除。

学历教育包括义务教育（小学、初中教育）、高中阶段教育（普通高中、中等职业、技工教育）、高等教育（大学专科、大学本科、硕士研究生、博士研究生教育）。年满3岁至小学入学前处于学前教育阶段的子女，按学历教育扣除标准扣除。上述受教育地点，包括在中国境内和在境外接受教育。纳税人子女在中国境外接受教育的，纳税人应当留存境外学校录取通知书、留学签证等相关教育的证明资料备查。

父母可以选择由其中一方按扣除标准的100%扣除，也可以选择由双方分别按扣除标准的50%扣除，具体扣除方式在一个纳税年度内不能变更。

②继续教育支出。纳税人在中国境内接受学历（学位）继续教育的支出，在学历（学位）教育期间按照每月400元定额扣除。同一学历（学位）继续教育的扣除期限不能超过48个月。纳税人接受技能人员职业资格继续教育、专业技术人员职业资格继续教育的支出，在取得相关证书的当年，按照3 600元定额扣除。职业资格具体范围，以人力资源社会保障部公布的国家职业资格目录为准。

个人接受本科及以下学历（学位）继续教育，符合《个人所得税专项附加扣除暂行办法》规定扣除条件的，可以选择由其父母扣除，也可以选择由本人扣除。纳税人接受技能人员职业资格继续教育、专业技术人员职业资格继续教育的，应当留存相关证书等资料备查。

③大病医疗支出。在一个纳税年度内，纳税人发生的与基本医保相关的医药费用支出，扣除医保报销后个人负担（即医保目录范围内的自付部分）累计超过 15 000 元的部分，由纳税人在办理年度汇算清缴时，在 80 000 元限额内据实扣除。

纳税人发生的医药费用支出可以选择由本人或者其配偶扣除；未成年子女发生的医药费用支出可以选择由其父母一方扣除。纳税人应当留存医药服务收费及医保报销相关票据原件（或者复印件）等资料备查。医疗保障部门应当向患者提供在医疗保障信息系统记录的本人年度医药费用信息查询服务。

④住房贷款利息支出。纳税人本人或者配偶单独或者共同使用商业银行或者住房公积金个人住房贷款为本人或者其配偶购买中国境内住房，发生的首套住房贷款利息支出，在实际发生贷款利息的年度，按照每月 1 000 元的标准定额扣除，扣除期限最长不超过 240 个月。纳税人只能享受一次首套住房贷款的利息扣除。首套住房贷款是指购买住房享受首套住房贷款利率的住房贷款。

经夫妻双方约定，可以选择由其中一方扣除，具体扣除方式在一个纳税年度内不能变更。

夫妻双方婚前分别购买住房发生的首套住房贷款，其贷款利息支出，婚后可以选择其中一套购买的住房，由购买方按扣除标准的 100% 扣除，也可以由夫妻双方对各自购买的住房分别按扣除标准的 50% 扣除，具体扣除方式在一个纳税年度内不能变更。

纳税人应当留存住房贷款合同、贷款还款支出凭证备查。

⑤住房租金支出。纳税人在主要工作城市没有自有住房而发生的住房租金支出，可以按照以下标准定额扣除：

直辖市、省会（首府）城市、计划单列市以及国务院确定的其他城市，扣除标准为每月 1 500 元；

除第一项所列城市以外，市辖区户籍人口超过 100 万的城市，扣除标准为每月 1 100 元；市辖区户籍人口不超过 100 万的城市，扣除标准为每月 800 元。

纳税人的配偶在纳税人的主要工作城市有自有住房的，视同纳税人在主要工作城市有自有住房。

主要工作城市是指纳税人任职受雇的直辖市、计划单列市、副省级城市、地级市（地区、州、盟）全部行政区域范围；纳税人无任职受雇单位的，为受理其综合所得汇算清缴的税务机关所在城市。

夫妻双方主要工作城市相同的，只能由一方扣除住房租金支出。住房租金支出由签订租赁住房合同的承租人扣除。

纳税人及其配偶在一个纳税年度内不能同时分别享受住房贷款利息和住房租金专项附加扣除。

纳税人应当留存住房租赁合同、协议等有关资料备查。

⑥赡养老人支出。纳税人赡养一位及以上被赡养人的赡养支出，统一按照以下标准定额扣除：

纳税人为独生子女的，按照每月2000元的标准定额扣除；

纳税人为非独生子女的，由其与兄弟姐妹分摊每月2000元的扣除额度，每人分摊的额度不能超过每月1000元。可以由赡养人均摊或者约定分摊，也可以由被赡养人指定分摊。约定或者指定分摊的须签订书面分摊协议，指定分摊优先于约定分摊。具体分摊方式和额度在一个纳税年度内不能变更。

被赡养人是指年满60岁的父母，以及子女均已去世的年满60岁的祖父母、外祖父母。

（3）其他扣除。

其他扣除包括个人缴付符合国家规定的企业年金、职业年金，个人购买符合国家规定的商业健康保险、税收递延型商业养老保险的支出，以及国务院规定可以扣除的其他项目。

专项扣除、专项附加扣除和依法确定的其他扣除，以居民个人一个纳税年度的应纳税所得额为限额；一个纳税年度扣除不完的，不结转以后年度扣除。

2. 经营所得

经营所得以每一纳税年度的成本、费用以及损失为标准进行扣除。成本、费用是指生产、经营活动中发生的各项直接支出和分配计入成本的间接费用以及销售费用、管理费用、财务费用；损失是指生产、经营活动中发生的固定资产和存货的盘亏、毁损、报废损失，转让财产损失，坏账损失，自然灾害等不可抗力因素造成的损失以及其他损失。从事生产、经营活动，未提供完整、准确的纳税资料，不能正确计算应纳税所得额的，由主管税务机关核定应纳税所得额或者应纳税额。个人独资企业的投资者以全部生产经营所得为应纳税所得额；合伙企业的投资者按照合伙企业的全部生产经营所得和合伙协议约定的分配比例，确定应纳税所得额，合伙协议没有约定分配比例的，以全部生产经营所得和合伙人数量平均计算每个投资者的应纳税所得额。上述所称经营所得，包括企业分配给投资者个人的所得和企业当年留存的所得（利润）。

3. 财产租赁所得

每次收入不超过4000元的，减除费用800元；4000元以上的，减除20%的费用，其余额为应纳税所得额。

4. 财产转让所得

以转让财产的财产原值和合理费用为标准进行扣除。财产原值按照下列方法确定：

（1）有价证券，为买入价以及买入时按照规定交纳的有关费用；

（2）建筑物，为建造费或者购进价格以及其他有关费用；

（3）土地使用权，为取得土地使用权所支付的金额、开发土地的费用以及其他有关费用；

（4）机器设备、车船，为购进价格、运输费、安装费以及其他有关费用。

其他财产，参照上述规定的方法确定财产原值。

纳税人未提供完整、准确的财产原值凭证，不能按照上述规定的方法确定财产原值的，由主管税务机关核定财产原值。

合理费用是指卖出财产时按照规定支付的有关税费。

>>> （三）应纳税所得额的其他规定

个人将其所得通过中国境内的公益性社会组织、国家机关向教育、扶贫、济困等公益慈善事业的捐赠，捐赠额未超过纳税人申报的应纳税所得额30％的部分，可以从其应纳税所得额中扣除；国务院规定对公益慈善事业捐赠实行全额税前扣除的，从其规定。

个人取得的应纳税所得，包括现金、实物和有价证券。所得为实物的，应当按照取得的凭证上所注明的价格计算应纳税所得额；无凭证的实物或者凭证上所注明的价格明显偏低的，由主管税务机关参照当地的市场价格核定应纳税所得额。所得为有价证券的，由主管税务机关根据票面价格和市场价格核定应纳税所得额。

二、应纳税额的计算

依照税法规定的适用税率和费用扣除标准，各项所得的应纳税额，应分别计算如下：

>>> （一）居民个人的综合所得应纳税额的计算

居民个人取得工资、薪金所得，劳务报酬所得，稿酬所得，特许权使用费四项综合所得时，以每一纳税年度的收入额减除费用6万元以及专项扣除、专项附加扣除和依法确定的其他扣除后的余额为应纳税所得额。由扣缴义务人按月或者按次预扣预缴税款，年终汇算清缴。具体方法规定如下：

1. 工资、薪金所得税款计算方法

扣缴义务人向居民个人支付工资、薪金所得时，需要按照"累计预扣法"计算预扣预缴税款。具体方法为：

（1）计算累计预扣预缴应纳税所得额。

对居民个人，按照其在本单位截至当前月份工资、薪金所得的累计收入，减除累计免税收入、累计减除费用、累计专项扣除、累计专项附加扣除和累计依法确定的其他扣除计算预扣预缴应纳税所得额。具体公式为：

$$\begin{array}{l}累计预扣预缴\\应纳税所得额\end{array} = \begin{array}{l}累计\\收入\end{array} - \begin{array}{l}累计\\免税收入\end{array} - \begin{array}{l}累计\\减除费用\end{array} - \begin{array}{l}累计\\专项扣除\end{array} - \begin{array}{l}累计专项\\附加扣除\end{array} - \begin{array}{l}累计依法确定的\\其他扣除\end{array}$$

在上述公式中，员工当期可扣除的专项附加扣除金额为该员工在本单位截至当前月份符合政策条件的扣除金额。

（2）计算本期应预扣预缴税额。

根据累计预扣预缴应纳税所得额，对照个人所得税预扣率表8-1，查找适用预扣率和速算扣除数，据此计算累计应预扣预缴税额，再减除累计减免税额和累计已预扣预缴税额。如果计算本月应预扣预缴税额为负值时，暂不退税。纳税年度终了后余额仍为负值时，由纳税人通过办理综合所得年度汇算清缴，税款多退少补。具体公式为：

$$\begin{array}{l}本期应预扣\\预缴税额\end{array} = \left(\begin{array}{l}累计预扣预缴\\应纳税所得额\end{array} \times 预扣率 - \begin{array}{l}速算\\扣除数\end{array}\right) - \begin{array}{l}累计减免\\税额\end{array} - \begin{array}{l}累计已\\预扣预缴税额\end{array}$$

【例8-1】某职员赵某2015年入职，2019年每月应发工资均为10 000元，每月减除费用5 000元,"三险一金"等专项扣除为1 500元,从1月起享受子女教育专项附加扣除1 000元,假设没有减免收入及减免税额等情况。以前3个月为例,应当按照以下方法计算预扣预缴税额:

1月份:(10 000−5 000−1 500−1 000)×3%=75(元);

2月份:(10 000×2−5 000×2−1 500×2−1 000×2)×3%−75=75(元);

3月份:(10 000×3−5 000×3−1 500×3−1 000×3)×3%−75−75=75(元)。

进一步计算可知,该纳税人全年累计预扣预缴应纳税所得额为(10 000−5 000−1 500−1 000)×12=30 000(元),30 000元<36 000元,一直适用3%的税率,因此各月应预扣预缴的税款相同。

【例8-2】经理李某2009年入职,2019年每月应发工资均为30 000元,每月减除费用5 000元,"三险一金"等专项扣除为4 500元,享受子女教育、赡养老人两项专项附加扣除共计2 000元,假设没有减免收入及减免税额等情况。以前3个月为例,应当按照以下方法计算各月应预扣预缴税额:

1月份:(30 000−5 000−4 500−2 000)×3%=555(元);

2月份:(30 000×2−5 000×2−4 500×2−2 000×2)×10%−2 520−555=625(元);

3月份:(30 000×3−5 000×3−4 500×3−2 000×3)×10%−2 520−555−625=1 850(元)。

上述计算结果表明,由于2月份累计预扣预缴应纳税所得额为37 000元,已适用10%的税率,因此2月份和3月份应预扣预缴税款有所增加。

2. 劳务报酬所得、稿酬所得、特许权使用费所得税款的计算方法

扣缴义务人向居民个人支付劳务报酬所得、稿酬所得、特许权使用费所得,按次或者按月预扣预缴个人所得税。具体预扣预缴方法如下:

(1)计算预扣预缴应纳税所得额。三项综合所得以每次收入减除费用后的余额为收入额,其中稿酬所得的收入额减按70%计算。当三项综合所得每次收入不超过4 000元的,减除费用按800元计算;当每次收入在4 000元以上的,减除费用按20%计算。三项综合所得以每次收入额为预扣预缴应纳税所得额。

(2)计算预扣预缴应纳税额。根据预扣预缴应纳税所得额乘以适用预扣率计算应预扣预缴税额。其中,劳务报酬所得适用表8-3居民个人劳务报酬所得个人所得税预扣率,稿酬所得、特许权使用费所得适用20%的比例预扣率。

表8-3　　　　　　　　居民个人劳务报酬所得个人所得税预扣率表

级数	累计预扣预缴应纳税所得额	预扣率(%)	速算扣除数
1	不超过20 000元的部分	20	0
2	超过20 000元至50 000元的部分	30	2 000
3	超过50 000元的部分	40	7 000

【例8-3】假如居民王某个人取得劳务报酬所得3 000元,则这笔所得应预扣预缴税额

的计算过程为：

预扣预缴应纳税所得额：$3\,000-800=2\,200$（元）；

应预扣预缴税额：$2\,200\times20\%=440$（元）。

【例8-4】假如居民赵某个人取得稿酬所得20 000元，则这笔所得应预扣预缴税额计算过程为：

预扣预缴应纳税所得额：$(20\,000-20\,000\times20\%)\times70\%=11\,200$（元）；

应预扣预缴税额：$11\,200\times20\%=2\,240$（元）。

上述三项所得预扣预缴税款的计算和年度汇算清缴税款的计算方法是有区别的。主要差别为：

一是收入额的计算方法不同。年度汇算清缴时，收入额为收入减除20%的费用后的余额；预扣预缴时收入额为每次收入减除费用后的余额，其中，收入不超过4 000元的，费用按800元计算；每次收入4 000元以上的，费用按20%计算。

二是可扣除的项目不同。居民个人的上述三项所得和工资、薪金所得属于综合所得，年度汇算清缴时以四项所得的合计收入额减除费用6万元以及专项扣除、专项附加扣除和依法确定的其他扣除后的余额为应纳税所得。而根据《个人所得税法》及《个人所得税法实施条例》规定，上述三项所得日常预扣预缴税款时暂不减除专项附加扣除。

三是适用的税率/预扣率不同。年度汇算清缴时，各项所得合并适用3%～45%的超额累进税率；预扣预缴时，劳务报酬所得适用表8-3中的个人所得税预扣率，稿酬所得、特许权使用费所得适用20%的比例预扣率。

【例8-5】某职员赵某2015年入职，2019年每月应发工资均为10 000元，每月减除费用5 000元，"三险一金"等专项扣除为1 500元，从1月起享受子女教育专项附加扣除1 000元，5月个人取得稿酬所得20 000元，假设没有其他收入、减免收入及减免税额等情况。2019年赵某共缴纳多少个人所得税？

解：从例8-1可知，赵某2019年工资、薪金所得预交个人所得税为$75\times12=900$（元）。

从例8-4可知，赵某稿酬所得预交个人所得税2 240元。

2019年赵某共预交个人所得税$900+2\,240=3\,140$（元）。

年终汇算清缴应纳税所得额$=[10\,000\times12+20\,000\times(1-20\%)\times70\%-5\,000\times12-1\,500\times12-1\,000\times12]=41\,200$（元），适用税率10%，速算扣除数为2 520元，故赵某2019年应纳个人所得税额$=41\,200\times10\%-2\,520=1\,600$（元）。

年终汇算清缴应退还赵某$3\,140-1\,600=1\,540$（元）。

▶▶▶ **（二）非居民个人应纳税额的计算**

扣缴义务人向非居民个人支付工资、薪金所得，劳务报酬所得，稿酬所得和特许权使用费所得时，应当按以下方法按月或者按次代扣代缴个人所得税：

非居民个人的工资、薪金所得，以每月收入额减除费用5 000元后的余额为应纳税所得额；劳务报酬所得、稿酬所得、特许权使用费所得，以每次收入额为应纳税所得额，适用按月换算后的非居民个人月度税率表（见表8-4）计算应纳税额。其中，劳务报酬所得、稿酬所得、特许权使用费所得以收入减除 20% 的费用后的余额为收入额。稿酬所得的收入额减按 70% 计算。

非居民个人工资、薪金所得，劳务报酬所得，稿酬所得，特许权使用费所得应纳税额的计算公式如下：

$$应纳税额＝应纳税所得额×适用税率－速算扣除数$$

表 8-4 非居民个人所得税税率表

（非居民个人工资、薪金所得，劳务报酬所得，稿酬所得，特许权使用费所得适用）

级数	每月/次应纳税所得额	税率（%）	速算扣除数
1	不超过 3 000 元的部分	3	0
2	超过 3 000 元至 12 000 元的部分	10	210
3	超过 12 000 元至 25 000 元的部分	20	1 410
4	超过 25 000 元至 35 000 元的部分	25	2 660
5	超过 35 000 元至 55 000 元的部分	30	4 410
6	超过 55 000 元至 80 000 元的部分	35	7 160
7	超过 80 000 元的部分	45	15 160

【例 8-6】假设王某为非居民，根据劳务合同的约定，取得劳务报酬 3 000 元。在不考虑其他税费的情况下，王某该项劳务报酬应缴纳个人所得税多少元？

解： 应纳税所得额＝不含税收入额－800＝3 000－800＝2 200（元）

应纳税额＝2 200×3%＝66（元）

▶▶▶ ┌ **（三）经营所得应纳税额的计算** ┐

1. 应纳税所得额的基本规定

经营所得的应纳税所得额是以每一纳税年度的收入总额，减除成本、费用、税金、损失、其他支出以及允许弥补的以前年度亏损后的余额。

收入总额是指从事生产经营以及与生产经营有关的活动（以下简称生产经营）取得的货币形式和非货币形式的各项收入，包括销售货物收入、提供劳务收入、转让财产收入、利息收入、租金收入、接受捐赠收入、其他收入。

前款所称其他收入包括纳税人的资产溢余收入、逾期一年以上的未退包装物押金收入、确实无法偿付的应付款项、已作坏账损失处理后又收回的应收款项、债务重组收入、补贴收入、违约金收入、汇兑收益等。

成本是指生产经营活动中发生的销售成本、销货成本、业务支出以及其他耗费。

费用是指在生产经营活动中发生的销售费用、管理费用和财务费用，已经计入成本的有关费用除外。

税金是指在生产经营活动中发生的除个人所得税和允许抵扣的增值税以外的各项税金及其附加。

损失是指在生产经营活动中发生的固定资产和存货的盘亏、毁损、报废损失，转让财产损失，坏账损失，自然灾害等不可抗力因素造成的损失以及其他损失。已经作为损失处理的资产，在以后纳税年度又全部收回或者部分收回时，应当计入收回当期的收入。

其他支出是指除成本、费用、税金、损失外，在生产经营活动中发生的与生产经营活动有关的、合理的支出。

个体工商户发生的支出应当区分收益性支出和资本性支出。收益性支出在发生当期直接扣除；资本性支出应当分期扣除或者计入有关资产成本，不得在发生当期直接扣除。

前款所称支出是指与取得收入直接相关的支出。

除税收法律法规另有规定外，实际发生的成本、费用、税金、损失和其他支出，不得重复扣除。

下列支出不得扣除：个人所得税税款；税收滞纳金；罚金、罚款和被没收财物的损失；不符合扣除规定的捐赠支出；赞助支出；用于个人和家庭的支出；与取得生产经营收入无关的其他支出；国家税务总局规定不准扣除的支出。

个体工商户生产经营活动中，应当分别核算生产经营费用和个人、家庭费用。对于生产经营与个人、家庭生活混用难以分清的费用，其40%视为与生产经营有关费用，准予扣除。

纳税年度发生亏损，准予向以后年度结转，用以后年度的生产经营所得弥补，但结转年限最长不得超过五年。

使用或者销售存货，按照规定计算的存货成本，准予在计算应纳税所得额时扣除。

转让资产，该项资产的净值准予在计算应纳税所得额时扣除。

2. 具体扣除项目及标准

（1）个体工商户业主的费用扣除标准，依照相关法律、法规和政策规定执行。

（2）个体工商户业主的工资薪金支出不得税前扣除。

（3）个体工商户按照国务院有关主管部门或者省级人民政府规定的范围和标准为其业主和从业人员缴纳的基本养老保险费、基本医疗保险费、失业保险费、生育保险费、工伤保险费和住房公积金，准予扣除。

（4）个体工商户为从业人员缴纳的补充养老保险费、补充医疗保险费，分别在不超过从业人员工资总额5%标准内的部分据实扣除；超过部分，不得扣除。

（5）个体工商户业主本人缴纳的补充养老保险费、补充医疗保险费，以当地（地级市）上年度社会平均工资的3倍为计算基数，分别在不超过该计算基数5%标准内的部分据实扣除；超过部分，不得扣除。除个体工商户依照国家有关规定为特殊工种从业人员支付的人身安全保险费和财政部、国家税务总局规定可以扣除的其他商业保险费外，个体工商户业主本人或者为从业人员支付的商业保险费，不得扣除。

（6）个体工商户在生产经营活动中发生的合理的不需要资本化的借款费用，准予扣除。

（7）个体工商户为购置、建造固定资产、无形资产和经过12个月以上的建造才能达到预定可销售状态的存货发生借款的，在有关资产购置、建造期间发生的合理的借款费用，应当作为资本性支出计入有关资产的成本，并依照《个体工商户个人所得税计税办法》的规定扣除。

（8）个体工商户在生产经营活动中发生的下列利息支出，准予扣除：

①向金融企业借款的利息支出。

②向非金融企业和个人借款的利息支出，不超过按照金融企业同期同类贷款利率计算的数额的部分。

（9）个体工商户在货币交易中，以及纳税年度终了时将人民币以外的货币性资产、负债按照期末即期人民币汇率中间价折算为人民币时产生的汇兑损失，除已经计入有关资产成本部分外，准予扣除。

（10）个体工商户向当地工会组织拨缴的工会经费、实际发生的职工福利费支出、职工教育经费支出分别在工资薪金总额的2%、14%、2.5%的标准内据实扣除。

工资薪金总额是指允许在当期税前扣除的工资薪金支出数额。

职工教育经费的实际发生数额超出规定比例当期不能扣除的数额，准予在以后纳税年度结转扣除。

（11）个体工商户发生的与生产经营活动有关的业务招待费，按照实际发生额的60%扣除，但最高不得超过当年销售（营业）收入的5‰。

业主自申请营业执照之日起至开始生产经营之日止所发生的业务招待费，按照实际发生额的60%计入纳税人的开办费。

（12）个体工商户每一纳税年度发生的与其生产经营活动直接相关的广告费和业务宣传费不超过当年销售（营业）收入15%的部分，可以据实扣除；超过部分，准予在以后纳税年度结转扣除。

（13）个体工商户代其从业人员或者他人负担的税款，不得税前扣除。

（14）个体工商户按照规定缴纳的摊位费、行政性收费、协会会费等，按实际发生数额扣除。

（15）个体工商户根据生产经营活动的需要租入固定资产支付的租赁费，按照以下方法扣除：

①以经营租赁方式租入固定资产发生的租赁费支出，按照租赁期限均匀扣除；

②以融资租赁方式租入固定资产发生的租赁费支出，按照规定构成融资租入固定资产价值的部分应当提取折旧费用，分期扣除。

（16）个体工商户参加财产保险，按照规定缴纳的保险费，准予扣除。

（17）个体工商户发生的合理的劳动保护支出，准予扣除。

（18）个体工商户自申请营业执照之日起至开始生产经营之日止所发生的符合《个体工商户个人所得税计税办法》规定的费用，除为取得固定资产、无形资产的支出，以及应计入资产价值的汇兑损益、利息支出外，作为开办费，个体工商户可以选择在开始生产经营的当年一次性扣除，也可自生产经营月份起在不短于3年期限内摊销扣除，但一经选定，不得改变。开始生产经营之日为个体工商户取得第一笔销售（营业）收入的日期。

（19）个体工商户通过公益性社会团体或者县级以上人民政府及其部门，用于《中华人民共和国公益事业捐赠法》规定的公益事业的捐赠，捐赠额不超过其应纳税所得额30%的部分可以据实扣除。财政部、国家税务总局规定可以全额在税前扣除的捐赠支出项目，按有关规定执行。个体工商户直接对受益人的捐赠不得扣除。公益性社会团体的认定，按照财政部、国家税务总局、民政部有关规定执行。

（20）赞助支出是指个体工商户发生的与生产经营活动无关的各种非广告性质支出。

（21）个体工商户研究开发新产品、新技术、新工艺所发生的开发费用，以及研究开发新产品、新技术而购置单台价值在 10 万元以下的测试仪器和试验性装置的购置费准予直接扣除；单台价值在 10 万元以上（含 10 万元）的测试仪器和试验性装置，按固定资产管理，不得在当期直接扣除。

3. 应纳税额的计算

经营所得应纳税额的计算公式为：

$$应纳税额＝应纳税所得额×适用税率－速算扣除数$$

纳税人取得经营所得，按年计算个人所得税，由纳税人在月度或者季度终了后 15 日内向税务机关报送纳税申报表，并预缴税款；在取得所得的次年 3 月 31 日前办理汇算清缴。

经营所得采用按年计税、分月（季度）预缴、年终汇算清缴的方式征税，因此涉及的应纳税额的公式为：

$$本期应预扣预缴税额＝\left(累计预扣预缴应纳税所得额×预扣率－速算扣除数\right)－累计减免税额－累计已预扣预缴税额$$

$$全年应纳税额＝全年应纳税所得额×适用税率－速算扣除数$$

年底进行汇算清缴，如果预缴税额累计额大于全年应纳税额，按照差额退还给纳税人，否则纳税人需进行税额的补缴。

【例 8 - 7】某小型运输公司系个体工商户，账证健全，2019 年全年营业额为288 400元，准许扣除的全年成本、费用及相关税金共计 170 600 元。本年累计已预缴个人所得税1 200 元。计算该个体工商户 2019 年度应清缴的个人所得税。

解： 按照税收法律、法规和文件规定，先计算全年应纳税所得额，再计算全年应纳税额。

全年应纳税所得额＝288 400－170 600－5 000×12＝57 800(元)

全年应缴纳个人所得税＝57 800×10％－1 500＝4 280(元)

该个体工商户 2019 年应补缴的个人所得税＝4 280－1 200＝3 080(元)

注意：取得经营所得的个人，没有综合所得的，在计算其每一纳税年度的应纳税所得额时，应当减除费用 6 万元、专项扣除、专项附加扣除以及依法确定的其他扣除。专项附加扣除在办理汇算清缴时减除。

▶▶▶ （四）利息、股息、红利所得应纳税额的计算

利息、股息、红利所得应纳税额的计算公式为：

$$应纳税额＝应纳税所得额×适用税率＝每次收入额×20％$$

▶▶▶ （五）财产租赁所得应纳税额的计算

每次收入不超过 4 000 元的，财产租赁所得应纳税额为：

应纳税额＝(每次收入额－800－准予扣除的税费)×20％

每次收入在 4 000 元以上的，财产租赁所得应纳税额为：

应纳税额＝(每次收入额－准予扣除的税费)×(1－20％)×20％

根据相关规定，个人按市场价格出租居民住房取得的租金收入按 10％ 的税率征收个人所得税，同时租赁期间发生的修缮费可以在税前扣除，但以 800 元为限，不足扣除的修缮费可以结转以后月扣除。

【例8－8】张某将其自有房屋按市场价出租给李某居住。张某每月取得租金收入 3 500 元。计算张某全年租金收入应缴纳的个人所得税。

解：张某每月及全年应纳税额为：

每月应纳税额＝(3 500－800)×10％＝270(元)

全年应纳税额＝270×12＝3 240(元)

【例8－9】假定在上例中，当年 2 月份李某因下水道堵塞找人修理，发生修理费用 500 元，有维修部门的正式收据，则 2 月份和全年的应纳税额应为多少？

解：2 月份应纳税额＝(3 500－500－800)×10％＝220(元)

全年应纳税额＝270×11＋220＝3 190(元)

▶▶▶ (六) 财产转让所得

财产转让所得以个人每次转让财产取得的收入额减除财产原值和相关税费后的余额为应纳税所得额。一件财产的所有权一次转让取得的收入为一次。

财产转让所得应纳税所得额的计算公式为：

应纳税所得额＝每次收入额－财产原值－合理费用

财产转让所得应纳税额的计算公式为：

应纳税额＝应纳税所得额×适用税率

＝(收入总额－财产原值－合理费用)×20％

【例8－10】某人 1 月份购入债券 1 000 份，每份买入价 10 元，支付税费共计 150 元。6 月份将买入的债券一次卖出 600 份，每份卖出价 12 元，支付税费共计 110 元。计算该个人售出债券应缴纳的个人所得税。

解：一次卖出债券应扣除的买价及费用＝(10 000＋150)÷1 000×600＋110＝6 200(元)

应缴纳的个人所得税＝(600×12－6 200)×20％＝200(元)

▶▶▶ (七) 偶然所得应纳税额的计算

偶然所得应纳税额的计算公式为：

应纳税额＝应纳税所得额×适用税率

＝每次收入额×20％

【例8－11】陈某在参加商场的有奖销售过程中，中奖所得共计 20 000 元。陈某领奖时告知商场，从中奖收入中拿出 4 000 元通过教育部门向某希望小学捐赠。请按照规定计算商场代扣代缴个人所得税后，陈某实际可得中奖金额。

解：根据税法有关规定，陈某的捐赠额可以全部从应纳税所得额中扣除（因为4 000/20 000＝20％，小于捐赠扣除比例30％）。

应纳税所得额＝偶然所得－捐赠额
$$=20\ 000-4\ 000$$
$$=16\ 000(元)$$

应纳税额(即商场代扣税款)＝应纳税所得额×适用税率
$$=16\ 000\times20\%$$
$$=3\ 200(元)$$

陈某实际可得金额＝20 000－4 000－3 200＝12 800(元)

▶▶▶ (八) 应纳税额计算中的特殊问题

1. 对个人取得全年一次性奖金等计算征收个人所得税的方法

全年一次性奖金是指行政机关、企事业单位等扣缴义务人根据其全年经济效益和对雇员全年工作业绩的综合考核情况，向雇员发放的一次性奖金。一次性奖金也包括年终加薪、实行年薪制和绩效工资办法的单位根据考核情况兑现的年薪和绩效工资。

居民个人取得全年一次性奖金，符合《国家税务总局关于调整个人取得全年一次性奖金等计算征收个人所得税方法问题的通知》（国税发〔2005〕9号）规定的，在2021年12月31日前，不并入当年综合所得，以全年一次性奖金收入除以12个月得到的数额，按照按月换算后的综合所得税率表（见表8-5），确定适用税率和速算扣除数，单独计算纳税。自2022年1月1日起，居民个人取得全年一次性奖金，应并入当年综合所得计算缴纳个人所得税。

表8-5　　　　　　　　按月换算后的综合所得税率表

级数	全月应纳税所得额	税率（％）	速算扣除数
1	不超过3 000元的部分	3	0
2	超过3 000元至12 000元的部分	10	210
3	超过12 000元至25 000元的部分	20	1 410
4	超过25 000元至35 000元的部分	25	2 660
5	超过35 000元至55 000元的部分	30	4 410
6	超过55 000元至80 000元的部分	35	7 160
7	超过80 000元的部分	45	15 160

2022年前，居民个人取得全年一次性奖金，可以选择并入当年综合所得纳税，或者选择不并入综合所得单独计算税额。

如果在发放年终一次性奖金的当月，雇员当月工资、薪金所得低于税法规定的费用扣除额，应将全年一次性奖金减除雇员当月工资、薪金所得与费用扣除额的差额后的余额，按上述办法确定全年一次性奖金的适用税率和速算扣除数。

将雇员个人当月内取得的全年一次性奖金，按上述确定的适用税率和速算扣除数计算征税。如果雇员当月工资、薪金所得低于税法规定的费用扣除额，适用公式为：

$$应纳税额=\left[雇员当月取得全年一次性奖金-\left(\begin{array}{c}雇员当月\\工资、薪金所得\\与费用扣除额的差额\end{array}\right)\right]\times 适用税率-速算扣除数$$

【例8-12】某中国公民甲2019年12月份有以下几笔收入：

（1）取得该月工资2 000元，专项扣除500元，无其他附加扣除项目；

（2）领取年终奖25 000元。

计算其年终奖应纳税额。

解： 全月应纳税所得额＝[25 000－（2 000－500）]/12＝1 958.3（元）

适用税率为3%。

应纳税额＝[25 000－（2 000－500）]×3%＝705（元）

雇员当月工资、薪金所得高于（或等于）税法规定的费用扣除额的，选择不并入综合所得，适用公式为：

$$应纳税额=雇员当月取得全年一次性奖金\times 适用税率-速算扣除数$$

【例8-13】某中国公民乙2019年12月份有以下几笔收入：

（1）取得该月工资6 000元，专项扣除500元，无其他附加扣除项目；

（2）领取年终奖24 000元。

计算其应纳税额。

解： 全月应纳税所得额＝24 000/12＝2 000（元）

适用税率为3%。

应纳税额＝24 000×3%＝720（元）

在一个纳税年度内，对每一个纳税人，该计税办法只允许采用一次。

雇员取得除全年一次性奖金以外的其他各种名目奖金，如半年奖、季度奖、加班奖、先进奖、考勤奖等，一律与当月工资、薪金收入合并，按税法规定缴纳个人所得税。

2. 境外所得的税额扣除

在对纳税人的境外所得征税时，会存在其境外所得已在来源国家或者地区缴税的实际情况，基于国家之间对同一所得应避免双重征税的原则，我国在对纳税人的境外所得行使税收管辖权时，对该所得在境外已纳税额采取了分不同情况从应征税额中予以扣除的做法。税法规定，居民个人从中国境外取得的所得，可以从其应纳税额中抵免已在境外缴纳的个人所得税税额，但抵免额不得超过该纳税人境外所得依照本法规定计算的应纳税额。

纳税义务人在中国境外一个国家或者地区实际已经缴纳的个人所得税税额，低于依照上述规定计算出的该国家或者地区抵免限额的，应当在中国缴纳差额部分的税款；超过该国家或者地区抵免限额的，其超过部分不得在本纳税年度的应纳税额中扣除，但是可以在以后纳税年度的该国家或者地区抵免限额的余额中补扣，补扣期限最长不得超过5年。

【例8-14】某居民纳税人在2016年纳税年度，从A、B两国取得应税收入。其中，在A国一个公司任职，取得工资、薪金收入69 600元（平均每月5 800元），因提供一项专利技术使用权，一次取得特许权使用费收入 30 000 元，该两项收入在 A 国缴纳个人所得税 5 000 元；因在 B 国出版著作，获得稿酬收入 15 000 元，并在 B 国缴纳该项收入的个人所得税 1 720 元。计算其应纳税额。

解：（1）在 A 国所纳个人所得税的抵减。

按照我国税法规定的费用减除标准和税率，计算该纳税义务人从 A 国取得的应税所得的应纳税额，该应纳税额即为抵免限额。

工资、薪金所得。该纳税义务人从 A 国取得的工资、薪金收入，应每月减除费用 5 000 元，其余额按七级超额累进税率表的适用税率计算应纳税额。

每月应纳税额＝（5 800－5 000）×3％＝24（元）

全年应纳税额＝24×12＝288（元）

特许权使用费所得。该纳税义务人从 A 国取得的特许权使用费收入，应减除 20％的费用，其余额按 20％的比例税率计算应纳税额，应为：

应纳税额＝30 000×（1－20％）×20％＝4 800（元）

根据计算结果，该纳税义务人从 A 国取得应税所得在 A 国缴纳的个人所得税的抵减限额为 5 088（＝288＋4 800）元。其在 A 国实际缴纳个人所得税 5 000 元，低于抵免限额，可以全额抵扣，并需在中国补缴差额部分的税款，计 88（＝5 088－5 000）元。

（2）在 B 国所纳个人所得税的抵减。

按照我国税法的规定，该纳税义务人从 B 国取得的稿酬收入，应减除 20％的费用，就其余额按 20％的税率计算应纳税额并减征 30％，计算结果为：

15 000×（1－20％）×20％×（1－30％）＝1 680（元）

即其抵免限额为 1 680 元。该纳税义务人的稿酬所得在 B 国实际缴纳个人所得税 1 720 元，超出抵免限额 40 元，不能在本年度扣除，但可在以后 5 个纳税年度的该国减免限额的余额中补减。

综合上述计算结果，该纳税义务人在本纳税年度中的境外所得应在中国补缴个人所得税 88 元。其在 B 国缴纳的个人所得税未抵减完的 40 元，可在我国税法规定的前提条件下补减。

纳税义务人依照税法的规定申请扣除已在境外缴纳的个人所得税税额时，应当提供境外税务机关填发的完税凭证原件。

为了保证正确计算扣除限额及合理扣除境外已纳税额，税法要求，在中国境内有住所，或者无住所而在境内居住满 1 年的个人，从中国境内和境外取得的所得，应当分别计算应纳税额。

第四节　个人所得税税收优惠

《个人所得税法》及《个人所得税法实施条例》以及财政部、国家税务总局的若干规定等，都对个人所得项目给予了减税免税的优惠。

一、免征个人所得税的优惠

（1）省级人民政府、国务院部委和中国人民解放军军以上单位，以及外国组织、国际组织颁发的科学、教育、技术、文化、卫生、体育、环境保护等方面的奖金。

（2）国债和国家发行的金融债券利息。国债利息是指个人持有中华人民共和国财政部发行的债券而取得的利息；国家发行的金融债券利息是指个人持有经国务院批准发行的金融债券而取得的利息。

（3）按照国家统一规定发给的补贴、津贴，即按照国务院规定发给的政府特殊津贴、院士津贴，以及国务院规定免予缴纳个人所得税的其他补贴、津贴。

（4）福利费、抚恤金、救济金。福利费是指根据国家有关规定，从企业、事业单位、国家机关、社会组织提留的福利费或者工会经费中支付给个人的生活补助费；救济金是指各级人民政府民政部门支付给个人的生活困难补助费；抚恤金是国家按照相关规定对特殊人员的抚慰（抚慰包括精神抚慰和物质抚慰等）和经济补偿。

（5）保险赔款。

（6）军人的转业费、复员费。

（7）按照国家统一规定发给干部、职工的安家费、退职费、基本养老金或者退休费、离休费、离休生活补助费。

（8）依照有关法律规定应予免税的各国驻华使馆、领事馆的外交代表、领事官员和其他人员的所得。

上述所得是指依照《中华人民共和国外交特权与豁免条例》和《中华人民共和国领事特权与豁免条例》规定免税的所得。

（9）中国政府参加的国际公约、签订的协议中规定免税的所得。

（10）国务院规定的其他免税所得。

二、暂免征收个人所得税项目

外籍个人以非现金形式或实报实销形式取得的住房补贴、伙食补贴、搬迁费、洗衣费。

外籍个人按合理标准取得的境内、境外出差补贴。

外籍个人取得的探亲费、语言训练费、子女教育费，经当地税务机关审核批准的部分。

外籍个人从外商投资企业取得的股息、红利所得。

对个人购买福利彩票、赈灾彩票、体育彩票、一次性中奖收入在1万元以下（含1万元）暂免征收个人所得税，超过1万元的，全额征收个人所得税。

个人转让自用达5年以上并且是唯一的家庭居住用房取得的所得。

对按《国务院关于高级专家离休退休若干问题的暂行规定》和《国务院办公厅关于杰出高级专家暂缓离退休审批问题的通知》精神，达到离休、退休年龄，但确因工作需要，适当延长离休、退休年龄的高级专家，其在延长离休、退休期间的工资、薪金所得，视同退休工资、离休工资免征个人所得税。这些专家包括：（1）享受国家发放的政府特殊津贴的专家、学者；（2）中国科学院、中国工程院院士；（3）根据世界银行专项贷款协议由世界银行直接派往我国工作的外国专家；（4）联合国组织直接派往我国工作的专家；（5）为联合国援助项目来华工作的专家；（6）援助国派往我国专为该国无偿援助项目工作的专家；（7）根据两国政府签订文化交流项目来华工作2年以内的文教专家，其工资、薪金所得由该国负担的；（8）根据我国大专院校国际交流项目来华工作2年以内的文教专家，其工资、薪金所得由该国负担的；（9）通过民间科研协定来华工作的专家，其工资、薪金所得由该国政府机构负担的。

个人领取原提存的住房公积金、医疗保险金、基本养老保险金时，免予征收个人所得税。

个人举报、协查各种违法、犯罪行为而获得的奖金。

个人办理代扣代缴税款手续，按规定取得的扣缴手续费。

三、减征个人所得税的优惠

减征个人所得税的项目有以下几个：

（1）残疾、孤老人员和烈属的所得。

（2）因严重自然灾害造成重大损失的。

（3）其他经国务院财政部门批准减税的。

为了贯彻依法治国方略，切实落实依法行政要求，维护税法的严肃性、权威性和统一性，《中华人民共和国税收征收管理法》和《中华人民共和国税收征收管理法实施细则》规定，任何机关、单位和个人不得违反法律、行政法规的规定，擅自作出税收开征、停征以及减税、免税、退税、补税和其他同税收法律、行政法规相抵触的决定，任何部门、单位和个人作出的与税收法律、行政法规相抵触的决定一律无效，税务机关不得执行，并应当向上级税务机关报告。《个人所得税法》是经全国人民代表大会制定的税收法律，各地、各部门、单位和个人都有自觉维护《个人所得税法》严肃性、完整性和统一性的义务，没有随意改变税法规定的权利。

未经全国人民代表大会及其常务委员会授权，任何地区、部门和单位均不得擅自提高个人所得税费用扣除标准，不得随意变通或超越权限扩大不征税项目的适用范围。根据《税收征收管理法》，对于一些地方违反统一政策，擅自提高个人所得税费用扣除标准和扩大不征税项目适用范围的文件规定，各级税务机关一律不得执行，已执行的要停止执行。

第五节　个人所得税征收管理

个人所得税的纳税办法有自行申报纳税和代扣代缴两种。

一、自行申报纳税

自行申报纳税是由纳税人自行在税法规定的纳税期限内，向税务机关申报取得的应税所得项目和数额，如实填写个人所得税纳税申报表，并按照税法规定计算应纳税额，据此缴纳个人所得税的一种方法。

▶▶▶ （一）自行申报纳税的义务人

自行申报纳税的纳务人有四种：（1）从中国境内两处或者两处以上取得工资、薪金所得的；（2）从中国境外取得所得的；（3）取得应税所得，没有扣缴义务人的；（4）国务院规定的其他情形。

自2019年1月1日起，纳税人无须再办理年所得12万元以上自行纳税申报。

▶▶▶ （二）自行申报纳税的内容

自行申报的纳税人，在纳税年度终了后，应当填写《个人所得税纳税申报表》，并在办理纳税申报时报送主管税务机关，同时报送个人有效身份证件复印件，以及主管税务机关要求报送的其他有关资料。

▶▶▶ （三）自行申报纳税的申报期限

个体工商户和个人独资、合伙企业投资者取得的生产、经营所得应纳的税款，分月预缴的，纳税人在每月终了后15日内办理纳税申报；分季预缴的，纳税人在每个季度终了后15日内办理纳税申报；纳税年度终了后，纳税人在3个月内进行汇算清缴，多退少补。

纳税人年终一次性取得对企事业单位的承包经营、承租经营所得的，自取得所得之日起30日内办理纳税申报；在1个纳税年度内分次取得承包经营、承租经营所得的，在每次取得所得后的次月15日内申报预缴；纳税年度终了后3个月内汇算清缴，多退少补。

从中国境外取得所得的纳税人，在纳税年度终了后30日内向中国境内主管税务机关办理纳税申报。

除以上规定的情形外，纳税人取得其他各项所得须申报纳税的，在取得所得的次月15日内向主管税务机关办理纳税申报。

▶▶▶ （四）自行申报纳税的申报方式

纳税人可以采取数据电文、邮寄等方式申报，也可以直接到主管税务机关申报，或者采取符合主管税务机关规定的其他方式申报。纳税人采取邮寄方式申报的，以邮政部门挂号信函收据作为申报凭据，以寄出的邮戳日期为实际申报日期。

纳税人也可以委托有税务代理资质的中介机构或者他人代为办理纳税申报。

>>> （五）自行申报纳税的申报地点

在中国境内，有任职、受雇单位的，向任职、受雇单位所在地主管税务机关申报。

在中国境内有两处或者两处以上任职、受雇单位的，选择并固定向其中一处单位所在地主管税务机关申报。

在中国境内无任职、受雇单位，年所得项目中有个体工商户的生产、经营所得或者对企事业单位的承包经营、承租经营所得（以下统称"生产、经营所得"）的，向其中一处实际经营所在地主管税务机关申报。

在中国境内无任职、受雇单位，年所得项目中无生产、经营所得的，向户籍所在地主管税务机关申报。在中国境内有户籍，但户籍所在地与中国境内经常居住地不一致的，选择并固定向其中一地主管税务机关申报。在中国境内没有户籍的，向中国境内经常居住地主管税务机关申报。

其他所得的纳税人，纳税申报地点分别为：从中国境外取得所得的向中国境内户籍所在地主管税务机关申报。在中国境内有户籍，但户籍所在地与中国境内经常居住地不一致的，选择并固定向其中一地主管税务机关申报。在中国境内没有户籍的，向中国境内经常居住地主管税务机关申报。

个体工商户向实际经营所在地主管税务机关申报。

个人独资、合伙企业投资者兴办两个或两个以上企业的，区分不同情形确定纳税申报地点：兴办的企业全部是个人独资性质的，分别向各企业的实际经营管理所在地主管税务机关申报；兴办的企业中含有合伙性质的，向经常居住地主管税务机关申报；兴办的企业中含有合伙性质，个人投资者经常居住地与其兴办企业的经营管理所在地不一致的，选择并固定向其参与兴办的某一合伙企业的经营管理所在地主管税务机关申报；除以上情形外，纳税人应当向取得所得所在地主管税务机关申报。纳税人不得随意变更纳税申报地点，因特殊情况变更纳税申报地点的，须报原主管税务机关备案。

>>> （六）自行申报纳税的申报管理

主管税务机关应当将各类申报表登载到税务机关的网站上，或者摆放到税务机关受理纳税申报的办税服务厅，免费供纳税人随时下载或取用。

主管税务机关按照规定为已经办理纳税申报并缴纳税款的纳税人开具完税凭证。税务机关依法为纳税人的纳税申报信息保密。纳税人变更纳税申报地点，并报原主管税务机关备案的，原主管税务机关应当及时将纳税人变更纳税申报地点的信息传递给新的主管税务机关。主管税务机关对已办理纳税申报的纳税人建立纳税档案，实施动态管理。

二、代扣代缴纳税

代扣代缴是指按照税法规定负有扣缴税款义务的单位或者个人，在向个人支付应纳税所得时，应计算应纳税额，从其所得中扣除并缴入国库，同时向税务机关报送扣缴个人所得税报告表。这种方法有利于控制税源、防止漏税和逃税。

>>> (一) 扣缴义务人和代扣代缴的范围

个人所得税以所得人为纳税人,以支付所得的单位或者个人为扣缴义务人。扣缴义务人是指凡支付应纳税所得的企业(公司)、事业单位、机关、社团组织、军队、驻华机构、个体户等单位或者个人,为个人所得税的扣缴义务人。这里所说的驻华机构包括外国驻华使领馆和联合国及其他依法享有外交特权和豁免的国际组织驻华机构。

代扣代缴的义务人向个人支付下列所得,应按规定进行代扣代缴:工资、薪金所得;对企事业单位的承包经营、承租经营所得;劳务报酬所得;稿酬所得;特许权使用费所得;利息、股息、红利所得;财产租赁所得;财产转让所得;偶然所得;经国务院财政部门确定征税的其他所得。

扣缴义务人向个人支付应纳税所得(包括现金、实物和有价证券)时,不论纳税人是否属于本单位人员,均应代扣代缴其应纳的个人所得税税款。

这里所说的支付包括现金支付、汇拨支付、转账支付和以有价证券、实物进行的以及其他形式的支付。

>>> (二) 代扣代缴的期限

居民个人取得综合所得,按年计算个人所得税;有扣缴义务人的,由扣缴义务人按月或者按次预扣预缴税款;需要办理汇算清缴的,应当在取得所得的次年3月1日至6月30日内办理汇算清缴。预扣预缴办法由国务院税务主管部门制订。

居民个人向扣缴义务人提供专项附加扣除信息的,扣缴义务人按月预扣预缴税款时应当按照规定予以扣除,不得拒绝。非居民个人取得工资、薪金所得,劳务报酬所得,稿酬所得和特许权使用费所得,有扣缴义务人的,由扣缴义务人按月或者按次代扣代缴税款,不办理汇算清缴。

纳税人取得经营所得,按年计算个人所得税,由纳税人在月度或者季度终了后15日内向税务机关报送纳税申报表,并预缴税款;在取得所得的次年3月31日前办理汇算清缴。

纳税人取得利息、股息、红利所得,财产租赁所得,财产转让所得和偶然所得,按月或者按次计算个人所得税,有扣缴义务人的,由扣缴义务人按月或者按次代扣代缴税款。

纳税人取得应税所得没有扣缴义务人的,应当在取得所得的次月15日内向税务机关报送纳税申报表,并缴纳税款。

纳税人取得应税所得,扣缴义务人未扣缴税款的,纳税人应当在取得所得的次年6月30日前缴纳税款;税务机关通知限期缴纳的,纳税人应当按照期限缴纳税款。

居民个人从中国境外取得所得的,应当在取得所得的次年3月1日至6月30日内申报纳税。

非居民个人在中国境内从两处以上取得工资、薪金所得的,应当在取得所得的次月15日内申报纳税。

纳税人因移居境外注销中国户籍的,应当在注销中国户籍前办理税款清算。

扣缴义务人每月或者每次预扣、代扣的税款，应当在次月 15 日内缴入国库，并向税务机关报送扣缴个人所得税申报表。纳税人办理汇算清缴退税或者扣缴义务人为纳税人办理汇算清缴退税的，税务机关审核后，按照国库管理的有关规定办理退税。

扣缴义务人违反上述规定不报送或者报送虚假纳税资料的，一经查实，其未在支付个人收入明细表中反映的向个人支付的款项，在计算扣缴义务人应纳税所得额时不得作为成本费用扣除。

扣缴义务人因有特殊困难不能按期报送《扣缴个人所得税报告表》及其他有关资料的，经县级税务机关批准，可以延期申报。

◎ 复习题

一、单项选择题

1. 李先生 2019 年 3 月购买体育彩票中得奖金 15 000 元，他应缴纳个人所得税（   ）。
   A. 0 元　　　　　　B. 3 000 元　　　　C. 1 500 元　　　　D. 4 500 元

2. 下列应税项目在计算应纳税所得额时，不采用定额费用扣除费用的有（   ）。
   A. 财产转让所得　B. 稿酬所得　　　　C. 设计费　　　　　D. 工资

3. 下列个人所得在计算应纳税所得额时，采用定额与定率相结合扣除费用的是（   ）。
   A. 个体工商户的生产、经营所得　　　B. 工资、薪金所得
   C. 劳务报酬所得　　　　　　　　　　D. 偶然所得

4. 下列所得不采用五级超额累进税率计算个人所得税的有（   ）。
   A. 个体工商户的生产经营所得　　　　B. 个人独资企业和合伙企业
   C. 承包经营者取得的承租、承包所得　D. 财产租赁所得

5. 以下属于工资、薪金所得的项目有（   ）。
   A. 托儿补助费　B. 劳动分红　　　　C. 投资分红　　　D. 独生子女补贴

6. 对于个人自己缴纳有关商业保险费（保费全部返还个人的保险除外）而取得的无赔款优待收入，（   ）。
   A. 按偶然所得缴纳个人所得税　　　　B. 按其他所得缴纳个人所得税
   C. 按劳务报酬所得缴纳个人所得税　　D. 不征收个人所得税

7. 下列个人所得在计算应纳税所得额时，采用定额与定率相结合扣除费用的是（   ）。
   A. 个体工商户的生产、经营所得　　　B. 工资、薪金所得
   C. 劳务报酬所得　　　　　　　　　　D. 偶然所得

8. 企业为股东购买车辆并将车辆所有权办到股东个人名下，股东个人应按（   ）项目计算缴纳个人所得税。
   A. 工资、薪金所得　　　　　　　　　B. 劳务报酬所得
   C. 个体工商户的经营所得　　　　　　D. 利息、股息、红利所得

9. 国内某作家的一篇小说在一家日报上连载两个月，第一个月月末报社支付稿酬 2 000 元；第二个月月末报社支付稿酬 5 000 元。该作家两个月所获稿酬应缴纳的个人所得税为（   ）元。

A. 728 B. 784 C. 812 D. 868

10. 下列所得中，免缴个人所得税的是（　　）。
    A. 年终加薪
    B. 拍卖本人文字作品原稿的收入
    C. 个人保险所获赔款
    D. 从投资管理公司取得的派息分红

11. 下列属于减税项目的是（　　）。
    A. 国债和国家发行的金融债券利息
    B. 因严重自然灾害造成重大损失的
    C. 军人的转业费、复员费
    D. 按照国家统一规定发给干部、职工的退休工资、离休工资、离休生活补助费

12. 部分单位和部门在年终总结、各种庆典、业务往来及其他活动中，为其他单位和部门的有关人员发放现金、实物或有价证券。对个人取得该项所得应（　　）。
    A. 按劳务报酬所得征收个人所得税
    B. 不征收个人所得税
    C. 按偶然所得征收个人所得税
    D. 按其他所得征收个人所得税

13. 从世界范围看，个人所得税制存在不同的类型，当前我国个人所得税制采用的是（　　）。
    A. 单一所得税制
    B. 分类所得税制
    C. 综合所得税制
    D. 混合所得税制

14. 按照个人所得税法的有关规定，计算个体户的应纳税所得额时，下列各项可以直接扣除的是（　　）。
    A. 固定资产盘亏净损失
    B. 购置的价值为7万元的测试仪器
    C. 个体户业主的工资
    D. 分配给投资者的股利

15. 下列所得项目中，不采用代扣代缴方式征收个人所得税的是（　　）。
    A. 工资、薪金所得
    B. 劳务报酬所得
    C. 偶然所得
    D. 个体工商户的经营所得

16. 在计算个体工商户的经营所得时，个体工商户按规定所缴纳的下列税金不可以扣除的有（　　）。
    A. 增值税 B. 消费税 C. 教育费附加 D. 印花税
    E. 房产税

17. 代开货运发票的个人所得税纳税人，统一按开票金额的（　　）预征个人所得税。
    A. 3% B. 2.5% C. 2% D. 1.5%

18. 个人独资、合伙企业每一纳税年度发生的广告和业务宣传费用，不超过当年销售（营业）收入（　　）的部分，可以税前据实扣除。超过部分，准予在以后纳税年度内结转扣除。
    A. 8.5% B. 15% C. 2.5% D. 5%

19. 以下不属于特许权使用费所得的项目是（　　）。
    A. 转让技术诀窍
    B. 转让技术秘密
    C. 转让专利权
    D. 转让土地使用权

20. 某演员一次获得表演收入80 000元，其应纳个人所得税额为（　　）。

A. 16 000 元　　　B. 19 200 元　　　C. 12 800 元　　　D. 18 600 元

二、多项选择题

1. 下列各项中，属于个人所得税居民纳税人的有（　　　）。

    A. 在中国境内无住所，但一个纳税年度中在中国境内居住满 1 年的个人

    B. 在中国境内无住所且不居住的个人

    C. 在中国境内无住所，而在境内居住超过 183 天但不满 1 年的个人

    D. 在中国境内有住所的个人

2. 按照个人所得税法的有关规定，工资、薪金所得与劳务报酬所得的主要区别在于（　　　）。

    A. 独立劳动与非独立劳动的关系

    B. 经常所得与偶然所得的关系

    C. 主动劳动与被动劳动的关系

    D. 是否有雇佣与被雇佣的关系

    E. 劳动合同关系

3. 适用于 20% 税率的应税项目有（　　　）。

    A. 稿酬所得　　　　　　　　　　B. 财产转让所得

    C. 特许权使用费所得　　　　　　D. 财产租赁所得

    E. 利息、股息、红利所得

4. 下列项目中，应按我国税法规定缴纳个人所得税的有（　　　）。

    A. 某中国公民在境外取得的外币存款利息

    B. 某中国公民被派往香港工作取得的工资、薪金所得

    C. 某外国作家将其作品在中国出版取得的所得

    D. 外籍个人从中国境内的外商投资企业取得的股息、红利所得

5. 下列稿酬所得中，应合并为一次所得征税的有（　　　）。

    A. 同一作品在报刊上连载，分次取得的稿酬

    B. 同一作品再版取得的稿酬

    C. 同一作品出版社分三次支付的稿酬

    D. 同一作品出版后加印而追加的稿酬

6. 根据个人所得税法律制度的规定，下列个人所得中，应按"劳务报酬所得"项目征收个人所得税的有（　　　）。

    A. 某大学教授从甲企业取得的咨询费

    B. 某公司高管从乙大学取得的讲课费

    C. 某设计院设计师从丙家装公司取得的设计费

    D. 某编剧从丁电视剧制作单位取得的剧本使用费

7. 下列项目在计征个人所得税时，允许从总收入中减除费用 800 元的有（　　　）。

    A. 稿费收入 3 800 元

    B. 房屋出租月收入 1 000 元

    C. 提供咨询服务一次取得收入 2 500 元

    D. 转让房屋收入 50 000 元

8. 下列各项中，可暂免征收个人所得税的所得有（　　）。

　　A. 外籍个人按合理标准取得的出差补贴

　　B. 残疾人从事个体工商业生产、经营所得

　　C. 个人举报违法行为而获得的奖金

　　D. 外籍个人从外商投资企业取得的股息、红利

9. 以下免征个人所得税的项目有（　　）。

　　A. 政府特殊津贴　　B. 单位优秀员工奖

　　C. 军人转业费　　　D. 保险赔款

三、计算题

中国公民张某 2019 年的收入情况如下：

（1）出版一本书，1月份取得预付稿酬 20 000 元；4月份正式出版，取得稿酬 20 000 元；该书 5—7 月被某报纸连载，5月份取得稿费 1 800 元，6月份和 7月份每月取得稿费 1 000 元。12月份张某将自己手稿的复印件拍卖，取得所得 100 000 元。

（2）因在某上市公司董事会担任董事，8月份从该上市公司取得董事费收入 15 万元，并通过民政局向贫困地区捐赠了 5万元。

（3）因持有某上市公司股份，7月份取得上半年股息 20 000 元。

（4）10月份转让自己拥有的一辆轿车，取得转让收入 200 000 元，转让过程中发生相关税费 20 000 元。该车购进价格为 160 000 元，购入时发生相关税费 10 000 元。

（5）全年每月取得工资、薪金收入 4 500 元，同时于 12月份取得全年一次性奖金收入 48 000 元。

根据以上资料和税法相关规定，回答下列问题：

（1）计算张某出版书籍、连载、拍卖手稿所得共应缴纳的个人所得税。

（2）计算张某就董事费收入应缴纳的个人所得税。

（3）计算张某取得的股息应缴纳的个人所得税。

（4）计算张某转让轿车应缴纳的个人所得税。

（5）计算张某工资、薪金收入全年应缴纳的个人所得税。

第九章

印花税

【本章要点】

1. 印花税的概念和特点
2. 印花税的征税范围、纳税义务人、税目与税率、计税依据

3. 应纳税额的计算
4. 印花税的税收优惠和征收管理

【导入案例】

公元 1624 年，荷兰政府发生经济危机，财政困难。当时执掌政权的统治者摩里斯（Maurs）为了解决财政上的需要，拟提出要用增加税收的办法来解决支出的困难，但又怕人民反对，便要求政府的大臣们出谋献策。众大臣议来议去，就是想不出两全其美的妙法来。于是，荷兰的统治阶级就采用公开招标办法，以重赏来寻求新税设计方案，谋求敛财之妙策。印花税就是从千万个应征者设计的方案中精选出来的"杰作"。印花税之所以被选中，是因为它成功地实现了"拔最多的鹅毛，听最少的鹅叫"。

第一节　印花税概述

印花税是一个很古老的税种，世界各国目前普遍征收，始征于 17 世纪的荷兰，我国从 1950 年 1 月开始征收印花税，在 1958 年简化税制时，印花税被并入工商统一税，不单独征收。为了在税收上适应不断变化的客观经济情况，广泛筹集财政资金，维护经济凭证的书立、领受人的合法权益，1988 年 8 月，国务院制订并公布了《中华人民共和国印花税暂行条例》（以下简称《印花税暂行条例》），于同年 10 月 1 日起征收印花税。2011年 1 月 8 日，国务院对该条例进行了修订。为进一步规范印花税管理，便利纳税人，国家税务总局在 2016 年年底制定《印花税管理规程（试行）》，适用于除证券交易外的印花税有关管理事项，自 2017 年 1 月 1 日起施行。

一、印花税的概念和特点

▶▶▶ ┌（一）概念┐

印花税是以经济活动和经济交往中书立、领受、使用应税凭证的行为为征税对象征收的一种税。印花税因其采用在应税凭证上粘贴印花税票的方法缴纳税款而得名。

▶▶▶ ┌（二）特点┐

印花税同其他税种相比，具有以下特点：

（1）征收范围广。随着经济的发展，经济活动中书立、领受和使用各种凭证和合同的现象日益普遍，因而对书立、领受的凭证征税也较为普遍。

（2）纳税人自行完成纳税义务，征收简便。印花税实行由纳税人自行计算应纳税额，自行购花、贴花、销花的办法，税务机关只负责检查等工作。因此，征收比较简便而且征收费用少。

（3）税收负担轻，税率较低。印花税的最高税率为 1‰，定额税率为每件 5 元，所以对于企业来说，税负较轻。

二、印花税的纳税义务人

印花税的纳税义务人是在中国境内书立、使用、领受印花税法所列举的凭证并应依法履行纳税义务的单位和个人。

上文所称单位和个人是指国内各类企业、事业、机关、团体、部队以及中外合资企业、合作企业、外资企业、外国公司和其他经济组织及其在华机构等单位和个人。印花税的纳税义务人中所称的单位和个人，按照书立、使用、领受应税凭证的不同，可以分别确定为立合同人、立据人、立账簿人、领受人、使用人和各类电子应税凭证的签订人。

1. 立合同人

立合同人是指合同的当事人。所谓当事人，是指对凭证有直接权利、义务关系的单位和个人，但不包括合同的担保人、证人、鉴定人。各类合同的纳税人是立合同人。各类合同包括购销、加工承揽、建设工程承包、财产租赁、货物运输、仓储保管、借款、财产保险、技术合同或者具有合同性质的凭证。当事人的代理人有代理纳税的义务，他与纳税人负有同等的税收法律义务和责任。

2. 立据人

产权转移书据的纳税人是立据人。立据人是指土地、房屋权属转移过程中买卖双方当事人。

3. 立账簿人

营业账簿的纳税人是立账簿人。所谓立账簿人，是指设立并使用营业账簿的单位和个人。例如，企业单位因生产、经营需要设立了营业账簿，该企业即为纳税人。

4. 领受人

领取并持有权利、许可证照的纳税人是领受人。领受人是指领取或接受并持有该项凭证的单位和个人。

5. 使用人

在国外书立、领受，但在国内使用的应税凭证，其纳税人是使用人。

6. 各类电子应税凭证的签订人

即以电子形式签订的各类应税凭证的当事人。对应税凭证，凡由两方或两方以上当事人共同书立的，其当事人各方都是印花税的纳税人，应各就其所持凭证的计税金额履行纳税义务。

三、印花税的征税范围

印花税的征税范围包括应税合同或者具有合同性质的凭证、产权转移书据、营业账簿等。

（1）应税合同或者具有合同性质的凭证。这里所称的合同，不仅指具有正规格式的合同，也包括具有合同性质的单据、凭证。应税合同具体包括购销合同、加工承揽合同、建筑工程勘察设计合同、建筑安装工程承包合同、财产租赁合同、货物运输合同、仓储保管合同、借款合同、财产保险合同、技术合同等十类合同。具有合同性质的凭证，即具有合同性质的协议、契约、单据、确认书及其他各种名称的凭证。如运输部门、储运部门以及金融保险部门，为简化手续，有很大一部分业务活动是通过单据的方式来明确双方权利义务关系的，因此，这些运输单据、仓储保管单或栈单、借款单据和财产保险单等，作为合同使用的单据，均属印花税的征收范围。

（2）产权转移书据包括财产所有权、版权、商标专用权、专利权和专有技术使用权等转移所书立的转移书据。

（3）营业账簿包括记载资金的账簿和其他营业账簿。

（4）权利许可证照包括政府部门发给的房屋产权证、工商营业执照、商标注册证、专利证、土地使用证等。

（5）经财政部确定的征税的其他凭证。

对纳税人以电子形式签订的各类应税凭证按规定征收印花税。

四、印花税的税目与税率

（一）印花税的税目

印花税的税目是指印花税法明确规定的应当纳税的项目，它具体划定了印花税的征税范围。一般地说，列入税目的就要征税，未列入税目的就不征税。印花税共有 13 个税目，即：

（1）购销合同，包括供应、预购、采购、购销结合及协作、调剂、补偿、贸易等合同。此外，还包括出版单位与发行单位之间订立的图书、报纸、期刊和音像制品的应税凭证，还包括发电厂与电网之间、电网与电网之间（国家电网公司系统、南方电网公司系统内部各级电网互供电量除外）签订的购售电合同。但是，电网与用户之间签订的供用电合同不属于印花税法列举征税的凭证，不征收印花税。

（2）加工承揽合同，包括加工、定做、修缮、修理、印刷广告、测绘、测试等合同。

（3）建设工程勘察设计合同，包括勘察、设计合同。

（4）建筑安装工程承包合同，包括建筑、安装工程承包合同。承包合同包括总承包合同、分包合同和转包合同。

（5）财产租赁合同，包括租赁房屋、船舶、飞机、机动车辆、机械、器具、设备等合同，还包括企业、个人出租门店、柜台等签订的合同。

（6）货物运输合同，包括民用航空、铁路运输、海上运输、公路运输和联运合同，以及作为合同使用的单据。

（7）仓储保管合同，包括仓储、保管合同，以及作为合同使用的仓单、栈单等。

（8）借款合同，包括银行及其他金融组织与借款人（不包括银行同业拆借）所签订的合同，以及只填开借据并作为合同使用、取得银行借款的借据。银行及其他金融机构经营的融资租赁业务是一种以融物方式达到融资目的的业务，实际上是分期偿还的固定资金借款，因此融资租赁合同也属于借款合同。

（9）财产保险合同，包括财产、责任、保证、信用保险合同，以及作为合同使用的单据。财产保险合同分为企业财产保险、机动车辆保险、货物运输保险、家庭财产保险和农牧业保险五大类。

（10）技术合同，包括技术开发、转让、咨询、服务等合同以及作为合同使用的单据。

技术转让合同包括专利申请权转让和非专利技术转让。技术咨询合同是当事人就有关项目的分析、论证、预测和调查订立的技术合同。但一般的法律、会计、审计等方面的咨询不属于技术咨询，其所立合同不贴印花。技术服务合同是当事人一方委托另一方就解决有关特定技术问题，如为改进产品结构、改良工艺流程、提高产品质量、降低产品成本、保护资源环境、实现安全操作、提高经济效益等提出实施方案，进行实施指导所订立的技术合同，包括技术培训合同和技术中介合同，但不包括以常规手段或者为生产经营目的进行一般加工、修理、修缮、广告、印刷、测绘、标准化测试，以及勘察、设计等所书立的合同。

（11）产权转移书据，包括财产所有权和版权、商标专用权、专利权、专有技术使用权等转移书据和专利实施许可合同、土地使用权出让合同、土地使用权转让合同、商品房销售合同等权利转移合同。所称产权转移书据是指单位和个人产权的买卖、继承、赠与、交换、分割等所立的书据。

（12）营业账簿是指单位或者个人记载生产经营活动的财务会计核算账簿。营业账簿按其反映内容的不同，可分为记载资金的账簿和其他账簿。

（13）权利、许可证照，包括政府部门发给的房屋产权证、工商营业执照、商标注册证、专利证、土地使用证。

▶▶▶ （二）印花税的税率

印花税的征税方式分为从价计征和从量计征，所以印花税的税率有两种形式，即比例税率和定额税率。

1. 比例税率

在印花税的13个税目中，各类合同以及具有合同性质的凭证（含以电子形式签订的各类应税凭证）、产权转移书据、营业账簿中记载资金的账簿，适用比例税率。

印花税的比例税率分为4个档次，分别是0.05‰、0.3‰、0.5‰、1‰。

（1）适用0.05‰税率的为借款合同。

（2）适用0.3‰税率的为购销合同、建筑安装工程承包合同、技术合同。

（3）适用0.5‰税率的为加工承揽合同、建筑工程勘察设计合同、货物运输合同、产权转移书据、营业账簿税目中记载资金的账簿。

（4）适用税率1‰税率的为财产租赁合同、仓储保管合同和财产保险合同。

2. 定额税率

在印花税的税目中，权利、许可证照和营业账簿税目中的其他账簿，适用定额税率，均为按件贴花，税额为5元。印花税税目税率表如表9-1所示。

表9-1　　　　　　　　　印花税税目税率表

税目	范围	税率	纳税人	说明
购销合同	包括供应、预购、采购、购销结合及协作、调剂、补偿、易货等合同	按购销金额0.3‰贴花	立合同人	
加工承揽合同	包括加工、定做、修缮、修理、印刷广告、测绘、测试等合同	按加工或承揽收入0.5‰贴花	立合同人	
建设工程勘察设计合同	包括勘察、设计合同	按收取费用0.5‰贴花	立合同人	
建筑安装工程承包合同	包括建筑、安装工程承包合同	按承包金额0.3‰贴花	立合同人	
财产租赁合同	包括租赁房屋、船舶、飞机、机动车辆、机械、器具、设备等合同	按租赁金额1‰贴花，税额不足1元，按1元贴花	立合同人	

续前表

税目	范围	税率	纳税人	说明
货物运输合同	包括民用航空运输、铁路运输、海上运输、内河运输、公路运输和联运合同	按运输费用的0.5‰贴花	立合同人	单据作为合同使用的，按合同贴花
仓储保管合同	包括仓储、保管合同	按仓储保管费用1‰贴花	立合同人	仓单或者栈单作为合同使用的，按合同贴花
借款合同	银行及其他金融组织与借款人（不包括银行同业拆借）所签订的借款合同	按借款金额0.05‰贴花	立合同人	单据作为合同使用的，按合同贴花
财产保险合同	包括财产、责任、保证、信用等保险合同	按保险费收入1‰贴花	立合同人	单据作为合同使用的，按合同贴花
技术合同	包括技术开发、转让、咨询、服务等合同	按所记载金额0.3‰贴花	立合同人	
产权转移书据	包括财产所有权和版权、商标专用权、专利权、专有技术使用权等转移书据、土地使用权出让合同、土地使用权转让合同、商品房销售合同	按所记载金额0.5‰贴花	立据人	
营业账簿	生产、经营用账册	记载资金的账簿，按实收资本和资本公积的合计金额0.5‰贴花。其他账簿按件贴花5元	立账簿人	
权利、许可证照	包括政府部门发给的房屋产权证、工商营业执照、商标注册证、专利证、土地使用证	按件贴花5元	领受人	

第二节　印花税的计算

一、印花税的计税依据

印花税的征税方式分为从价计征和从量计征两种方式，所以计税依据分为从价计税和从量计税两种方式。

>>> **(一)从价计税的计税依据**

1. 计税依据的一般规定

印花税的计税依据为各种应税凭证上所记载的计税金额。其计税依据大部分是全额的，少部分是余额。具体规定为：

(1) 购销合同的计税依据为合同记载的购销金额，不得进行任何扣除。如果采用以货易货方式购销时，所签订的合同属于既具有采购又具有销售的双重经济行为，因此应按照合同所记载的购、销合计数量金额进行贴花。合同未列明金额的，应按照市场价格或者国家牌价计算应纳税额。

(2) 加工承揽合同的计税依据是加工或承揽收入的金额。具体规定为：

①对于由受托方提供原材料的加工、定做合同，凡在合同中分别记载加工费金额和原材料金额的，应分别按加工承揽合同、购销合同计税，两项税额相加数即为合同应贴印花；若合同中未分别记载，则应就全部金额依照加工承揽合同计税贴花。

②对于由委托方提供主要材料或原料，受托方只提供辅助材料的加工合同，无论加工费和辅助材料金额是否分别记载，均以辅助材料与加工费的合计数，依照加工承揽合同计税贴花。对委托方提供的主要材料或原料金额不计税贴花。

(3) 建设工程勘察设计合同的计税依据为收取的费用。

(4) 建筑安装工程承包合同的计税依据为承包金额。施工单位如果将自己承包的建设项目进行转包或者分包，应按新的分包合同或者转包合同所记载的金额计算应纳税额。

(5) 财产租赁合同的计税依据为租赁金额；财产租赁合同如果只是规定了月（天）租金标准而无租赁期限的。对这类合同，可在签订时先按定额5元贴花，以后结算时再按实际金额计税，补贴印花税票。

(6) 货物运输合同的计税依据为取得的运输费金额（也就是运输收入），不包括所运货物的金额、装卸费和保险费等。

(7) 仓储保管合同的计税依据为收取的仓储保管费用。

(8) 借款合同的计税依据为借款金额。不同的借款形式具有不同的计税方法：

①凡是一项信贷业务既签订借款合同，又一次或分次填开借据的，只以借款合同所载金额为计税依据计税贴花；凡是只填开借据并作为合同使用的，应以借据所载金额为计税依据计税贴花。

②借贷双方签订的流动资金周转性借款合同，一般按年（期）签订，规定最高限额，借款人在规定的期限和最高限额内随借随还。为避免加重借贷双方的负担，对这类合同只以其规定的最高限额为计税依据，在签订时贴花一次，在限额内随借随还不签订新合同的，不再另贴印花。

③对借款方以财产作抵押，从贷款方取得一定数量抵押贷款的合同，应按借款合同贴花；在借款方因无力偿还借款而将抵押财产转移给贷款方时，应再就双方书立的产权书据，按产权转移书据的有关规定计税贴花。

④对银行及其他金融组织的融资租赁业务签订的融资租赁合同，应按合同所载租金总额，暂按借款合同计税。

(9) 财产保险合同的计税依据为支付（收取）的保险费，不包括所保财产的金额。

（10）技术合同的计税依据为合同所载的价款、报酬或使用费。为了鼓励技术研究开发，对技术开发合同，只就合同所载报酬金额计税，研究开发经费不作为计税依据。对合同约定按研究开发经费一定比例作为报酬的，应按一定比例的报酬金额贴花。如果技术转让合同在签订时无法确定计税金额，比如转让收入按照收入的一定比例收取或是按实现利润分成的，可在签订时先按照 5 元贴花，以后结算时再按实际金额计税，补贴印花。

（11）产权转移书据的计税依据为所载金额。

（12）营业账簿税目中记载资金的账簿的计税依据为"实收资本"与"资本公积"两项的合计金额。实收资本包括现金、实物、无形资产和材料物资。现金按实际收到或存入纳税人开户银行的金额确定。

2. 计税依据的特殊规定

（1）同一凭证，载有两个或两个以上经济事项而适用不同税目税率，如分别记载金额的，应分别计算应纳税额，相加后按合计税额贴花；如未分别记载金额的，按税率高的计税贴花。

（2）应税凭证所载金额为外国货币的，应按照凭证书立当日国家外汇管理局公布的外汇牌价折合成人民币，然后计算应纳税额。

（3）应纳税额不足 1 角的，免纳印花税；1 角以上的，其税额尾数不满 5 分的不计，满 5 分的按 1 角计算。

（4）应税合同在签订时纳税义务即已产生，应计算应纳税额并贴花。所以，不论合同是否兑现或是否按期兑现，均应贴花。对已履行并贴花的合同，所载金额与合同履行后实际结算金额不一致的，只要双方未修改合同金额，一般不再办理完税手续。如果对合同金额进行修改，修改后金额增加的，其增加部分应补贴印花税。

（5）对有经营收入的事业单位，凡属由国家财政拨付事业经费，实行差额预算管理的单位，其记载经营业务的账簿，按其他账簿定额贴花，不记载经营业务的账簿不贴花；凡属经费来源实行自收自支的单位，其营业账簿，应对记载资金的账簿和其他账簿分别计算应纳税额。

跨地区经营的分支机构使用的营业账簿，应由各分支机构于其所在地计税贴花。对上级单位核拨资金的分支机构，其记载资金的账簿按核拨的账面资金额计税贴花，其他账簿按定额贴花；对上级单位不核拨资金的分支机构，只就其他账簿按件定额贴花。为避免对同一资金重复计税贴花，上级单位记载资金的账簿，应按扣除拨给下属机构资金数额后的其余部分计税贴花。

（6）从 2008 年 9 月 19 日起，对证券交易印花税政策进行调整，由双边征收改为单边征收，即只对卖出方（或继承、赠与 A 股、B 股股权的出让方）征收证券（股票）交易印花税，对买入方（受让方）不再征收。税率仍保持 1‰。

（7）对国内各种形式的货物联运，凡在起运地统一结算全程运费的，应以全程运费作为计税依据，由起运地运费结算双方缴纳印花税；凡分程结算运费的，应以分程的运费作为计税依据，分别由办理运费结算的各方缴纳印花税。

对国际货运，凡由我国运输企业运输的，不论在我国境内、境外起运或中转分程运输，我国运输企业所持的一份运费结算凭证，均按本程运费计算应纳税额；托运方所持的一份运费结算凭证，按全程运费计算应纳税额。由外国运输企业运输进出口货物的，外国运输企业所持的一份运费结算凭证免纳印花税；托运方所持的一份运费结算凭证应缴纳印花税。国际货运运费结算凭证在国外办理的，应在凭证转回我国境内时按规定缴纳印花税。

(8) 印花税票为有价证券，其票面金额以人民币为单位，分为1角、2角、5角、1元、2元、5元、10元、50元、100元9种。多贴印花税票的，不得申请退税或者抵用。

▶▶▶ （二）从量计税的计税依据

实行从量计税的其他营业账簿和权利、许可证照，以计税数量为计税依据。

二、应纳税额的计算

纳税人的应纳税额根据应纳税凭证的性质，分别按比例税率或者定额税率计算。

▶▶▶ （一）从价计征

应纳税额＝应税凭证计税金额×适用税率

▶▶▶ （二）从量计征

应纳税额＝应税凭证件数×适用税率

【例9-1】某交通运输企业2018年12月签订以下合同：

(1) 与某银行签订融资租赁合同购置新车15辆，合同载明租赁期限为3年，每年支付租金100万元；

(2) 与某客户签订货物运输合同，合同载明货物价值500万元，运输费用为65万元（含装卸费5万元，货物保险费10万元）；

(3) 与某运输企业签订租赁合同，合同载明将本企业闲置的总价值300万元的10辆货车出租，每辆车月租金为4 000元，租期未定；

(4) 与某保险公司签订保险合同，合同载明本企业的50辆车的第三方责任险，每辆车每年支付保险费4 000元。

计算该企业当月应缴纳的印花税。

解：融资租赁合同应纳印花税＝1 000 000×3×0.05‰＝150(元)

货物运输合同应纳印花税＝(65-5-10)×0.5‰＝0.025(万元)＝250(元)

货车租赁合同应纳印花税＝5元

财产保险合同应纳印花税＝50×4 000×1‰＝200(元)

该企业当月应缴纳的印花税＝150＋250＋5＋200＝605(元)

第三节 印花税的税收优惠和征收管理

一、印花税的税收优惠

对印花税的减免税优惠主要有：

（1）对已缴纳印花税凭证的副本或者抄本免税。留存备查的副本不征税，但视同正本使用的副本应纳税。

（2）财产所有人将财产赠给政府、社会福利单位、学校所立的书据免税。

（3）对无息、贴息贷款合同免税。

（4）对房地产管理部门与个人签订的用于生活居住的租赁合同免税。

（5）对农牧业保险合同免税。对国家制定的收购部分与村民委员会、农民个人书立的农副产品收购合同免税。

（6）对与高校学生签订的高校学生公寓租赁合同，免征印花税。

（7）对公租房经营管理单位建造管理公租房涉及的印花税，免征印花税。

（8）对改造安置住房经营管理单位，开发商与改造安置住房相关的印花税以及购买安置住房的个人涉及的印花税免税。

（9）自 2014 年 11 月 1 日至 2017 年 12 月 31 日，对金融机构与小型、微型企业签订的借款合同免征印花税。

（10）对外国政府或者国际金融组织向我国政府及国家金融机构提供优惠贷款所书立的合同免税。

（11）为减轻企业负担，鼓励投资创业，自 2018 年 5 月 1 日起，对按万分之五税率贴花的资金账簿减半征收印花税，对按件贴花 5 元的其他账簿免征印花税。

印花税实行减免税备案管理，减免税备案资料应当包括：

（1）《纳税人减免税备案登记表》。

（2）《印花税应纳税凭证登记簿》（以下简称《登记簿》）复印件。根据规定，纳税人应当如实提供、妥善保存印花税应纳税凭证等有关纳税资料，统一设置、登记和保管《登记簿》，《登记簿》的内容包括：应纳税凭证种类、应纳税凭证编号、凭证书立各方（或领受人）名称、书立（领受）时间、应纳税凭证金额、件数等。

（3）减免税依据的相关法律、法规规定的其他资料。

二、印花税的征收管理

▶▶▶ （一）纳税办法

印花税的纳税办法，根据税额大小、贴花次数以及税收征收管理的需要，分别采用以下三种纳税办法：

1. 自行贴花办法

这种办法一般适用于应税凭证较少或者贴花次数较少的纳税人。纳税人书立、领受或者使用应纳税凭证和经财政部确定的其他凭证时，纳税义务即已产生，应当根据应纳税凭证的性质和适用的税目税率自行计算应纳税额，自行购买印花税票，自行一次贴足印花税票并加以注销或划销，纳税义务才算全部履行完毕。值得注意的是，纳税人购买了印花税票，支付了税款，国家就取得了财政收入。但就印花税来说，纳税人支付了税款并不等于已履行了纳税义务。纳税人必须自行贴花并注销或划销，这样才算完整地完成了纳税义务。这也就是通常所说的"三自"纳税办法，对已贴花的凭证，修改后所载金额增加的，其增加部分应当补贴印花税票。凡多贴印花税票者，不得申请退税或者抵用。

2. 汇贴或汇缴办法

这种办法一般适用于应纳税额较大或者贴花次数频繁的纳税人。一份凭证应纳税额超过 500 元的，纳税人可以将税收缴款书、完税证明其中一联粘贴在凭证上或者由税务机关在凭证上加注完税标记代替贴花。这就是通常所说的"汇贴"办法。

同一种类应纳税凭证需频繁贴花的，纳税人可以根据实际情况自行决定是否采用按期汇总缴纳印花税的方式，汇总申报缴纳的期限不得超过一个月。采用按期汇总缴纳方式的纳税人应事先告知主管税务机关。缴纳方式一经选定，1 年内不得改变。主管税务机关接到纳税人要求按期汇总缴纳印花税的告知后，应及时登记，制定相应的管理办法，防止出现管理漏洞。

实行印花税按期汇总缴纳的单位，对征税凭证和免税凭证汇总时，凡分别汇总的，按本期征税凭证的汇总金额计算缴纳印花税；凡确属不能分别汇总的，应按本期全部凭证的实际汇总金额计算缴纳印花税。

凡汇总缴纳印花税的凭证，应加注税务机关指定的汇缴戳记、编号并装订成册后，将已贴印花或者缴款书的一联粘附册后，盖章注销，保存备查。

经税务机关核准，持有代售许可证的代售户，代售印花税票取得的税款须专户存储，并按照规定的期限，向当地税务机关结报，或者填开专用缴款书直接向银行缴纳，不得逾期不缴或者挪作他用。代售户领存的印花税票及所售印花税票的税款，如有损失，应负责赔偿。

3. 委托代征办法

税务机关根据印花税征收管理的需要，本着既加强源泉控管，又方便纳税人的原则，可委托银行、保险、工商、房地产管理等有关部门，代征借款合同，财产保险合同，权利、许可证照，产权转移书据，建设工程承包合同等的印花税。税务机关应与代征单位签订代征委托书。所谓发放或者办理应纳税凭证的单位，是指发放权利、许可证照的单位和办理凭证的鉴证、公证及其他有关事项的单位。如按照相关规定，工商行政管理机关核发各类营业执照和商标注册证的同时，负责代售印花税票，征收印花税款，并监督领受单位或个人负责贴花。税务机关委托工商行政管理机关代售印花税票，按代售金额 5% 的比例支付代售手续费。

发放或者办理应纳税凭证的单位，负有监督纳税人依法纳税的义务，具体是指对以下纳税事项监督：

（1）应纳税凭证是否已粘贴印花税票；

（2）粘贴的印花税票是否足额；

（3）粘贴的印花税票是否按规定注销。

对未完成以上纳税手续的，应督促纳税人当场完成。

（二）印花税的纳税环节

印花税的纳税人在书立、领受或者使用应纳税凭证即发生纳税义务时，应当根据应纳税凭证的性质，自行计算应纳税额，购买并一次贴足印花税票（以下简称"贴花"）。具体来说，在合同签订时、账簿启用时和营业账簿领受时贴花。如果应税合同是在国外签订，并且不方便在国外贴花，纳税人应在合同带入境内时办理贴花纳税手续。

（三）印花税的纳税地点

印花税一般实行就地纳税。对于全国性商品物资订货会（包括展销会、交易会等）上所签订合同应纳的印花税，由纳税人回其所在地后及时办理贴花完税手续；对地方主办、不涉及省际关系的订货会、展销会上所签合同的印花税，其纳税地点由各省、自治区、直辖市人民政府自行确定。

（四）印花税的纳税期限

采取自行贴花办法的，纳税人在书立、领受或者使用应税凭证时，应自行购买印花税票，自行贴足印花税票并加以注销或者划销。采用汇贴或者汇缴办法的，汇总缴纳期限不得超过一个月。

实行核定征收印花税的，纳税期限为一个月，税额较小的，纳税期限可为一个季度，具体由主管税务机关确定。纳税人应当自纳税期满之日起15日内，填写国家税务总局统一制定的纳税申报表申报缴纳核定征收的印花税。纳税人对主管税务机关核定的应纳税额有异议的，或因生产经营情况发生变化需要重新核定的，可向主管税务机关提供相关证据，主管税务机关核实后进行调整。

主管税务机关核定征收印花税，应当向纳税人送达《税务事项通知书》，并注明核定征收的方法和税款缴纳期限。

（五）违章处罚

印花税纳税人有下列行为之一的，由税务机关根据情节轻重予以处罚：

（1）在应纳税凭证上未贴或者少贴印花税票的或者已粘贴在应税凭证上的印花税票未注销或者未划销的，由税务机关追缴其不缴或者少缴的税款、滞纳金，并处不缴或者少缴的税款50%以上5倍以下的罚款。

（2）已贴用的印花税票揭下重用造成未缴或少缴印花税的，由税务机关追缴其不缴或者少缴的税款、滞纳金，并处不缴或者少缴的税款 50% 以上 5 倍以下的罚款；构成犯罪的，依法追究刑事责任。

（3）伪造印花税票的，由税务机关责令改正，处以 2 000 元以上 1 万元以下的罚款；情节严重的，处以 1 万元以上 5 万元以下的罚款；构成犯罪的，依法追究刑事责任。

（4）按期汇总缴纳印花税的纳税人，超过税务机关核定的纳税期限，未缴或少缴印花税款的，由税务机关追缴其不缴或者少缴的税款、滞纳金，并处不缴或者少缴的税款 50% 以上 5 倍以下的罚款；情节严重的，同时撤销其汇缴许可证；构成犯罪的，依法追究刑事责任。

（5）纳税人违反以下规定的，由税务机关责令限期改正，可处以 2 000 元以下的罚款；情节严重的，处以 2 000 元以上 1 万元以下的罚款。

①凡汇总缴纳印花税的凭证，应加注税务机关指定的汇缴戳记，编号并装订成册后，将已贴印花或者缴款书的一联粘附册后，盖章注销，保存备查。

②纳税人对纳税凭证应妥善保存。凭证的保存期限，凡国家已有明确规定的，按规定办理；没有明确规定的其余凭证均应在履行完毕后保存 1 年。

（6）代售户对取得的税款逾期不缴或者挪作他用，或者违反合同将所领印花税票转托他人代售或者转至其他地区销售，或者未按规定详细提供领、售印花税票情况的，税务机关可视其情节轻重，给予警告或者取消其代售资格的处罚。

◎ 复习题

一、单项选择题

1. 对于下列关于印花税纳税人的表述中，你认为错误的是（   ）。

    A. 书立各类经济合同时，以合同当事人为纳税人

    B. 所谓当事人是指对凭证负有直接或间接权利义务关系的单位和个人，包括担保人、证人

    C. 现行印花税纳税人包括外商投资企业和外国企业

    D. 建立营业账簿的以立簿人为纳税人

2. 某企业 2007 年 4 月签订一份房屋买卖合同，应按（   ）税率贴花。

    A. 万分之五   B. 万分之三   C. 千分之一   D. 万分之零点五

3. 某建筑公司与甲企业签订一份建筑承包合同，合同金额 6 000 万元（含相关费用 50 万元）。施工期间，该建筑公司又将其中价值 800 万元的安装工程转包给乙企业，并签订转包合同。该建筑公司此项业务应缴纳印花税（   ）。

    A. 1.785 万元   B. 1.80 万元   C. 2.025 万元   D. 2.04 万元

4. 甲公司与乙公司分别签订了两份合同：一是以货换货合同，甲公司的货物价值 200 万元，乙公司的货物价值 150 万元；二是采购合同，甲公司购买乙公司 50 万元的货物，但因故合同未能兑现，甲公司应缴纳印花税（   ）。

    A. 150 元   B. 600 元   C. 1 050 元   D. 1 200 元

5. 下列对印花税凭证的处理方法正确的有（   ）。

    A. 融资租赁合同属租赁合同

    B. 房屋产权证纳税人是售房单位

    C. 国外签订的购销合同，在国内使用时，不需要缴纳印花税

    D. 出版社与发行单位之间的订购单属于购销合同

6. 建筑安装工程承包合同的印花税税率是（　　　）。

    A. 0.3‰　　　　　B. 0.5‰　　　　　C. 1‰　　　　　D. 0.05‰

7. 下列各项中，（　　　）不属于印花税的作用。

    A. 税源稳定、广泛，有利于为国家建设积累资金

    B. 有利于提高合同的兑现率

    C. 实行轻税重罚，有利于提高纳税人自觉纳税的法制观念

    D. 通过对印花税的检查，便于了解各行各业的涉税情况，有利于对其他税种的征管

8. 下列应按产权转移书据计征印花税的是（　　　）。

    A. 专利申请权转让　　　　　　　　B. 技术开发合同

    C. 非专利技术转让　　　　　　　　D. 商标专用权转移书据

9. 某企业 2016 年"实收资本"账面金额为 5 000 万元，"资本公积"账面金额为 1 000 万元。该企业 2015 年资金账簿已纳印花税 2 600 元。该企业 2016 年资金账簿应再纳印花税额为（　　　）。

    A. 0 元　　　　　B. 5 元　　　　　C. 4 000 元　　　　　D. 30 000 元

10. A 公司从 B 汽车运输公司租入 5 辆载重汽车，双方签订的合同规定，5 辆载重汽车的总价值为 240 万元，租期为 10 个月，月租金为 1.28 万元，则 A 公司应纳印花税税额为（　　　）。

    A. 32 元　　　　　B. 128 元　　　　　C. 600 元　　　　　D. 2 400 元

11. 根据规定，各类应税合同的印花税纳税义务人是（　　　）。

    A. 合同订立人　　　B. 合同担保人　　　C. 合同鉴定人　　　D. 合同证人

12. 下列应税凭证中，可免纳印花税的有（　　　）。

    A. 无息、贴息贷款合同

    B. 合同的副本或抄本

    C. 外国政府或国际金融组织向我国企业提供的优惠贷款所书立的合同

    D. 仓储保管合同

二、多项选择题

1. 下列各项中，应当征收印花税的项目有（　　　）。

    A. 产品加工合同　　　　　　　　　B. 法律咨询合同

    C. 技术开发合同　　　　　　　　　D. 出版印刷合同

2. 印花税的缴纳方法有下列几种，正确的是（　　　）。

    A. 自行贴花　　　B. 汇总缴纳　　　C. 核定征收　　　D. 印花税票代售

3. 甲公司于 8 月与乙公司签订了数份以货易货合同，以共计 750 000 元的钢材换取 650 000 元的水泥，甲公司取得差价 100 000。下列各项表述中正确的有（　　　）。

    A. 甲公司 8 月应缴纳的印花税为 225 元

    B. 甲公司 8 月应缴纳的印花税为 420 元

    C. 甲公司可对易货合同采用汇总方式缴纳印花税

D. 甲公司可对易货合同采用汇贴方式缴纳印花税

4. 下列应税凭证的计税依据分别为（　　　）。

    A. 购买股权转让书据，为书立当日证券市场成交价格

    B. 货物运输合同为运输、保险、装卸等各项费用合计

    C. 融资租赁合同为租赁费

    D. 以物易物的购销合同为合同所载的购销金额合计

5. 下列为印花税应税合同的是（　　　）。

    A. 购销合同　　　　　　　　　　B. 财产保险合同

    C. 货物运输合同　　　　　　　　D. 人寿保险合同

6. 下列按照 0.5‰ 贴花的凭证是（　　　）。

    A. 加工承揽合同　　　　　　　　B. 建设工程勘察设计合同

    C. 货物运输合同　　　　　　　　D. 产权转移书据

7. 印花税"三自"缴纳办法是（　　　）。

    A. 自行计税　　　B. 自行购花　　　C. 自行贴花　　　D. 自行申报

8. 按 0.3‰ 贴花的合同为（　　　）。

    A. 建筑合同　　　　　　　　　　B. 采购合同

    C. 技术开发合同　　　　　　　　D. 建筑安装工程承包合同

9. 记载资金的账簿按（　　　）合计金额为印花税的计税依据。

    A. 实收资本　　　B. 固定资金　　　C. 资本公积　　　D. 流动资金

    E. 未分配利润

10. 印花税的具体课税对象包括（　　　）。

    A. 经济合同　　　B. 产权转移书据　　C. 营业账簿　　　D. 权利、许可证照

11. 下列各项中，符合印花税有关规定的有（　　　）。

    A. 已贴用的印花税票，不得揭下重用

    B. 凡多贴印花税票者，不得申请退税或者抵用

    C. 应税合同不论是否兑现或是否按期兑现，均应贴花

    D. 伪造印花税票的，税务机关可处以伪造印花税票金额 3 倍至 5 倍的罚款

12. 营业账簿税目中记载资金账簿缴纳印花税的计税依据为（　　　）两项合计金额。

    A. 资本公积　　　B. 盈余公积　　　C. 所有者权益　　　D. 实收资本

三、简答题

1. 简述印花税的纳税人范围。

2. 简述印花税计税依据的一般规定。

3. 我国税法对印花税的减免税优惠有哪些？

4. 印花税的纳税方法有哪些？

四、计算题

某企业 2015 年度有关资料如下：

（1）实收资本比 2014 年增加 100 万元；

（2）与银行签订一年期借款合同，借款金额为 300 万元，年利率为 5%；

（3）与甲公司签订以货换货合同，本企业的货物价格为 350 万元，甲公司的货物价格

为 450 万元；

（4）与乙公司签订受托加工合同，乙公司提供价值 80 万元的原材料，本企业提供价值 15 万元的辅助材料并收加工费 20 万元；

（5）与丙公司签订技术转让合同，转让收入由丙公司按 2005—2007 年实现利润的 30％支付；

（6）与货运公司签订运输合同，载明运输费用 8 万元（其中含装卸费 0.5 万元）；

（7）与铁路部门签订运输合同，载明运输费用及保管费用共计 20 万元。

要求：逐项计算该企业 2015 年应缴纳印花税。

第十章

土地增值税

【本章要点】

1. 土地增值税的概念和特点
2. 土地增值税的征税范围、纳税义务人、税率和计税依据
3. 土地增值税应纳税额的计算
4. 土地增值税的税收优惠
5. 土地增值税的征收管理

【导入案例】

2013 年 11 月 24 日，中央电视台的《每周质量报告》栏目引用北京执业律师、注册会计师、注册税务师李劲松对国内 45 家上市房企年报的追踪测算指出，2005—2012 年，45 家企业应交未交的土地增值税总额高达 3.8 万亿元。"野心优雅"的任志强第一时间斥责央视"愚蠢"；而 12 月 3 日，李劲松在接受《时代周报》记者采访时却认为，任志强制造了一个祸国殃民的谣言。该事件最终掀起了 2013 年年底房地产业最为热闹的一场口水战。那么作为此次口水战的主角，土地增值税到底是被怎样征收的？

第一节　土地增值税概述

土地增值税是土地税的一种，现行的土地增值税的基本法律规范是 1993 年 12 月 13 日国务院颁布的《中华人民共和国土地增值税暂行条例》，2011 年 1 月 8 日，国务院对此条例进行了修订。征收土地增值税有利于国家对房地产行业的开发和交易的宏观调控，控制土地市场的价格，抑制土地投机行为的发生，同时也有利于增加国家的财政收入，为经济建设积累资金。

一、土地增值税的概念和特点

▶▶▶ （一）概念

土地增值税是对纳税人有偿转让国有土地使用权、地上建筑物及其附着物产权并取得增值收入的单位和个人征收的一种税。

▶▶▶ （二）特点

（1）计税依据为增值额。土地增值税的计税依据为转让房地产的增值额。土地的增值额是以土地、房屋的全部转让收入额扣除与其相关的成本、费用、税金及其他税法准予扣除的项目后的余额。

（2）征税范围广泛。凡在我国境内转让房地产并取得收入的单位和个人，除税法规定免税的情况外，均应依照《土地增值税暂行条例》规定缴纳土地增值税。也就是说，凡发生应税行为的单位和个人，不论其经济性质，也不分内、外资企业或中、外籍人员，无论专营或兼营房地产业务，均有缴纳土地增值税的义务。

（3）实行超率累进税率。土地增值税的税率是以转让房地产增值率的高低为依据来确认，按照累进原则设计，实行分级计税，增值率高的，税率高，多纳税；增值率低的，税率低，少纳税。

（4）实行按次征收。土地增值税在房地产发生转让的环节，实行按次征收，每发生一次转让行为，就应根据每次取得的增值额征一次税。

二、土地增值税的征税范围和纳税义务人

▶▶▶ （一）征税范围

1. 基本征税范围

（1）转让国有土地使用权，不包括转让非国有土地和出让国有土地的行为。国有土地是指按国家法律规定属于国家所有的土地。国有土地使用权的转让是指土地使用者通过出让等形式取得土地使用权后，将国有土地使用权再转让的行为，它属于土地买卖的二级市场。而国有土地使用权出让是指国家以土地所有者的身份将土地使用权在一定年限内让与土地使用者，并由土地使用者向国家支付土地使用权出让金的行为，属于土地买卖的一级市场。土地使用权出让的出让方是国家，国家凭借土地的所有权向土地使用者收取土地的租金。出让的目的是实行国有土地的有偿使用制度，合理开发、利用、经营土地，因此，土地使用权的出让不属于土地增值税的征税范围。

（2）连同国有土地使用权一并转让地上的建筑物及其附着物。地上的建筑物是指建

于土地上的一切建筑物，包括地上地下的各种附属设施。"附着物"是指附着于土地上的不能移动或一经移动即遭损坏的物品。纳税人取得国有土地使用权后进行房屋开发建造然后出售的，这种情况就是一般所说的房地产开发。虽然这种行为通常被称为卖房，但按照国家有关房地产法律和法规的规定，卖房的同时，土地使用权也随之发生转让。由于这种情况既发生了产权的转让又取得了收入，所以应纳入土地增值税的征税范围。

（3）存量房地产的买卖。存量房地产是指已经建成并已投入使用的房地产，其房屋所有人将房屋产权和土地使用权一并转让给其他单位和个人。这种行为按照国家有关的房地产法律和法规，应当到有关部门办理房产产权和土地使用权的转移变更手续；原土地使用权属于无偿划拨的，还应到土地管理部门补交土地出让金。

未转让土地使用权、房产产权的行为，是否发生转让行为主要以房地产权属（即土地使用权和房产产权）的变更为标准。凡土地使用权、房产产权未转让的（如房地产的出租），不征收土地增值税。

2. 具体情况判定

（1）房地产继承、赠与。房地产的继承、赠与虽然发生了房地产的权属变更，但作为房产产权、土地使用权的原所有人并没有因为权属变更而取得任何收入。因此，这种房地产的继承不属于土地增值税的征税范围。

属于免税范围内的赠与仅指以下情况：

①房产所有人、土地使用权所有人将房屋产权、土地使用权赠与直系亲属或承担直接赡养义务人的。

②房产所有人、土地使用权所有人通过中国境内非营利的社会团体、国家机关将房屋产权、土地使用权赠与教育、民政和其他社会福利、公益事业的。社会团体是指中国青少年发展基金会、希望工程基金会、宋庆龄基金会、减灾委员会、中国红十字会、中国残疾人联合会、全国老年基金会、老区促进会以及经民政部门批准成立的其他非营利性的公益性组织。

（2）房地产的出租。房地产的出租，出租人虽取得了收入，但没有发生房产产权、土地使用权的转让。因此，不属于土地增值税的征税范围。

（3）房地产的抵押。对房地产的抵押，在抵押期间不征收土地增值税。待抵押期满后，视该房地产是否转移产权而确定是否征收土地增值税。对于以房地产抵债而发生房地产权属转让的，应列入土地增值税的征税范围。

（4）房地产的交换。房地产交换属于土地增值税的征税范围。但对个人之间互换自有居住用房地产的，经当地税务机关核实，可以免征土地增值税。

（5）以房地产进行投资、联营。对于以房地产进行投资、联营的，投资、联营的一方以土地（房地产）作价入股进行投资或作为联营条件，将房地产转让到所投资、联营的企业中时，暂免征收土地增值税。对投资、联营企业将上述房地产再转让的，应征收土地增值税。但投资、联营的企业属于从事房地产开发的，或者房地产开发企业以其建造的商品房进行投资和联营的，应当征收土地增值税。

（6）合作建房。对于一方出地，一方出资金，双方合作建房，建成后按比例分房自用的，暂免征收土地增值税；建成后转让的，应征收土地增值税。

（7）企业兼并转让房地产。在企业兼并中，对被兼并企业将房地产转让到兼并企业中的，暂免征收土地增值税。

（8）房地产的代建房行为。这种情况是指房地产开发公司代客户进行房地产的开发，开发完成后向客户收取代建收入的行为。对于房地产开发公司而言，虽然取得了收入，但没有发生房地产权属的转移，其收入属于劳务收入性质，故不属于土地增值税的征税范围。

（9）房地产的重新评估。这主要是指国有企业在清产核资时对房地产进行重新评估而使其升值的情况。在这种情况下，房地产虽然有增值，但其既没有发生房地产权属的转移，房产产权、土地使用权人也未取得收入，所以不属于土地增值税的征税范围。

▶▶▶ （二）纳税义务人

土地增值税的纳税义务人是转让国有土地使用权、地上的建筑及其附着物（以下简称"转让房地产"）并取得收入的单位和个人。单位包括各类企业、事业单位、国家机关和社会团体及其他组织。个人包括个体经营者。外商投资企业、外国企业和外国机构、华侨、港澳台同胞及其外国公民也属于土地增值税的纳税义务人。

三、土地增值税的税率

土地增值税采用四级超率累进税率，也就是说增值率越高，适用税率越高，其中最低税率为30％，最高税率为60％。具体税率见表10-1：

表10-1　　　　土地增值税四级超率累进税率表

级数	增值额与扣除项目金额的比率	税率（％）	速算扣除系数（％）
1	不超过50％的部分	30	0
2	超过50％至100％的部分	40	5
3	超过100％至200％的部分	50	15
4	超过200％的部分	60	35

第二节　土地增值税的计算

一、土地增值税计税依据的确定

土地增值税的计税依据是纳税义务人在转让房地产过程中取得的增值额。增值额等于纳税人在转让房地产中取得的应税收入减除允许扣除的项目后的余额。

▶▶▶ (一) 应税收入的确定

土地增值税的纳税义务人转让房地产取得的应税收入包括货币收入、实物收入和其他收入。注意土地增值税应税收入不含增值税。

(1) 货币收入。货币收入是指纳税人转让房地产而取得的现金、银行存款、支票、银行本票、汇票等各种信用票据和国库券、金融债券、企业债券、股票等有价证券。

(2) 实物收入。实物收入是指纳税人转让房地产而取得的各种实物形态的收入，实物收入的价值要按照取得收入时的市场价格折算成货币收入。

(3) 其他收入。其他收入是指纳税人转让房地产而取得的无形资产收入或具有财产价值的权利，如专利权、商标权、著作权、专有技术使用权、土地使用权、商誉权等。

▶▶▶ (二) 扣除项目的确定

土地增值税的计税依据是增值额，所以在确定应税收入的同时，也必须要确定扣除项目。根据税法的规定，允许从应税收入中扣除的项目主要有以下六类：

1. 取得土地使用权所支付的金额

取得土地使用权所支付的金额包括取得土地使用权所支付的地价款和缴纳的相关费用。

如果是以协议、招标、拍卖等出让方式取得土地使用权的，地价款为纳税人所支付的土地出让金；如果是以行政划拨方式取得土地使用权的，地价款为按照国家有关规定补交的土地出让金；如果是以转让方式取得土地使用权的，地价款为向原土地使用权人实际支付的地价款。

相关费用是指纳税人在取得土地使用权过程中为办理有关手续，按国家统一规定缴纳的有关登记、过户手续费。

2. 房地产开发成本

房地产开发成本是指纳税人房地产开发项目实际发生的成本，包括土地征用及拆迁补偿费、前期工程费、建筑安装工程费、基础设施费、公共配套设施费、开发间接费用等。

(1) 土地征用及拆迁补偿费，包括土地征用费、耕地占用税、劳动力安置费及有关地上、地下附着物拆迁补偿的净支出、安置动迁用房支出等。

(2) 前期工程费，包括规划、设计、项目可行性研究和水文、地质、勘察、测绘、"三通一平"等支出。

(3) 建筑安装工程费是指以出包方式支付给承包单位的建筑安装工程费，以自营方式发生的建筑安装工程费。

(4) 基础设施费，包括开发小区内道路、供水、供电、供气、排污、排洪、通信、照明、环卫、绿化等工程发生的支出。

(5) 公共配套设施费，包括不能有偿转让的开发小区内公共配套设施发生的支出。

(6) 开发间接费用，是指直接组织、管理开发项目发生的费用，包括工资、职工福利费、折旧费、修理费、办公费、水电费、劳动保护费、周转房摊销等。

3. 房地产开发费用

房地产开发费用是指与房地产开发项目有关的销售费用、管理费用和财务费用。根据现行财务会计制度的规定，这三项费用作为期间费用，直接计入当期损益，不按成本核算对象进行分摊。故作为土地增值税扣除项目的房地产开发费用，不按纳税人房地产开发项目实际发生的费用进行扣除，而按《中华人民共和国土地增值税暂行条例实施细则》所确定的标准进行扣除。具体标准如下：

（1）纳税人能够按转让房地产项目计算分摊利息支出，并能提供金融机构的贷款证明的，其允许扣除的房地产开发费用为：利息＋（取得土地使用权所支付的金额＋房地产开发成本）×5％以内。注意利息最高不能超过按商业银行同类同期贷款利率计算的金额。

（2）纳税人不能按转让房地产项目计算分摊利息支出或不能提供金融机构贷款证明的，其允许扣除的房地产开发费用为：（取得土地使用权所支付的金额＋房地产开发成本）×10％以内。

企业如果全部使用自有资金，没有利息支出的，按照以上方法扣除。上述具体适用的比例按省级人民政府此前规定的比例执行。

另外，在利息支出扣除时，要注意以下四个问题：

（1）房地产开发企业既向金融机构借款，又有其他借款的，其房地产开发费用计算扣除时不能同时适用上述（1）、（2）项所述两种办法。

（2）土地增值税清算时，已经计入房地产开发成本的利息支出，应调整至财务费用中计算扣除。

（3）利息的上浮幅度按国家的有关规定执行，超过上浮幅度的部分不允许扣除。

（4）对于超过贷款期限的利息部分和加罚的利息不允许扣除。

4. 与转让房地产有关的税金

与转让房地产有关的税金是指在转让房地产时缴纳的增值税、城市维护建设税、印花税。因转让房地产缴纳的教育费附加，也可视同税金予以扣除。需要明确的是，房地产开发企业按照《施工、房地产开发企业财务制度》有关规定，其在转让时缴纳的印花税因列入管理费用中，故在此不允许单独扣除。其他纳税人缴纳的印花税允许在此扣除。

5. 其他扣除项目

对从事房地产开发的纳税人可按照上述（1）、（2）项金额之和加计20％扣除，在此，应特别指出的是，此条优惠只适用于从事房地产开发的纳税人，除此之外的其他纳税人不适用。

6. 旧房及建筑物的评估价格

纳税人转让旧房的，应按房屋及建筑物的评估价格、取得土地使用权所支付的地价款或出让金、按国家统一规定缴纳的有关费用和转让环节缴纳的税金作为扣除项目金额计征土地增值税。对取得土地使用权时未支付地价款或不能提供已支付的地价款凭据的，在计征土地增值税时不允许扣除。

旧房及建筑物的评估价格是指转让已使用过的房屋及建筑物时，由政府批准设立的房地产评估机构评定的重置成本价乘以成新度折扣率后的价格。重置成本价的含义是：对旧房及建筑物，按转让时的建材价格及人工费用计算，建造同样面积、同样层次、同样结构、同样的建设标准的新房及建筑物所需花费的成本费用。成新度折扣率的含义是按旧房的新旧程度打一定比例的折扣。

营改增后，纳税人转让旧房及建筑物，凡不能取得评估价格，但能提供购房发票的，《中华人民共和国土地增值税暂行条例》第六条第一、三项规定的扣除项目的金额按照下列方法计算：

（1）提供的购房凭据为营改增前取得的营业税发票的，按照发票所载金额（不扣减营业税）并从购买年度起至转让年度止每年加计5％计算。

（2）提供的购房凭据为营改增后取得的增值税普通发票的，按照发票所载价税合计金额从购买年度起至转让年度止每年加计5％计算。

（3）提供的购房发票为营改增后取得的增值税专用发票的，按照发票所载不含增值税金额加上不允许抵扣的增值税进项税额之和，并从购买年度起至转让年度止每年加计5％计算。

对纳税人购房时缴纳的契税，凡能提供契税完税凭证的，准予作为与转让房地产有关的税金予以扣除，但不作为加计5％的基数。

对于转让旧房及建筑物，既没有评估价格，又不能提供购房发票的，地方税务机关可以实行核定征收。

（三）增值额的确定

土地增值税纳税人转让房地产所取得的收入减除规定的扣除项目金额后的余额，为增值额。由于土地增值税实行超额累进税率，增值额越高，税率越高，所以准确确定增值额对于正确计算土地增值税的税额至关重要，准确核算增值额需要有准确的房地产转让收入额和扣除项目的金额。如果发生以下几种情形，属于不能准确提供房地产转让价格或扣除项目金额，致使增值额不准确，按照房地产评估价格计算征收。

（1）隐瞒、虚报房地产成交价格。这是指纳税人不报或有意低报转让土地使用权、地上建筑物及其附着物价款的行为。隐瞒、虚报房地产成交价格，应由评估机构参照同类房地产的市场交易价格进行评估。税务机关根据评估价格确定转让房地产的收入。

（2）提供扣除项目金额不实。这是指纳税人在纳税申报时不据实提供扣除项目金额的行为。提供扣除项目金额不实的，应由评估机构按照房屋重置成本价乘以成新度折扣率计算的房屋成本价和取得土地使用权时的基准地价进行评估。税务机关根据评估价格确定扣除项目金额。

（3）转让房地产的成交价格低于房地产评估价格，又无正当理由。这是指纳税人申报的转让房地产的实际成交价低于房地产评估机构评定的交易价，纳税人又不能提供凭据或无正当理由的行为。转让房地产的成交价格低于房地产评估价格，又无正当理由的，由税务机关参照房地产评估价格确定转让房地产的收入。

二、土地增值税应纳税额的计算

土地增值税按照纳税人转让房地产所取得的增值额和规定的税率计算征收。土地增值税的计算公式是：

$$应纳税额＝\sum（每级距的土地增值额×适用税率）$$

为了简化土地增值税的计算，土地增值税经常采用简洁的速算扣除法计算，公式如下：

$$应纳税额＝增值额×适用税率－扣除项目金额×速算扣除系数$$

具体公式为：

（1）增值额未超过扣除项目金额50%时，计算公式为：

$$土地增值税税额＝增值额×30\%$$

（2）增值额超过扣除项目金额50%，未超过100%时，计算公式为：

$$土地增值税税额＝增值额×40\%－扣除项目金额×5\%$$

（3）增值额超过扣除项目金额100%，未超过200%时，计算公式为：

$$土地增值税税额＝增值额×50\%－扣除项目金额×15\%$$

（4）增值额超过扣除项目金额200%时，计算公式为：

$$土地增值税税额＝增值额×60\%－扣除项目金额×35\%$$

【例10-1】某房地产开发公司转让一幢写字楼取得收入1 000万元。已知该公司为取得土地使用权所支付的金额为50万元，房地产开发成本为200万元，房地产开发费用为40万元，该公司没有按房地产项目计算分摊银行借款利息，在规定计征土地增值税时房地产开发费用扣除比例按10%计算，转让房地产有关的税金60万元。请计算该公司应缴纳的土地增值税。

解： 扣除项目金额＝50＋200＋(200＋50)×10%＋60＋(50＋200)×20%＝385(万元)

增值额＝1 000－385＝615(万元)

增值率＝615÷385＝159.74%

应缴纳的土地增值税＝615×50%－385×15%＝249.75(万元)

第三节　土地增值税的税收优惠和征收管理

一、土地增值税的税收优惠

（1）建造普通标准住宅的税收优惠。

普通标准住宅是指按所在地一般民用住宅标准建造的居住用住宅。税法中规定纳税人建造普通标准住宅出售，增值额未超过扣除项目金额20%的，免征土地增值税。

纳税人既建普通标准住宅，又从事其他房地产开发的，应分别核算增值额。不分别核算增值额或不能准确核算增值额的，其建造的普通标准住宅不能适用这一免税规定。

对企事业单位、社会团体以及其他组织转让旧房作为公租房房源，且增值额未超过扣除项目金额20%的，免征土地增值税。

（2）国家征收、收回的房地产的税收优惠。

因国家建设需要依法征收、收回的房地产是指因城市实施规划、国家建设的需要而被政府批准征收的房产或收回的土地使用权。因国家建设需要依法征收、收回的房地产，免征土地增值税。

（3）因城市规划、国家建设需要而搬迁，由纳税人自行转让原房地产的税收优惠。

因城市实施规划而搬迁是指因旧城改造或因企业污染、扰民（指产生过量废气、废水、废渣和噪声，使城市居民生活受到一定危害），而由政府或政府有关主管部门根据已审批通过的城市规划确定进行搬迁的情况。因国家建设的需要而搬迁是指因实施国务院、省级人民政府、国务院有关部委批准的建设项目而进行搬迁的情况。因城市实施规划、国家建设的需要而搬迁，由纳税人自行转让原房地产的，免征土地增值税。

（4）对企事业单位、社会团体以及其他组织转让旧房作为公共租赁住房房源的税收优惠。

对企事业单位、社会团体以及其他组织转让旧房作为公共租赁住房房源的且增值额未超过扣除项目金额20%的，免征土地增值税。

二、土地增值税的征收管理

▶▶▶ （一）土地增值税的核定征收

房地产开发企业有下列情形之一的，税务机关可以参照与其开发规模和收入水平相近的当地企业的土地增值税税负情况，按不低于预征率的征收率核定征收土地增值税：

（1）依照法律、行政法规的规定应当设置但未设置账簿的；

（2）擅自销毁账簿或者拒不提供纳税资料的；

（3）虽设置账簿，但账目混乱或者成本资料、收入凭证、费用凭证残缺不全，难以确定转让收入或扣除项目金额的；

（4）符合土地增值税清算条件，未按照规定的期限办理清算手续，经税务机关责令限期清算，逾期仍不清算的；

（5）申报的计税依据明显偏低，又无正当理由的。

由于房地产开发与转让周期较长，造成土地增值税征管难度大，应加强土地增值税的预征管理办法，预征率的确定要科学、合理。对已经实行预征办法的地区，可根据不同类型房地产的实际情况，确定适当的预征率。除保障性住房外，东部地区省份预征率不得低于2%，中部和东北地区省份不得低于1.5%，西部地区省份不得低于1%。房地产开发企业采取预收款方式销售自行开发的房地产项目的，可按照以下方法计算土地增值税预征的计征依据：

土地增值税预征的计征依据＝预收款－应预缴增值税税款

▶▶▶ （二）土地增值税的纳税地点

土地增值税的纳税人应向房地产所在地主管税务机关办理纳税申报，房地产所在地是指房地产的坐落地。纳税人转让的房地产坐落在两个或两个以上地区的，应按房地产所在地分别申报纳税。纳税地点的确定又可分为以下两种情况：

（1）纳税人是法人的，当转让的房地产坐落地与其机构所在地或经营所在地一致时，则在办理税务登记的原管辖税务机关申报纳税即可；如果转让的房地产坐落地与其机构所在地或经营所在地不一致，则应在房地产坐落地所管辖的税务机关申报纳税。

（2）纳税人是自然人的，当转让的房地产坐落地与其居住所在地一致时，则在住所所在地税务机关申报纳税；当转让的房地产坐落地与其居住所在地不一致时，则在办理过户手续所在地的税务机关申报纳税。

▶▶▶ （三）土地增值税的纳税申报时间

土地增值税的纳税人应在转让房地产合同签订后的 7 日内，到房地产所在地主管税务机关办理纳税申报，并向税务机关提交房屋及建筑物产权、土地使用权证书，土地转让、房产买卖合同，房地产评估报告及其他与转让房地产有关的资料。纳税人因经常发生房地产转让而难以在每次转让后申报的，经税务机关审核同意后，可以定期进行纳税申报，具体期限由税务机关根据相关规定确定。纳税人选择定期申报方式的，应向纳税所在地的地方税务机关备案。定期申报方式确定后，一年之内不得变更。

◉ 复习题

一、单项选择题

1. 下列各项中应征土地增值税的有（ ）。
   A. 房地产的继承　　　　　　　　B. 房地产的代建房行为
   C. 房地产的交换　　　　　　　　D. 房地产的出租

2. 下列各项中，应征土地增值税的是（ ）。
   A. 赠与社会公益事业的房地产
   B. 经税务机关核实的个人之间互换自有住房
   C. 抵押期满转让给债权人的房地产
   D. 兼并企业从被兼并企业得到的房地产

3. 某单位转让一幢 1980 年建造的公寓楼，当时的造价为 1 000 万元。经房地产评估机构评定，该楼的重置成本价为 4 000 万元，成新度折扣率为六成。在计算土地增值税时，其评估价格为（ ）。
   A. 500 万元　　　　B. 2 400 万元　　　　C. 2 000 万元　　　　D. 1 500 万元

4. 纳税人如果不能按转让房地产项目计算分摊利息支出，其房地产开发费用按地价款加开发成本之和的（ ）计算扣除。
   A. 5% 以内　　　　B. 5%　　　　C. 10% 以内　　　　D. 10%

5. 纳税人建造普通标准住宅出售，增值额超过扣除项目金额 20% 的，应就其（ ）按规定计算缴纳土地增值税。
   A. 超过部分的金额　　　　　　　B. 全部增值额
   C. 扣除项目金额　　　　　　　　D. 出售金额

6. 某房地产开发企业建造一栋住宅出售，取得销售收入 2 000 万元（城建税税率 7%，教育费附加 3%）。建造此住宅支付地价款和相关过户手续费 200 万元，开发成本 400 万元，缴纳印花税 3 万元，该企业的利息支出无法准确计算分摊，该省政府规定的费用扣除比例为 10%，其应缴纳的土地增值税为（　　）。

    A. 412.3 万元　　　　B. 421.5 万元　　　　C. 422.1 万元　　　　D. 422.35 万元

7. 以下项目在计算土地增值税时，不得扣除成本费用的有（　　）。

    A. 建成后产权属于全体业主的会所

    B. 建成后无偿移交给派出所用于办公的房屋

    C. 建成后有偿出售的停车场

    D. 建成后待售出租的商业用房

8. 按照土地增值税有关规定，纳税人提供扣除项目金额不实的，在计算土地增值税时，应按照（　　）。

    A. 税务部门估定的价格扣除

    B. 税务部门与房地产主管部门协商的价格扣除

    C. 房地产评估价格扣除

    D. 房地产原值减除 30% 后的余值扣除

9. 土地增值税采用（　　）。

    A. 超率累进税率　　　　　　　　B. 超额累进税率

    C. 比例税率　　　　　　　　　　D. 定额税率

10. 选择土地增值税适用税率的依据是（　　）。

    A. 转让房地产的收入额与扣除项目金额之比

    B. 增值额与转让房地产的收入额之比

    C. 增值额与扣除项目金额之比

    D. 扣除项目金额与增值额之比

11. 土地增值税是在房地产的（　　）环节征收的。

    A. 出租　　　　B. 转让　　　　C. 使用　　　　D. 建设

12. 土地增值额未超过扣除项目金额 50% 的税率是（　　）。

    A. 30%　　　　B. 40%　　　　C. 50%　　　　D. 60%

二、多项选择题

1. 以下属于土地增值税特点的项目是（　　）。

    A. 以转让房地产的增值额为计税依据　　B. 征税面比较广

    C. 实行超率累进税率　　　　　　　　　D. 实行按次征收

2. 土地增值税的纳税义务人可以是（　　）。

    A. 外商独资企业　　B. 国家机关　　C. 事业单位　　D. 医院

3. 以下应征土地增值税的项目有（　　）。

    A. 取得奥运会占地的拆迁补偿金

    B. 将一项房产直接赠与某私立学校以支援教育事业

    C. 被兼并企业将房产转让到兼并企业中

    D. 房地产开发商销售楼房

4. 以下应缴纳土地增值税的有（   ）。

   A. 将使用过的旧房卖给某单位做办公室

   B. 将使用过的旧房赠与子女

   C. 将使用过的旧房出租

   D. 将使用过的旧房换取股票

5. 属于房地产开发成本的项目有（   ）。

   A. 取得土地使用权支付的金额　　　B. 土地征用费

   C. 耕地占用税　　　　　　　　　　D. 周转房摊销

6. 下列项目不属于土地增值税征税范围的有（   ）。

   A. 以收取出让金的方式出让国有土地使用权

   B. 以继承方式转让房地产

   C. 以出售方式转让国有土地使用权

   D. 以收取租金方式出租房地产

7. 在计算土地增值税应纳税额时，纳税人为取得土地使用权支付的地价款准予扣除。这里的地价款是指（   ）。

   A. 以协议方式取得土地使用权的，为支付的土地出让金

   B. 以转让方式取得土地使用权的，为实际支付的地价款

   C. 以拍卖方式取得土地使用权的，为支付的土地出让金

   D. 以行政划拨方式取得土地使用权变更为有偿使用的，为补交的土地出让金

8. 房地产开发企业在计算土地增值税时，允许从收入中直接扣减的"与转让房地产有关的税金"有（   ）。

   A. 消费税　　　B. 印花税　　　C. 契税　　　D. 城建税

9. 下列对法人转让房地产的土地增值税纳税地点的说法正确的是（   ）。

   A. 转让房地产坐落地与其机构所在地或经营所在地一致的，应在办理税务登记的原管辖税务机关申报纳税

   B. 转让房地产坐落地与其机构所在地或经营所在地一致的，应在房地产坐落地税务机关申报纳税

   C. 转让房地产坐落地与其机构所在地或经营所在地不一致的，则应在办理税务登记的原管辖税务机关申报纳税

   D. 转让房地产坐落地与其机构所在地或经营所在地不一致的，则应在房地产坐落地所管辖的税务机关申报纳税

10. 在土地增值税中，下列准予从转让收入额中据实扣除的项目有（   ）。

    A. 取得土地使用权所支付的金额　　B. 土地征用及拆迁补偿费

    C. 各项利息支出　　　　　　　　　D. 管理费用

11. 土地增值税的纳税人是指转让国有土地使用权、地上建筑物及其附着物并取得收入的单位和个人，包括（   ）。

    A. 企事业单位　　　　　　　　　B. 国家机关

    C. 国有企业　　　　　　　　　　D. 外商投资企业

12. 下列不征收或减免土地增值税的有（　　）。

　　A. 一方出资、一方出地，双方合作建房并出售的行为

　　B. 企业因名称变更引起的土地使用权证使用权人名称变更

　　C. 以房地产抵债而发生房地产产权转让的

　　D. 房地产出租

三、简答题

1. 土地增值税允许扣除的项目是怎样确定的？

2. 简述土地增值税的征税范围。

3. 什么是增值额？如何确定增值额？

四、计算题

1. 某房地产开发公司开发一栋写字楼出售，取得的销售收入总额为 2 000 万元，支付开发写字楼的地价款（包含契税）400 万元，在开发过程中支付拆迁补偿费 100 万元，供水供电基础设施费 80 万元，建筑工程费用 520 万元，向金融机构借款 500 万元，借款期限 1 年，金融机构年利率为 5%。施工、销售过程中发生的管理费用和销售费用共计 260 万元。该企业销售写字楼缴纳的税金及其附加共计 110 万元。请计算该企业该项目应缴纳的土地增值税。

2. 某工厂将其闲置的旧厂房连同周围的占地（有使用权）一并转让给一家生产企业，共取得转让收入 1 200 万元。该厂在建设上述厂房征地时，支付的地价款和按国家统一规定交纳的有关费用合计为 110 万元，转让上述房地产时缴纳的增值税、城市建设维护税、教育费附加以及印花税等金额共计 56 万元。经当地房地产评估中心评估，并经税务机关认可的厂房重置价为 800 万元，成新度折扣率为 70%。请计算该厂转让上述旧厂房及土地使用权应缴纳的土地增值税。

第十一章

资源税

【本章要点】

1. 资源税的税制改革
2. 资源税的特点及作用
3. 资源税的税目及税率
4. 资源税应纳税额的计算
5. 资源税的税收减免

【导入案例】

山西省某煤矿以生产煤炭、原煤为主,同时也进行小规模的洗煤和选煤,某月该煤矿发生如下业务:外销原煤 5 000 吨,售价为 560 元/吨;销售本月洗煤后的精煤 100 吨,售价为 1 200 元/吨,试问原煤和精煤的资源税计算方法是否一样?分别应如何计算?

第一节　资源税概述

一、概　念

资源税是以各种自然资源为课税对象的一种税。按其征税目的不同,可分为一般资源税和级差资源税两类。前者是对开发和利用某种国有自然资源的单位和个人,为赋予使用权而征收的税，主要体现有偿占用的原则，具有受益税的性质。后者是根据开发和利用的自然资源的丰瘠而取得收入的级差收入的多少征收的税，主要着眼于调节级差收入，具有收益税的性质。我国目前的资源税属于后一类。

1984 年我国开征资源税时，主要依据是受益原则、公平原则和效率原则。从受益角度考虑，资源属国家所有，开采者因开采国有资源而得益，有责任向所有者支付其地租；从公平角度来看，条件公平是有效竞争的前提，资源级差收入的存在影响资源开采者利润的真实性，故级差收入以归政府支配为好；从效率角度分析，稀缺资源应由社会净效率高的企业开采，对资源开采中出现的掠夺和浪费行为，国家有权采取经济手段促使其改变。

现行资源税法的基本规范是 2011 年 9 月 30 日国务院公布的《中华人民共和国资源税暂行条例》（以下简称《资源税暂行条例》）及 2011 年 10 月 28 日财政部、国家税务总局公布的《中华人民共和国资源税暂行条例实施细则》。

二、特　点

我国现行资源税具有以下特点：

（1）对特定资源产品征税，征税范围小。目前我国的资源税征税范围较窄，仅选择了部分级差收入差异较大，资源较为普遍，易于征收管理的矿产品和盐列为征税范围。自 2016 年 7 月 1 日起，我国全面开展资源税改革，突破仅对矿产品和盐征税的局限，试点开征水资源税。随着我国经济的快速发展，对自然资源的合理利用和有效保护将越来越重要，因此，资源税的征税范围应逐步扩大。

（2）征税的主要目的在于调节级差收入。资源税按照"资源条件好、收入多的多征；资源条件差、收入少的少征"的原则，根据矿产资源等级分别确定不同的税额，以有效地调节资源级差收入，为资源开采企业之间开展公平竞争创造条件。

（3）实行从价征收和从量征收两种方式。

三、作　用

我国征收资源税的作用在于：

（1）促进企业之间开展平等竞争。我国的资源税属于比较典型的级差资源税，它根据应税产品的品种、质量、存在形式、开采方式以及企业所处地理位置和交通运输条件等客观因素的差异确定差别税率，从而使条件优越者税负较高，反之则税负较低。这种税率设计使资源税能够比较有效地调节由于自然资源条件差异等客观因素给企业带来的级差收入，减少或排除资源条件差异对企业盈利水平的影响，为企业之间开展平等竞争创造有利的外部条件。

（2）促进对自然资源的合理开发利用。通过对开发、利用应税资源的行为课征资源税，体现了国有自然资源有偿占用的原则，从而可以促使纳税人节约、合理地开发和利用自然资源，有利于我国经济可持续发展。

（3）为国家筹集财政资金。随着其课征范围的逐渐扩展，资源税的收入规模及其在税收收入总额中所占的比重都相应增加，其财政意义也日渐明显，在为国家筹集财政资金方面发挥着不可忽视的作用。

第二节 资源税计算

一、纳税义务人和扣缴义务人

▶▶▶ （一）纳税义务人

资源税的纳税义务人是指在中华人民共和国领域以及管辖海域从事应税资源开采和生产盐的单位和个人。

单位是指国有企业、集体企业、私营企业、股份制企业、其他企业和行政单位、事业单位、军事单位、社会团体及其他单位；个人是指个体经营者和其他个人；其他单位和其他个人包括外商投资企业、外国企业及外籍人员。

根据《关于调整原油、天然气资源税有关政策的通知》（财税〔2014〕73号）规定，自2011年11月1日起，中外合作开采陆上石油资源、海洋油气资源的中国企业和外国企业依法缴纳资源税，不再缴纳矿区使用费。

《资源税暂行条例》还规定，收购未税矿产品的单位为资源税的扣缴义务人。收购未税矿产品的单位是指独立矿山、联合企业和其他收购未税矿产品的单位。

独立矿山是指只有采矿或只有采矿和选矿，独立核算、自负盈亏的单位，其生产的原矿和精矿主要用于对外销售；联合企业是指采矿、选矿、冶炼（或加工）连续生产的企业或采矿、冶炼（或加工）连续生产的企业，其采矿单位，一般是该企业的二级或二级以下核算单位；其他收购未税矿产品的单位是指自己并不生产应税矿产品，而从事矿产品原矿收购自用或卖给其他使用单位的矿产品收购单位。

根据财政部、国家税务总局《关于全面推进资源税改革的通知》（财税〔2016〕53号）的规定，自2016年7月1日起，扩大资源税征收范围：（1）开展水资源税改革试点工作。鉴于取用水资源涉及面广、情况复杂，为确保改革平稳有序实施，先在河北省开展水资源税试点。河北省开征水资源税试点工作，采取水资源费改税方式，将地表水和地下水纳入征税范围，实行从量定额计征，对高耗水行业、超计划用水以及在地下水超采地区取用地下水，适当提高税额标准，正常生产生活用水维持原有负担水平不变。在总结试点经验基础上，财政部、国家税务总局将选择其他地区逐步扩大试点范围，条件成熟后在全国推开。（2）逐步将其他自然资源纳入征收范围。鉴于森林、草场、滩涂等资源在各地区的市场开发利用情况不尽相同，对其全面开征资源税条件尚不成熟，此次改革不在全国范围统一规定对森林、草场、滩涂等资源征税。各省、自治区、直辖市（以下统称省级）人民政府可以结合本地实际，根据森林、草场、滩涂等资源开发利用情况提出征收资源税的具体方案建议，报国务院批准后实施。

▶▶▶ （二）扣缴义务人

收购未税矿产品的单位或中外合作开采油气田作业者为资源税的扣缴义务人，主要是为了加强资源税的征管，适应税源小、零散、不定期开采、易漏税情形。扣缴义务具体包括：

（1）独立矿山、联合企业收购未税矿产品的单位，按照本单位应税产品税额、税率标准，依据收购的数量代扣代缴资源税。

（2）其他收购单位收购的未税矿产品，按税务机关核定的应税产品税额、税率标准，依据收购的数量代扣代缴资源税。

二、税　目

资源税税目包括 5 大类，在 5 个税目下面又设有若干个子目。现行资源税的税目及子目主要是根据资源税应税产品和纳税人开采资源的行业特点设置的。

（1）原油。原油是指开采的天然原油，不包括人造石油。

（2）天然气。天然气是指专门开采或者与原油同时开采的天然气。

（3）煤炭。煤炭是指原煤，不包括洗煤、选煤及其他煤炭制品。

（4）金属矿。金属矿包括黑色金属矿和有色金属矿，例如铁矿、金矿、铜矿、铝土矿、铅锌矿、镍矿、锡矿和未列举名称的其他金属矿产品原矿或精矿。

（5）其他非金属矿原矿。这是指上列产品以外的非金属矿原矿，包括宝石、金刚石、玉石、石墨、石英砂、云母、大理石、花岗石、石灰石、石膏、石棉、硫铁矿、自然硫、磷矿、硫酸钾、井矿盐、湖盐、提取地下卤水晒制的盐、煤层（成）气、海盐、稀土等。

三、税　率

资源税采取从价定率或者从量定额的办法计征，分别以应税产品的销售额乘以纳税人具体适用的比例税率，或者以应税产品的销售数量乘以纳税人具体适用的定额税率计算，实施级差调节原则。级差调节是指运用资源税对因资源储存状况、开采条件、资源优劣、地理位置等客观存在的差别而产生的资源级差收入，通过实施差别税额标准进行调节。资源条件好的，税率、税额高一些；资源条件差的，税率、税额低一些。详见表 11-1。

表 11-1　　　　　　　　　　资源税税目税率表

税目	税率
一、原油	销售额的 6%～10%
二、天然气	销售额的 6%～10%

续前表

税目	税率
三、煤炭	销售额的2%～10%
四、金属矿 　　1.铁矿（精矿） 　　2.金矿（金锭） 　　3.铜矿（精矿） 　　4.铝土矿（原矿） 　　5.铅锌矿（精矿） 　　6.镍矿（精矿） 　　7.锡矿（精矿） 　　8.未列举名称的其他金属矿产品 　　（原矿或精矿）	 销售额的1%～6% 销售额的1%～4% 销售额的2%～8% 销售额的3%～9% 销售额的2%～6% 销售额的2%～6% 销售额的2%～6% 税率不超过20%
五、非金属矿 　　1.石墨（精矿） 　　2.硅藻土（精矿） 　　3.高岭土（原矿） 　　4.萤石（精矿） 　　5.石灰石（原矿） 　　6.硫铁矿（精矿） 　　7.磷矿（原矿） 　　8.氯化钾（精矿） 　　9.硫酸钾（精矿） 　　10.井矿盐（氯化钠初级产品） 　　11.湖盐（氯化钠初级产品） 　　12.提取地下卤水晒制的盐（氯化钠初级产品） 　　13.煤层（成）气（原矿） 　　14.黏土、砂石（原矿） 　　15.未列举名称的其他非金属矿产品 　　（原矿或精矿） 　　16.海盐（氯化钠初级产品）	 销售额的3%～10% 销售额的1%～6% 销售额的1%～6% 销售额的1%～6% 销售额的1%～6% 销售额的1%～6% 销售额的3%～8% 销售额的3%～8% 销售额的6%～12% 销售额的1%～6% 销售额的1%～6% 销售额的3%～15% 销售额的1%～2% 每吨或立方米0.1元～5元 从量税率每吨或立方米不超过30元；从价税率不超过20% 销售额的1%～5%

注：海盐是海水晒制的盐，不包括提取地下卤水晒制的盐。

需要注意事项如下：

（1）对表11-1中列举名称的资源品目，由省级人民政府在规定的税率幅度内提出具体适用税率建议，报财政部、国家税务总局确定核准。

（2）对未列举名称的其他金属和非金属矿产品，按照从价计征为主、从量计征为辅的原则，由省级人民政府根据实际情况确定具体税目和适用税率，报财政部、国家税务总局备案。

（3）原矿和精矿的销售额或者销售量应当分别核算，未分别核算的，从高确定计税销售额或者销售数量。

（4）纳税人开采或者生产不同税目应税产品的，应当分别核算不同税目应税产品的销售额或者销售数量；未分别核算或者不能准确提供不同税目应税产品的销售额或者销售数量的，从高适用税率。

（5）煤炭资源税税率幅度为 2%～10%，具体适用税率由省级财税部门在此幅度内，根据本地区清理收费基金、企业承受能力、煤炭资源条件等因素提出建议，报省级人民政府拟定。结合煤炭行业实际情况，现行税费负担较高的地区要适当降低负担水平。省级人民政府需将拟定的适用税率在公布前报财政部、国家税务总局审批。跨省煤田的适用税率由财政部、国家税务总局确定。

（6）财政部、国家税务总局同意调整湖南省砂石资源税适用税率，具体为：砂石销售价格低于每立方米 85 元的，资源税适用税率为每立方米 2 元；砂石销售价格在每立方米 85 元～140 元的，资源税适用税率为每立方米 3 元；砂石销售价格超过每立方米 140 元的，资源税适用税率为每立方米 4 元。上述政策自 2018 年 2 月 1 日起施行。

四、计税依据

资源税采用从价计征和从量计征，从价计征的计税依据为销售额，从量计征的计税依据为销售量。计税销售额或者销售数量，包括应税产品实际销售和视同销售两部分。视同销售包括以下情形：

（1）纳税人以自采原矿直接加工为非应税产品的，视同原矿销售；

（2）纳税人以自采原矿洗选（加工）后的精矿连续生产非应税产品的，视同精矿销售；

（3）以应税产品投资、分配、抵债、赠与、以物易物等，视同应税产品销售。

▶▶▶ （一）从价定率征收的计税依据

实行从价定率征收的资源税以销售额作为计税依据。销售额是指纳税人销售应税产品向购买方收取的全部价款和价外费用，但不包括收取的增值税销项税额。

价外费用包括价外向购买方收取的手续费、补贴、基金、集资费、返还利润、奖励费、违约金、滞纳金、延期付款利息、赔偿金、代收款项、代垫款项、包装费、包装物租金、储备费、优质费、运输装卸费以及其他各种性质的价外收费。但下列项目除外：

（1）承运部门的运输费用发票开具给购买方的并且纳税人将该项发票转交给购买方的代垫运输费用；

（2）由国务院或者财政部批准设立的政府性基金、由国务院或者省级人民政府及其财政、价格主管部门批准设立的行政事业性收费，收取时开具省级以上财政部门印制的财政票据，并且所收款项全额上缴财政的代为收取的政府性基金或者行政事业性收费。

资源税从价计征需要注意的问题：

（1）纳税人将其开采的应税产品直接出口的，按其离岸价格（不含增值税）计算销售额征收资源税。

（2）纳税人以人民币以外的货币结算销售额的，应当折合成人民币计算。

（3）纳税人开采应税矿产品由其关联单位对外销售的，按其关联单位的销售额征收资源税。

（4）纳税人既有对外销售应税产品，又有将应税产品用于除连续生产应税产品以外

的其他方面的，则自用的这部分应税产品按纳税人对外销售应税产品的平均价格计算销售额征收资源税。

（二）从量定额征收的计税依据

实行从量定额征收的资源税以销售数量为计税依据。销售数量包括纳税人开采或者生产应税产品的实际销售数量和视同销售的自用数量。纳税人不能准确提供应税产品销售数量的，以应税产品的产量或者主管税务机关确定的折算比换算成的数量为计征资源税的销售数量。

根据财政部、国家税务总局《关于全面推进资源税改革的通知》（财税〔2016〕53号）规定，自2016年7月1日起，实施矿产资源税从价计征改革，即将从量定额计征改为从价定率计征。

五、应纳税额的计算

（一）从价定率应纳税额的计算

实行从价定率征收的，根据应税产品的销售额和规定的适用税率计算应纳税额，具体计算公式为：

应纳税额＝销售额×适用税率

【例11-1】某油田2016年7月销售原油20 000吨，开具增值税专用发票取得销售额10 000万元，按《资源税税目税率表》的规定，其适用的税率为8%。请计算该油田7月应缴纳的资源税。

解： 应纳税额＝销售额×适用税率＝10 000×8%＝800（万元）

（二）从量定额应纳税额的计算

实行从量定额征收的，根据应税产品的课税数量和规定的单位税额计算应纳税额，具体计算公式为：

应纳税额＝课税数量×单位税额

代扣代缴应纳税额＝收购未税矿产品的数量×适用的单位税额

【例11-2】某砂石开采企业2016年5月销售砂石5 000立方米，资源税税率为3元/立方米，请计算该企业2016年5月应纳资源税税额。

解： 应纳税额＝课税数量×单位税额＝5 000×3＝15 000（元）

（三）关于原矿销售额与精矿销售额的换算或折算

依据《财政部、国家税务总局关于资源税改革具体政策问题的通知》（财税〔2016〕54号）规定，为公平原矿与精矿之间的税负，对同一种应税产品，征税对象为精矿的，纳税人销售原矿时，应将原矿销售额换算为精矿销售额缴纳资源税；征税对象为原矿的，纳税人销售自采原矿加工的精矿，应将精矿销售额折算为原矿销售额缴纳资源税。换算比或折算率原则上应通过原矿售价、精矿售价和选矿比计算，也可通过原矿销售额、加工环节平均成本和利润计算。

金矿以标准金锭为征税对象，纳税人销售金原矿、金精矿的，应比照上述规定将其销售额换算为金锭销售额缴纳资源税。

换算比或折算率应按简便可行、公平合理的原则，由省级财税部门确定，并报财政部、国家税务总局备案。

【例 11 - 3】 某砂石开采企业 2016 年 3 月销售砂石原矿 30 000 立方米，资源税税率为 3 元/立方米，移送入选精矿 4 000 立方米，选矿比为 20%，请计算该企业 3 月应纳资源税税额。

解：外销砂石原矿的应纳税额：

应纳税额＝课税数量×单位税额＝30 000×3＝90 000(元)

因无法准确掌握入选精矿石的原矿数量，按选矿比计算应纳税额：

应纳税额＝入选精矿÷选矿比×单位税额＝4 000/20%×3＝60 000(元)

合计应纳税额：

应纳税额＝原矿应纳税额＋精矿应纳税额＝90 000+60 000＝150 000(元)

▶▶▶ **（四）煤炭资源税计算方法**

自 2014 年 12 月 1 日起，我国在全国范围内实施煤炭资源税从价计征改革，煤炭应税产品包括原煤和以未税原煤加工的洗选煤。其中洗选煤计税销售额按洗选煤销售额乘以折算率计算。折算率由省、自治区、直辖市财政部门或其授权地市级财政部门根据煤炭资源区域分布、煤质、煤种等情况确定，该政策体现提高煤炭洗选率，促进煤炭清洁利用和环境保护的原则。

（1）纳税人开采原煤直接对外销售的，以原煤销售额作为应税煤炭销售额计算缴纳资源税。计算公式为：

原煤应纳税额＝原煤销售额×适用税率

其中原煤销售额是指纳税人销售原煤向购买方收取的全部价款和价外费用，不含增值税销项税额以及从坑口到车站、码头或购买者指定地点的运输费用。

（2）纳税人将其开采的原煤自用于连续生产洗选煤的，在原煤移送使用环节不缴纳资源税；自用于其他方面的，视同销售原煤，计算缴纳资源税。纳税人将其开采的原煤加工为洗选煤销售的，以洗选煤销售额乘以折算率作为应税煤炭销售额计算缴纳资源税。计算公式为：

洗选煤应纳税额＝洗选煤销售额×折算率×适用税率

其中洗选煤销售额包括洗选副产品的销售额，不包括增值税销项税额以及洗选煤从洗选煤厂到车站、码头或购买者指定地点的运输费用。

折算率可通过洗选煤销售额扣除洗选环节成本、利润计算，也可通过洗选煤市场价格与其所用同类原煤市场价格的差额及综合回收率计算。具体计算公式为：

$$\text{公式一：} \frac{\text{洗选煤}}{\text{折算率}} = \left(\frac{\text{洗选煤}}{\text{平均销售额}} - \frac{\text{洗选环节}}{\text{平均成本}} - \frac{\text{洗选环节}}{\text{平均利润}} \right) \div \frac{\text{洗选煤}}{\text{平均销售额}} \times 100\%$$

其中，洗选煤平均销售额、洗选环节平均成本、洗选环节平均利润可按照上年当地行业平均水平测算确定。

公式二：$\dfrac{洗选煤}{折算率}=\dfrac{原煤}{平均销售额}\div\left(\dfrac{洗选煤}{平均销售额}\times\dfrac{综合}{回收率}\right)\times100\%$

综合回收率＝洗选煤数量/入洗前原煤数量×100%

其中，原煤平均销售额、洗选煤平均销售额可按照上年当地行业平均水平测算确定。

【例 11-4】某煤炭开采企业 2017 年 11 月销售洗选煤 15 万吨，开具增值税专用发票注明金额 15 000 万元，假设洗选煤的折算率为 80%，资源税税率为 10%，请计算该企业 2017 年 11 月销售洗选煤应纳的资源税。

解：应纳税额＝洗选煤销售额×折算率×适用税率＝15 000×80%×10%
　　　　　＝1 200（万元）

第三节　资源税的税收优惠和征收管理

一、减税、免税项目

资源税贯彻普遍征收、级差调节的原则，因此规定的减免税项目比较少。

（1）开采原油过程中用于加热、修井的原油免税。

（2）纳税人开采或者生产应税产品过程中，因意外事故或者自然灾害等原因遭受重大损失的，由省、自治区、直辖市人民政府酌情决定减税或者免税。

（3）铁矿石资源税减按 40% 征收资源税。为改善铁矿石企业的经营环境、促进结构调整、支持上下游产业协调发展和升级、保障国家资源供应安全，国家决定下调铁矿石资源税征收比例，减按规定税额的 40% 征收，自 2015 年 5 月 1 日起实施。

（4）对鼓励利用的低品位矿、废石、尾矿、废渣、废水、废气等提取的矿产品，由省级人民政府根据实际情况确定是否给予减税或免税。

（5）从 2007 年 1 月 1 日起，对地面抽采煤层气暂不征收资源税。煤层气是指赋存于煤层及其围岩中与煤炭资源伴生的非常规天然气，也称煤矿瓦斯。

（6）自 2010 年 6 月 1 日起，纳税人在新疆开采的原油、天然气，自用于连续生产原油、天然气的，不缴纳资源税；自用于其他方面的，视同销售，依照本规定计算缴纳资源税。

（7）有下列情形之一的，免征或者减征资源税：

①油田范围内运输稠油过程中用于加热的原油、天然气，免征资源税。

②稠油、高凝油和高含硫天然气资源税减征 40%。稠油是指地层原油黏度大于或等于 50 毫帕·秒或原油密度大于或等于 0.92 克/立方厘米的原油。高凝油是指凝固点大于 40℃ 的原油。高含硫天然气是指硫化氢含量大于或等于 30 克/立方米的天然气。

③三次采油资源税减征 30%。三次采油是指二次采油后继续以聚合物驱、三元复合

驱、泡沫驱、二氧化碳驱、微生物驱等方式进行采油。

④对低丰度油气田资源税暂减征 20%。

陆上低丰度油田是指每平方公里原油可采储量丰度在 25 万立方米（不含）以下的油田；陆上低丰度气田是指每平方公里天然气可采储量丰度在 2.5 亿立方米（不含）以下的气田。

海上低丰度油田是指每平方公里原油可采储量丰度在 60 万立方米（不含）以下的油田，海上低丰度气田是指每平方公里天然气可采储量丰度在 6 亿立方米（不含）以下的气田。

⑤对深水油气田资源税减征 30%。

深水油气田是指水深超过 300 米（不含）的油气田。

符合上述减免税规定的原油、天然气划分不清的，一律不予减免资源税；同时符合上述两项及两项以上减税规定的，只能选择其中一项执行，不能叠加适用。

财政部和国家税务总局根据国家有关规定及实际情况的变化适时对上述政策进行调整。

⑥对实际开采年限在 15 年以上的衰竭期矿山开采的矿产资源，资源税减征 30%。

衰竭期矿山是指剩余可采储量下降到原设计可采储量的 20%（含）以下或剩余服务年限不超过 5 年的矿山，以开采企业下属的单个矿山为单位确定。

⑦对依法在建筑物下、铁路下、水体下通过充填开采方式采出的矿产资源，资源税减征 50%。

充填开采是指随着回采工作面的推进，向采空区或离层带等空间充填废石、尾矿、废渣、建筑废料以及专用充填合格材料等采出矿产品的开采方法。

⑧关于共伴生矿产的征免税的处理。

为促进共伴生矿的综合利用，纳税人开采销售共伴生矿，共伴生矿与主矿产品销售额分开核算的，对共伴生矿暂不计征资源税；没有分开核算的，共伴生矿按主矿产品的税目和适用税率计征资源税。财政部、国家税务总局另有规定的，从其规定。

(8) 为促进页岩气开发利用，有效增加天然气供给，经国务院同意，自 2018 年 4 月 1 日至 2021 年 3 月 31 日，对页岩气资源税（按 6% 的规定税率）减征 30%。

二、出口应税产品不退（免）资源税的规定

资源税规定仅对在中国境内开采或生产应税产品的单位和个人征收，进口的矿产品和盐不征收资源税。由于对进口应税产品不征收资源税，相应的，对出口应税产品也不免征或退还已纳资源税。

三、纳税义务发生时间

(1) 纳税人销售应税产品，其纳税义务发生时间为：

①纳税人采取分期收款结算方式的，其纳税义务发生时间为销售合同规定的收款日期的当天。

②纳税人采取预收货款结算方式的，其纳税义务发生时间为发出应税产品的当天。

③纳税人采取其他结算方式的，其纳税义务发生时间为收讫销售款或者取得索取销

售款凭据的当天。

（2）纳税人自产自用应税产品的纳税义务发生时间，为移送使用应税产品的当天。

（3）扣缴义务人代扣代缴税款的纳税义务发生时间，为支付首笔货款或首次开具支付货款凭据的当天。

四、纳税期限

纳税期限是纳税人发生纳税义务后缴纳税款的期限。资源税的纳税期限为1日、3日、5日、10日、15日或者1个月，纳税人的纳税期限由主管税务机关根据实际情况具体核定。不能按固定期限计算纳税的，可以按次计算纳税。

纳税人以1个月为一期纳税的，自期满之日起10日内申报纳税；以1日、3日、5日、10日或者15日为一期纳税的，自期满之日起5日内预缴税款，于次月1日起10日内申报纳税并结清上月税款。

五、纳税环节和纳税地点

资源税在应税产品的销售或自用环节计算缴纳。以自采原矿加工精矿产品的，在原矿移送使用时不缴纳资源税，在精矿销售或自用时缴纳资源税。

纳税人以自采原矿加工金锭的，在金锭销售或自用时缴纳资源税。纳税人销售自采原矿或者自采原矿加工的金精矿、粗金，在原矿或者金精矿、粗金销售时缴纳资源税，在移送使用时不缴纳资源税。

以应税产品投资、分配、抵债、赠与、以物易物等，视同销售，依照有关规定计算缴纳资源税。

纳税人应当向矿产品的开采地或盐的生产地缴纳资源税。纳税人在本省、自治区、直辖市范围开采或者生产应税产品，其纳税地点需要调整的，由省级地方税务机关决定。

如果纳税人应纳的资源税属于跨省开采，其下属生产单位与核算单位不在同一省、自治区、直辖市的，对其开采或者生产的课税产品，一律在开采地或者生产地纳税。实行从量计征的应税产品，其应纳税款一律由独立核算的单位按照每个开采地或者生产地的销售量及适用税率计算划拨；实行从价计征的应税产品，其应纳税款一律由独立核算的单位按照每个开采地或者生产地的销售量、单位销售价格及适用税率计算划拨。

扣缴义务人代扣代缴的资源税，也应当向收购地主管税务机关缴纳。

◎ 复习题

一、单项选择题

1. 2017年年初，A省甲铜矿企业兼并了B省乙铜矿企业，并将其作为下属非独立核算生产单位。2017年3月，甲铜矿企业共计销售精矿700吨，取得不含增值税销售额2 800万元，60%为乙铜矿移送，已知A省铜精矿资源税税率为6%，B省铜精矿资源税税率为5%。甲铜矿企业2017年3月在A省应缴纳资源税（　　）。
   A. 168万元　　　　B. 151.2万元　　C. 67.2万元　　D. 56万元

2. 以下关于跨省煤田的资源税适用税率，表述正确的是（　　　）。

    A. 从高适用税率   B. 两省财税部门协商确定

    C. 两省人民政府协商拟定   D. 由财政部、国家税务总局确定

3. 下列关于煤炭资源税的说法，正确的是（　　　）。

    A. 将开采的原煤加工为洗选煤销售的，以洗选煤销售额全额计算缴纳资源税

    B. 将开采的原煤自用于连续生产洗选煤的，在移送生产时不交资源税

    C. 原煤的销售额应包括从坑口到车站、码头等的运输费用

    D. 将开采的原煤加工为洗选煤自用的，暂不征收资源税

4. 某省煤炭资源税税率为 8%，某煤矿 2017 年 2 月销售自采原煤 500 万元（不含增值税，下同）；用自采未税原煤连续加工成洗选煤 1 000 吨，销售 600 吨，每吨售价 0.1 万元，将洗选煤 100 吨无偿换取某保洁公司的保洁服务。已知该煤矿洗选煤折算率为 90%，则该煤矿当月应纳资源税为（　　　）万元。

    A. 47.2   B. 44.32   C. 45.04   D. 45.6

5. 某煤炭开采企业 2017 年 2 月销售洗煤 5 万吨，开具增值税专用发票注明金额 5 000 万元，另取得从洗煤厂到码头不含增值税的运费收入 50 万元（能够取得相应凭据），假设洗煤的折算率为 80%，资源税税率为 10%，该企业销售洗煤应纳的资源税为（　　　）。

    A. 400 万元   B. 625 万元   C. 404 万元   D. 505 万元

6. 某油田（陆上低丰度油气田）原油价格为每吨 6 000 元（不含增值税，下同），天然气每立方米 2 元。2017 年 2 月，该油田开采原油 25 万吨，当月销售 20 万吨，加热、修井用 2 万吨，将 3 万吨原油用于对外投资；开采天然气 700 万立方米，当月销售 600 万立方米，待售 100 万立方米。原油、天然气的资源税税率均为 6%。该油田当月应纳资源税为（　　　）万元。

    A. 9 084.2   B. 8 364   C. 8 352   D. 6 681.6

7. 关于资源税申报与缴纳的说法，正确的有（　　　）。

    A. 跨省开采的，下属生产单位应纳的资源税应当向核算地缴纳

    B. 扣缴义务人代扣代缴的资源税，应当向开采地主管税务机关缴纳

    C. 纳税人应纳的资源税，一般应当向应税资源的开采或生产所在地主管税务机关缴纳

    D. 纳税人在本省范围内开采应税资源，纳税地点需要调整的，由省人民政府决定

8. 下列油类产品中，应征收资源税的为（　　　）。

    A. 人造石油   B. 天然原油   C. 汽油   D. 机油

9. 在资源税中，煤炭的征税范围包括（　　　）。

    A. 洗煤   B. 选煤   C. 煤炭制品   D. 原煤

10. 对于划分资源等级的应税产品，其税额表中未列举名称的纳税人适用的税额，由省级人民政府参照邻近矿山的税额标准，在浮动（　　　）的幅度内核定。

    A. 0%   B. 20%   C. 30%   D. 40%

11. 纳税人开采应税矿产品销售的，其资源税的征税数量为（　　　）。

    A. 开采数量   B. 实际产量   C. 计划产量   D. 销售数量

12. 纳税人采取分期收款结算方式的，其纳税义务发生时间为（　　）。
    A. 签订合同
    B. 发出应税产品的当天
    C. 收第一笔款项时间
    D. 销售合同规定的收款日期的当天

二、多项选择题

1. 按照现行资源税税目税率规定，石墨以精矿为征税对象，则下列说法正确的有（　　）。
    A. 石墨开采企业甲销售自采未税石墨原矿不缴纳资源税
    B. 石墨开采企业甲销售自采未税石墨精矿应缴纳资源税
    C. 乙企业从石墨开采企业甲购入已税原矿连续加工精矿应按购销差额缴纳资源税
    D. 丙企业以自产未税石墨精矿和从甲企业购入的 45 万元（不含增值税，下同）已税精矿混合对外销售，取得 100 万元销售额，则丙企业应按照 55 万元计算资源税

2. 下列各项中，属于资源税纳税人的有（　　）。
    A. 境内开采原煤的国有企业
    B. 进口铁矿石的私营企业
    C. 境内开采石灰石的个体经营者
    D. 管辖海域开采天然原油的外商投资企业

3. 企业生产或开采的下列资源产品中，应当征收资源税的有（　　）。
    A. 地面抽采的煤层气
    B. 深水油气田开采的天然气
    C. 人造石油
    D. 充填开采置换出来的煤炭

4. 下列各项关于资源税减免税规定的表述中，正确的有（　　）。
    A. 对出口的应税产品免征资源税
    B. 对进口的应税产品不征收资源税
    C. 对开采原油过程中用于修井的原油免征资源税
    D. 在开采应税产品过程中因自然灾害有重大损失的可由省级政府酌情减征资源税

5. 下列关于资源税纳税地点的表述中，正确的有（　　）。
    A. 收购未税矿产品的个体户，其纳税地点为收购地
    B. 资源税扣缴义务人的纳税地点为应税产品的开采地或生产地
    C. 资源税纳税义务人的纳税地点为应税产品的开采地或生产地
    D. 跨省开采应税矿产品且生产单位与核算单位不在同一省的企业，其开采销售应税矿产品的纳税地点为开采地

6. 下列各项中，符合资源税纳税义务发生时间规定的有（　　）。
    A. 扣缴义务人扣缴税款的纳税义务发生时间，为支付首笔货款或首次开具支付货款凭据的当天
    B. 采取预收货款结算方式的为实际收到款项的当天
    C. 自产自用应税产品的为移送使用应税产品的当天
    D. 采取其他结算方式的为收讫销售款或取得索取销售款凭据的当天

7. 下列各项中，属于资源税应税产品的有（　　　）。

    A. 铁矿石　　　　　B. 进口原油　　　C. 井矿盐　　　　D. 煤炭制品

8. 依据《资源税暂行条例》及《资源税暂行条例实施细则》的规定，下列单位和个人的生产经营行为应缴纳资源税的有（　　　）。

    A. 冶炼企业进口矿石　　　　　　　B. 个体经营者开采煤矿

    C. 军事单位开采石油　　　　　　　D. 中外合作开采天然气

9. 按照我国《资源税暂行条例》及《资源税暂行条例实施细则》的规定，下列有关资源税课税数量的表述中，正确的有（　　　）。

    A. 纳税人开采或者生产应税产品销售的，以开采或生产的数量为课税数量

    B. 纳税人开采或者生产应税产品自用的，以自用数量为课税数量

    C. 扣缴义务人代扣代缴资源税的，以收购未税矿产品的数量为课税数量

    D. 纳税人不能准确提供应税产品销售数量的，以应税产品的产量为课税数量

10. 下列各项中，属于资源税征税范围的有（　　　）。

    A. 人造石油　　　　　　　　　　　B. 自采未税原煤加工的洗选煤

    C. 蜂窝煤　　　　　　　　　　　　D. 液体盐

11. 下列关于资源税的正确表述有（　　　）。

    A. 资源税是价内税

    B. 资源税与增值税的计税依据是一致的

    C. 资源税税率实施"级差调节"的原则

    D. 资源税实行从量定额征收

12. 纳税人不能准确提供应税产品销售数量或移送使用数量的，以（　　　）为课税数量。

    A. 应税产品当期计划产量

    B. 应税产品上年同期产量

    C. 应税产品的实际产量

    D. 主管税务机关确定的折算比换算成的数量

三、简答题

1. 简述资源税的特点和作用。

2. 简述原矿销售额和精矿销售额的换算方法。

3. 简述资源税计税依据的计算方法。

四、计算题

1. 某煤矿将外购原煤和自采原煤按照1∶2的比例混合在一起销售，7月销售混合原煤600吨，取得不含增值税销售额30万元，经计算确认，外购原煤单价490元/吨（不含增值税），该煤矿煤炭资源税税率为8%，计算当期该煤矿应纳的资源税。

2. 某煤矿将外购原煤和自采原煤按照1∶2的比例混合加工洗选煤销售，7月销售混合洗选煤600吨，取得不含增值税销售额50万元，经计算确认，其中外购原煤购进金额16万元（不含增值税），该煤矿煤炭资源税税率为8%，假设洗煤的折算率为80%，计算当期该煤矿应纳的资源税。

第十二章

环境保护税

![本章要点]

【本章要点】

1. 环境保护税的概念、意义及特点
2. 环境保护税的纳税人、计税依据
3. 环境保护税应纳税额的计算
4. 环境保护税的税收减免和征收管理

【导入案例】

2018年1月1日，《中华人民共和国环境保护税法》（以下简称《环境保护税法》）正式实施，与之同步实施的是《中华人民共和国环境保护税法实施条例》（以下简称《环境保护税法实施条例》）。我国迎来了一个新的税种——环境保护税，已经存在十余年的排污费征收将成为历史。

第一节　环境保护税概述

一、环境保护税的概念

环境保护税，也称环境税、生态税、绿色税，一般是指以保护环境为目的，针对污染、破坏环境的特定行为课征税款的专门税种。

环境保护税是由英国经济学家庇古最先提出的，他的观点已经为西方发达国家普遍接受。荷兰是征收环境保护税比较早的国家,其征收的环境保护税主要包括燃料税、噪音税、水污染税等。1984年,意大利开征了废物回收费用作为地方政府处置废物垃圾的资金来源,法国开征森林砍伐税,欧盟开征碳税。美国多年来坚持利用环保税收政策,促进生态环境的良性发展,取得了显著成效,空气质量得到很大改善。

近年来,我国生态环境质量有所改善,但总体上看,环境保护仍滞后于经济社会发展,部分地区环境污染问题较为突出,严重影响了正常生产生活和社会可持续发展。2016年12月25日第十二届全国人民代表大会常务委员会第二十五次会议通过《环境保护税法》,2017年12月30日,国务院总理李克强签署国务院令,公布《环境保护税法实施条例》,自2018年1月1日起,该条例与《环境保护税法》同步施行,《排污费征收使用管理条例》同时废止。

二、开征环境保护税的意义

(1) 有利于解决排污费制度存在的执法刚性不足等问题。我国之前实施的排污收费制度对排污费征收的具体操作规程、财产保全、强制执行等均缺乏明确规定,导致征收程序不规范,权威性差,执法刚性不足。

(2) 有利于提高纳税人环保意识和遵从度,强化企业治污减排的责任。环境保护税在强化企业治污减排责任的同时,增加了对主动采取措施降低污染物排放浓度的企业给予税收减免优惠的政策,进一步强化税收在生态环境方面的调控作用,形成有效约束和激励机制,促进落实排污者责任。同时环境保护税按日计罚的出台,解决了环境违法成本低的问题。

(3) 有利于推动经济结构调整和发展方式转变。开征环境保护税有利于构建绿色税制体系,促使环境外部成本内生化,倒逼高污染、高耗能产业转型升级,推动经济结构调整和发展方式转变。应税大气污染物和水污染物的税额标准按照《环境保护税法》规定的最低下限执行,既体现了"税负平移"的立法原则,也有利于经济由高速增长转向高质量发展。

(4) 有利于规范政府分配秩序,优化财政收入结构,强化预算约束。原来的排污费收入是实行中央与地方1∶9分成;实施环境保护费改税后,环境保护税作为地方税种,收入全部归地方政府,收入将更具稳定性,进一步规范了政府分配秩序,优化了地方财政收入结构。

三、环境保护税的特点

与《排污费征收使用管理条例》相比,《环境保护税法》有以下特点:

(1) 计税依据有所变化,水污染物计税范围扩大。在计税依据上,大气污染物和固体废物都保持不变,主要变化是:适度调整了水污染物计税依据的具体规定,即在原排污费规定每一排放口的应税水污染物按照前三项征收的基础上,针对重金属污染防治的需要,区分了重金属和其他污染物,再按照污染当量数从大到小排序。其中,重金属污染物按照前五项征收,其他污染物按照前三项征收。将重金属从水污染物的前三项征收中独立出来，这种制度设计相当于扩大了环境保护税的税基。此外，对于新增加的应税建筑施工噪声按照施工单位承建的建筑面积确定。

（2）惩罚力度加大，对违法行为实施"按日计罚"。环境保护税对纳税人违法行为实施"按日计罚"，不计上限，兼有制裁和督促改正的效果，提高了企业的违法成本，促使企业及时改正，可以有效遏制连续性违法行为。

（3）合理制定税收优惠政策，鼓励企业降低排放。《环境保护税法》总体上保留了排污费有关农业生产、流动污染源和城镇污水处理厂的优惠政策。同时，为了鼓励企业降低污染物排放浓度，结合排放标准设计了优惠规定，即纳税人排放应税大气污染物和水污染物的浓度值低于国家或者地方规定污染物排放标准50％以上，且未超过污染物排放总量控制指标的，地方政府可以决定在一定期限内减半征收环境保护税。这种税收优惠政策规定是一种重要政策导向，必将激励企业采取技术、投入、管理等综合手段，降低排放，改善环境。

（4）实行税务与环保配合的征管模式，对纳税人进行分类管理。实行排污费改税后，征收主体将由环保部门转变为税务部门。但环境保护税因其特殊性质，在确定纳税人排污量上的技术性要求高，为了有效保障环境保护税的征收管理，在立法中明确实行"企业申报、税务征收、环保协同、信息共享"的征管模式。即税务部门与环保部门进行协调配合，充分发挥两个部门的各自优势。同时，对重点监控（排污）纳税人和非重点监控（排污）纳税人进行分类管理，将大排放源与众多的小排放源分开进行管理，这有助于提高环境保护税征管效率。

第二节 环境保护税纳税义务人、税目、税率和计税依据

一、纳税义务人

环境保护税的纳税义务人是指在中华人民共和国领域和中华人民共和国管辖的其他海域，直接向环境排放应税污染物的企业事业单位和其他生产经营者。其他生产经营者是指个体工商户和其他组织。

按照《环境保护法》的规定，达到省级人民政府确定的规模标准并且有污染物排放口的畜禽养殖场属于环境保护税的纳税义务人。

有下列情形之一的，不属于直接向环境排放污染物，不缴纳相应污染物的环境保护税：

（1）企业事业单位和其他生产经营者向依法设立的污水集中处理、生活垃圾集中处理场所排放应税污染物的；

（2）企业事业单位和其他生产经营者在符合国家和地方环境保护标准的设施、场所

贮存或者处置固体废物的。

（3）达到省级人民政府确定的规模标准并且有污染物排放口的畜禽养殖场，依法对畜禽养殖废弃物进行综合利用和无害化处理的。

但是如果城乡污水集中处理、生活垃圾集中处理场所超过国家和地方规定的排放标准向环境排放应税污染物或者企业事业单位和其他生产经营者贮存或者处置固体废物不符合国家和地方环境保护标准的，应当缴纳环境保护税。

城乡污水集中处理场所是指为社会公众提供生活污水处理服务的场所，不包括为工业园区、开发区等工业聚集区域内的企业事业单位和其他生产经营者提供污水处理服务的场所，以及企业事业单位和其他生产经营者自建自用的污水处理场所。

二、税　目

环境保护税税目包括 4 大类，在 4 个税目下面又设有若干个子目。

（1）大气污染物。

（2）水污染物。

（3）固体废物。固体废物包括煤矸石、尾矿、危险废物、冶炼渣、粉煤灰、炉渣、其他固体废物（含半固态、液态废物）。

（4）噪声。

三、税　率

环境保护税采取从量定额的办法计征，以污染物的排放量或者分贝数乘以具体适用的单位税额计算，详见表 12－1。

表 12－1　　　　　　　　　环境保护税税目税额表

税目		计税单位	税额	备注
大气污染物		每污染当量	1.2 元～12 元	
水污染物		每污染当量	1.4 元～14 元	
固体废物	煤矸石	每吨	5 元	
	尾矿	每吨	15 元	
	危险废物	每吨	1 000 元	
	冶炼渣、粉煤灰、炉渣、其他固体废物（含半固态、液态废物）	每吨	25 元	

续前表

	税目	计税单位	税额	备注
噪声	工业噪声	超标 1～3 分贝	每月 350 元	1. 一个单位边界上有多处噪声超标，根据最高一处超标声级计算应纳税额；当沿边界长度超过 100 米有两处以上噪声超标，按照两个单位计算应纳税额。 2. 一个单位有不同地点作业场所的，应当分别计算应纳税额，合并计征。 3. 昼、夜均超标的环境噪声，昼、夜分别计算应纳税额，累计计征。 4. 声源一个月内超标不足 15 天的，减半计算应纳税额。 5. 夜间频繁突发和夜间偶然突发厂界超标噪声，按等效声级和峰值噪声两种指标中超标分贝值高的一项计算应纳税额。
		超标 4～6 分贝	每月 700 元	
		超标 7～9 分贝	每月 1 400 元	
		超标 10～12 分贝	每月 2 800 元	
		超标 13～15 分贝	每月 5 600 元	
		超标 16 分贝以上	每月 11 200 元	

注：应税大气污染物和水污染物的具体适用税额的确定和调整，由省、自治区、直辖市人民政府统筹考虑本地区环境承载能力、污染物排放现状和经济、社会、生态发展目标要求，在《环境保护税税目税额表》规定的税额幅度内提出，报同级人民代表大会常务委员会决定，并报全国人民代表大会常务委员会和国务院备案。

四、计税依据

环境保护税采用从量计征，从量计征的计税依据为污染当量数（大气污染物、水污染物）、固体废物的排放量、噪声超标分贝数。

污染当量是指根据各种污染物或污染排放活动对环境的有害程度、对生物体的毒性以及处理的技术经济性，规定有关污染物或污染排放活动相对数量的一种关系。污染当量是人为确定的污染物特征值。

▶▶▶ （一）大气污染物

应税大气污染物按照污染物排放量折合的污染当量数确定。应税大气污染物的污染当量数，以该污染物的排放量除以该污染物的污染当量值计算。每种应税大气污染物的具体污染当量值见表 12-2。

表 12-2　　　　　　　　　　　大气污染物污染当量值

污染物	污染当量值（千克）	污染物	污染当量值（千克）
1. 二氧化硫	0.95	6. 氟化物	0.87
2. 氮氧化物	0.95	7. 氰化氢	0.005
3. 一氧化碳	16.7	8. 硫酸雾	0.6
4. 氯气	0.34	9. 铬酸雾	0.000 7
5. 氯化氢	10.75	10. 汞及其化合物	0.000 1

续前表

污染物	污染当量值（千克）	污染物	污染当量值（千克）
11. 一般性粉尘	4	28. 甲醇	0.67
12. 石棉尘	0.53	29. 酚类	0.35
13. 玻璃棉尘	2.13	30. 沥青烟	0.19
14. 炭黑尘	0.59	31. 苯胺类	0.21
15. 铅及其化合物	0.02	32. 氯苯类	0.72
16. 镉及其化合物	0.03	33. 硝基苯	0.17
17. 铍及其化合物	0.000 4	34. 丙烯腈	0.22
18. 镍及其化合物	0.13	35. 氯乙烯	0.55
19. 锡及其化合物	0.27	36. 光气	0.04
20. 烟尘	2.18	37. 硫化氢	0.29
21. 苯	0.05	38. 氨	9.09
22. 甲苯	0.18	39. 三甲胺	0.32
23. 二甲苯	0.27	40. 甲硫醇	0.04
24. 苯并（a）芘	0.000 002	41. 甲硫醚	0.28
25. 甲醛	0.09	42. 二甲二硫	0.28
26. 乙醛	0.45	43. 苯乙烯	25
27. 丙烯醛	0.06	44. 二硫化碳	20

每一排放口或者没有排放口的应税大气污染物，按照污染当量数从大到小排序，对前三项污染物征收环境保护税。

【例 12-1】某市一中学有一台取暖锅炉，经监测，标杆流量 7 000 立方米/小时，烟尘浓度 500 毫克/升，二氧化硫浓度 400 毫克/升，氮氧化物浓度 200 毫克/升，一氧化碳浓度 50 毫克/升，该中学废气排放时间为每天 8 小时，计算 3 月份该中学污染当量是多少？

解：（1）计算污染物的排放量。

烟尘排放量＝7 000×500×31×8/1 000 000＝868(千克)

二氧化硫排放量＝7 000×400×31×8/1 000 000＝694.4(千克)

氮氧化物排放量＝7 000×200×31×8/1 000 000＝347.2(千克)

一氧化碳排放量＝7 000×50×31×8/1 000 000＝86.8(千克)

（2）计算污染物的污染当量。

烟尘污染当量＝868/2.18＝398.16

二氧化硫污染当量＝694.4/0.95＝730.95

氮氧化物污染当量＝347.2/0.95＝365.47

一氧化碳污染当量＝86.8/16.7＝5.20

（3）计算总的污染当量。

按照污染当量数从大到小排序，前三项污染物的污染当量为二氧化硫 730.95，烟尘

398.16，氮氧化物 365.47，总计 1 494.58。

►►► (二) 水污染物

应税水污染物按照污染物排放量折合的污染当量数确定。污染当量数以该污染物的排放量除以该污染物的污染当量值计算。每种应税水污染物的具体污染当量值见表12-3、表12-4、表12-5和表12-6。

表 12-3　　　　　　　　　第一类水污染物污染当量值

污染物	污染当量值（千克）	污染物	污染当量值（千克）
1. 总汞	0.000 5	6. 总铅	0.025
2. 总镉	0.005	7. 总镍	0.025
3. 总铬	0.04	8. 苯并（a）芘	0.000 000 3
4. 六价铬	0.02	9. 总铍	0.01
5. 总砷	0.02	10. 总银	0.02

表 12-4　　　　　　　　　第二类水污染物污染当量值

污染物	污染当量值（千克）	污染物	污染当量值（千克）
11. 悬浮物（SS）	4	28. 总锰	0.2
12. 生化需氧量（BOD_5）	0.5	29. 彩色显影剂（CD-2）	0.2
13. 化学需氧量（COD）	1	30. 总磷	0.25
14. 总有机碳（TOC）	0.49	31. 单质磷（以 P 计）	0.05
15. 石油类	0.1	32. 有机磷农药（以 P 计）	0.05
16. 动植物油	0.16	33. 乐果	0.05
17. 挥发酚	0.08	34. 甲基对硫磷	0.05
18. 总氰化物	0.05	35. 马拉硫磷	0.05
19. 硫化物	0.125	36. 对硫磷	0.05
20. 氨氮	0.8	37. 五氯酚及五氯酚钠（以五氯酚计）	0.25
21. 氟化物、	0.5	38. 三氯甲烷	0.04
22. 甲醛	0.125	39. 可吸附有机卤化物（AOX）（以 Cl 计）	0.25
23. 苯胺类	0.2	40. 四氯化碳	0.04
24. 硝基苯类	0.2	41. 三氯乙烯	0.04
25. 阴离子表面活性剂（LAS）	0.2	42. 四氯乙烯	0.04
26. 总铜	0.1	43. 苯	0.02
27. 总锌	0.2	44. 甲苯	0.02

续前表

污染物	污染当量值（千克）	污染物	污染当量值（千克）
45. 乙苯	0.02	54. 苯酚	0.02
46. 邻-二甲苯	0.02	55. 间-甲酚	0.02
47. 对-二甲苯	0.02	56. 2，4-二氯酚	0.02
48. 间-二甲苯	0.02	57. 2，4，6-三氯酚	0.02
49. 氯苯	0.02	58. 邻苯二甲酸二丁酯	0.02
50. 邻二氯苯	0.02	59. 邻苯二甲酸二辛酯	0.02
51. 对二氯苯	0.02	60. 丙烯腈	0.125
52. 对硝基氯苯	0.02	61. 总硒	0.02
53. 2，4-二硝基氯苯	0.02		

注：(1) 第一、二类污染物的分类依据为《污水综合排放标准》(GB8978－1996)。(2) 同一排放口中的化学需氧量 (COD)、生化需氧量 (BOD$_5$) 和总有机碳 (TOC)，只征收一项。

表 12 - 5　　　　pH 值、色度、大肠菌群数、余氯量水污染物污染当量值

污染物		污染当量值
1. pH 值	1. 0～1，13～14 2. 1～2，12～13 3. 2～3，11～12 4. 3～4，10～11 5. 4～5，9～10 6. 5～6	0.06 吨污水 0.125 吨污水 0.25 吨污水 0.5 吨污水 1 吨污水 5 吨污水
2. 色度		5 吨水·倍
3. 大肠菌群数（超标）		3.3 吨污水
4. 余氯量（用氯消毒的医院废水）		3.3 吨污水

注：(1) 大肠菌群数和余氯量只征收一项。(2) pH 值为 5～6 是指大于等于 5，小于 6；pH 值为 9～10 是指大于 9，小于等于 10，其余类推。

表 12 - 6　　　　禽畜养殖业、小型企业和第三产业水污染物污染当量值

类型		污染当量值
禽畜养殖场	1. 牛	0.1 头
	2. 猪	1 头
	3. 鸡、鸭等家禽	30 羽
4. 小型企业		1.8 吨污水
5. 饮食娱乐服务业		0.5 吨污水

续前表

类型		污染当量值
6. 医院	消毒	0.14 床
		2.8 吨污水
	不消毒	0.07 床
		1.4 吨污水

注：（1）本表仅适用于计算无法进行实际监测或物料衡算的禽畜养殖业、小型企业和第三产业等小型排污者的水污染物污染当量数。

（2）仅对存栏规模大于 50 头牛，500 头猪，5 000 羽鸡、鸭等的禽畜养殖场征收。

（3）医院病床数大于 20 张的按本表计算污染当量数。

每一排放口的应税水污染物，按照《应税污染物和当量值表》，区分第一类水污染物和其他类水污染物，按照污染当量数从大到小排序，对第一类水污染物按照前五项征收环境保护税，对其他类水污染物按照前三项征收环境保护税。

纳税人有下列情形之一的，以其当期应税大气污染物、水污染物的产生量作为污染物的排放量：

（1）未依法安装使用污染物自动监测设备或者未将污染物自动监测设备与环境保护主管部门的监控设备联网；

（2）损毁或者擅自移动、改变污染物自动监测设备；

（3）篡改、伪造污染物监测数据；

（4）通过暗管、渗井、渗坑、灌注或者稀释排放以及不正常运行防治污染设施等方式违法排放应税污染物；

（5）进行虚假纳税申报。

▶▶▶ （三）固体废物

应税固体废物的计税依据，按照固体废物的排放量确定。

$$\text{固体废物的排放量} = \text{当期应税固体废物的产生量} - \text{当期应税固体废物的贮存量、处置量、综合利用量}$$

固体废物的贮存量、处置量是指在符合国家和地方环境保护标准的设施、场所贮存或者处置的固体废物数量；固体废物的综合利用量是指按照国务院发展改革、工业和信息化主管部门关于资源综合利用要求以及国家和地方环境保护标准进行综合利用的固体废物数量。

纳税人有下列情形之一的，以其当期应税固体废物的产生量作为固体废物的排放量：

（1）非法倾倒应税固体废物；

（2）进行虚假纳税申报。

▶▶▶ （四）噪声污染物

按照超过国家规定标准的分贝数确定噪声是否需要缴税，噪声达标不缴税，超标需要缴纳环境资源税。

第三节　环境保护税应纳税额的计算

一、污染排放量的核定

（一）核定政策

按照《环境保护税法》规定，应税大气污染物、水污染物、固体废物的排放量和噪声的分贝数，按照下列方法和顺序计算：

（1）纳税人安装使用符合国家规定和监测规范的污染物自动监测设备的，按照污染物自动监测数据计算；

（2）纳税人未安装使用污染物自动监测设备的，按照监测机构出具的符合国家有关规定和监测规范的监测数据计算；

（3）因排放污染物种类多等原因不具备监测条件的，按照国务院环境保护主管部门规定的排污系数、物料衡算方法计算；

（4）不能按照以上第一项至第三项规定的方法计算的，按照省、自治区、直辖市人民政府环境保护主管部门规定的抽样测算的方法核定计算。

（二）污染排放量核定方法

1. 实测法

实测法是指通过在线设施或实地监测，测量排污单位外排废气、废水量及其污染物浓度，计算出污染物的排放量。

在线自动监测：安装使用符合国家规定和监测规范的污染物自动监测设备，且按规定进行校验。

实地监测：有资质的监测机构、按国家或地方机关规定监测规范进行采样、分析测试。

2. 物料衡算法

物料衡算法是指根据物质质量守恒原理对生产过程中使用的原料、生产的产品和产生的废物等进行测算的一种方法。其原理为：

$$总投入量＝总产出量＝产品及回收物质量＋污染物排放量$$

【例12-2】二氧化硫物料衡算公式为：二氧化硫排放量（千克）$G＝1.6×B×S×(1-\eta)$，其中1.6是硫的转化系数（一般取硫的转化率为80%，消耗2个氧原子，$80\%×2＝1.6$；若硫的转化率为85%，则系数为1.7，硫的转化率为80%～85%），B为用煤量，单位千克，S为煤的含硫率，η为脱硫效率。假设某锅炉用河南焦作煤800吨/月，无脱硫设施，求 2019 年 7 月份二氧化硫污染当量。

解： 查《全国各地燃煤硫分含量》，得河南煤含硫率为 2.27%。

二氧化硫排放量＝1.6×800×2.27%×1 000＝29 056(千克/月)

二氧化硫污染当量值＝29 056/0.95＝30 585.26

3. 排污系数法

排污系数是指在正常技术经济和管理条件下，生产单位产品所应排放的污染物量的统计平均值。目前最常使用的排放系数为第一次全国污染源普查所确定的《第一次全国污染源普查工业污染源产排污系数手册（2010 年修订）》。公式为：

污染物排放量＝污染物排放系数×生产规模

【例 12-3】 某日熔化量为 500 吨的平板玻璃企业 1 月份产量为 5 000 吨，使用天然气作为燃料，烟气中主要污染物为二氧化硫、氮氧化物、烟尘三种，依照排污系数法计算该玻璃企业 1 月份的排污当量。

解：（1）查排污系数。

二氧化硫、氮氧化物、烟尘对应的排污系数分别是烟尘 0.025 千克/吨、二氧化硫 0.608 千克/吨、氮氧化物 4.478 千克/吨。

（2）计算污染物排放量。

烟尘排放量＝5 000×0.025＝125(千克)

二氧化硫排放量＝5 000×0.608＝3 040(千克)

氮氧化物排放量＝5 000×4.478＝22 390(千克)

（3）计算污染物排放当量。

从表 12-2 中可以查出烟尘污染当量值为 2.18 千克，氮氧化物为 0.95 千克，二氧化硫为 0.95 千克。

烟尘当量值＝125/2.18＝57

二氧化硫当量值＝3 040/0.95＝3 200

氮氧化物当量值＝22 390/0.95＝23 568

4. 抽样测算

按《环境保护法》规定，不能按照实测法、物料衡算法、排污系数法计算排放量的，可以按照省、自治区、直辖市人民政府环境保护主管部门规定的抽样测算的方法核定计算。

二、应纳税额的计算

▶▶▶（一）应税大气污染物环境保护税的计算

应税大气污染物的应纳税额等于污染当量数乘以具体适用税额。应税大气污染物环境保护税计算步骤如下：

第一步：计算污染物的污染当量数。

污染当量数＝排放量/污染当量值

第二步：计算污染当量总数。

污染当量总数＝前三项污染因子当量数之和

第三步：计算污染物应纳税额。

应纳税额＝污染当量总数×单位税额

第四步：判断是否减免。

【例12-4】某铁矿烧结厂废气产生量为4 000标准立方米/吨，废气中污染物的浓度为：粉尘5 000毫克/立方米、二氧化硫800毫克/立方米、一氧化碳6 000毫克/立方米、氮氧化物400毫克/立方米、氟化物10毫克/立方米。除尘设施除尘率为95％，一氧化碳的回收率为90％。该烧结厂2018年1月生产烧结矿9 000吨，应缴纳环境保护税多少元？

解：（1）计算污染物当量数。

废气量＝4 000×9 000＝36×10⁶（标准立方米）

粉尘排放量＝36×10⁶×5 000×（1−95％）×10⁻⁶＝9 000（千克/月）

粉尘的污染当量数＝9 000÷4＝2 250

二氧化硫的排放量＝36×10⁶×800×10⁻⁶＝28 800（千克/月）

二氧化硫的污染当量数＝28 800÷0.95＝30 315.8

一氧化碳的排放量＝36×10⁶×6 000×10⁻⁶×（1−90％）＝21 600（千克）

一氧化碳的污染当量数＝21 600÷16.7＝1 293.4

氮氧化物的排放量＝36×10⁶×400×10⁻⁶＝14 400（千克）

氮氧化物的污染当量数＝14 400÷0.95＝15 157.9

氟化物的排放量＝36×10⁶×10×10⁻⁶＝360（千克）

氟化物的污染当量数＝360÷0.87＝413.8

（2）计算废气中的污染物总排放量。

污染当量数排序前三位的是二氧化硫、氮氧化物和粉尘。

30 315.8＋2 250＋15 157.9＝47 723.7

（3）计算8月份该厂应缴纳的废气总环境保护税。

47 723.7×1.2＝57 268.44

（二）应税水污染物环境保护税的计算

应税水污染物的应纳税额等于污染当量数乘以具体适用税额。

应税水污染物环境保护税计算步骤如下：

第一步：计算污染物的污染当量数。

①一般水污染物的污染当量数计算。

某污染物的污染当量数＝该污染物的排放量（千克）/该污染物的污染当量值（千克）

一般水污染物的污染当量值见表12-3和表12-4。

②pH值、大肠菌群数、余氯量水污染物的污染当量数计算。

某污染物的污染当量数＝污水排放量（吨）/该污染物的污染当量值（吨）

③色度的污染当量数计算。

色度的污染当量数＝污水排放量（吨）×色度超标倍数/色度的污染当量值（吨·倍）

pH值、色度、大肠菌群数、余氯量水污染物的污染当量值见表12-5。

④禽畜养殖业、小型企业和第三产业水污染物的污染当量数计算。

污染当量数＝污染排放特征值/污染当量值

禽畜养殖业、小型企业和第三产业水污染物污染当量值见表 12－6。

第二步：计算污染当量总数。

污染当量总数＝第一类水污染物前五项＋其他类水污染物前三项

第三步：计算污染物应纳税额。

应纳税额＝污染当量总数×单位税额

第四步：判断是否减免。

【例 12－5】某石化厂 1990 年投产，2018 年 1 月废水排放量为 100 000 立方米，经监测污染物排放浓度为化学需氧量 200 毫克/升、生化需氧量 120 毫克/升、悬浮物 160 毫克/升、pH 值 4、石油类 20 毫克/升、硫化物 1 毫克/升、六价铬 0.6 毫克/升。该厂排污口通向Ⅳ类水域，则该厂 1 月份应缴纳多少污水环境保护税？

解：（1）查排放标准。

根据《石油炼制工业污染物排放标准》（GB 31570－2015）规定，该厂废水执行《污水综合排放标准》表 2 中的二级标准：化学需氧量 150 毫克/升、生化需氧量 60 毫克/升、悬浮物 200 毫克/升、pH 值 6～9、石油类 10 毫克/升、硫化物 1 毫克/升、六价铬 0.5 毫克/升，化学需氧量、生化需氧量、pH 值、石油类、六价铬超标。

（2）计算污染当量数。

化学需氧量排放量＝$100\,000\times10^3\times200\times10^{-6}=20\,000$（千克）

化学需氧量污染当量数＝20 000/1＝20 000

生化需氧量污染当量数＝$[100\,000\times10^3\times120/0.5]\times10^{-6}=24\,000$

悬浮物污染当量数＝$[100\,000\times10^3\times160/4]\times10^{-6}=4\,000$

石油类污染当量数＝$[100\,000\times10^3\times20/0.1]\times10^{-6}=20\,000$

硫化物污染当量数＝$[100\,000\times10^3\times1/0.125]\times10^{-6}=800$

pH 值污染当量数＝100 000/1＝100 000

六价铬污染当量数＝$[100\,000\times10^3\times0.6/0.02]\times10^{-6}=3\,000$

（3）计算污染当量总数。

$$污染当量总数＝六价铬当量数＋pH值当量数＋石油类当量数＋化学需氧量当量数＝143\,000$$

（4）计算污水环境保护税。

污水环境保护税＝污染当量总数×税收标准

＝143 000×1.4＝200 200（元）

【例 12－6】一个牧业公司的猪、牛月存栏数分别为 500 头和 1 000 头，该公司每月应缴环境保护税多少元？

解：牛的污染当量值是 0.1 头，猪的污染当量值是 1 头。

污染当量数＝污染排放特征值/污染当量值

牛的污染当量数＝500/0.1＝5 000

猪的污染当量数＝1 000/1＝1 000

环境保护税＝0.7×(5 000＋1 000)＝4 200（元）

▶▶▶ ┌(三) 应税固体废物环境保护税的计算┐

对无专用贮存场、无专用处置设施或有专用贮存场、有专用处置设施达不到环境保护标准（即无防渗漏、防扬散、防流失设施）排放的工业固体废物，应征收固体废物环境资源税。

固体废物的应纳税额＝固体废物排放量×单位税额

$$固体废物排放量＝\frac{当期应税固体废物的产生量}{} - \frac{当期应税固体废物的贮存量、处置量、综合利用量}{}$$

【例12-7】某企业2018年建成投产，燃煤锅炉每月产生炉渣100吨，综合利用80吨，其余露天堆放。该企业每月应缴纳环境保护税多少元？

解： 炉渣排放量＝100－80＝20（吨）

固体废物的应纳税额＝20×25＝500（元）

▶▶▶ ┌(四) 应税超标噪声环境保护税的计算┐

应税噪声的应纳税额＝超过国家规定标准的分贝数×单位税额

【例12-8】某建筑施工场地处在构建主体结构阶段，搅拌机、电锯等设备发出的施工场界噪声影响城镇居民生活环境，经调查和监测，9月昼间施工了21天，夜间施工了7天，其中场北界昼间等效声级为81分贝，夜间等效声级为68分贝，场东界昼间等效声级为76分贝，夜间等效声级为70分贝，场南界昼间等效声级为71分贝，夜间等效声级为59分贝，整个场界共有350米，则应缴纳多少环境保护税？

解： 构建主体结构阶段昼间噪声排放标准为70分贝，夜间噪声排放标准为55分贝。

场界昼间超标声级为北81－70＝11（分贝），东76－70＝6（分贝），南71－70＝1（分贝）。

一个单位边界上有多处噪声超标，根据最高一处超标声级计算应纳税额，昼间场北界超11分贝，环境保护税为2 800元/月。

夜间超标声级为北68－55＝13（分贝），东70－55＝15（分贝），南59－55＝4（分贝），按一个单位边界上有多处噪声超标，根据最高一处超标声级计算应纳税额，夜间场东界超15分贝，每月收5 600元，依据噪声排放不足15天的减半征收的原则，夜间收2 800元。

场界超过100米处有2处或2处以上噪声超标时，按照两个单位计算应纳税额。昼、夜均超标的环境噪声，昼、夜分别计算应纳税额，累计计征。

故该建筑施工场的环境保护税应为2×（2 800＋2 800）＝11 200（元）。

第四节　环境保护税的税收优惠和征收管理

一、免税项目

下列情形，暂予免征环境保护税：

（1）农业生产（不包括规模化养殖）排放应税污染物的；

（2）机动车、铁路机车、非道路移动机械、船舶和航空器等流动污染源排放应税污染物的；

（3）依法设立的城乡污水集中处理、生活垃圾集中处理场所排放相应应税污染物，不超过国家和地方规定的排放标准的；

（4）纳税人综合利用的固体废物，符合国家和地方环境保护标准的；

（5）国务院批准免税的其他情形。

第（5）项免税规定，由国务院报全国人民代表大会常务委员会备案。

二、减征项目

（1）纳税人排放应税大气污染物或者水污染物的浓度值低于国家和地方规定的污染物排放标准30%的，减按75%征收环境保护税。

（2）纳税人排放应税大气污染物或者水污染物的浓度值低于国家和地方规定的污染物排放标准50%的，减按50%征收环境保护税。

应税大气污染物或者水污染物的浓度值是指纳税人安装使用的污染物自动监测设备当月自动监测的应税大气污染物浓度值的小时平均值再平均所得数值或者应税水污染物浓度值的日平均值再平均所得数值，或者监测机构当月监测的应税大气污染物、水污染物浓度值的平均值。

应税大气污染物浓度值的小时平均值或者应税水污染物浓度值的日平均值，以及监测机构当月每次监测的应税大气污染物、水污染物的浓度值，均不得超过国家和地方规定的污染物排放标准。

依法减征环境保护税的，应当对每一排放口排放的不同应税污染物分别计算。

三、纳税义务发生时间

纳税义务发生时间为纳税人排放应税污染物的当日。

四、纳税期限

环境保护税按月计算，按季申报缴纳。不能按固定期限计算缴纳的，可以按次申报缴纳。

纳税人按季申报缴纳的，应当自季度终了之日起十五日内，向税务机关办理纳税申报并缴纳税款。纳税人按次申报缴纳的，应当自纳税义务发生之日起十五日内，向税务机关办理纳税申报并缴纳税款。

五、纳税地点

纳税人应当向应税污染物排放地的税务机关申报缴纳环境保护税。应税污染物排放地是指应税大气污染物、水污染物排放口所在地、应税固体废物产生地或应税噪声产生地。

纳税人跨区域排放应税污染物，税务机关对税收征收管辖有争议的，由争议各方按照有利于征收管理的原则协商解决；不能协商一致的，报请共同的上级税务机关决定。

六、征收管理方式

环境资源税征收管理实行"企业申报、税务征收、环保协同、信息共享"的征管模式。税务部门与环保部门进行协调配合，充分发挥两个部门的各自优势，税务机关依法履行环境保护税纳税申报受理、涉税信息比对、组织税款入库等职责，环境保护主管部门依法负责应税污染物监测管理，制定和完善污染物监测规范，县级以上地方人民政府应当加强对环境保护税征收管理工作的领导，及时协调、解决环境保护税征收管理工作中的重大问题，国务院税务、环境保护主管部门制定涉税信息共享平台技术标准以及数据采集、存储、传输、查询和使用规范。

◎ 复习题

一、单项选择题

1. 依照《环境保护税法》规定，直接向环境排放污染物的（　　）应当缴纳环境保护税。
   A. 企事业单位和个人　　　　　　B. 企业事业单位和其他生产经营者
   C. 个人和个体工商户　　　　　　D. 一切排污者

2. 每一排放口或者没有排放口的应税大气污染物，按照污染当量数从大到小排序，对前（　　）项污染物征收环境保护税。
   A. 3　　　　　　B. 4　　　　　　C. 2　　　　　　D. 5

3. 每一排放口的应税水污染物，按照《应税污染物和当量值表》，区分第一类水污染物和其他类水污染物，按照污染当量数从大到小排序，对第一类水污染物按照前（　　）项征收环境保护税。
   A. 3　　　　　　B. 4　　　　　　C. 2　　　　　　D. 5

4. 每一排放口的应税水污染物，按照《应税污染物和当量值表》，区分第一类水污染物和其他类水污染物，按照污染当量数从大到小排序，对其他类水污染物按照前（　　）项征收环境保护税。
   A. 3　　　　　　B. 4　　　　　　C. 2　　　　　　D. 5

5. 环境保护税按（　　）缴纳。
   A. 月　　　　　　B. 季　　　　　　C. 半年　　　　　　D. 年

6. 对机动车、飞机、船舶等流动污染源（　　）。
   A. 不征收废气环境资源税
   B. 达到国家或地方排放标准的，不征收废气环境资源税
   C. 征收废气环境资源税
   D. 超过国家或地方排放标准的，征收废气环境资源税

7. 对城乡污水集中处理设施排放的水（　　）。

A. 不征收污水环境资源税

B. 达到国家或地方排放标准的，不征收污水环境资源税

C. 征收污水环境资源税

D. 超过国家或地方排放标准的，征收污水环境资源税

二、多项选择题

1. 按照现行环境保护税规定，环境保护税的征税对象有（　　）。

　A. 大气污染物　　　B. 水污染物　　　C. 固体废物　　　D. 噪声

2. 下列各项中，属于环境保护税纳税人的有（　　）。

　A. 直接向环境排放应税污染物的学校

　B. 向依法设立的污水厂排放污水的企业

　C. 医院

　D. 达到省级人民政府确定的规模标准并且有污染物排放口的畜禽养殖场

3. 污染排放量核定方法有（　　）。

　A. 物料衡算　　　B. 排污系数　　　C. 物料估算　　　D. 企业自报

三、简答题

1. 简述开征环境保护税的意义。

2. 简述环境保护税的特点。

3. 简述环境保护税的征税对象。

四、计算题

某石化厂1993年建厂，总排污口某月污水排放量为50 000吨，直接排入自然水体，执行二级标准，化学需氧量排放浓度为320毫克/升，悬浮物排放浓度为89毫克/升，石油类排放浓度为21毫克/升，pH值为4.5；该厂排气筒每小时排气量为25 000立方米，实测所排废气中二氧化硫平均浓度为800毫克/立方米，粉尘浓度为300毫克/立方米，氮氧化物平均浓度为400毫克/立方米，该厂此月共生产30天，每天20小时。求该工厂这个月共应纳环境保护税多少元？

第十三章

房产税、契税和车辆购置税

【本章要点】

1. 房产税的征税范围
2. 房产税的计税依据

3. 契税的征税对象
4. 车辆购置税应纳税额的计算

【导入案例】

假设A企业现有5栋闲置库房，房产原值为2 000万元，A企业想利用这5栋闲置库房创收，现有如下方案：（1）出租库房；（2）将库房改造为仓库，开展仓储服务；（3）将闲置库房对外投资入股。请问从税收筹划的角度考虑，应该选择哪种方案？

第一节 房产税

一、概 念

房产税是以房屋为征税对象，以房屋的计税余值或租金收入为计税依据，向房产所有人或经营人征收的一种财产税。现行房产税法的基本规范是1986年9月15日国务院颁布的《中华人民共和国房产税暂行条例》（以下简称《房产税暂行条例》）。

二、纳税义务人与征税范围

▶▶▶ （一）纳税义务人

房产税是以房屋为征税对象，按照房屋的计税余值或租金收入，向产权所有人征收的一种财产税。房产税以在征税范围内的房屋产权所有人为纳税义务人。产权属于国家所有的，由经营管理单位纳税；产权属于集体和个人所有的，由集体单位和个人纳税；产权出典的，由承典人纳税；产权所有人、承典人不在房屋所在地的，或者产权未确定及租典纠纷未解决的，由房产代管人或者使用人纳税。

自2009年1月1日起，外商投资企业、外国企业和组织以及外籍个人，依照《房产税暂行条例》缴纳房产税，属于房产税纳税人。

▶▶▶ （二）征税范围

房产税的征税对象是房产。所谓房产，是指有屋面和围护结构（有墙或两边有柱），能够遮风避雨，可供人们在其中生产、学习、工作、娱乐、居住或储藏物资的场所。与房屋不可分割的各种附属设施或不单独计价的配套设施，也属于房产，应一并征税。

房产税的征税范围为城市、县城、建制镇和工矿区。对上述范围的解释如下：

（1）城市是指国务院批准设立的市，征税范围为市区和郊区。

（2）县城是指县人民政府所在地的地区。

（3）建制镇是指经省、自治区、直辖市人民政府批准设立的建制镇，征税范围为镇人民政府所在地，不包括所辖的行政村。

（4）工矿区是指工商业比较发达、人口比较集中，符合国务院规定的建制镇标准但尚未设立建制镇的大中型工矿企业所在地。开征房产税的工矿区须经省、自治区、直辖市人民政府批准。

在上述开征地区范围内所有的房产，除另有规定免税者外，均应依法缴纳房产税。房产税的征税范围不包括农村，这主要是为了减轻农民的负担。

三、税 率

我国现行房产税采用的是比例税率。根据其计税依据不同，分为两种税率，一种是按房产原值一次减除10%～30%损耗后的房产余值计征的，税率为1.2%；另一种是按房产出租的租金收入计征的，税率为12%。从2001年1月1日起，对个人按市场价格出租的居民住房，用于居住的，可暂减按4%的税率征收房产税。自2008年3月1日起，对个人出租住房，不区分用途，按4%的税率征收房产税。

四、计税依据

房产税的计税依据是房产的计税价值或房产的租金收入。按照房产计税价值征税的，称为从价计征；按照房产租金收入计征的，称为从租计征。

▶▶▶ （一）从价计征

从价计征房产税，由于房产的自然损耗因素，以房产原值一次减除 10%～30% 后的余值作为计税依据。具体减幅，由各省、自治区、直辖市人民政府确定。

房产原值是指纳税人按照会计制度规定，在会计核算账簿"固定资产"科目中记载的房屋原值。对纳税人未按会计制度规定记载原值的，应由房产所在地的税务机关参照同类房屋确定房产原值，并按规定计征房产税。自 2010 年 12 月 21 日起，对按照房产原值计税的房产，无论会计上如何核算，房产原值均应包含地价，包括为取得土地使用权支付的价款、开发土地发生的成本费用等。房产原值还应包括与房屋不可分割的各种附属设备或一般不单独计算价值的配套设施。纳税人对原有房屋进行改建、扩建的，要相应增加房屋的原值。

房产余值是指房产原值减除规定比例后的剩余价值。

新建房产交付使用时，如中央空调设备已计算在房产原值之中，则房产原值应包括中央空调设备；如中央空调设备单独作为固定资产入账，并计提折旧，则房产原值不应包括中央空调设备。

居民住宅区内业主共有的经营性房产，由实际经营（包括自营和出租）的代管人或使用人缴纳房产税。其中自营的，依照房产原值减除 10%～30% 后的余值计征，没有房产原值或不能将业主共有房产与其他房产的原值准确划分开的，由房产所在地地方税务机关参照同类房产核定房产原值；出租的，依照租金收入计征。

凡在房产税征收范围内的具备房屋功能的地下建筑，包括与地上房屋相连的地下建筑以及完全建在地面以下的建筑、地下人防设施等，均应当依照有关规定征收房产税。对于与地上房屋相连的地下建筑，如房屋的地下室、地下停车场、商场的地下部分等，应将地下部分与地上房屋视为一个整体，按照地上房屋建筑的有关规定计算征收房产税。其他情形的地下建筑分为工业用途房产、商业和其他用途房产。自用工业用途房产，以房屋原价的 50%～60% 作为计税依据；自用商业和其他用途房产，以房屋原价的 70%～80% 作为计税依据。

对于以房产投资联营，投资者参与投资利润分红，共担风险的，按房产余值作为计税依据计征房产税；对以房产投资，收取固定收入，不承担联营风险的，实际是以联营名义取得房产租金，应根据《房产税暂行条例》的有关规定由出租方按租金收入计缴房产税。

对融资租赁房屋的情况，由于租赁费包括购进房屋的价款、手续费、借款利息等，与一般房屋出租的"租金"内涵不同，且租赁期满后，当承租方偿还最后一笔租赁费时，房屋产权要转移到承租方。这实际是一种变相的分期付款购买固定资产的形式，所以在计征房产税时应以房产余值计算征收。根据《财政部、国家税务总局关于房产税城镇土地使用税有关问题的通知》的规定，融资租赁的房产由承租人自融资租赁合同约定开始日的次月起依照房产余值缴纳房产税。合同未约定开始日的，由承租人自合同签订的次月起依照房产余值缴纳房产税。

（二）从租计征

房产出租的，以房产租金收入为房产税的计税依据。房产租金收入是指房屋产权所有人出租房产使用权所得的报酬，包括货币收入和实物收入。

如果是以劳务或者其他形式为报酬抵付房租收入的，应根据当地同类房产的租金水平，确定一个标准租金额，并计征房产税。

租赁双方签订的租赁合同约定对出租房产有免收租金期限的，免收租金期间由产权所有人按照房产原值缴纳房产税。

纳税人对个人出租房屋的租金收入申报不实或不合理的，税务部门可采取科学合理的方法核定其应纳税额。

五、应纳税额的计算

房产税的计税依据有两种，因而应纳税额计算也分为两种：一种是从价计征的计算；另一种是从租计征的计算。

1. 从价计征的计算

应纳税额＝应税房产原值×(1−扣除比例)×1.2%

应税房产原值是"固定资产"科目中记载的房屋原价；扣除比例是省、自治区、直辖市人民政府规定的10%~30%的减除比例；计征的适用税率为1.2%。

2. 从租计征的计算

从租计征是按房产的租金收入计征，其计算公式为：

应纳税额＝租金收入×12%(或4%)

【例13-1】某企业为增值税一般纳税人，企业固定资产原值共计5 200万元，其中房产原值3 200万元。签订租赁合同1份，2016年7月1日将房产原值200万元的仓库出租给某商场存放货物，出租期限2年，共计租金48万元。该企业房产税计算余值时的扣除比例为25%。计算该企业2016年应纳房产税税额。

解：应纳税额＝(3 200−200)×(1−25%)×1.2%
　　　　　　+200×(1−25%)×1.2%×50%+12×12%
　　　　＝29.34(万元)

六、税收优惠

房产税的税收优惠是根据国家政策需要和纳税人的负担能力制定的。由于房产税属于地方税，因此给予地方一定的减免权限，有利于地方因地制宜地处理问题。

目前，房产税的税收优惠政策主要有：

（1）国家机关、人民团体、军队自用的房产免征房产税。人民团体是指经国务院授权的政府部门批准设立或登记备案并由国家拨付行政事业费的各种社会团体。自用的房产是指这些单位本身的办公用房和公务用房，上述免税单位的出租房产以及非自身业务使用的生产、营业用房，不属于免税范围。

（2）由国家财政部门拨付事业经费的单位自用的房产免征房产税。

（3）宗教寺庙、公园、名胜古迹自用的房产免征房产税。宗教寺庙、公园、名胜古迹中附设的营业单位，如影剧院、饮食部、茶社、照相馆等所使用的房产及出租的房产，不属于免税范围，应征收房产税。

（4）个人所有非营业用的房产免征房产税。个人拥有的营业用房或者出租的房产，不属于免税房产，应征收房产税。

（5）经财政部批准免税的其他房产主要有：

①对非营利性医疗机构、疾病控制机构和妇幼保健机构等卫生机构自用的房产，免征房产税。

②从 2001 年 1 月 1 日起，对按政府规定价格出租的公有住房和廉租住房，包括企业和自收自支事业单位向职工出租的单位自有住房，房管部门向居民出租的公有住房，落实私房政策中带户发还产权并以政府规定租金标准向居民出租的私有住房等，暂免征收房产税。

③经营公租房的租金收入，免征房产税。公共租赁住房经营管理单位应单独核算公共租赁住房租金收入，未单独核算的，不得享受免征房产税优惠政策。

七、房产税的申报与缴纳

▶▶▶ （一）纳税义务发生时间

纳税人自行新建房屋用于生产经营，自建成之次月起，缴纳房产税。

纳税人将原有房产用于生产经营，从生产经营之月起，缴纳房产税。

纳税人委托施工企业建设的房屋，从办理验收手续之次月起，缴纳房产税。

纳税人出租、出借的房产，自出租、出借房产之次月起，缴纳房产税。

纳税人购置新建商品房，自房屋交付使用之次月起，缴纳房产税。

纳税人购置存量房，自办理房屋权属转移、变更登记手续，房地产权属登记机关签发房屋权属证书之次月起，缴纳房产税。

房地产开发企业自用、出租、出借本企业建造的商品房，自房屋使用或交付之次月起，缴纳房产税。

▶▶▶ （二）纳税期限

房产税实行按年计算、分期缴纳的征收方法，具体纳税期限由省、自治区、直辖市人民政府确定。

▶▶▶ （三）纳税地点

房产税在房产所在地缴纳。房产不在同一地方的纳税人，应按房产的坐落地点分别向房产所在地的税务机关纳税。

第二节　契　税

一、概　念

契税是指在土地、房屋权属发生转移时，向取得土地使用权、房屋所有权的单位和个人征收的一种税。现行契税的基本规范是 1997 年 7 月 7 日国务院发布并于同年 10 月 1 日开始施行的《中华人民共和国契税暂行条例》（以下简称《契税暂行条例》）和同年 10 月财政部发布的《中华人民共和国契税暂行条例细则》。

二、纳税义务人与征税对象

▶▶▶（一）纳税义务人

在我国境内转移土地、房屋权属，承受的单位和个人为契税的纳税义务人。单位是指企业单位（包括外商投资企业和外国企业）、事业单位、国家机关、军事单位、社会团体以及其他组织；个人是指个体经营者及其他个人，包括中国公民和外籍人员。

▶▶▶（二）征税对象

契税是以在中华人民共和国境内转移土地、房屋权属的行为为征税对象，向产权承受人征收的一种财产税。

土地权属转移是指土地使用权的转移，包括土地使用权出让和土地使用权转让两种方式；房屋权属转移是指房屋所有权的转移，包括买卖、赠与和交换三种方式。

1. 土地使用权出让

土地使用权出让是指国家以土地所有者的身份将国有土地使用权在一定年限内让与土地使用者，并由土地使用者向国家交付土地使用权出让费用的行为。

土地使用权出让的形式有协议出让、招标出让和拍卖出让三种，不论采用哪种形式，都应由各级土地管理部门代表本级政府与土地使用权受让方签订书面出让合同。

土地使用权出让，受让者应向国家缴纳出让金，以出让金为依据计算缴纳契税。不得因减免土地出让金而减免契税。

2. 土地使用权转让

土地使用权转让是指土地使用者以出售、赠与、交换或者其他方式，将土地使用权转移给其他单位和个人的行为，包括国有土地使用权转让和集体土地使用权转让。

土地使用权出售是指土地使用者以土地使用权作为交易条件，取得货币、实物、无形资产或者其他经济利益的行为；土地使用权赠与是指土地使用者将土地无偿转让给受赠者的行为；土地使用权交换是指土地使用者之间相互交换土地使用权的行为。

土地使用权在规定的使用年限内可以多次转让，但无论转移到哪里，国家与土地使用者的权利和义务仍是土地出让合同规定的权利和义务。在土地使用权转让时，其地上建筑物、附属物的所有权应随之转移，并依照规定办理权属变更登记手续。

土地使用权的转让不包括农村集体土地承包经营权的转移。承包经营是在土地权属未发生转移的情况下，对土地实行经营管理的方式。土地使用权属于一种物权，土地承包经营权属于一种债权，不属于《契税暂行条例》规定的土地使用权转让范围。

3. 房屋买卖

房屋买卖是指房屋所有者将其所有的房屋出售给购买者，由购买者支付一定货币、实物、无形资产或其他经济利益，从而取得房屋所有权的行为。房屋权属发生转移，属于契税征税范围。

4. 房屋赠与

房屋赠与是指房屋产权所有人将房屋产权无偿转让给其他人所有的行为。其中，将自有房屋赠与他人的叫作房屋赠与人，接受他人房屋的叫作受赠人。房屋赠与的前提必须是产权无纠纷，赠与人和受赠人双方自愿。由于房屋是不动产，价值较大，故法律要求赠与房屋应有书面合同，并到房地产管理机关或农村基层政权机关办理登记过户手续，才能生效。房屋的受赠人要按规定缴纳契税。

5. 房屋交换

房屋交换是指房屋所有者之间互相交换房屋的行为，包括交换房屋使用权和房屋所有权两种形式。对交换房屋所有权的，按房地产管理有关规定，双方需到有关部门办理权属变更登记手续，属于契税征收范围。

6. 其他行为

随着经济形势的发展，有些特殊方式转移土地、房屋权属的，也将视同土地使用权转让、房屋买卖或者房屋赠与。具体包括以下几种：一是以土地、房屋权属作价投资、入股；二是以土地、房屋权属抵债；三是以获奖方式承受土地、房屋权属；四是一方出地、另一方出钱合建住房；五是以预购方式或者预付集资建房款方式承受土地、房屋权属。

（1）以土地、房屋权属作价投资、入股。这种情况是指一方以房地产作价入资以获得相应的股权。例如，甲企业以自有房产投资于乙企业取得相应的股权，其房屋产权变为乙企业所有。或甲企业将自有房产作价，乙企业出资金，双方组成一个新的企业或法人，房产转移到新企业名下。

这种情况视同土地使用权转让、房屋买卖等行为，应根据国家房地产管理的有关规定，办理房屋产权交易和产权变更登记手续，由产权承受方按契税税率计算缴纳契税。

以自有房产作股投入本人独资经营的企业，免纳契税。因为以自有的房地产投入本人独资经营的企业，产权所有人和使用权使用人未发生变化，不需办理房产变更手续，也不必缴纳契税。

（2）以土地、房屋权属抵债。这种情况是指经当地政府和有关部门批准，债务人以自有的房屋所有权、土地使用权向债权人抵偿债务。由于这种情况发生了土地使用权、房屋所有权的转移，视同房屋买卖和土地使用权转让，征收契税。

（3）以获奖方式取得土地使用权、房屋所有权的，视同赠与，征收契税。

（4）一方出地、另一方出钱合建住房，房屋建成后，双方按地价和建房资金的比例分配房屋产权，这实质上已构成房屋、土地权属转移，即一方以建房资金购买土地使用权，另一方以土地转让费购买房屋产权。这种产权转移方式属于契税征收范围，双方均应依照有关规定缴纳税款。

（5）以预购方式或者预付集资建房款方式承受土地、房屋权属。城镇居民通过与房屋开发商签订"双包代建"合同，由开发商承办规划许可证、准建证、土地使用证等手续，并由委托方按地价与房价之和向开发商付款的方式取得房屋所有权，实质上是一种以预付款方式购买商品房的行为，应照章征收契税。

三、税　率

契税实行 3%～5% 的幅度比例税率。各地具体的适用税率，由省、自治区、直辖市人民政府在 3%～5% 的幅度税率规定范围内，按照本地区的实际情况确定。

四、计税依据

契税以土地、房屋权属转移当事人签订的合同成交价格或核定的市场价格作为计税依据。通常有成交价格并经征收机关审核认可的，以成交价格作为计税依据；没有成交价格的，或虽有但低于所交易房地产实际价值太多，征收机关不予认可的，以征收机关参照市场价格核定的计税价格作为依据。具体情况如下：

（1）国有土地使用权出让、土地使用权出售、房屋买卖，以成交价格为计税依据。成交价格是指土地、房屋权属转移合同确定的价格，其中房屋买卖的计税价格为房屋买卖合同的总价款，买卖装修的房屋，装修费用应包括在内。

（2）土地使用权赠与、房屋赠与，由征收机关参照土地使用权出售、房屋买卖的市场价格核定。

（3）土地使用权交换、房屋交换，为所交换的土地使用权、房屋的价格差额。也就是说，交换价格相等时，免征契税；交换价格不等时，由多交付的货币、实物、无形资产或者其他经济利益的一方缴纳契税。

（4）以划拨方式取得土地使用权，经批准转让房地产时，由房地产转让者补交契税。计税依据为补交的土地使用权出让费用或者土地收益。

五、应纳税额的计算

契税采用比例税率，其计算公式为：

应纳税额＝计税依据×税率

【例 13-2】某企业 2016 年发生下列房地产交易业务：

（1）购买房屋，受赠房屋各一栋，购买房屋的成交价格为 800 万元，受赠房屋的评估价格为 600 万元。

（2）以出让方式取得土地使用权，按规定缴纳的全部费用为 600 万元。

（3）出售土地使用权，取得收入 6 000 万元；

计算该企业 2016 年应缴纳的契税。（当地政府规定的契税税率为 4%。）

解： 应纳税额＝(800＋600)×4%＋600×4%＝80(万元)

【例 13 - 3】 居民王某有两套住房，将一套出售给居民刘某，成交价格为 1 000 000 元；将另一套两室住房与居民李某交换成两套一室住房，并支付给李某换房差价款 400 000 元。试计算王某、刘某、李某应缴纳的契税（假定税率为 4%）。

解： 王某应缴纳契税＝400 000×4%＝16 000(元)

刘某应缴纳契税＝1 000 000×4%＝40 000(元)

李某不缴纳契税。

六、税收优惠

（1）国家机关、事业单位、社会团体、军事单位承受土地、房屋用于办公、教学、医疗、科研和军事设施的，免征契税。

（2）城镇职工按规定第一次购买公有住房，免征契税。此项规定仅限于第一次，并且是经县以上人民政府批准，在国家规定标准面积以内购买的公有住房。

（3）承受荒山、荒沟、荒丘、荒滩土地使用权，并用于农、林、牧、渔业生产的，免征契税。

（4）因不可抗力灭失住房而重新购买住房的，酌情减免。不可抗力是指自然灾害、战争等不能预见、不可避免并不能克服的客观情况。

（5）土地、房屋被县级以上人民政府征用、占用后，重新承受土地、房屋权属的，由省级人民政府确定是否减免。

（6）经外交部确认，依照我国有关法律规定以及我国缔结或参加的双边和多边条约或协定，应当予以免税的外国驻华使馆、领事馆、联合国驻华机构及其外交代表、领事官员和其他外交人员承受土地、房屋权属，免征契税。

（7）公租房经营单位购买住房作为公租房的，免征契税。

（8）对个人购买家庭唯一住房（家庭成员范围包括购房人、配偶以及未成年子女，下同），面积为 90 平方米及以下的，减按 1% 的税率征收契税；面积为 90 平方米以上的，减按 1.5% 的税率征收契税。

（9）对个人购买家庭第二套改善性住房，面积为 90 平方米及以下的，减按 1% 的税率征收契税；面积为 90 平方米以上的，减按 2% 的税率征收契税。

家庭第二套改善性住房是指已拥有一套住房的家庭购买的家庭第二套住房。

（10）法定继承人继承房地产，免契税，对非法定继承人根据遗嘱承受土地、房屋权属的，需要缴纳契税 1.5%。

七、契税的申报与缴纳

1. 纳税义务发生时间

契税的纳税义务发生时间是纳税人签订土地、房屋权属转移合同的当天，或者纳税人取得其他具有土地、房屋权属转移合同性质凭证的当天。

纳税义务人改变土地、房屋的用途，不再属于减征、免征契税的范围的，其纳税义务发生时间为实际改变土地、房屋用途的当日。

2. 纳税期限和地点

纳税人应当自纳税义务发生之日起 10 日内，向土地、房屋所在地的契税征收机关办理纳税申报，并在契税征收机关核定的期限内缴纳税款。

3. 契税申报

纳税人应当自纳税义务发生之日起 10 日内，依法向土地、房屋所在地的契税征收机构办理纳税申报，填报纳税申报表，并在征收机关核定的时间内（土地、现房权属转移的，为义务发生之日起 30 日内；期房权属转移的，为房屋交付使用之日起 20 日内）缴纳全部契税。纳税人在申报纳税时还必须向征收机构报送下列材料：

（1）国有土地使用权出让、土地使用权转让、房屋买卖合同或赠与、交换协议的原件和复印件。

（2）根据征收机关的要求提供的房地产评估报告原件和复印件。

（3）有关发票、单据的原件和复印件。

（4）属政府征用拆迁重新安置的，要提供政府征用拆迁协议和重新安置协议。

（5）属二手房、地转让的，除提供转让合同、协议、单据外，还需提供原土地、房屋权属证件的复印件和原契证的原件。

（6）有公证或法院裁定书的，要提供公证书或法院裁定书的原件和复印件。

（7）征收机关要求提供的其他证明材料。

根据人民法院、仲裁委员会的生效法律文书发生土地、房屋权属转移，纳税人不能取得销售不动产发票的，可持人民法院执行裁定书原件及相关材料办理契税纳税申报，税务机关应予受理。

购买新建商品房的纳税人在办理契税纳税申报时，由于销售新建商品房的房地产开发企业已办理注销税务登记或者被税务机关列为非正常户等原因，致使纳税人不能取得销售不动产发票的，税务机关在核实有关情况后应予受理。

纳税人办理纳税事宜后，征收机关应向纳税人开具契税完税凭证。纳税人持契税完税凭证和其他规定的文件材料，依法向土地管理部门、房产管理部门办理有关土地、房屋的权属变更登记手续。土地管理部门和房产管理部门应向契税征收机关提供有关资料，并协助契税征收机关依法征收契税。国家税务总局规定，各级征收机关在 2005 年 1 月 1 日后停止代征委托，直接征收契税。另外，对已缴纳契税的购房单位和个人在未办理房屋权属变更登记前退房的，退还已纳契税；在办理房屋权属变更登记之后退还的，不予退还已纳契税。

第三节 车辆购置税

一、概 念

车辆购置税是以在中国境内购置规定车辆为课税对象、在特定的环节向车辆购置者征收的一种税。现行车辆购置税的基本规范是 2018 年 12 月 29 日发布并于 2019 年 7 月 1 日起实施的《中华人民共和国车辆购置税法》(以下简称《车辆购置税法》)。

车辆购置税具有以下特点:一是在购置车辆的特定环节实行一次课征;二是征税具有特定用途,即用于交通建设;三是车辆购置税实行价外征收,纳税人即是负税人,税负不转嫁。

征收车辆购置税有利于合理筹集财政资金,为交通基础设施建设提供稳定的资金来源;有利于规范政府行为,完善财税制度改革;有利于调节收入差距,缓解社会分配不公;有利于配合打击车辆走私和维护国家权益。

二、纳税义务人与征税对象

▶▶▶ (一)纳税义务人

车辆购置税的纳税人是指在我国境内购置应税车辆的单位和个人。

以上所称购置,包括购买、进口、自产、受赠、获奖或者以其他方式取得并自用应税车辆的行为。

以上所称单位,包括国有企业、集体企业、私营企业、股份制企业、外商投资企业、外国企业以及其他企业,事业单位、社会团体、国家机关、部队及其他单位。

以上所称个人,包括个体工商户及其他个人,既包括中国公民又包括外国公民。

▶▶▶ (二)征税对象

车辆购置税以列举的车辆作为征税对象,包括汽车、有轨电车、汽车挂车、排气量超过 150 毫升的摩托车。

三、税 率

车辆购置税实行比例税率,税率为 10%。

四、计税依据

车辆购置税实行从价定率、价外征收的方法计算应纳税额，应税车辆的价格即计税价格就成为车辆购置税的计税依据。具体分为以下几种情况：

（1）纳税人购买自用应税车辆的计税价格，为纳税人实际支付给销售者的全部价款，不包括增值税税款。

（2）纳税人进口自用应税车辆的计税价格，为关税完税价格加上关税和消费税：

组成计税价格＝关税完税价格＋关税＋消费税

进口自用的应税车辆是指纳税人直接从境外进口或委托代理进口自用的应税车辆，即非贸易方式进口自用的应税车辆。

（3）纳税人自产自用应税车辆的计税价格，按照纳税人生产的同类应税车辆的销售价格确定，不包括增值税税款。

（4）纳税人以受赠、获奖或者其他方式取得自用应税车辆的计税价格，按照购置应税车辆时相关凭证载明的价格确定，不包括增值税税款。

（5）纳税人申报的应税车辆计税价格明显偏低，又无正当理由的，由税务机关依照《中华人民共和国税收征收管理法》的规定核定其应纳税额。

五、应纳税额的计算

车辆购置税应纳税额的计算公式为：

应纳税额＝计税依据×税率

由于应税车辆的来源、应税行为的发生以及计税依据组成的不同，车辆购置税应纳税额的计算方法也有区别。

1. 纳税人购买自用应税车辆应纳税额的计算

在应纳税额的计算当中，应注意以下费用的计税规定：

（1）购买者随购买车辆支付的工具件和零部件价款应作为购车价款的一部分，并入计税依据中征收车辆购置税。

（2）支付的车辆装饰费应作为价外费用并入计税依据中计税。

（3）代收款项应区别征税。凡使用代收单位（受托方）票据收取的款项，应视作代收单位价外收费，购买者支付的价费款应并入计税依据中一并征收；凡使用委托方票据收取，受托方只履行代收义务和收取代收手续费的款项，应按其他税收政策规定征税。

（4）销售单位开给购买者的各种发票金额中包含增值税税款，因此，在计算车辆购置税时，应换算为不含增值税的计税价格。

【例 13－4】某公司 2016 年 12 月份从某汽车有限公司购买一辆现代小汽车，支付了含增值税税款在内的款项 113 000 元，另支付车辆装饰费 1 130 元。所支付的款项均由该汽车有限公司开具《机动车销售统一发票》和有关票据。请计算该公司应纳车辆购置税。

解：计税依据＝(113 000＋1 130)/(1＋13％)＝101 000(元)

应纳税额＝101 000×10％＝10 100(元)

2. 纳税人进口自用的应税车辆应纳税额的计算

应纳税额＝(关税完税价格＋关税＋消费税)×税率

【例13－5】某外贸进出口公司2016年12月从国外进口一辆小轿车自用，海关根据有关资料核定的关税完税价格为每辆185 000元人民币，海关按关税政策规定征收了关税203 500元，并按消费税、增值税有关规定分别代征了每辆小轿车的进口消费税11 655元和增值税50 505元。根据以上资料，计算应纳车辆购置税。

解： 计税依据＝185 000＋203 500＋11 655＝400 155(元)

应纳税额＝400 155×10％＝40 015.5(元)

3. 纳税人自产自用应税车辆应纳税额的计算

应纳税额＝组成计税价格×税率

纳税人自产自用应税车辆的计税价格，按照同类应税车辆（即车辆配置序列号相同的车辆）的销售价格确定，不包括增值税税款；没有同类应税车辆销售价格的，按照组成计税价格确定。组成计税价格计算公式如下：

组成计税价格＝成本×(1＋成本利润率)

属于应征消费税的应税车辆，其组成计税价格中应加计消费税税额。

上述公式中的成本利润率，由国家税务总局各省、自治区、直辖市和计划单列市税务局确定。

4. 按核定计税价格确定计税依据时应纳税额的计算

应纳税额＝最低计税价格×税率

【例13－6】某厂因生产经营需要，将自产的一辆汽车自用，该厂在办理车辆上牌落籍前，出具该车的发票，注明金额50 000元，并按此金额向主管税务机关申报纳税。经审核，国家税务总局对该车同类型车辆核定的最低计税价格为60 000元。请计算该车应纳车辆购置税。

解： 应纳税额＝60 000×10％＝6 000(元)

5. 已经办理免税、减税手续，但因转让、改变用途等原因不再属于免税、减税范围的车辆的应纳税额的计算

已经办理免税、减税手续的车辆因转让、改变用途等原因不再属于免税、减税范围的，纳税人、纳税义务发生时间、应纳税额按以下规定执行：

(1) 发生转让行为的，受让人为车辆购置税纳税人；未发生转让行为的，车辆所有人为车辆购置税纳税人。

(2) 纳税义务发生时间为车辆转让或者用途改变等情形发生之日。

(3) 应纳税额计算公式如下：

$$应纳税额＝初次办理纳税申报时确定的计税价格×(1－使用年限×10％)×10％－已纳税额$$

应纳税额不得为负数。

使用年限的计算方法是，自纳税人初次办理纳税申报之日起，至不再属于免税、减税范围的情形发生之日止。使用年限取整计算，不满一年的不计算在内。

6. 已征车辆购置税，但退回车辆生产或销售企业，纳税人申请退还车辆购置税的车辆的应退税额的计算

已征车辆购置税的车辆退回车辆生产或销售企业，纳税人申请退还车辆购置税的，应退税额计算公式如下：

应退税额＝已纳税额×（1－使用年限×10%）

应退税额不得为负数。

使用年限的计算方法是，自纳税人缴纳税款之日起，至申请退税之日止。

六、税收优惠

（1）回国服务的在外留学人员用现汇购买一辆个人自用国产小汽车和长期来华定居专家进口一辆自用小汽车免征车辆购置税。防汛部门和森林消防部门用于指挥、检查、调度、报汛（警）、联络的由指定厂家生产的设有固定装置的指定型号的车辆免征车辆购置税。具体操作按照《财政部、国家税务总局关于防汛专用等车辆免征车辆购置税的通知》（财税〔2001〕39号）有关规定执行。

（2）自2018年1月1日至2020年12月31日，对购置新能源汽车免征车辆购置税。具体操作按照《财政部、税务总局、工业和信息化部、科技部关于免征新能源汽车车辆购置税的公告》（财政部、税务总局、工业和信息化部、科技部公告2017年第172号）有关规定执行。

（3）自2018年7月1日至2021年6月30日，对购置挂车减半征收车辆购置税。具体操作按照《财政部、税务总局、工业和信息化部关于对挂车减征车辆购置税的公告》（财政部、税务总局、工业和信息化部公告2018年第69号）有关规定执行。

（4）中国妇女发展基金会"母亲健康快车"项目的流动医疗车免征车辆购置税。

（5）北京2022年冬奥会和冬残奥会组织委员会新购置车辆免征车辆购置税。

（6）原公安现役部队和原武警黄金、森林、水电部队改制后换发地方机动车牌证的车辆（公安消防、武警森林部队执行灭火救援任务的车辆除外），一次性免征车辆购置税。

（7）自2015年1月1日起至2020年12月31日止，对城市公交企业购置的公共汽电车辆免征车辆购置税。

城市公交企业购置的公共汽电车辆免征车辆购置税中的城市公交企业，是指由县级以上（含县级）人民政府交通运输主管部门认定的，依法取得城市公交经营资格，为公众提供公交出行服务，并纳入《城市公共交通管理部门与城市公交企业名录》的企业；公共汽电车辆是指按规定的线路、站点票价营运，用于公共交通服务，为运输乘客设计和制造的车辆，包括公共汽车、无轨电车和有轨电车。

（8）自2018年1月1日至2020年12月31日，对购置的新能源汽车免征车辆购置税。

对免征车辆购置税的新能源汽车，通过发布《免征车辆购置税的新能源汽车车型目录》实施管理。

七、车辆购置税的申报与缴纳

根据自 2015 年 2 月 1 日起开始试行的《车辆购置税征收管理办法》，车辆购置税的征收规定如下：

▶▶▶ （一）纳税环节

车辆购置税的征税环节为使用环节，即最终消费环节。具体而言，纳税人应当在向公安机关等车辆管理机构办理车辆登记注册手续前，缴纳车辆购置税。

车辆购置税实行一次课征制，购置已征车辆购置税的车辆不再纳税。因此，购买二手车时，购买者应当向原车主索要《车辆购置税完税证明》。

购买已经办理车辆购置税免税手续的二手车，购买者应当到税务机关重新办理申报缴税或免税手续。减、免税条件消失后的车辆应该按规定缴纳车辆购置税。未按规定办理的，按《税收征收管理法》的规定处理。

▶▶▶ （二）纳税期限

纳税人购买自用的应税车辆，自购买之日起 60 日内申报纳税；进口自用的应税车辆，应当自进口之日起 60 日内申报纳税；自产、受赠、获奖和以其他方式取得并自用的应税车辆，应当自取得之日起 60 日内申报纳税；免税车辆发生转让，但仍属于免税范围的，受让方应当自购买或取得车辆之日起 60 日内到主管税务机关重新申报免税；免税车辆因转让、改变用途等原因，其免税条件消失的，纳税人应在免税条件消失之日起 60 日内到主管税务机关重新申报纳税。

▶▶▶ （三）纳税地点

纳税人购置应税车辆，应当向车辆登记注册地（即车辆的上牌落籍地或落户地）的主管税务机关申报纳税；购置不需办理车辆登记注册手续的应税车辆，应当向纳税人所在地主管税务机关申报纳税。军队、武警的车辆登记注册地为军队、武警车辆管理部门所在地；部分农用运输车辆的登记注册地为地、市或县农机车管部门所在地；摩托车的登记注册地为县（市）公安车管部门所在地；上述车辆以外的各种应税车辆的登记注册地为市或地、市以上公安车管部门所在地。

▶▶▶ （四）纳税申报

车辆购置税实行一车一申报制度。

纳税人在办理纳税申报时应如实填写《车辆购置税纳税申报表》，同时提供以下资料的原件和复印件：

（1）纳税人身份证明：内地居民，提供内地居民身份证（含居住证）或居民户口簿或军人（含武警）身份证明；中国香港、澳门特别行政区居民，中国台湾地区居民及外国人，提供其入境的身份证明和居留证明；组织机构，提供《组织机构代码证书》。

（2）车辆价格证明：境内购置车辆，提供《机动车销售统一发票》（发票联和报税联）或有效凭证；进口自用车辆，提供《海关关税专用缴款书》、《海关代征消费税专用缴款书》或海关《征免税证明》、《进口证明书》。

（3）车辆合格证明：国产车辆，提供整车出厂合格证明；进口车辆，提供《中华人民共和国出入境检验检疫进口机动车辆随车检验单》。

（4）发动机、车架号码（车辆识别号）拓印件。

（5）税务机关要求提供的其他资料。

主管税务机关应对纳税申报资料进行审核，确定计税依据，征收税款，核发完税证明。征税车辆在完税证明征税栏加盖车辆购置税征税专用章，免税车辆在完税证明免税栏加盖车辆购置税征税专用章。完税后，由税务机关保存有关复印件，并对已经办理纳税申报的车辆建立车辆购置税征收管理档案。主管税务机关在为纳税人办理纳税申报手续时，对设有固定装置的非运输车辆应当实地验车。

免税条件消失的车辆，纳税人在办理纳税申报时，应如实填写纳税申报表，同时提供以下资料：

（1）发生二手车交易行为的，提供纳税人身份证明、《二手车销售统一发票》和《车辆购置税完税证明》。

（2）未发生二手车交易行为的，提供纳税人身份证明、《车辆购置税完税证明》及有效证明资料。

▶▶▶ （五）车辆购置税的缴税管理

1. 车辆购置税税款缴纳方法

（1）自报核缴，即由纳税人自行计算应纳税额、自行填报纳税申报表有关资料，向主管税务机关申报，经税务机关审核后，开具完税证明，由纳税人持完税凭证向当地金库或金库经收处缴纳税款。

（2）集中征收缴纳，包括两种情况：一是由纳税人集中向税务机关统一申报纳税。它适用于实行集中购置应税车辆的单位缴纳和经批准实行代理制经销商的缴纳。二是由税务机关集中报缴税款，即在纳税人向实行集中征收的主管税务机关申报缴纳税款，税务机关开具完税凭证后，由税务机关填写汇总缴款书，将税款集中缴入当地金库或金库经收处。它适用于税源分散、税额较少、税务部门实行集中征收管理的地区。

（3）代征、代扣、代收，即扣缴义务人按税法规定代扣代缴、代收代缴税款，税务机关委托征收单位代征税款的征收方式。它适用于税务机关委托征收或纳税人依法受托征收税款。

2. 车辆购置税的缴税管理

（1）税款缴纳方式。纳税人在申报纳税时，税款的缴纳方式主要有现金支付、支票、信用卡、电子结算及委托银行代收、银行划转等方式。

（2）完税凭证及使用要求。税务机关在征收车辆购置税时，应根据纳税人税款缴纳方式的不同，分别使用《税收通用完税凭证》、《税收转账专用完税凭证》和《税收通用缴款书》三种税票，即纳税人以现金方式向税务机关缴纳车辆购置税的，由主管税务机关开具《税收通用完税凭证》；纳税人以支票、信用卡和电子结算方式缴纳及税务机关委托银行代收税款的，由主管税务机关开具《税收转账专用完税凭证》；纳税人从其银行存款户直接划转税款的，由主管税务机关开具《税收通用缴款书》。

▶▶▶ （六）车辆购置税的退税制度

（1）已缴纳车辆购置税的车辆，发生下列情形之一的，准予纳税人申请退税：车辆退回生产企业或者经销商的；符合免税条件的设有固定装置的非运输车辆但已征税的；其他依据法律法规规定应予退税的情形。

（2）纳税人申请退税时，应如实填写《车辆购置税退税申请表》（以下简称《退税申请表》），由本人、单位授权人员到主管税务机关办理退税手续，按下列情况分别提供资料：

①车辆退回生产企业或者经销商的，提供生产企业或经销商开具的退车证明和退车发票。未办理车辆登记注册的，提供原完税凭证、完税证明正本和副本；已办理车辆登记注册的，提供原完税凭证、完税证明正本、公安机关车辆管理机构出具的机动车注销证明。

②符合免税条件的设有固定装置的非运输车辆但已征税的，未办理车辆登记注册的，提供原完税凭证、完税证明正本和副本；已办理车辆登记注册的，提供原完税凭证、完税证明正本。

③其他依据法律法规规定应予退税的情形，未办理车辆登记注册的，提供原完税凭证、完税证明正本和副本；已办理车辆登记注册的，提供原完税凭证、完税证明正本、公安机关车辆管理机构出具的机动车注销证明或者税务机关要求的其他资料。

（3）车辆退回生产企业或者经销商的，纳税人申请退税时，主管税务机关自纳税人办理纳税申报之日起，按已缴纳税款每满1年扣减10%计算退税额；未满1年的，按已缴纳税款全额退税。

◎ 复习题

一、单项选择题

1. 安徽省某市居民王先生和太太2014年以30万元购买一套54平方米的住房用作结婚新房，2016年8月生子后，为改善住房条件，以70万元购买了第二套88平方米的住房，王先生一家两次共缴纳契税（　　）。

    A. 1万元　　　　　B. 1.08万元　　　　C. 1.43万元　　　D. 1.5万元

2. 下列房屋及建筑物中，属于房产税征税范围的是（　　）。

    A. 农村的居住用房

    B. 建在室外的露天游泳池

    C. 个人拥有的市区经营性用房

    D. 尚未使用或出租而待售的商品房

3. 无租使用其他单位房产的,其房产税纳税规定是( )。

    A. 免征房产税

    B. 由无租使用其他单位房产的单位和个人按照同类租金收入代缴房产税

    C. 由无租使用其他单位房产的单位和个人按照房产余值缴纳房产税

    D. 由产权所有人按照同类租金收入代缴房产税

4. 下列各项中,应作为融资租赁房屋房产税的纳税人和计税依据的是( )。

    A. 出租人按照房产售价

    B. 承租人按照房产余值

    C. 承租人按照房产原值

    D. 出租人按照房产租金

5. 李某在 2017 年 4 月将一处房产出租给别人居住(已签订合同)。下列各项税务处理中,正确的是( )。

    A. 应按 4% 的税率缴纳房产税

    B. 应按 5% 的征收率缴纳增值税

    C. 应按 20% 的税率缴纳个人所得税

    D. 应按 3%～5% 税率缴纳契税

6. 2016 年某企业支付 8 500 万元取得 12 万平方米的土地使用权,花费 500 万元对土地进行开发,新建厂房建筑面积为 5 万平方米,厂房建造成本为 2 000 万元,2016 年年底竣工验收,对该企业征收房产税的房产原值是( )万元。

    A. 2 000   B. 9 083.33   C. 9 500   D. 10 500

7. 2016 年 4 月,某企业将其与办公楼相连的地下停车场和另一独立的地下建筑物改为地下生产车间,停车场原值 100 万元,地下建筑物原价 200 万元,该企业所在省财政和地方税务部门确定地下建筑物的房产原价的折算比例为 50%,(省人民政府确定的)房产原值减除比例为 30%。该企业以上两处地下建筑物 2016 年 4—12 月份应缴纳的房产税为( )万元。

    A. 0.95   B. 1.15   C. 1.26   D. 1.89

8. 2016 年 2 月某工厂自建的厂房竣工并投入使用,该厂房的原值是 8 000 万元,其中单独用于储存物资的地下室为 800 万元,假设房产原值的减除比例为 30%,地下室应税原值为房产原值的 60%。该企业 2016 年应缴纳房产税( )。

    A. 56 万元   B. 59.14 万元   C. 53.76 万元   D. 61.60 万元

9. 某公司 2012 年购进一处房产,2016 年 4 月 30 日交付用于 5 月开始的投资联营(收取固定收入,不承担联营风险),投资期为 3 年,当年取得含税固定收入 160 万元。该房产原值 3 000 万元,当地政府规定的减除幅度为 30%,该公司选择简易办法计算增值税,则该公司 2016 年应缴纳的房产税为( )。

    A. 26.69 万元   B. 27.6 万元   C. 29.7 万元   D. 44.4 万元

10. 房产出租时,如果以劳务为报酬抵付房租收入的,据此计征房产税的依据是( )。

    A. 同类劳务的平均价格

    B. 同类劳务的最高价格

C. 同类房产的租金水平

D. 同类房产的价值折算

11. 某市经批准从事城市公交经营的甲公交公司 2017 年 3 月对新设的公交线路购置了 10 辆公交巴士和 10 辆无轨电车,其中 10 辆公交巴士的含增值税购置价格合计 116 万元,10 辆无轨电车含增值税购置价格合计 104.4 万元;当月该公交公司为管理部门购入办公用小轿车 2 辆,含增值税购置价格合计 48.72 万元,支付车辆保险费 1 万元并取得保险公司开具的票据。甲公交公司上述业务应纳的车辆购置税为 (   )。

A. 4.2 万元　　　　B. 13.2 万元　　　　C. 23.2 万元　　　　D. 0 万元

12. 某企业 2016 年 3 月进口载货汽车 1 辆,4 月在国内市场购置载货汽车 2 辆,支付全部价款和价外费用为 75 万元(不含增值税),另外支付车辆购置税 7.5 万元,车辆牌照费 0.1 万元、代办保险费 2 万元,5 月受赠小汽车 1 辆,上述车辆全部为企业自用,下列关于该企业计缴车辆购置税计税依据的表述中,正确的是 (   )。

A. 国内购置载货汽车的计税依据为 84.5 万元

B. 进口载货汽车的计税依据为关税完税价格加关税

C. 国内购置载货汽车的计税依据为 77 万元

D. 受赠小汽车的计税依据为同类小汽车的市场价格加增值税

二、多项选择题

1. 下列情形中,应由房产代管人或者使用人缴纳房产税的有 (   )。

A. 房屋产权未确定的

B. 房屋产权所有人不在房屋所在地的

C. 房屋租典纠纷未解决的

D. 房屋承典人不在房屋所在地的

2. 下列有关房产税税率的表述符合现行规定的有 (   )。

A. 工厂拥有并使用的车间适用 1.2% 的房产税税率

B. 个体户房屋用于自办小卖部的适用 1.2% 的房产税税率

C. 个人住房出租用于某企业存放货物,适用 12% 的房产税税率

D. 个人住房出租,不区分用途,按照 4% 的房产税优惠税率计税

3. 下列项目中,应以房产租金作为计税依据征收房产税的有 (   )。

A. 以融资租赁方式租入的房屋

B. 以收取固定收入、不承担联营风险方式投资的房屋

C. 以经营租赁方式租出的房屋

D. 居民住宅区内业主自营的共有经营性房屋

4. 下列各项中,符合房产税优惠政策规定的有 (   )。

A. 个人所有的非营业用房产免征房产税

B. 宗教寺庙、名胜古迹自用的房产免征房产税

C. 国家机关附属招待所使用的房产免征房产税

D. 经营公租房的租金收入免征房产税

5. 甲工业企业 2016 年年初的固定资产账面原值中,厂房原值为 3 000 万元,仓库原

值为 1 000 万元。2016 年 4 月 5 日，甲工业企业将该仓库以 1 000 万元的价格过户转让给乙外资企业，当地政府规定房产税减除比例为 30%，则（　　）。

A. 甲企业当年应纳房产税 27.65 万元

B. 甲企业当年应纳房产税 28 万元

C. 乙企业当年应纳房产税 5.6 万元

D. 乙企业当年应纳房产税 5.95 万元

6. 孙某将自有商铺无偿赠与非法定继承人王某，已向税务机关提交经审核并签字盖章的《个人无偿赠与不动产登记表》。下列有关孙某赠房涉及税收的表述中，正确的有（　　）。

A. 孙某应缴纳契税

B. 王某应缴纳契税

C. 孙某应缴纳印花税

D. 王某应缴纳印花税

7. 甲企业在 2016 年得到政府无偿划拨来的一宗土地使用权，开发建造完工后，经批准在补办了土地使用权出让手续、缴纳土地出让金后，甲企业将房产连同土地使用权转让给乙企业。以下说法正确的有（　　）。

A. 甲企业补办土地使用权出让手续、缴纳土地出让金时应缴纳契税

B. 甲企业将房产转让给乙企业应缴纳印花税

C. 甲企业将房产转让给乙企业应缴纳土地增值税

D. 乙企业取得甲企业转让的房产应缴纳契税

8. 下列行为中，应缴纳契税的是（　　）。

A. 张三家的保姆接受张三的遗赠房产

B. 某一企业接受另一企业的房产投资并付出股权对价

C. 某一企业以自有房产等价交换另一企业的房产

D. 个人以自有房产投入本人独资经营的企业

9. 下列各项应征收契税的有（　　）。

A. 以获奖方式取得房屋产权

B. 买房拆料

C. 个人购买属于家庭唯一住房的普通住房

D. 在股权转让中，甲工厂承受乙商店股权

10. 下列各项中，属于车辆购置税应税行为的有（　　）。

A. 购买使用行为　　　　　　　　B. 进口使用行为

C. 受赠使用行为　　　　　　　　D. 获奖使用行为

11. 某机关 2011 年 4 月购车一辆，随购车支付的下列款项中，应并入计税依据征收车辆购置税的有（　　）。

A. 控购费　　　　B. 增值税税款　　　C. 零部件价款　　　D. 车辆装饰费

12. 以下由主管税务机关参照国家税务总局规定的最低计税价格核定计税价格的是（　　）。

A. 甲汽车制造厂自产自用大卡车

B. 乙运输企业受赠使用小货车

C. 丙运动员获奖使用小轿车

D. 丁外贸企业进口自用中型客车

三、简答题

1. 简述房产税的征税范围。

2. 简述房产税计税依据的计算方法。

3. 简述契税的征税对象。

4. 简述车辆购置税的征税对象。

四、计算题

1. 某企业 2017 年年初拥有建筑物原值 3 800 万元（含相关土地使用权金额），总占地面积 36 000 平方米，建筑物明细表如表 13-1 所示。

表 13-1　　　　　　　　　　建筑物明细表

项目	年初原值（万元）	占地面积（平方米）
厂房	2 500	20 000
仓库	1 000	15 000
厂办托儿所	300	1 000
合计	3 800	36 000

其他说明：

(1) 该企业 1 月 1 日将仓库租给其他单位，不含税月租金为 10 万元。

(2) 该企业当地房产税损耗减除比例为 20%。

要求计算：该企业当年的房产税。

2. 小李于 2019 年 3 月来到某小城镇创业兴办甲公司，甲公司为一般纳税人。小李支付 49.95 万元购置一间 60 平方米的临街商铺，取得增值税专用发票注明价款 45 万元，增值税为 4.05 万元。为满足创业需要，他与某工厂签订合同，购置了一辆该厂使用过的二手面包车（该厂能提供车辆购置税和车船税完税凭证），价税合计 5 万元；他还与某汽车销售公司签订合同，用 11.6 万元（含增值税）购置一辆新款小轿车。

其他资料：

小李所签购房合同注明了不含增值税价款和增值税；购车合同均为含增值税合同，且合同中没有注明不含税价款和增值税税款。

当地契税税率为 4%；当地房产损耗扣除率为 30%。

要求计算（金额单位为元）：

(1) 小李上述行为应缴纳的契税。

(2) 小李上述行为应缴纳的车辆购置税。

(3) 小李上述行为应缴纳的房产税。

第十四章

车船税、城镇土地使用税和耕地占用税

【本章要点】

1. 车船税的征税范围及应纳税额的计算
2. 城镇土地使用税的征税范围及应纳税额的计算
3. 耕地占用税的征税范围及应纳税额的计算

【导入案例】

某运输公司有自重 8 吨的载货汽车 20 辆，大型载客汽车 10 辆，小型载客汽车 2 辆。当地规定载货汽车的每年税额为 100 元/吨，大型载客汽车的每年税额为 600 元/辆，小型载客汽车的每年税额为 480 元/辆。计算该运输公司应纳的车船税。

第一节　车船税

车船税法是指国家制定的用以调整车船税征收与缴纳权利及义务关系的法律规范。车船税法的基本规范是 2011 年 2 月 25 日由第十一届全国人民代表大会常务委员会第十九次会议通过的《中华人民共和国车船税法》（以下简称《车船税法》），自 2012 年 1 月 1 日起施行。2019 年 4 月 23 日，第十三届全国人民代表大会常务委员会第十次会议对其进行了修正。

车船税是以车船为征税对象，向拥有车船的单位和个人征收的一种税。征收车船税有利于为地方政府筹集财政资金，有利于车船的管理和合理配置，也有利于调节财富差异。

一、纳税义务人与征税范围

▶▶▶ ┌（一）纳税义务人┐

车船税的纳税义务人是指在中华人民共和国境内属于《车船税法》所附《车船税税目税额表》规定的车辆、船舶的所有人或者管理人。

▶▶▶ ┌（二）征税范围┐

车船税的征税范围是指在中华人民共和国境内属于《车船使用税法》所附《车船税税目税额表》规定的车辆、船舶。车辆、船舶是指：

（1）依法应当在车船管理部门登记的机动车辆和船舶；

（2）依法不需要在车船管理部门登记的在单位内部场所行驶或者作业的机动车辆和船舶。

二、税目和税率

▶▶▶ ┌（一）基本规定┐

车船税实行定额税率。车船税对载客汽车（含电车）和摩托车，以"辆"为计税单位，对载货汽车、三轮汽车、低速货车、专项作业车和轮式专用机械车，以"自重吨位"为计税单位。所谓自重，是指机动车的整备质量。车船税税目税额表如表14-1所示。

表14-1　　　　　　　　　　　　车船税税目税额表

税目		计税单位	年基准税额	备注
乘用车［按发动机汽缸容量（排气量）分档］	1.0升（含）以下的	每辆	60元至360元	核定载客人数9人（含）以下
	1.0升以上至1.6升（含）的		300元至540元	
	1.6升以上至2.0升（含）的		360元至660元	
	2.0升以上至2.5升（含）的		660元至1 200元	
	2.5升以上至3.0升（含）的		1 200元至2 400元	
	3.0升以上至4.0升（含）的		2 400元至3 600元	
	4.0升以上的		3 600元至5 400元	

续前表

税目		计税单位	年基准税额	备注
商用车	客车	每辆	480 元至 1 440 元	核定载客人数 9 人以上，包括电车
	货车	整备质量每吨	16 元至 120 元	包括半挂牵引车、三轮汽车和低速载货汽车等
挂车		整备质量每吨	按照货车税额的 50% 计算	
其他车辆	专用作业车	整备质量每吨	16 元至 120 元	不包括拖拉机
	轮式专用机械车		16 元至 120 元	
摩托车		每辆	36 元至 180 元	
船舶	机动船舶	净吨位每吨	3 元至 6 元	拖船、非机动驳船分别按照机动船舶税额的 50% 计算
	游艇	艇身长度每米	600 元至 2 000 元	

▶▶▶ ┌（二）特殊规定┐

（1）客货两用汽车按照载货汽车的计税单位和税额标准计征车船税。

（2）拖船按照发动机功率每 2 马力折合净吨位 1 吨计算征收车船税。

（3）车辆自重尾数在 0.5 吨以下（含 0.5 吨）的，按照 0.5 吨计算；超过 0.5 吨的，按照 1 吨计算。船舶净吨位尾数在 0.5 吨以下（含 0.5 吨）的不予计算，超过 0.5 吨的按照 1 吨计算。1 吨以下的小型车船，一律按照 1 吨计算。

三、应纳税额的计算

纳税人按照纳税地点所在的省、自治区、直辖市人民政府确定的具体适用税率缴纳车船税，车船税由地方税务机关负责征收。

购置的新车船，购置当年的应纳税额自纳税义务发生的当月起按月计算。计算公式为：

应纳税额＝年应纳税额÷12×应纳税月份数

【例 14-1】某运输公司有自重 8 吨的载货汽车 20 辆，大型载客汽车 10 辆，小型载客汽车 2 辆。当地规定载货汽车的每年税额为 100 元/吨，大型载客汽车的每年税额为 600 元/辆，小型载客汽车的每年税额为 480 元/辆。计算该运输公司全年应纳的车船税的数量。

解：全年应纳税额＝8×20×100＋10×600＋2×480

＝16 000＋6 000＋960

＝22 960(元)

四、免税规定

以下几种车船不需要缴纳车船税。

（1）非机动车船（不包括非机动驳船）。非机动车是指以人力或者畜力驱动的车辆，以及符合国家有关标准的残疾人机动轮椅车、电动自行车等车辆；非机动船是指自身没有动力装置，依靠外力驱动的船舶；非机动驳船是指在船舶管理部门登记为驳船的非机动船。

（2）拖拉机。拖拉机是指在农业（农业机械）部门登记为拖拉机的车辆。

（3）捕捞、养殖渔船。捕捞、养殖渔船是指在渔业船舶管理部门登记为捕捞船或者养殖船的渔业船舶，不包括在渔业船舶管理部门登记为捕捞船或者养殖船以外类型的渔业船舶。

（4）军队、武警专用的车船。军队、武警专用的车船是指按照规定在军队、武警车船管理部门登记，并领取军用牌照、武警牌照的车船。

（5）警用车船。警用车船是指公安机关、国家安全机关、监狱、劳动教养管理机关和人民法院、人民检察院领取警用牌照的车辆和执行警务的专用船舶。

（6）按照有关规定已经缴纳船舶吨税的船舶。

（7）依照我国有关法律和我国缔结或者参加的国际条约的规定应当予以免税的外国驻华使馆、领事馆和国际组织驻华机构及其有关人员的车船。我国有关法律是指《中华人民共和国外交特权与豁免条例》《中华人民共和国领事特权与豁免条例》。外国驻华使馆、领事馆和国际组织驻华机构及其有关人员在办理免税事项时，应当向主管地方税务机关出具本机构或个人身份的证明文件和车船所有权证明文件，并申明免税的依据和理由。

（8）悬挂应急救援专用号牌的国家综合性消防救援车辆和国家综合性消防救援专用船舶。

第二节　城镇土地使用税

城镇土地使用税是以开征范围的土地为征税对象，以实际占用的土地面积为计税标准，按规定税额对拥有土地使用权的单位和个人征收的一种行为税。现行《中华人民共和国城镇土地使用税暂行条例》规定："在城市、县城、建制镇、工矿区范围内使用土地的单位和个人，为城镇土地使用税（以下简称土地使用税）的纳税人，应当依照本条例的规定缴纳土地使用税。"

一、纳税人和征税范围

▶▶▶ （一）纳税人

（1）拥有土地使用权的单位和个人是纳税人。

（2）拥有土地使用权的单位和个人不在土地所在地的，其土地的实际使用人和代管人为纳税人。

（3）土地使用权未确定的或权属纠纷未解决的，其实际使用人为纳税人。

（4）土地使用权共有的，共有各方都是纳税人，由共有各方分别纳税。例如：3个单位共有土地使用权，一方占60%，另两方各占20%，如果算出的税额为100万元，则3个单位分别按60%、20%、20%的份额负担城镇土地使用税。

（二）征收范围

城市、县城、建制镇和工矿区的国家所有、集体所有的土地。

从2007年7月1日起，外商投资企业、外国企业和在华机构的用地也要征收城镇土地使用税。

二、税率及应纳税额

（一）计税依据

以实际占用的土地面积为计税依据。

（1）凡有由省、自治区、直辖市人民政府确定的单位组织测定土地面积的，以测定的面积为准。

（2）尚未组织测量，但纳税人持有政府部门核发的土地使用证书的，以证书确认的土地面积为准。

（3）尚未核发出土地使用证书的，应由纳税人申报土地面积据以纳税，待核发土地使用证以后再作调整。

（二）税率

城镇土地使用税适用地区幅度差别定额税率。

城镇土地使用税采用定额税率，即采用有幅度的差别税额。按大、中、小城市和县城、建制镇、工矿区分别规定每平方米城镇土地使用税年应纳税额。城镇土地使用税每平方米年税额标准具体规定如下：

（1）大城市1.5元～30元；

（2）中等城市1.2元～24元；

（3）小城市0.9元～18元；

（4）县城、建制镇、工矿区0.6元～12元。

（三）应纳税额的计算

应纳税额＝实际占用的土地面积×适用税额

【例14-2】某工业企业坐落于大城市内，共占用应税土地30 000平方米，其中，厂区坐落在四等地段，占地 27 800 平方米；销售经营部坐落在二等地段，占地 2 200 平方米。该城市二等地段适用的年单位税额为 21 元，四等地段为 9 元。计算该企业全年应纳的城镇土地使用税额。

解：应纳税额＝27 800×9＋2 200×21＝241 200＋46 200＝296 400(元)

三、税收优惠

下列土地免征城镇土地使用税：

（1）国家机关、人民团体、军队自用的土地。但如果是对外出租、经营用则还是要交城镇土地使用税。

（2）由国家财政部门拨付事业经费的单位自用的土地。

（3）宗教寺庙、公园、名胜古迹自用的土地。经营用地则不免。

（4）市政街道、广场、绿化地带等公共用地。

（5）直接用于农、林、牧、渔业的生产用地。

（6）经批准开山填海整治的土地和改造的废弃土地，从使用的月份起免缴城镇土地使用税 5～10 年。

（7）对非营利性医疗机构、疾病控制机构和妇幼保健机构等卫生机构自用的土地，免征城镇土地使用税。对营利性医疗机构自用的土地自 2000 年起免征城镇土地使用税 3 年。

（8）企业办的学校、医院、托儿所、幼儿园，其用地能与企业其他用地明确区分的，免征城镇土地使用税。

（9）免税单位无偿使用纳税单位的土地（如公安、海关等单位使用铁路、民航等单位的土地），免征城镇土地使用税。纳税单位无偿使用免税单位的土地，纳税单位应照章缴纳城镇土地使用税。纳税单位与免税单位共同使用、共有使用权的土地上的多层建筑，对纳税单位可按其占用的建筑面积占建筑总面积的比例计征城镇土地使用税。例如一栋 15 层的大厦，一个单位租用 5 层，一个单位租用 10 层，则并不是只占有某一层的单位交税。

（10）对行使国家行政管理职能的中国人民银行总行（含国家外汇管理局）所属分支机构自用的土地，免征城镇土地使用税。

四、城镇土地使用税的征收管理

1. 纳税义务发生时间

（1）纳税人购置新建商品房，自房屋交付使用之次月起，缴纳城镇土地使用税。

（2）纳税人购置存量房，自办理房屋权属转移、变更登记手续，房地产权属登记机关签发房屋权属证书之次月起，缴纳城镇土地使用税。

（3）纳税人出租、出借房产，自交付出租、出借房产之次月起，缴纳城镇土地使用税。

（4）以出让或转让方式有偿取得土地使用权的，应由受让方从合同约定交付土地时间的次月起缴纳城镇土地使用税；合同未约定交付时间的，由受让方从合同签订的次月起缴纳城镇土地使用税。

2. 城镇土地使用税的纳税期限

城镇土地使用税实行按年计算、分期缴纳的方法。具体纳税期限由省级人民政府确定。例如，天津市规定，城镇土地使用税分两期缴纳，上半年在 5 月份缴纳、下半年在 11 月份缴纳。

3. 城镇土地使用税的纳税地点

城镇土地使用税应在土地所在地缴纳，由土地所在地税务机关负责征收。纳税人使用的土地不属于同一省、自治区、直辖市管辖范围的，应由纳税人分别向土地所在地的税务机关缴纳土地使用税。纳税人在同一省、自治区、直辖市管辖范围内跨区使用土地的，其纳税地点由省级税务机关确定。

第三节　耕地占用税

耕地占用税是国家对占用耕地建房或者从事其他非农业建设的单位和个人，依据实际占用耕地面积、按照规定税额一次性征收的一种税。耕地占用税属于行为税范畴。

一、纳税人和征税范围

▶▶▶ （一）纳税人

耕地占用税的纳税人是占用耕地建房或从事非农业建设的单位和个人。所称单位，包括国有企业、集体企业、私营企业、股份制企业、外商投资企业、外国企业以及其他企业和事业单位、社会团体、国家机关、军队以及其他单位；所称个人，包括个体工商户以及其他个人。从 2008 年 1 月 1 日起，纳税人也开始包括外商投资企业和外国企业。

▶▶▶ （二）征税范围

耕地占用税的征税范围包括纳税人为建房或从事其他非农业建设而占用的国家所有和集体所有的耕地。

所谓"耕地"是指种植农业作物的土地，包括菜地、园地。其中，园地包括花圃、苗圃、茶园、果园、桑园和其他种植经济林木的土地。

占用鱼塘及其他农用土地建房或从事其他非农业建设，也视同占用耕地，必须依法征收耕地占用税。占用已开发从事种植、养殖的滩涂、草场、水面和林地等从事非农业建设，由省、自治区、直辖市本着有利于保护土地资源和生态平衡的原则，结合具体情况确定是否征收耕地占用税。

此外，在占用之前三年内属于上述范围的耕地或农用土地，也视为耕地。

二、税率及应纳税额的计算

1. 税率

我国不同地区之间人口和耕地资源的分布极不均衡，有些地区人烟稠密，耕地资源相对匮乏；而有些地区则人烟稀少，耕地资源比较丰富。各地区之间的经济发展水平也有很大差异。考虑到不同地区之间客观条件的差别以及与此相关的税收调节力度和纳税人负担能力方面的差别，耕地占用税在税率设计上采用了地区差别定额税率。税率规定如下：

（1）人均耕地不超过1亩的地区（以县级行政区域为单位，下同），每平方米10～50元；

（2）人均耕地超过1亩但不超过2亩的地区，每平方米8～40元；

（3）人均耕地超过2亩但不超过3亩的地区，每平方米6～30元；

（4）人均耕地超过3亩以上的地区，每平方米5～25元。

2. 计税依据

耕地占用税以纳税人占用耕地的面积为计税依据，以每平方米为计量单位。

3. 应纳税额的计算

应纳税额＝实际占用耕地面积(平方米)×适用定额税率

【例14-3】某市一家企业新占用30 000平方米耕地用于工业建设，所占耕地适用的定额税率为20元/平方米。计算该企业应纳的耕地占用税。

解：应纳税额＝30 000×20＝600 000(元)

三、税收优惠

1. 免征耕地占用税

（1）军事设施占用耕地。

（2）学校、幼儿园、养老院、医院占用耕地。

2. 减征耕地占用税

（1）铁路线路、公路线路、飞机场跑道、停机坪、港口、航道占用耕地，减按每平方米2元的税额征收耕地占用税。

（2）农村居民占用耕地新建住宅，按照当地适用税额减半征收耕地占用税。

四、征收管理

耕地占用税由地方税务机关负责征收。土地管理部门在通知单位或者个人办理占用耕地手续时，应当同时通知耕地所在地同级地方税务机关。获准占用耕地的单位或者个人应当在收到土地管理部门的通知之日起30日内缴纳耕地占用税。土地管理部门凭耕地占用税完税凭证或者免税凭证和其他有关文件发放建设用地批准书。

◎ 复习题

一、单项选择题

1. 某企业占用林地 30 万平方米建造生产厂房，还占用林地 100 万平方米开发经济林木，所占耕地适用的定额税率为 20 元/平方米。该企业应缴纳耕地占用税（   ）。

   A. 600 万元　　　　B. 1 400 万元　　　C. 2 000 万元　　　D. 2 600 万元

2. 城镇土地使用税是由（   ）负责征收管理。

   A. 国税机关　　　B. 地税机关　　　C. 土地管理部门　　D. 财政机关

3. 下列各项中，关于耕地占用税说法正确的是（   ）。

   A. 占用菜地开发花圃属于耕地占用税征收范围

   B. 集体土地不属于耕地占用税征税范围

   C. 占用食品加工厂用地属于耕地占用税征税范围

   D. 占用鱼塘建房属于耕地占用税征税范围

4. 某企业占用林地 140 万平方米建造花园式厂房，所占耕地适用的定额税率为 30 元/平方米。该企业应缴纳耕地占用税（   ）万元。

   A. 800　　　　　B. 1 400　　　　　C. 2 100　　　　　D. 4 200

5. 下面对耕地占用税的理解错误的是（   ）。

   A. 在占用耕地环节一次性课征

   B. 采用了地区差别定额税率

   C. 飞机场跑道可享受减征优惠

   D. 农村居民占用耕地新建住宅免税

6. 某市建设机场新占用耕地 20 000 平方米，其中飞机场跑道占用耕地 9 000 平方米，停机坪占用耕地 6 000 平方米，停车场占用耕地 5 000 平方米。该地区耕地占用税适用税额为 7 元/平方米，则建设机场新占用耕地应缴纳耕地占用税合计（   ）元。

   A. 35 000　　　　B. 40 000　　　　C. 65 000　　　　D. 140 000

7. 农村某村民新建住宅，经批准占用耕地 260 平方米，实际占地 300 平方米。该地区耕地占用税适用税额为 10 元/平方米，则该村民应纳耕地占用税（   ）元。

   A. 3 000　　　　B. 520　　　　　C. 1 300　　　　　D. 2 600

8. 以下关于耕地占用税的表述正确的是（   ）。

   A. 新占用耕地以后每年都要缴纳耕地占用税

   B. 外商投资企业新建厂房新占用的耕地免征耕地占用税

   C. 学校、幼儿园、养老院、医院占用耕地，减按每平方米 2 元的税额征收耕地占用税

   D. 军事设施占用耕地免征耕地占用税

9. 下列各项中，减半征收耕地占用税的是（   ）。

   A. 纳税人临时占用耕地

   B. 军事设施占用耕地

   C. 农村居民占用耕地新建住宅

   D. 公路线路占用耕地

10. 下列关于耕地占用税的表述中，正确的有（　　）。

　　A. 军事设施占用农用地，免征耕地占用税

　　B. 获准占用耕地的单位或者个人，应当在收到土地管理部门的通知之日起60日内缴纳耕地占用税

　　C. 耕地占用税以纳税人实际使用的耕地面积为计税依据，按照规定的适用税额一次性征收

　　D. 纳税人临时占用耕地，应当依照规定缴纳耕地占用税，在批准临时占用耕地的期限内恢复原状的，可部分退还已经缴纳的耕地占用税

11. 城镇土地使用税征税方式是（　　）。

　　A. 按年计征，分期缴纳　　　　　　　　B. 按次计征

　　C. 按年计征，分期预缴　　　　　　　　D. 按期缴纳

12. 城镇土地使用税适用的税率属于（　　）。

　　A. 差别比例税率　　　　　　　　　　　B. 幅度比例税率

　　C. 定额税率　　　　　　　　　　　　　D. 地区差别比例税率

13. 下列土地应缴纳城镇土地使用税的是（　　）。

　　A. 占有或使用国有土地

　　B. 某街道企业占用国有土地

　　C. 家庭住房占地

　　D. 种植农作物用地

14. 某市区某企业医务室占地1 000平方米，厂房占地2 000平方米，该企业应纳税额为（　　）（税率为8元/平方米）。

　　A. 16 000元　　　　B. 24 000元　　　　C. 12 000元　　　　D. 18 000元

15. 城镇土地使用税的计税依据应为（　　）。

　　A. 纳税人使用土地而支付的使用费金额

　　B. 纳税人实际占用的土地面积

　　C. 纳税人转让土地使用权的转让收入

　　D. 纳税人租用土地而每年支付的租金

16. 车辆适用的车船税税率形式是（　　）。

　　A. 比例税率　　　　B. 超额累进税率　　　　C. 超率累进税率　　D. 定额税率

17. 依据车船税的相关规定，对城市、农村公共交通车船可给予定期减税、免税的优惠，有权确定定期减税、免税的部门是（　　）。

　　A. 省级人民政府　　　　　　　　　　　B. 省级税务机关

　　C. 县级人民政府　　　　　　　　　　　D. 县级税务机关

18. 下列各项中，不属于车船税征税范围的是（　　）。

　　A. 三轮汽车　　　　B. 火车　　　　C. 摩托车　　　　D. 养殖渔船

19. 下列项目中，属于车船税的扣缴义务人的有（　　）。

　　A. 办理交强险业务的保险机构

　　B. 机动车的生产厂家

　　C. 车辆船舶的所有人

D. 车辆船舶的管理人

20. 下列车船中，以自重吨位作为车船税计税标准的有（　　）。

    A. 载客汽车　　　　B. 三轮汽车　　　　C. 船舶　　　　D. 拖船

二、多项选择题

1. 下列占用（　　）等其他农用地建房或者从事非农业建设的，比照规定征收耕地占用税。

    A. 菜地　　　　　　B. 牧草地　　　　　　C. 农田水利用地

    D. 养殖水面　　　　E. 渔业水域滩涂

2. 耕地占用税的特点有（　　）。

    A. 兼具资源税和特定行为税的性质

    B. 采用地区差别税率

    C. 在占用耕地环节一次征收

    D. 税收收入专用于耕地开发和改良

    E. 征税面比较广

3. 下列关于耕地占用税的税率的陈述，正确的有（　　）。

    A. 耕地占用税单位税额最高每平方米 50 元，最低 5 元

    B. 国务院财政、税务主管部门根据人均耕地面积和经济发展情况确定各省、自治区、直辖市的平均税额

    C. 经济特区、经济技术开发区和经济发达且人均耕地特别少的地区，适用税额可以适当提高，但是提高的部分最高不得超过规定的当地适用税额的 30%

    D. 耕地占用税以每平方米为计量单位

    E. 耕地占用税在税率设计上采用了地区差别定额税率

4. 下列情形（　　）免征耕地占用税。

    A. 军事设施占用耕地

    B. 学校占用耕地

    C. 幼儿园占用耕地

    D. 养老院、医院占用耕地

    E. 农村居民占用耕地新建住宅

5. 由省、自治区、直辖市地方税务局确定减免土地使用税的有（　　）。

    A. 高校后勤实体的用地

    B. 集体和个人办的学校、医院、托儿所、幼儿园的用地

    C. 个人所有的居住房屋及院落的用地

    D. 民政部门举办的安置残疾人占一定比例的福利工厂的用地

6. 以下土地可以免征土地使用税的有（　　）。

    A. 非营利性医疗机构自用的土地

    B. 农副产品加工场地

    C. 盐场的矿井用地

    D. 港口的码头用地

7. 需要征收城镇土地使用税的地区有（　　）。

A. 城市市区　　　　B. 城市郊区　　　　C. 县城郊区　　　　D. 建制镇

8. 下列关于车船税纳税人说法正确的有（　　）。

A. 中美合资公司在华使用车船的，是车船税的纳税人

B. 日本籍人员在华使用车船的，不是车船税的纳税人

C. 外国企业在华使用车船的，不是车船税的纳税人

D. 中国公民在华使用车船的，是车船税的纳税人

E. 中国港澳台同胞在中国大陆使用车船的，是车船税的纳税人

9. 下列对车船税的特殊规定中不正确的是（　　）。

A. 对车辆自重尾数未超过 0.5 吨者，按 1 吨计算

B. 船舶净吨位尾数在 0.5 吨以下者，按 0.5 吨计算；超过 0.5 吨者，按 1 吨计算

C. 对车辆自重吨位尾数超过半吨者，按 1 吨计算

D. 船舶净吨位尾数在 0.5 吨以下者，免算；超过 0.5 吨者，按 1 吨计算

E. 1 吨以下的小型船，一律按照 1 吨计算

10. 某货物运输企业 2014 年 5 月 20 日购置两辆载货汽车，自重吨位分别是 25.2 吨、25.5 吨，未办理车船登记，也从未缴纳税款，2016 年 3 月被发现需要补缴税款，当地规定的单位税额是 60 元/吨。应补缴的 2014 年、2015 年税款分别是（　　）元。

A. 5 100　　　　B. 1 785　　　　C. 2 040　　　　D. 3 030

E. 3 060

三、计算题

1. 为修建某民用机场，经批准占用其他农用地 2 000 亩，其中飞机场跑道、停机坪占地 1 500 亩、机场工作区占地 300 亩、生活区占地 200 亩。当地耕地占用税适用税额标准为 22 元/平方米。共应征收耕地占用税多少元？

2. 南阳市区某化工企业经批准进行整体搬迁，因建新厂占用该区某村耕地 200 亩（其中 10 亩属于基本农田）。该企业收到土地管理部门办理占用农用地的手续通知的时间为 2016 年 1 月 11 日，实际办理申报缴税的时间为 2016 年 4 月 15 日。应征收多少元耕地占用税？应加收多少元滞纳金？

3. 南阳市区某企业因建新厂，经批准在龙升工业园区占用耕地 61.2 亩。经实际测量，实际占用耕地 65.4 亩。应征收该企业耕地占用税多少元？

4. A 公司为位于某区的一个国有企业，与土地使用税相关的资料如下：A 公司提供的政府部门核发的土地使用证书显示，A 公司实际占地面积为 50 000 平方米，其中，企业内学校和医院共占地 1 000 平方米，厂区以外的公用绿化用地为 5 000 平方米，厂区内生活小区的绿化用地为 500 平方米，其余土地均为 A 公司生产经营用地。2016 年 3 月 31 日，A 公司将一块 2 000 平方米的土地对外无偿出租给军队作训练基地。2016 年 4 月 30 日，A 公司将一块 900 平方米的土地无偿借给某国家机关作公务使用。A 公司在 2016 年度应缴纳的城镇土地使用税为多少？

第十五章

税收征收管理法

【本章要点】

1. 税收征收管理的基本环节与征收机关的主要职责
2. 理解纳税申报、税款征纳的方式与一般程序
3. 了解纳税服务的特点与内容

【导入案例】

　　某从事生产的个体工商户杨某，2015 年 3 月 1 日领取营业执照并办理了税务登记。但杨某一直未向税务机关申报纳税。同年 6 月 1 日，主管税务所对杨某的生产经营情况进行调查核实，认定杨某取得的应税收入未申报纳税，共计应缴纳税款 6 000 元。该所当即下达税务处理决定书和税务行政处罚决定书：补缴税款 6 000 元，加收滞纳金 500 元，按《中华人民共和国税收征收管理法》（以下简称《税收征收管理法》）第六十四条第二款规定对未申报纳税行为处以未缴税款 50%即 3 000 元的罚款。

　　请指出该税务所在执法过程中存在的违法问题，并说明原因。

第一节　《税收征收管理法》概述

一、《税收征收管理法》的立法目的

《税收征收管理法》第一条规定："为了加强税收征收管理，规范税收征收和缴纳行

为，保障国家税收收入，保护纳税人的合法权益，促进经济和社会发展，制定本法。"此条规定对《税收征收管理法》的立法目的进行了高度概括。

▶▶▶ （一）加强税收征收管理

税收征收管理是国家征税机关依据国家税收法律、行政法规的规定，按照统一的标准，通过一定的程序，对纳税人应纳税额组织入库的一种行政活动，是国家将税收政策贯彻实施到每个纳税人，有效地组织税收收入及时、足额入库的一系列活动的总称。税收征管工作的好坏直接关系到税收职能作用能否很好地发挥。理所当然，加强税收征收管理成为《税收征收管理法》立法的首要目的。

▶▶▶ （二）规范税收征收和缴纳行为

《税收征收管理法》既要为税务机关、税务人员依法行政提供标准和规范，税务机关、税务人员必须依照该法的规定进行税收征收，其一切行为都要依法进行，违者要承担法律责任；同时也要为纳税人缴纳税款提供标准和规范，纳税人只有按照法律规定的程序和办法缴纳税款，才能更好地保障自身的权益。因此，在该法中加入"规范税收征收和缴纳行为"的目的，是对依法治国、依法治税思想的深刻理解和运用，为《税收征收管理法》其他条款的修订指明了方向。

▶▶▶ （三）保障国家税收收入

税收收入是国家财政的主要来源，组织税收收入是税收的基本职能之一。《税收征收管理法》是税收征收管理的标准和规范，其根本目的是保证税收收入的及时、足额入库。

▶▶▶ （四）保护纳税人的合法权益

税收征收管理作为国家的行政行为，一方面要维护国家的利益，另一方面要保护纳税人的合法权益不受侵犯。纳税人按照国家税收法律、行政法规的规定缴纳税款之外的任何其他款项，都是对纳税人合法权益的侵害。保护纳税人的合法权益一直是《税收征收管理法》的立法目的。

▶▶▶ （五）促进经济和社会发展

税收是国家宏观调控的重要杠杆，《税收征收管理法》是市场经济的重要法律规范，这就要求税收征收管理的措施，如税务登记、纳税申报、税款征收、税收检查以及税收政策等以促进经济和社会发展为目标，方便纳税人，保护纳税人。因此，在该法中加入"促进经济和社会发展"的目的，表明了税收征收管理的历史使命和前进方向。

二、《税收征收管理法》的适用范围

《税收征收管理法》第二条规定："凡依法由税务机关征收的各种税收的征收管理，

均适用本法。"这就明确界定了《税收征收管理法》的适用范围。

我国税收的征收机关有税务、海关、财政等部门,税务机关征收各种工商税收,海关征收关税。《税收征收管理法》只适用于由税务机关征收的各种税收的征收管理。

农税征收机关负责征收的耕地占用税、契税的征收管理,由国务院另行规定;海关征收的关税及代征的增值税、消费税,适用其他法律、法规的规定。

值得注意的是,目前还有一部分费由税务机关征收,如教育费附加。这些费不适用《税收征收管理法》,不能采取《税收征收管理法》规定的措施,其具体管理办法由各种费的条例和规章决定。

三、《税收征收管理法》的遵守主体

▶▶▶ (一) 税务行政主体——税务机关

《税收征收管理法》第五条规定:"国务院税务主管部门主管全国税收征收管理工作。各地国家税务局和地方税务局应当按照国务院规定的税收征收管理范围分别进行征收管理。"《税收征收管理法》及《中华人民共和国税收征收管理法实施细则》(以下简称《税收征收管理法实施细则》)规定,税务机关是指各级税务局、税务分局、税务所和省以下税务局的稽查局。稽查局专司偷税、逃避追缴欠税、骗税、抗税案件的查处。国家税务总局应明确划分税务局和稽查局的职责,避免职责交叉。这些规定既明确了税收征收管理的行政主体(执法主体),也明确了《税收征收管理法》的遵守主体。

▶▶▶ (二) 税务行政管理相对人——纳税人、扣缴义务人和其他有关单位

《税收征收管理法》第四条规定:"法律、行政法规规定负有纳税义务的单位和个人为纳税人。法律、行政法规规定负有代扣代缴、代收代缴税款义务的单位和个人为扣缴义务人。纳税人、扣缴义务人必须依照法律、行政法规的规定缴纳税款、代扣代缴、代收代缴税款。"第六条第二款规定:"纳税人、扣缴义务人和其他有关单位应当按照国家有关规定如实向税务机关提供与纳税和代扣代缴、代收代缴税款有关的信息。"根据上述规定,纳税人、扣缴义务人和其他有关单位是税务行政管理的相对人,是《税收征收管理法》的遵守主体,必须按照《税收征收管理法》的有关规定接受税务管理,享受合法权益。

第二节 税务管理

一、税务登记管理

税务登记是税务机关对纳税人的生产、经营活动进行登记并据此对纳税人实施税务管理的一种法定制度。税务登记又称纳税登记,它是税务机关对纳税人实施税收管理的首要环节和基础工作,是征纳双方法律关系成立的依据和证明,也是纳税人必须依法履

行的义务。根据《税收征收管理法》和国家税务总局印发的《税务登记管理办法》，我国税务登记制度大体包括以下内容：

▶▶▶ （一）开业税务登记

根据有关规定，开业税务登记的纳税人分为以下两类：

（1）领取营业执照从事生产、经营的纳税人。具体包括以下四项：

①企业，即从事生产经营的单位或组织，包括国有、集体、私营企业，中外合资合作企业、外商独资企业，以及各种联营、联合、股份制企业等。

②企业在外地设立的分支机构和从事生产、经营的场所。

③个体工商户。

④从事生产、经营的事业单位。

（2）其他纳税人，具体指的是不从事生产、经营，但依照法律、法规的规定负有纳税义务的单位和个人，除临时取得应税收入或发生应税行为以及只缴纳个人所得税、车船税的以外，都应按规定向税务机关办理税务登记。

▶▶▶ （二）开业税务登记的时间和地点

从事生产、经营的纳税人，应当自领取营业执照之日起 30 日内，向生产、经营地或者纳税义务发生地的主管税务机关申报办理税务登记，如实填写税务登记表并按照税务机关的要求提供有关证件、资料。

除上述以外的其他纳税人，除国家机关和个人以外，应当自纳税义务发生之日起 30 日内，持有关证件向所在地主管税务机关申报办理税务登记。

以下几种情况应比照开业登记办理：

（1）扣缴义务人应当自扣缴义务发生之日起 30 日内，向所在地的主管税务机关申报办理扣缴税款登记，领取扣缴税款登记证件；税务机关对已办理税务登记的扣缴义务人，可以只在其税务登记证件上登记扣缴税款事项，不再发给扣缴税款登记证件。

（2）跨地区的非独立核算分支机构应当自设立之日起 30 日内，向所在地税务机关办理注册税务登记。

（3）有独立的生产经营权、在财务上独立核算并定期向发包人或者出租人上缴承包费或租金的承包承租人，应当自承包承租合同签订之日起 30 日内，向其承包承租业务发生地税务机关申报办理税务登记，税务机关核发临时税务登记证及副本。

（4）从事生产、经营的纳税人外出经营，在同一地连续 12 个月内累计超过 180 天的，应当自期满之日起 30 日内，向生产、经营所在地税务机关申报办理税务登记，税务机关核发临时税务登记证及副本。

（5）境外企业在中国境内承包建筑、安装、装配、勘探工程和提供劳务的，应当自项目合同或协议签订之日起 30 日内向项目所在地税务机关申报办理税务登记，税务机关核发临时税务登记证及副本。

▶▶▶ （三）开业税务登记内容

（1）单位名称、法定代表人或业主姓名及其居民身份证、护照或者其他证明身份的合法证件。

（2）住所、经营地点。

（3）登记注册类型及所属主管单位。

（4）核算方式。

（5）行业、经营范围、经营方式。

（6）注册资金（资本）、投资总额、开户银行及账号。

（7）经营期限、从业人数、营业执照号码。

（8）财务负责人、办税人员。

（9）其他有关事项。

（10）企业在外地的分支机构或者从事生产、经营的场所，还应当登记总机构名称、地址、法人代表、主要业务范围、财务负责人。

▶▶▶ （四）开业税务登记程序

1．税务登记的申请

办理税务登记是为了建立正常的征纳秩序，是纳税人履行纳税义务的第一步。为此，纳税人必须严格按照规定的期限，向当地主管税务机关及时申报办理税务登记手续，实事求是地填报登记项目，并如实回答税务机关提出的问题。纳税人所属的本县（市）以外的非独立经济核算的分支机构，除由总机构申报办理税务登记外，还应当自设立之日起30日内，向分支机构所在地税务机关申报办理注册税务登记。在申报办理税务登记时，纳税人应认真填写《税务登记表》。

2．纳税人办理税务登记时应提供的证件、资料

（1）营业执照或其他核准执业证件及工商登记表，或其他核准执业登记表复印件。

（2）有关机关、部门批准设立的文件。

（3）有关合同、章程、协议书。

（4）法定代表人和董事会成员名单。

（5）法定代表人（负责人）或业主居民身份证、护照或者其他证明身份的合法证件。

（6）组织机构统一代码证书。

（7）住所或经营场所证明。

（8）委托代理协议书复印件。

（9）属于享受税收优惠政策的企业还应提供的相应证明、资料，以及税务机关需要的其他资料、证件。

企业在外地的分支机构或者从事生产、经营的场所，在办理税务登记时，还应当提供由总机构所在地税务机关出具的在外地设立分支机构的证明。

3．税务登记表的种类、适用对象

（1）内资企业税务登记表，适用于核发税务登记证的国有企业、集体企业、股份合作企业、国有联营企业、集体联营企业、国有与集体联营企业、其他联营企业、国有独资公司、其他有限责任公司、股份有限公司、私营独资企业、私营合作企业、私营有限责任公司、私营股份有限公司、其他企业填用。

（2）分支机构税务登记表，主要适用于核发注册税务登记证的各种类型企业的非独

立核算分支机构填用。

（3）个体经营税务登记表，主要适用于核发税务登记证的个体工商户填用。

（4）其他单位税务登记表，主要适用于除工商行政管理机关以外，其他部门批准登记核发税务登记证的纳税人。

（5）涉外企业税务登记表，主要适用于中外合资经营企业、合作经营企业和外国企业填用。

（6）税务登记表的受理、审核。

①受理。

税务机关对申请办理税务登记的单位和个人所提供的《申请税务登记报告书》，及要求报送的各种附列资料、证件进行查验，手续完备、符合要求的，方可受理登记，并根据其经济类型发给相应的税务登记表。

②审核。

税务登记审核工作既是税务机关税务登记工作的开始，也是税务登记管理工作的关键。为此，加强税务登记申请的审核就显得十分必要。通过税务登记申请的审核，可以发现应申报办理税务登记户数，实际办理税务登记户数，进而掌握申报办理税务登记户的行业构成等税务管理信息。

③核发。

a. 对从事生产、经营并经工商行政管理部门核发营业执照的纳税人，核发税务登记证及其副本。

b. 对未取得营业执照或工商登记核发临时营业执照从事生产经营的纳税人，暂核发税务登记证及其副本，并在正副本右上角加盖"临时"章。

c. 对纳税人非独立核算的分支机构及非从事生产经营的纳税人（除临时取得应税收入或发生应税行为以及只缴纳个人所得税、车船税的以外），核发注册税务登记证及其副本。

d. 对外商投资企业、外国企业及外商投资企业分支机构，分别核发外商投资企业税务登记证及其副本、外国企业税务登记及其副本、外商投资企业分支机构税务注册证及其副本。

对既没有税收纳税义务又需领用收费（经营）票据的社会团体等，可以只登记不发证。

▶▶▶ （五）变更、注销税务登记

1. 变更税务登记

变更税务登记是纳税人税务登记内容发生重要变化时向税务机关申报办理的税务登记手续。

（1）变更税务登记的范围。纳税人办理税务登记后，如发生下列情形之一，应当办理变更税务登记：发生改变名称、改变法定代表人、改变经济性质或经济类型、改变住所和经营地点（不涉及主管税务机关变动的）、改变生产经营或经营方式、增减注册资金（资本）、改变隶属关系、改变生产经营期限、改变或增减银行账号、改变生产经营权属以及改变其他税务登记内容的。

（2）变更税务登记的时间要求。纳税人税务登记内容发生变化的，应当自工商行政管理机关或者其他机关办理变更登记之日起 30 日内，持有关证件向原税务登记机关申报办理变更税务登记。

纳税人税务登记内容发生变化，不需要到工商行政管理机关或者其他机关办理变更登记的，应当自发生变化之日起 30 日内，持有关证件向原税务登记机关申报办理变更税务登记。

（3）变更税务登记的程序、方法。

①申请。纳税人申请办理变更税务登记时，应向主管税务机关领取《税务登记变更表》，如实填写变更登记事项、变更登记前后的具体内容。

②提供相关证件、资料。《税务登记变更表》的内容主要包括纳税人名称、变更项目、变更前内容、变更后内容和上缴的证件情况。

③受理。税务机关对纳税人填报的表格及提交的附列资料、证件要进行认真审阅，在符合要求及资料证件提交齐全的情况下，予以受理。

④审核。主管税务机关对纳税人报送的已填登完毕的变更表及相关资料，进行分类审核。

⑤发证。对需变更税务登记证内容的，主管税务机关应收回原《税务登记证》（正、副本），按变更后的内容，重新制发《税务登记证》（正、副本）。

2. 注销税务登记

注销税务登记是指纳税人税务登记内容发生了根本性变化，需终止履行纳税义务时向税务机关申报办理的税务登记手续。

（1）适用范围。纳税人因经营期限届满而自动解散；企业由于改组、分立、合并等原因而被撤销；企业资不抵债而破产；纳税人住所、经营地址迁移而涉及改变原主管税务机关；纳税人被工商行政管理部门吊销营业执照；以及纳税人依法终止履行纳税义务的其他情形。

（2）时间要求。纳税人发生解散、破产、撤销以及其他情形，依法终止纳税义务的，应当在向工商行政管理机关办理注销登记前，持有关证件向原税务登记管理机关申报办理注销税务登记；按照规定不需要在工商管理机关办理注销登记的，应当自有关机关批准或者宣告终止之日起 15 日内，持有关证件向原税务登记管理机关申报办理注销税务登记。

纳税人因住所、生产、经营场所变动而涉及改变主管税务登记机关的，应当在向工商行政管理机关申请办理变更或注销登记前，或者住所、生产、经营场所变动前，向原税务登记机关申报办理注销税务登记，并在 30 日内向迁入地主管税务登记机关申报办理税务登记。

纳税人被工商行政管理机关吊销营业执照的，应当自营业执照被吊销之日起 15 日内，向原税务登记机关申报办理注销税务登记。

（3）注销税务登记的程序、方法。纳税人办理注销税务登记时，应向原税务登记机关领取《注销税务登记申请审批表》，如实填写注销登记事项内容及原因。

①提供有关证件、资料。纳税人如实填写《注销税务登记申请审批表》，连同下列资料、证件报税务机关：

a. 注销税务登记申请书。

b. 主管部门批文或董事会、职代会的决议及其他有关证明文件。

c. 营业执照被吊销的应提交工商机关发放的注销决定。

d. 主管税务机关原发放的税务登记证件（《税务登记证》正、副本及登记表等）。

e. 其他有关资料。

②注销税务登记申请审批表的内容。由纳税人填写的项目主要包括纳税人名称（含分支机构名称）、注销原因、批准机关名称、批准文号及日期。由税务机关填写的项目主要包括纳税人实际经营期限、纳税人已享受税收优惠、发票缴销情况、税款清缴情况、税务登记证件收回情况。

（4）受理。税务机关受理纳税人填写完毕的表格，审阅其填报内容是否符合要求，所附资料是否齐全后，督促纳税人做好下列事宜：

①纳税人持《注销税务登记申请审批表》、未经税务机关查验的发票和《发票领购簿》到发票管理环节申请办理发票缴销；发票管理环节按规定清票后，在《注销税务登记申请审批表》上签署发票缴销情况，同时将审批表返还给纳税人。

②纳税人向征收环节清缴税款；征收环节在纳税人缴纳税款后，在《注销税务登记申请审批表》上签署意见，同时将审批表返还纳税人。

（5）核实。纳税人持由上述两个环节签署意见后的审批表交登记管理环节；登记管理环节审核确认后，制发《税务文书领取通知书》给纳税人，同时填制《税务文书传递单》，并附《注销税务登记申请审批表》送稽查环节。

若稽查环节确定需对申请注销的纳税人进行实地稽查，应在《税务文书传递单》上注明批复期限内稽查完毕，在《注销税务登记申请审批表》上签署税款清算情况，及时将《税务文书传递单》和《注销税务登记申请审批表》返还给税务登记环节，登记部门在纳税人结清税款（包括滞纳金、罚款）后据以办理注销税务登记手续。

纳税人因生产、经营场所发生变化需改变主管税务登记机关的，在办理注销税务登记时，原税务登记机关在对其注销税务登记的同时，应向迁入地税务登记机关递交《纳税人迁移通知书》，并附《纳税人档案资料移交清单》，由迁入地税务登记机关重新办理税务登记。如遇纳税人已经或正在享受税收优惠待遇，迁出地税务登记机关应当在《纳税人迁移通知书》上注明。

▶▶▶ （六）停业、复业登记

实行定期定额征收方式的纳税人，在营业执照核准的经营期限内需要停业的，应当向税务机关提出停业登记，说明停业的理由、时间，停业前的纳税情况和发票的领、用、存情况，并如实填写申请停业登记表。税务机关经过审核（必要时可实地审查），应当责成申请停业的纳税人结清税款并收回税务登记证件、发票领购簿和发票，办理停业登记。纳税人停业期间发生纳税义务，应当及时向主管税务机关申报，依法补缴应纳税款。

纳税人应当于恢复生产、经营之前，向税务机关提出复业登记申请，经确认后，办理复业登记，领回或启用税务登记证件、发票领购簿和领购的发票，纳入正常管理。

纳税人停业期满不能及时恢复生产、经营的，应当在停业期满前向税务机关提出延长停业登记。纳税人停业期满不申请延长停业的，税务机关应当视为已恢复营业，实施正常的税收征收管理。

▶▶▶ ⌐（七）税务登记证的作用和管理⌐

除按照规定不需要发给税务登记证件的以外，纳税人办理下列事项时，必须持税务登记证件：

（1）开立银行账户。

（2）申请减税、免税、退税。

（3）申请办理延期申报、延期缴纳税款。

（4）领购发票。

（5）申请开具外出经营活动税收管理证明。

（6）办理停业、歇业。

（7）其他有关税务事项。

（8）税务登记证管理。

税务机关对税务登记证件实行定期验证和换证制度。纳税人应当在规定的期限内持有关证件到主管税务机关办理验证或者换证手续。

纳税人应当将税务登记证件正本在其生产、经营场所或者办公场所公开悬挂，接受税务机关检查。

纳税人遗失税务登记证件的，应当在 15 日内书面报告主管税务机关，并登报声明作废。同时，凭报刊上刊登的遗失声明向主管税务机关申请补办税务登记证件。

▶▶▶ ⌐（八）非正常户处理⌐

已办理税务登记的纳税人未按照规定的期限申报纳税，在税务机关责令其限期改正后，逾期不改正的，税务机关应当派人实地检查，查无下落并且无法强制其履行纳税义务的，由检查人员制作非正常户认定书，存入纳税人档案，税务机关暂停其税务登记证件、发票领购簿和发票的使用。

纳税人被列入非正常户超过 3 个月的，税务机关可以宣布其税务登记证件失效，其应纳税款的追征仍按《税收征收管理法实施细则》的规定执行。

二、账簿、凭证管理

账簿是纳税人、扣缴义务人连续地记录其各种经济业务的账册或簿籍。凭证是纳税人用来记录经济业务，明确经济责任，并据以登记账簿的书面证明。账簿、凭证管理是继税务登记之后税收征管的又一重要环节，在税收征管中占有十分重要的地位。

▶▶▶ ⌐（一）对账簿、凭证设置的管理⌐

（1）设置账簿的范围。根据《税收征收管理法》第十九条和《税收征收管理法实施细则》第二十二条的有关规定，所有的纳税人和扣缴义务人都必须按照有关法律、行政法规和国务院财政、税务主管部门的规定设置账簿。

账簿是指总账、明细账、日记账以及其他辅助性账簿。总账、日记账应当采用订本式。

从事生产、经营的纳税人应当自领取营业执照或者发生纳税义务之日起 15 日内设置账簿。

扣缴义务人应当自税收法律、行政法规规定的扣缴义务发生之日起 10 日内，按照所代扣、代收的税种，分别设置代扣代缴、代收代缴税款账簿。

生产、经营规模小又确无建账能力的纳税人，可以聘请经批准从事会计代理记账业务的专业机构或者经税务机关认可的财会人员代为建账和办理账务；聘请上述机构或者人员有实际困难的，经县以上税务机关批准，可以按照税务机关的规定，建立收支凭证粘贴簿、进货销货登记簿或者使用税控装置。

（2）对会计核算的要求。根据《税收征收管理法》第十九条的有关规定，所有纳税人和扣缴义务人都必须根据合法、有效的凭证进行账务处理。

纳税人建立的会计电算化系统应当符合国家有关规定，并能正确、完整核算其收入或者所得。

纳税人使用计算机记账的，应当在使用前将会计电算化系统的会计核算软件、使用说明书及有关资料报送主管税务机关备案。

纳税人、扣缴义务人会计制度健全，能够通过计算机正确、完整计算其收入和所得或者代扣代缴、代收代缴税款情况的，其计算机输出的完整的书面会计记录可视同会计账簿。

纳税人、扣缴义务人会计制度不健全，不能通过计算机正确、完整计算其收入和所得或者代扣代缴、代收代缴税款情况的，应当建立总账及与纳税或者代扣代缴、代收代缴税款有关的其他账簿。

（3）账簿、会计凭证和报表应当使用中文。民族自治地方可以同时使用当地通用的一种民族文字。外商投资企业和外国企业可以同时使用一种外国文字。如外商投资企业、外国企业的会计记录不使用中文的，应按照《税收征收管理法》第六十条第二款未按照规定设置、保管账簿或者保管记账凭证和有关资料的规定处理。

▶▶▶ （二）对财务会计制度的管理

（1）备案制度。根据《税收征收管理法》第二十条和《税收征收管理法实施细则》第二十四条的有关规定，凡从事生产、经营的纳税人必须将所采用的财务、会计制度和具体的财务、会计处理办法，按税务机关的规定，自领取税务登记证件之日起 15 日内，及时报送主管税务机关备案。

（2）财会制度、办法与税收规定相抵触的处理办法。根据《税收征收管理法》第二十条的有关规定，当从事生产、经营的纳税人、扣缴义务人所使用的财务会计制度和具体的财务、会计处理办法与国务院、财政部和国家税务总局有关税收方面的规定相抵触时，纳税人、扣缴义务人必须按照国务院制定的税收法规的规定或者财政部、国家税务总局制定的有关税收的规定计缴税款。

（3）关于账簿、凭证的保管。根据《税收征收管理法》第二十四条的有关规定，从事生产经营的纳税人、扣缴义务人必须按照国务院财政、税务主管部门规定的保管期限保管账簿、记账凭证、完税凭证及其他有关资料。账簿、记账凭证、完税凭证及其他有关资料不得伪造、变造或者擅自损毁。

除另有规定者外，根据《税收征收管理法实施细则》第二十九条，账簿、记账凭证、报表、完税凭证、发票、出口凭证以及其他有关涉税资料应当保存 10 年。

▶▶▶ （三）发票管理

根据《税收征收管理法》第二十一条第一款的规定："税务机关是发票的主管机关，负责发票的印制、领购、开具、取得、保管、缴销的管理和监督。"

1. 发票印制管理

根据《税收征收管理法》第二十二条规定："增值税专用发票由国务院税务主管部门指定的企业印制；其他发票，按照国务院税务主管部门的规定，分别由省、自治区、直辖市国家税务局、地方税务局指定企业印制。未经前款规定的税务机关指定，不得印制发票。"

2. 发票领购管理

依法办理税务登记的单位和个人，在领取税务登记证后，向主管税务机关申请领购发票。对无固定经营场地或者财务制度不健全的纳税人申请领购发票，主管税务机关有权要求其提供担保人，不能提供担保人的，可以视其情况，要求其缴纳保证金，并限期缴销发票。对发票保证金应设专户储存，不得挪作他用。纳税人可以根据自己的需要申请领购普通发票。增值税专用发票只限于增值税一般纳税人领购使用。

3. 发票开具、使用、取得的管理

根据《税收征收管理法》第二十一条第二款的规定："单位、个人在购销商品、提供或者接受经营服务以及从事其他经营活动中，应当按照规定开具、使用、取得发票。"普通发票开具、使用、取得的管理，应注意以下几点（增值税专用发票开具、使用、取得的管理，按增值税有关规定办理）：

（1）销货方按规定填开发票。

（2）购买方按规定索取发票。

（3）纳税人进行电子商务必须开具或取得发票。

（4）发票要全联一次填写。

（5）发票不得跨省、直辖市、自治区使用。发票限于领购单位和个人在本省、自治区、直辖市内开具。发票领购单位未经批准不得跨规定使用区域携带、邮寄、运输空白发票，禁止携带、邮寄或者运输空白发票出入境。

（6）开具发票要加盖财务印章或发票专用章。

（7）开具发票后，如发生销货退回需开红字发票的，必须收回原发票并注明"作废"字样或取得对方有效证明；发生销售折让的，在收回原发票并证明"作废"后，重新开具发票。

4. 发票保管管理

根据发票管理的要求，发票保管分为税务机关保管和用票单位、个人保管两个层次，都必须建立严格的发票保管制度，包括专人保管制度、专库保管制度、专账登记制度、保管交接制度和定期盘点制度。

5.发票缴销管理

发票缴销包括发票收缴和发票销毁。发票收缴是指用票单位和个人按照规定向税务机关上缴已经使用或者未使用的发票；发票销毁是指由税务机关统一将自己或者他人已使用或者未使用的发票进行销毁。发票收缴与发票销毁既有联系又有区别，发票销毁首先必须收缴，但收缴的发票不一定都要销毁，一般都要按照法律法规保存一定时期后才能销毁。

第三节 纳税申报和税款征收

纳税申报是纳税人按照税法规定的期限和内容，向税务机关提交有关纳税事项书面报告的法律行为，是纳税人履行纳税义务、界定纳税人法律责任的主要依据，是税务机关税收管理信息的主要来源和税务管理的重要制度。

一、纳税申报的对象

根据《税收征收管理法》第二十五条的规定，纳税申报的对象为纳税人和扣缴义务人。纳税人在纳税期内没有应纳税款的，也应当按照规定办理纳税申报。纳税人享受减税、免税待遇的，在减税、免税期间应当按照规定办理纳税申报。

二、纳税申报的内容

纳税申报的内容主要在各税种的纳税申报表和代扣代缴、代收代缴税款报告表中体现，还可以在随纳税申报表附报的财务报表和有关纳税资料中体现。纳税人和扣缴义务人的纳税申报和代扣代缴、代收代缴税款报告的主要内容包括：税种、税目，应纳税项目或者应代扣代缴、代收代缴税款项目，计税依据，扣除项目及标准，适用税率或者单位税额，应退税项目及税额、应减免税项目及税额，应纳税额或者应代扣代缴、代收代缴税额，以及税款所属期限、延期缴纳税款、欠税、滞纳金等。

三、纳税申报的期限

《税收征收管理法》规定纳税人和扣缴义务人都必须按照法定的期限办理纳税申报。申报期限有两种：一种是法律、行政法规明确规定的；另一种是税务机关按照法律、行政法规的原则规定，结合纳税人生产经营的实际情况及其所应缴纳的税种等相关问题予以确定的。

四、纳税申报的要求

纳税人办理纳税申报时，应当如实填写纳税申报表，并根据不同的情况相应报送下列有关证件、资料：

（1）财务会计报表及其说明材料。

（2）与纳税有关的合同、协议书及凭证。

（3）税控装置的电子报税资料。

（4）外出经营活动税收管理证明和异地完税凭证。

（5）境内或者境外公证机构出具的有关证明文件。

（6）税务机关规定应当报送的其他有关证件、资料。

扣缴义务人办理代扣代缴、代收代缴税款报告时，应当如实填写代扣代缴、代收代缴税款报告表，并报送代扣代缴、代收代缴税款的合法凭证以及税务机关规定的其他有关证件、资料。

五、纳税申报的方式

《税收征收管理法》第二十六条规定："纳税人、扣缴义务人可以直接到税务机关办理纳税申报或者报送代扣代缴、代收代缴税款报告表，也可以按照规定采取邮寄、数据电文或者其他方式办理上述申报、报送事项。"目前，纳税申报的形式主要有以下三种：

（1）直接申报。直接申报是指纳税人自行到税务机关办理纳税申报，这是一种传统的申报方式。

（2）邮寄申报。邮寄申报是指经税务机关批准的纳税人使用统一规定的纳税申报特快专递专用信封，通过邮政部门办理交寄手续，并向邮政部门索取收据作为申报凭据的方式。纳税人采取邮寄方式办理纳税申报的，应当使用统一的纳税申报专用信封，并以邮政部门收据作为申报凭据。邮寄申报以寄出的邮戳日期为实际申报日期。

（3）数据电文。数据电文是指经税务机关确定的电话语音、电子数据交换和网络传输等电子方式。例如，目前纳税人的网上申报，就是数据电文申报方式的一种形式。

纳税人采取电子方式办理纳税申报的，应当按照税务机关规定的期限和要求保存有关资料，并定期书面报送主管税务机关。纳税人、扣缴义务人采取数据电文方式办理纳税申报的，其申报日期以税务机关计算机网络系统收到该数据电文的时间为准。

除上述方式外，实行定期定额缴纳税款的纳税人，可以实行简易申报、简并征期等申报纳税方式。简易申报是指实行定期定额缴纳税款的纳税人在法律、行政法规规定的期限内或税务机关依据法规的规定确定的期限内缴纳税款的，税务机关可以视同申报；简并征期是指实行定期定额缴纳税款的纳税人，经税务机关批准，可以采取将纳税期限合并为按季、半年、年的方式缴纳税款。

六、税款征收

税款征收是税收征收管理工作的中心环节，是全部税收征管工作的目的和归宿，在整个税收工作中占据着极其重要的地位。

>>> (一) 税款征收原则

(1) 税务机关是征税的唯一行政主体。根据《税收征收管理法》第二十九条的规定："除税务机关、税务人员以及经税务机关依照法律、行政法规委托的单位和个人外，任何单位和个人不得进行税款征收活动。"第四十一条同时规定："采取税收保全措施、强制执行措施的权力，不得由法定的税务机关以外的单位和个人行使。"

(2) 税务机关只能依照法律、行政法规的规定征收税款。根据《税收征收管理法》第二十八条的规定，税务机关只能依照法律、行政法规的规定征收税款。未经法定机关和法定程序调整，征纳双方均不得随意变动。税务机关代表国家向纳税人征收税款，不能任意征收，只能依法征收。

(3) 税务机关不得违反法律、行政法规的规定开征、停征、多征、少征、提前征收或者延缓征收税款或者摊派税款。《税收征收管理法》第二十八条规定："税务机关依照法律、行政法规的规定征收税款，不得违反法律、行政法规的规定开征、停征、多征、少征、提前征收、延缓征收或者摊派税款。"税务机关是执行税法的专职机构，既不得在税法生效之前先行向纳税人征收税款，也不得在税法尚未失效时，停止征收税款，更不得擅立章法，新开征一种税。

在税款征收过程中，税务机关应当按照税收法律、行政法规预先规定的征收标准进行征税。不得擅自增减改变税目、调高或降低税率、加征或减免税款、提前征收或延缓征收税款以及摊派税款。

(4) 税务机关征收税款必须遵守法定权限和法定程序。税务机关执法必须遵守法定权限和法定的程序，这也是税款征收的一项基本原则。例如，采取税收保全措施或强制执行措施时；办理减税、免税、退税时；核定应纳税额时；进行纳税调整时；针对纳税人的欠税进行清理，采取各种措施时；税务机关都必须按照法律或者行政法规规定的审批权限和程序进行操作，否则就是违法。

(5) 税务机关征收税款或扣押、查封商品、货物或其他财产时，必须向纳税人开具完税凭证或开付扣押、查封的收据或清单。《税收征收管理法》第三十四条规定："税务机关征收税款时，必须给纳税人开具完税凭证。"第四十七条规定："税务机关扣押商品、货物或者其他财产时，必须开付收据；查封商品、货物或者其他财产时，必须开付清单。"这是税款征收的又一原则。

(6) 税款、滞纳金、罚款统一由税务机关上缴国库。《税收征收管理法》第五十三条规定："国家税务局和地方税务局应当按照国家规定的税收征管范围和税款入库预算级次，将征收的税款缴入国库。"这也是税款征收的一个基本原则。

(7) 税款优先。《税收征收管理法》第四十五条第一次在税收法律上确定了税款优先的地位，确定了税款征收在纳税人支付各种款项和偿还债务时的顺序。税款优先的原则不仅增强了税法的刚性，而且增强了税法在执行中的可操作性。

①税收优先于无担保债权。这里所说的税收优先于无担保债权是有条件的，也就是说并不是优先于所有的无担保债权，对于法律上另有规定的无担保债权，不能行使税收优先权。

②纳税人发生欠税在前的，税收优先于抵押权、质权和留置权的执行。这里有两个前提条件：其一，纳税人有欠税；其二，欠税发生在前。即纳税人的欠税发生在以其财产设定抵押、质押或被留置之前。纳税人在有欠税的情况下设置抵押权、质权、留置权时，纳税人应当向抵押权人、质权人说明其欠税情况。

欠缴的税款是指纳税人发生纳税义务，但未按照法律、行政法规规定的期限或者未按照税务机关依照法律、行政法规的规定确定的期限向税务机关申报缴纳的税款或者少缴的税款。纳税人应缴纳税款的期限届满之次日是纳税人欠缴税款的发生时间。

③税收优先于罚款、没收非法所得。纳税人欠缴税款，同时又被税务机关决定处以罚款、没收非法所得的，税收优先于罚款、没收非法所得。

纳税人欠缴税款，同时又被税务机关以外的其他行政部门处以罚款、没收非法所得的，税款优先于罚款、没收非法所得。

▶▶▶ （二）税款征收的方式

税款征收方式是指税务机关根据各税种的不同特点、征纳双方的具体条件而确定的计算征收税款的方法和形式。税款征收的方式主要有：

1. 查账征收

查账征收是指税务机关按照纳税人提供的账表所反映的经营情况，依照适用税率计算缴纳税款的方式。这种方式一般适用于财务会计制度较为健全，能够认真履行纳税义务的纳税单位。

2. 查定征收

查定征收是指税务机关根据纳税人的从业人员、生产设备、采用原材料等因素，对其产制的应税产品查实核定产量、销售额并据以征收税款的方式。这种方式一般适用于账册不够健全，但是能够控制原材料或进销货的纳税单位。

3. 查验征收

查验征收是指税务机关对纳税人应税商品通过查验数量，按市场一般销售单价计算其销售收入并据以征税的方式。该种方式一般适用于经营品种比较单一，经营地点、时间和商品来源不固定的纳税单位。

4. 定期定额征收

定期定额征收是指税务机关通过典型调查，逐户确定营业额和所得额并据以征税的方式。这种方式一般适用于无完整考核依据的小型纳税单位。

5. 委托代征税款

委托代征税款是指税务机关委托代征人以税务机关的名义征收税款，并将税款缴入国库的方式。这种方式一般适用于小额、零散税源的征收。

6. 邮寄纳税

邮寄纳税是一种新的纳税方式。这种方式主要适用于那些有能力按期纳税，但采用其他方式纳税又不方便的纳税人。

7. 其他方式

如利用网络申报、IC卡纳税等方式。

▶▶▶ (三) 税款征收制度

1. 代扣代缴、代收代缴税款制度

对法律、行政法规没有规定负有代扣、代收税款义务的单位和个人，税务机关不得要求其履行代扣、代收税款义务。

税法规定的扣缴义务人必须依法履行代扣、代收税款义务。如果不履行义务，就要承担法律责任。除按《税收征收管理法》及《税收征收管理法实施细则》的规定给予处罚外，应当责成扣缴义务人限期将应扣未扣、应收未收的税款补扣或补收。

扣缴义务人依法履行代扣、代收税款义务时，纳税人不得拒绝。纳税人拒绝的，扣缴义务人应当在1日之内报告主管税务机关处理。不及时向主管税务机关报告的，扣缴义务人应承担应扣未扣、应收未收税款的责任。

扣缴义务人代扣、代收税款，只限于法律、行政法规规定的范围，并依照法律、行政法规规定的征收标准执行。对法律、法规没有规定代扣、代收的，扣缴义务人不能超越范围代扣、代收税款，扣缴义务人也不得提高或降低标准代扣、代收税款。

税务机关按照规定付给扣缴义务人代扣、代收手续费。代扣、代收税款手续费只能由县（市）以上税务机关统一办理退库手续，不得在征收税款过程中坐支。

2. 延期缴纳税款制度

纳税人和扣缴义务人必须在税法规定的期限内缴纳、解缴税款。但考虑到纳税人在履行纳税义务的过程中，可能会遇到特殊困难的客观情况，为了保护纳税人的合法权益，《税收征收管理法》第三十一条第二款规定："纳税人因有特殊困难，不能按期缴纳税款的，经省、自治区、直辖市国家税务局、地方税务局批准，可以延期缴纳税款，但最长不得超过三个月。"

3. 税收滞纳金征收制度

《税收征收管理法》第三十二条规定："纳税人未按照规定期限缴纳税款的，扣缴义务人未按照规定期限解缴税款的，税务机关除责令限期缴纳外，从滞纳税款之日起，按日加收滞纳税款万分之五的滞纳金。"

加收滞纳金的具体操作应按下列程序进行：

（1）先由税务机关发出催缴税款通知书，责令限期缴纳或解缴税款，告知纳税人如不按期履行纳税义务，将依法按日加收滞纳税款万分之五的滞纳金。

（2）从滞纳之日起加收滞纳金（加收滞纳金的起止时间为法律、行政法规规定或者税务机关依照法律、行政法规的规定确定的税款缴纳期限届满次日起至纳税人、扣缴义务人实际缴纳或者解缴税款之日止）。

（3）拒绝缴纳滞纳金的，可以按不履行纳税义务实行强制执行措施，强行划拨或者强制征收。

4. 减免税收制度

根据《税收征收管理法》的有关规定，办理减税、免税应注意下列事项：

（1）减免税必须有法律、行政法规的明确规定（具体规定在税收实体法中体现）。地方各级人民政府、各级人民政府主管部门、单位和个人违反法律、行政法规规定，擅自作出的减税、免税决定无效，税务机关不得执行，并向上级税务机关报告。

（2）纳税人申请减免税，应向主管税务机关提出书面申请，并按规定附送有关资料。

（3）减免税的申请须经法律、行政法规规定的减税、免税审查批准机关审批。

（4）纳税人在享受减免税待遇期间，仍应按规定办理纳税申报。

（5）纳税人享受减税、免税的条件发生变化时，应当自发生变化之日起15日内向税务机关报告，经税务机关审核后，停止其减税、免税；对不报告的，又不再符合减税、免税条件的，税务机关有权追回已减免的税款。

（6）减税、免税期满，纳税人应当自期满次日起恢复纳税。

（7）减免税分为报批类减免税和备案类减免税。报批类减免税是指应由税务机关审批的减免税项目；备案类减免税是指取消审批手续的减免税项目和不需税务机关审批的减免税项目。

（8）纳税人享受报批类减免税，应提交相应资料，提出申请，经按本办法规定具有审批权限的税务机关（以下简称"有权税务机关"）审批确认后执行。未按规定申请或虽申请但未经有权税务机关审批确认的，纳税人不得享受减免税。

（9）纳税人享受备案类减免税，应提请备案，经税务机关登记备案后，自登记备案之日起执行。纳税人未按规定备案的，一律不得减免税。

（10）纳税人同时从事减免项目与非减免项目的，应分别核算，独立计算减免项目的计税依据以及减免税额度。不能分别核算的，不能享受减免税；核算不清的，由税务机关按合理方法核定。

（11）纳税人依法可以享受减免税待遇，但未享受而多缴税款的，凡属于无明确规定需经税务机关审批或没有规定申请期限的，纳税人可以在《税收征收管理法》第五十一条规定的期限内申请减免税，要求退还多缴的税款，但不加算银行同期存款利息。

减免税审批机关由税收法律、法规、规章设定。凡规定应由国家税务总局审批的，经由各省、自治区、直辖市和计划单列市税务机关上报国家税务总局；凡规定应由省级税务机关及省级以下税务机关审批的，由各省级税务机关审批或确定审批权限，原则上由纳税人所在地的县（区）税务机关审批；对减免税金额较大或减免税条件复杂的项目，各省、自治区、直辖市和计划单列市税务机关可根据效能与便民、监督与责任的原则适当划分审批权限。

▶▶▶ （四）税额核定和税收调整制度

（1）税额核定制度。根据《税收征收管理法》第三十五条的规定，纳税人（包括单位纳税人和个人纳税人）有下列情形之一的，税务机关有权核定其应纳税额：

①依照法律、行政法规的规定可以不设置账簿的；

②依照法律、行政法规的规定应当设置但未设置的；

③擅自销毁账簿或者拒不提供纳税资料的；

④虽设置账簿，但账目混乱或者成本资料、收入凭证、费用凭证残缺不全，难以查账的；

⑤发生纳税义务，未按照规定的期限办理纳税申报，经税务机关责令限期申报，逾期仍不申报的；

⑥纳税人申报的计税依据明显偏低，又无正当理由的。

税务机关核定应纳税额的方法主要有以下四种：

①参照当地同类行业或者类似行业中经营规模和收入水平相近的纳税人的税负水平核定；

②按照营业收入或者成本加合理的费用和利润的方法核定；

③按照耗用的原材料、燃料、动力等推算或者测算核定；

④按照其他合理方法核定。

采用以上一种方法不足以正确核定应纳税额时，可以同时采用两种以上的方法核定。

纳税人对税务机关采取规定的方法核定的应纳税额有异议的，应当提供相关证据，经税务机关认定后，调整应纳税额。

（2）税收调整制度。这里所说的税收调整制度主要指的是关联企业的税收调整制度。《税收征收管理法》第三十六条规定："企业或者外国企业在中国境内设立的从事生产、经营的机构、场所与其关联企业之间的业务往来，应当按照独立企业之间的业务往来收取或者支付价款、费用；不按照独立企业之间的业务往来收取或者支付价款、费用，而减少其应纳税的收入或者所得额的，税务机关有权进行合理调整。"

关联企业是指有下列关系之一的公司、企业和其他经济组织：在资金、经营、购销等方面，存在直接或者间接的拥有或者控制关系；直接或间接地同为第三者所拥有或者控制；在利益上具有相关联的其他关系。

纳税人与其关联企业之间的业务往来有下列情形之一的，税务机关可以调整其应纳税额：

①购销业务未按照独立企业之间的业务往来作价；

②融通资金所支付或者收取的利息超过或者低于没有关联关系的企业之间所能同意的数额，或者利率超过或者低于同类业务的正常利率；

③提供劳务，未按照独立企业之间业务往来收取或者支付劳务费用；

④转让财产、提供财产使用权等业务往来，未按照独立企业之间业务往来作价或者收取、支付费用；

⑤未按照独立企业之间业务往来作价的其他情形。

（3）调整期限。纳税人与其关联企业未按照独立企业之间的业务往来支付价款、费用的，税务机关自该业务往来发生的纳税年度起3年内进行调整；有特殊情况的，可以自该业务往来发生的纳税年度起10年内进行调整。

上述所称"特殊情况"是指纳税人有下列情形之一：

①纳税人在以前年度与其关联企业间的业务往来累计达到或超过10万元人民币的；

②经税务机关审计分析，纳税人在以前年度与其关联企业的业务往来，预计需调增其应纳税收入或所得额达50万元人民币的；

③纳税人在以前年度与设在避税地的关联企业有业务往来的；

④纳税人在以前年度未按规定进行关联企业间业务往来的年度申报，或申报内容不实，或不提供有关价格、费用标准的。

（4）未办理税务登记的从事生产、经营的纳税人，以及临时从事经营纳税人的税款征收制度，《税收征收管理法》第三十七条规定："对未按照规定办理税务登记的从事生产、经营的纳税人以及临时从事生产、经营的纳税人，由税务机关核定其应纳税额，责令缴纳；不缴纳的，税务机关可以扣押其价值相当于应纳税款的商品、货物。扣押后缴纳应纳税款的，税务机关必须立即解除扣押，并归还所扣押的商品、货物；扣押后仍不缴纳应纳税款的，经县以上税务局（分局）局长批准，依法拍卖或者变卖所扣押的商品、货物，以拍卖或者变卖所得抵缴税款。"

根据上述规定，应特别注意其适用对象及执行程序两个方面：

适用对象：未办理税务登记的从事生产、经营的纳税人及临时从事经营的纳税人。

执行程序：

①核定应纳税额。税务机关要按一定的标准，尽可能合理地确定其应纳税额。

②责令缴纳。税务机关核定应纳税额后，应责令纳税人按核定的税款缴纳税款。

③扣押商品、货物。对经税务机关责令缴纳而不缴纳税款的纳税人，税务机关可以扣押其价值相当于应纳税款的商品、货物。纳税人应当自扣押之日起15日内缴纳税款。

④对扣押的鲜活、易腐烂变质或者易失效的商品、货物，税务机关根据被扣押物品的保质期，可以缩短前款规定的扣押期限。

⑤解除扣押或者拍卖、变卖所扣押的商品、货物。扣押后缴纳应纳税款的，税务机关必须立即解除扣押，并归还所扣押的商品、货物。

⑥抵缴税款。税务机关拍卖或者变卖所扣押的商品、货物后，以拍卖或者变卖所得抵缴税款。

第四节　税收保全与税收强制执行

一、税收保全措施

税收保全措施是指税务机关对可能由于纳税人的行为或者某种客观原因，致使以后税款的征收不能保证或难以保证的案件，采取限制纳税人处理或转移商品、货物或其他财产的措施。

《税收征收管理法》第三十八条规定：税务机关有根据认为从事生产、经营的纳税人有逃避纳税义务行为的，可以在规定的纳税期之前，责令限期缴纳应纳税款；在限期内发现纳税人有明显的转移、隐匿其应纳税的商品、货物以及其他财产或者应纳税的收入的迹象的，税务机关可以责成纳税人提供纳税担保。如果纳税人不能提供纳税担保，经县以上税务局（分局）局长批准，税务机关可以采取下列税收保全措施：

（1）书面通知纳税人开户银行或者其他金融机构冻结纳税人的金额相当于应纳税款的存款。

（2）扣押、查封纳税人的价值相当于应纳税款的商品、货物或者其他财产。其他财产包括纳税人的房地产、现金、有价证券等不动产和动产。

纳税人在前款规定的限期内缴纳税款的，税务机关必须立即解除税收保全措施；限期期满仍未缴纳税款的，经县以上税务局（分局）局长批准，税务机关可以书面通知纳税人开户银行或者其他金融机构从其冻结的存款中扣缴税款，或者依法拍卖或者变卖所扣押、查封的商品、货物或者其他财产，以拍卖或者变卖所得抵缴税款。

采取税收保全措施不当，或者纳税人在期限内已缴纳税款，税务机关未立即解除税收保全措施，使纳税人的合法利益遭受损失的，税务机关应当承担赔偿责任。

个人及其所抚养家属维持生活必需的住房和用品，不在税收保全措施的范围之内。个人所抚养家属是指与纳税人共同居住生活的配偶、直系亲属以及无生活来源并由纳税人扶养的其他亲属。生活必需的住房和用品不包括机动车辆、金银饰品、古玩字画、豪华住宅或者一处以外的住房。税务机关对单价 5 000 元以下的其他生活用品，不采取税收保全措施和强制执行措施。

根据上述规定，采取税收保全措施应注意保全措施的两个条件。税务机关采取税收保全措施的前提是从事生产、经营的纳税人有逃避纳税义务的行为。也就是说，税务机关采取的税收保全措施是对逃税的纳税人采取的。采取时，应当符合下列两个条件：

（1）纳税人有逃避纳税义务的行为。没有逃避纳税义务行为的，不能采取税收保全措施。逃避纳税义务行为的最终目的是不缴或少缴税款，其采取的方法主要是转移、隐匿可以用来缴纳税款的资金或实物。

（2）必须是在规定的纳税期之前和责令限期缴纳应纳税款的限期内。如果纳税期和责令缴纳应纳税款的限期届满，纳税人又没有缴纳应纳税款的，税务机关可以按规定采取强制执行措施，就无所谓税收保全了。

二、采取税收保全措施的法定程序

责令纳税人提前缴纳税款。税务机关有根据认为从事生产、经营的纳税人有逃避纳税义务行为的，可以在规定的纳税期之前，责令限期缴纳应纳税款。税务机关对有逃税行为的纳税人在规定的纳税期之前，责令限期缴纳税款时，主管税务机关应下达给有逃税行为的纳税人执行。同时主管税务机关填制由纳税人签章的《税务文书送达回证》。

执行时应注意的问题：

（1）"有根据认为"是指税务机关依据一定线索作出的符合逻辑的判断，根据不等于证据。证据是能够表明真相的事实和材料，证据须依法定程序收集和取得。税收保全措施是针对纳税人即将转移、隐匿应税的商品、货物或其他财产的紧急情况下采取的一种紧急处理措施。不可能等到事实全部查清，取得充分的证据以后再采取行动，否则，纳税人早已将其收入和财产转移或隐匿完毕，到时再想采取税收保全措施就晚了。当然，这并不是说税务机关采取税收保全措施想什么时候采取就什么时候采取。

（2）可以采取税收保全措施的纳税人仅限于从事生产、经营的纳税人，不包括非从事生产、经营的纳税人，也不包括扣缴义务人和纳税担保人。

（3）责成纳税人提供纳税担保。在限期内，纳税人有明显转移、隐匿应纳税的商品、货物以及其他财产或者应纳税的收入的迹象的，税务机关可以责成纳税人提供纳税担保。

（4）纳税担保的具体内容。纳税担保是纳税人为按时足额履行纳税义务而向税务机关作出的保证。纳税担保人是指在中国境内具有纳税担保能力的公民、法人或其他经济组织。国家机关不得作为纳税担保人。

（5）纳税担保的提供。纳税担保人同意为纳税人提供纳税担保的，填写纳税担保书，写明担保对象、担保范围、担保期限和担保责任以及其他有关事项。担保书须经纳税人、纳税担保人和税务机关签字盖章后方为有效。纳税人以其所拥有的未设置抵押权的财产作为纳税担保的，应当填写作为纳税担保的财产清单，并写明担保财产的价值以及其他有关事项。纳税担保清单须经纳税人和税务机关签字盖章后方为有效。

（6）冻结纳税人的存款。纳税人不能提供纳税担保的，经县以上税务局（分局）局长批准，书面通知纳税人开户银行或者其他金融机构冻结纳税人的金额相当于应纳税款的存款。

税务机关在采取此项措施时，应当注意的问题：

①应经县以上税务局（分局）局长批准。

②冻结的存款数额要以相当于纳税人应纳税款的数额为限，而不是全部存款。

③注意解除保全措施的时间，如果纳税人在税务机关采取税收保全措施后按照税务机关规定的期限缴纳了税款，税务当自收到税款或银行转回的完税凭证之日起1日内解除税收保全。

（7）查封、扣押纳税人的商品、货物或其他财产。纳税人在开户银行或其他金融机构中没有存款，或者税务机关无法掌握其存款情况的，税务机关可以扣押、查封纳税人的价值相当于应纳税款的商品、货物或其他财产。

查封、扣押应注意以下几个问题：

①税务机关执行扣押、查封商品、货物或者其他财产时，必须由两名以上税务人员执行，并通知被执行人。被执行人是公民的，应当通知被执行人本人或成年家属到场；被执行人是法人或者其他组织的，应当通知其法定代表人或者主要负责人到场；拒不到场的，不影响执行。

②税务机关按照前款方法确定应扣押、查封的商品、货物或者其他财产的价值时，还应当包括滞纳金和扣押、查封、保管、拍卖、变卖所发生的费用。

③扣押、查封价值相当于应纳税款的商品、货物或者其他财产时，参照同类商品的市场价、出厂价或者评估价估算。

④税务机关扣押商品、货物或者其他财产时，必须开付收据；查封商品、货物或者其他财产时，必须开付清单。

⑤税务人员私分所扣押、查封的商品、货物或者其他财产的，必须责令退回并给予行政处分；情节严重、构成犯罪的，移送司法机关依法追究刑事责任。

三、税收保全措施的终止

税收保全措施的终止有两种情况：一是纳税人在规定的期限内缴纳了应纳税款的，税务机关必须立即解除税收保全措施；二是纳税人超过规定的期限仍不缴纳税款的，经税务局（分局）局长批准，终止保全措施，转入强制执行措施，即书面通知纳税人开户银行或者其他金融机构从其冻结的存款中扣缴税款，或者拍卖、变卖所扣押、查封的商品、货物或其他财产，以拍卖或者变卖所得抵缴税款。

四、税收强制执行措施

税收强制执行措施是指当事人不履行法律、行政法规规定的义务，有关国家机关采用法定的强制手段，强迫当事人履行义务的行为。

《税收征收管理法》第四十条规定：从事生产、经营的纳税人、扣缴义务人未按照规定的期限缴纳或者解缴税款，纳税担保人未按照规定的期限缴纳所担保的税款，由税务机关责令限期缴纳，逾期仍未缴纳的，经县以上税务局（分局）局长批准，税务机关可以采取下列强制执行措施：

（1）书面通知其开户银行或者其他金融机构从其存款中扣缴税款；

（2）扣押、查封、依法拍卖或者变卖其价值相当于应纳税款的商品、货物或者其他财产，以拍卖或者变卖所得抵缴税款。

税务机关采取强制执行措施时，对上款所列纳税人、扣缴义务人、纳税担保人未缴纳的滞纳金同时强制执行。

个人及其所扶养家属维持生活必需的住房和用品，不在强制执行措施的范围之内。

根据上述规定，采取税收强制执行措施应注意以下五个方面：

（1）税收强制执行的适用范围。强制执行措施的适用范围仅限于未按照规定的期限缴纳或者解缴税款，经责令限期缴纳，逾期仍未缴纳的从事生产、经营的纳税人。需要强调的是，采取强制执行措施适用于扣缴义务人、纳税担保人，采取税收保全措施时则不适用。

（2）税收强制执行应坚持的原则。税务机关采取税收强制执行措施时，必须坚持告诫在先的原则，即纳税人、扣缴义务人、纳税担保人未按照规定的期限缴纳或者解缴税款的，应当先行告诫，责令限期缴纳。逾期仍未缴纳的，再采取税收强制执行措施。如果没有责令限期缴纳就采取强制执行措施，也就违背了告诫在先的原则，所采取的措施和程序是违法的。

（3）采取税收强制执行措施的程序。纳税人、扣缴义务人、纳税担保人在规定的期限内未缴纳或者解缴税款或者提供担保的，经主管税务机关责令限期缴纳，逾期仍未缴纳的，经县以上税务局（分局）局长批准，书面通知其开户银行或者其他金融机构，从其存款中扣缴税款。

在扣缴税款的同时，主管税务机关应按照《税收征收管理法》第六十八条的规定，可以处以不缴或者少缴税款50%以上5倍以下的罚款。

扣押、查封、拍卖或者变卖，以拍卖或者变卖所得抵缴税款。按照《税收征收管理法》第四十条的规定，扣押、查封、拍卖或者变卖等行为具有连续性，即扣押、查封后，再给纳税人自动履行纳税义务的期间，税务机关可以直接拍卖或者变卖其价值相当于应纳税款的商品、货物或者其他财产，以拍卖或者变卖所得抵缴税款。

（4）滞纳金的强行划拨。采取税收强制执行措施时，对纳税人、扣缴义务人、纳税担保人未缴纳的滞纳金必须同时强制执行。对纳税人已缴纳税款，但拒不缴纳滞纳金的，税务机关可以单独对纳税人应缴未缴的滞纳金采取强制执行措施。

（5）其他注意事项。

①实施扣押、查封、拍卖或者变卖等强制执行措施时，应当通知被执行人或其成年家属到场，否则不能直接采取扣押和查封措施。但被执行人或其成年家属接到通知后拒不到场的，不影响执行。同时，应当通知有关单位和基层组织，它们是扣押、查封财产的见证人，也是税务机关执行工作的协助人。

②扣押、查封、拍卖或者变卖被执行人的商品、货物或者其他财产，应当以应纳税额和滞纳金等为限。对于被执行人必要的生产工具，他本人及他所供养家属的生活必需品应当予以保留，不得对其进行扣押、查封、拍卖或者变卖。

③对价值超过应纳税额且不可分割的商品、货物或者其他财产，税务机关在纳税人、扣缴义务人或者纳税担保人无其他可供强制执行财产的情况下，可以整体扣押、查封、拍卖，以拍卖所得抵缴税款、滞纳金、罚款以及扣押、查封、保管、拍卖等费用。

④实施扣押、查封时，对有产权证件的动产或者不动产，税务机关可以责令当事人将产权证件交税务机关保管，同时可以向有关机关发出协助执行通知书，有关机关在扣押、查封期间不再办理该动产或者不动产的过户手续。

⑤对查封的商品、货物或者其他财产，税务机关可以指令被执行人负责保管，保管责任由被执行人承担。

⑥继续使用被查封的财产不会减少其价值的，税务机关可以允许被执行人继续使用；因被执行人保管或者使用的过错造成的损失，由被执行人承担。

⑦税务机关将扣押、查封的商品、货物或者其他财产变价抵缴税款时，应当交由依法成立的拍卖机构拍卖；无法委托拍卖或者不适于拍卖的，可以交由当地商业企业代为销售，也可以责令纳税人限期处理；无法委托商业企业销售，纳税人也无法处理的，可以由税务机关变价处理，具体办法由国家税务总局规定。国家禁止自由买卖的商品，应当交由有关单位按照国家规定的价格收购。

第五节　税务检查

一、税务检查的形式和方法

▶▶▶ （一）税务检查的形式

重点检查。重点检查是指对公民举报、上级机关交办或有关部门转来的有偷税行为或偷税嫌疑的，纳税申报与实际生产经营情况有明显不符的纳税人及有普遍逃税行为的行业的检查。

分类计划检查。分类计划检查是指根据纳税人历来纳税情况、纳税人的纳税规模及税务检查间隔时间的长短等综合因素，按事先确定的纳税人分类、计划检查时间及检查频率而进行的检查。

集中性检查。集中性检查是指税务机关在一定时间、一定范围内，统一安排、统一组织的税务检查。这种检查一般规模比较大，如以前年度的全国范围内的税收、财务大检查就属于这类检查。

临时性检查。临时性检查是指由各级税务机关根据不同的经济形势、偷逃税趋势、税收任务完成情况等综合因素，在正常的检查计划之外安排的检查。如行业性解剖、典型调查性的检查等。

专项检查。专项检查是指税务机关根据税收工作实际，对某一税种或税收征收管理某一环节进行的检查。比如增值税一般纳税专项检查、漏征漏管户专项检查等。

▶▶▶ (二) 税务检查的方法

(1) 全查法。全查法是对被查纳税人一定时期内所有会计凭证、账簿、报表及各种存货进行全面、系统检查的一种方法。

(2) 抽查法。抽查法是对被查纳税人一定时期内的会计凭证、账簿、报表及各种存货，抽取一部分进行检查的一种方法。

(3) 顺查法。顺查法与逆查法对称，是对被查纳税人按照其会计核算的顺序，依次检查会计凭证、账簿、报表，并将其相互核对的一种检查方法。

(4) 逆查法。逆查法与顺查法对称，是指逆会计核算的顺序，依次检查会计报表、账簿及凭证，并将其相互核对的一种稽查方法。

(5) 现场检查法。现场检查法与调账检查法对称，是指税务机关派人员到被查纳税人的机构办公地点对其账务资料进行检查的一种方法。

(6) 调账检查法。调账检查法与现场检查法对称，是指将被查纳税人的账务资料调到税务机关进行检查的一种方法。

(7) 比较分析法。比较分析法是将被查纳税人检查期有关财务指标的实际完成数进行纵向或横向比较，分析其异常变化情况，从中发现纳税问题线索的一种方法。

(8) 控制计算法。控制计算法也称逻辑推算法，是指根据被查纳税人财务数据的相互关系，用可靠或科学测定的数据，验证其检查期账面记录或申报的资料是否正确的一种检查方法。

(9) 审阅法。审阅法是指对被查纳税人的会计账簿、凭证等账务资料，通过直观地审查阅览，发现在纳税方面存在问题的一种检查方法。

(10) 核对法。核对法是指通过对被查纳税人的各种相关联的会计凭证、账簿、报表及实物进行相互核对，验证其在纳税方面存在问题的一种检查方法。

(11) 观察法。观察法是指通过被查纳税人的生产经营场所、仓库、工地等现场，实地观察看其生产经营及存货等情况，以发现纳税问题或验证账中可疑问题的一种检查方法。

(12) 外调法。外调法是指对被查纳税人有怀疑或已掌握一定线索的经济事项，通过向与其有经济联系的单位或个人进行调查，予以查证核实的一种方法。

(13) 盘存法。盘存法是指通过对被查纳税人的货币资金、存货及固定资产等实物进行盘点清查，核实其账实是否相符，进而发现纳税问题的一种检查方法。

(14) 交叉稽核法。国家为加强增值税专用发票管理，应用计算机将开出的增值税专用发票抵扣联与存根联进行交叉稽核，以查出虚开及假开发票行为，避免国家税款流失。目前这种方法通过"金税工程"体现，对利用增值税专用发票偷逃税款行为起到了极大的遏制作用。

二、税务检查的职责

(1) 税务机关有权进行下列税务检查：

①检查纳税人的账簿、记账凭证、报表和有关资料，检查扣缴义务人代扣代缴、代收代缴税款账簿、记账凭证和有关资料。

　　因检查需要时，经县以上税务局（分局）局长批准，可以将纳税人、扣缴义务人以前会计年度的账簿、记账凭证、报表和其他有关资料调回税务机关检查，但是税务机关必须向纳税人、扣缴义务人开付清单，并在 3 个月内完整退还；有特殊情况的，经设区的市、自治州以上税务局局长批准，税务机关可以将纳税人、扣缴义务人当年的账簿、记账凭证、报表和其他有关资料调回检查，但是税务机关必须在 30 日内退还。

　　②到纳税人的生产、经营场所和货物存放地检查纳税人应纳税的商品、货物或者其他财产，检查扣缴义务人与代扣代缴、代收代缴税款有关的经营情况。

　　③责成纳税人、扣缴义务人提供与纳税或者代扣代缴、代收代缴税款有关的文件、证明材料和有关资料。

　　④询问纳税人、扣缴义务人与纳税或者代扣代缴、代收代缴税款有关的问题和情况。

　　⑤到车站、码头、机场、邮政企业及其分支机构检查纳税人托运、邮寄、应税商品、货物或者其他财产的有关单据凭证和资料。

　　⑥经县以上税务局（分局）局长批准，凭全国统一格式的检查存款账户许可证明，查询从事生产、经营的纳税人、扣缴义务人在银行或者其他金融机构的存款账户。税务机关在调查税收违法案件时，经设区的市、自治州以上税务局（分局）局长批准，可以查询案件涉嫌人员的储蓄存款。税务机关查询所获得的资料，不得用于税收以外的用途。

　　上述所称的"经设区的市、自治州以上税务局（分局）局长"包括地（市）一级（含直辖市下设区）的税务局局长。

　　税务机关查询的内容包括纳税人存款账户余额和资金往来情况。查询时应当指定专人负责，凭全国统一格式的检查存款账户许可证明进行，并有责任为被检查人保守秘密。

　　(2) 税务机关对纳税人以前纳税期的纳税情况依法进行税务检查时，发现纳税人有逃避纳税义务的行为，并有明显的转移、隐匿其应纳税的商品、货物、其他财产或者应纳税收入的迹象的，可以按照批准权限采取税收保全措施或者强制执行措施。这里的批准权限是指县级以上税务局（分局）局长批准。

　　税务机关采取税收保全措施的期限一般不得超过 6 个月；重大案件需要延长的，应当报国家税务总局批准。

　　(3) 纳税人、扣缴义务人必须接受税务机关依法进行的税务检查，如实反映情况，提供有关资料，不得拒绝、隐瞒。

　　(4) 税务机关依法进行税务检查时，有权向有关单位和个人调查纳税人、扣缴义务人和其他当事人与纳税或者代扣代缴、代收代缴税款有关的情况，有关单位和个人有义务向税务机关如实提供有关资料及证明材料。

　　(5) 税务机关调查税务违法案件时，对与案件有关的情况和资料，可以记录、录音、录像、照相和复制。

　　(6) 税务人员进行税务检查时，应当出示税务检查证和税务检查通知书；无税务检查证和税务检查通知书的，纳税人、扣缴义务人及其他当事人有权拒绝检查。税务机关对集贸市场及集中经营业户进行检查时，可以使用统一的税务检查通知书。

　　税务机关对纳税人、扣缴义务人及其他当事人处以罚款或者没收违法所得时，应当开付罚没凭证；未开付罚没凭证的，纳税人、扣缴义务人以及其他当事人有权拒绝给付。

　　对采用电算化会计系统的纳税人，税务机关有权对其会计电算化系统进行检查，并可复制与纳税有关的电子数据作为证据。

税务机关进入纳税人电算化系统进行检查时，有责任保证纳税人会计电算化系统的安全性，并保守纳税人的商业秘密。

◎ 复习题

一、单项选择题

1. （　　）规定负有代扣代缴、代收代缴税款义务的单位和个人为扣缴义务人。
   - A. 法律、行政法规
   - B. 国家税务总局
   - C. 省级税务机关
   - D. 主管税务机关

2. 从事生产、经营的纳税人应当按照国家有关规定，持税务登记证件，在银行或者其他金融机构开立基本存款账户和其他存款账户，并将其（　　）账号向税务机关报告。
   - A. 基本存款
   - B. 一般存款
   - C. 临时存款
   - D. 全部

3. （　　）属税收保全措施。
   - A. 书面通知纳税人开户银行或者其他金融机构扣缴相当于税款的存款
   - B. 变卖纳税人的商品、货物或者其他财产抵缴税款
   - C. 书面通知纳税人开户银行或者其他金融机构冻结纳税人的金额相当于应纳税款的存款
   - D. 拍卖纳税人的金额相当于应纳税款的商品、货物或者其他财产以抵缴税款

4. 税务机关查封商品、货物或者其他财产时，必须开付（　　）。
   - A. 清单
   - B. 收据
   - C. 清单和收据
   - D. 发票

5. 纳税人欠缴税款，同时又被行政机关决定处以罚款、没收违法所得的，（　　）。
   - A. 税收优先于罚款、没收违法所得
   - B. 罚款优先于税收、没收违法所得
   - C. 没收违法所得优先于税收、罚款
   - D. 罚款、没收违法所得优先于税收

6. 税务所（　　）项目须报经县级以上（不含县级）税务机关批准。
   - A. 缓缴税款
   - B. 2 000 元以上罚款
   - C. 延期申报
   - D. 申报方式的确定

7. 税务机关采取税收强制执行措施，须经（　　）批准。
   - A. 税务所长
   - B. 县以上税务局（分局）局长
   - C. 市以上税务局局长
   - D. 省以上税务局局长

8. 纳税人欠缴的税款发生在纳税人以其财产设定抵押、质押或者纳税人的财产被留置之前的，（　　）。
   - A. 抵押权应当先于税收、质权、留置权执行
   - B. 税收应当先于抵押权、质权、留置权执行
   - C. 质权应当先于抵押权、税收、留置权执行
   - D. 留置权应当先于抵押权、质权、税收执行

9. 根据《税收征收管理办法》规定，纳税人应将其全部银行账号向税务机关报告，对未按规定向税务机关报告的，税务机关（　　）。
   - A. 可以采取强制执行措施

B. 责令限期改正，可以处 2 000 元以下罚款

C. 责令限期改正，并处 2 000 元以下罚款

D. 责令限期改正，处 2 000 元以上 10 000 元以下罚款

10. A 公司将税务登记证转借给 B 公司使用，导致 B 公司偷逃了大量的国家税款，给国家造成重大损失。对 A 公司这一行为，税务机关应（   ）。

A. 责令限期改正，可以处 2 000 元以下罚款

B. 处以 2 000 元以下罚款

C. 处 2 000 元以上 10 000 元以下罚款

D. 处 10 000 元以上 50 000 元以下罚款

二、多项选择题

1. 税务机关负责（   ）的人员的职责应当明确，并相互分离、相互制约。

A. 征收　　　　B. 管理　　　　C. 稽查　　　　D. 行政复议

2. 税务人员在（   ）时，与纳税人、扣缴义务人或者税收违法案件有利害关系的，应当回避。

A. 纳税咨询　　B. 征收税款　　C. 发售发票　　D. 查处税收违法案件

3. 纳税人、扣缴义务人对税务机关所作出的决定，依法享有（   ）和请求国家赔偿等权利。

A. 陈述权、申辩权　　　　　　B. 申请行政复议

C. 提起行政诉讼　　　　　　　D. 拒绝履行决定

4. 账簿、记账凭证、完税凭证及其他有关资料不得（   ）。

A. 伪造　　　　B. 复印　　　　C. 变造　　　　D. 擅自损毁

5. 从事生产、经营的纳税人的（   ）应当报送税务机关备案。

A. 财务、会计制度　　　　　　B. 财务、会计处理办法

C. 会计核算软件　　　　　　　D. 账簿

6. 税务机关是发票的主管机关，负责发票的（   ）、取得、保管的管理和监督。

A. 印制　　　　B. 领购　　　　C. 缴销　　　　D. 开具

7. 下列哪些情形，税务机关有权核定其应纳税额（   ）。

A. 擅自销毁账簿或者拒不提供纳税资料的

B. 虽设置账簿，但账目混乱或者成本资料、收入凭证、费用凭证残缺不全，难以查账的

C. 发生纳税义务，未按照规定的期限办理纳税申报，经税务机关责令限期申报，逾期仍不申报的

D. 纳税人申报的计税依据明显偏低，又无正当理由的

8. 税务机关对从事生产、经营的纳税人、扣缴义务人、纳税担保人发生（   ）情形，经责令限期缴纳，逾期仍未缴纳的，可采取强制执行措施。

A. 未按照规定的期限缴纳或者解缴税款

B. 未按照规定的期限缴纳所担保的税款

C. 未按照规定的期限缴纳滞纳金

D. 未按照规定的期限缴纳罚款

9. 纳税人、扣缴义务人有下列哪几种情形，须向税务机关报告（   ）。

A. 扣缴义务人依法履行代扣、代收税款义务时，纳税人拒绝的

B. 纳税人有合并、分立情形的

C. 欠缴税款数额较大的纳税人在处分其不动产或者大额资产之前

D. 纳税人放弃到期债权的

10. 纳税人延期缴纳税款必须同时符合以下条件（　　）。

A. 纳税人因有特殊困难，不能按期缴纳税款

B. 经省级税务局批准

C. 延期最长不得超过三个月

D. 按照上期实际缴纳的税额或者税务机关核定的税额预缴税款

三、问答题

1. 《税收征收管理法》修订的主要内容包括哪几方面？

2. 新《税收征收管理法》在加强税收征管基础制度建设、堵塞税收漏洞、强化税源管理等方面有哪些突破？

3. 新《税收征收管理法》为何要强调使用税控装置？

4. 新《税收征收管理法》在办理税务登记方面有何新的规定？

5. 新《税收征收管理法》对账薄、凭证管理方面的修订有哪些主要特点？

参考文献

［1］蔡报纯，任高飞．税法：实务与案例．大连：东北财经大学出版社，2014．

［2］陈共．财政学．北京：中国人民大学出版社，2013．

［3］陈忠，邵建华，孙文基．新编国家税收．北京：中国财政经济出版社，2008．

［4］邓文勇．国家税收．北京：中国审计出版社，2001．

［5］方荷生，翁荣华，邵建华．国家税收，北京：中国税务出版社，1997．

［6］盖地．税务会计学．北京：中国人民大学出版社，2016．

［7］盖地．中国税制．北京：中国人民大学出版社，2015．

［8］高亚军，程黎，秦天．国家税收．北京：清华大学出版社，2016．

［9］沈关祥．国家税收．北京：高等教育出版社，2000．

［10］康运河．国家税收．北京：北京大学出版社，2007．

［11］李广舜，古丽娜．国家税收．乌鲁木齐：新疆人民出版社，1996．

［12］李九龙，王堃，等．国家税收．郑州：河南科学技术出版社，1987．

［13］梁俊娇．纳税会计与税收筹划．北京：中国人民大学出版社，2015．

［14］梁俊娇．税法．北京：中国人民大学出版社，2016．

［15］马海涛．中国税制．北京：中国人民大学出版社，2015．

［16］蒙丽珍．国家税收．大连：东北财经大学出版社，2016．

［17］孙世强．国家税收．北京：清华大学出版社，2011．

［18］王红云．税法．北京：中国人民大学出版社，2016．

［19］王素荣．税务会计与税务筹划．北京：机械工业出版社，2016．

［20］咸春龙．国家税收．广州：广东高等教育出版社，2002．

［21］杨秀琴．国家税收．北京：中央广播电视大学出版社，2003．

［22］中国注册会计师协会．税法．北京：经济科学出版社，2017．

［23］朱丹，王荃．税费计算申报与筹划．大连：东北财经大学出版社，2016．

教学支持说明

1. 教辅资源获取方式

为秉承中国人民大学出版社对教材类产品一贯的教学支持，我们将向采纳本书作为教材的教师免费提供丰富的教辅资源。您可直接到中国人民大学出版社官网的教师服务中心注册下载——http://www.crup.com.cn/Teacher。

如遇到注册、搜索等技术问题，可咨询网页右下角在线 QQ 客服，周一到周五工作时间有专人负责处理。

注册成为我社教师会员后，您可长期根据您所属的课程类别申请纸质样书、电子样书和教辅资源，自行完成免费下载。您也可登录我社官网的"教师服务中心"，我们经常举办赠送纸质样书、赠送电子样书、线上直播、资源下载、全国各专业培训及会议信息共享等网上教材进校园活动，期待您的积极参与！

2. 赠送"经管之家"论坛币

经管之家（http://www.jg.com.cn）于 2003 年成立，致力于推动经济学科的进步，传播优秀教育资源，做最好的经管教育。目前已经发展成国内最大的经济、管理、金融、统计类在线教育平台，也是国内最活跃和最具影响力的经济类网站。

为了更好地服务于教学一线的任课教师，凡使用中国人民大学出版社经济分社教材的教师，注册成为我社教师会员后，可填写以下信息调查表，发送电子邮件或者邮寄或者传真给我们，我们将会向您赠送经管之家论坛币 200 个。

教师信息表
姓名：
学校：
论坛 ID：
教授课程：
使用教材：
论坛识别码：pinggu _ com _ 1501511 _ 8899768

3. 高校教师可加入下述学科教师 QQ 交流群，获取更多教学服务

经济类教师交流群：140105952
财政金融教师交流群：182073309
国际贸易教师交流群：162921240
税收教师交流群：119667851

4. 购书联系方式

网上书店咨询电话：010 - 82501766
邮购咨询电话：010 - 62515351
团购咨询电话：010 - 62513136

中国人民大学出版社经济分社
地址：北京市海淀区中关村大街甲 59 号文化大厦 1506 室　　100872
电话：010 - 62513572　　010 - 62515803
传真：010 - 62514775
E-mail：jjfs@crup.com.cn